高等院校旅游专业系列教材

旅游资源学

肖　星　王景波　主　编

王计平　杨文华　副主编

南开大学出版社

天　津

图书在版编目(CIP)数据

旅游资源学 / 肖星,王景波主编. —天津：南开大学出版社,2013.3(2019.1重印)

(高等院校旅游专业系列教材)

ISBN 978-7-310-04123-7

Ⅰ.①旅… Ⅱ.①肖…②王… Ⅲ.①旅游资源—高等学校—教材 Ⅳ.①F590

中国版本图书馆 CIP 数据核字(2013)第 037474 号

南开大学出版社出版发行

出版人:刘运峰

地址:天津市南开区卫津路 94 号 邮政编码:300071

营销部电话:(022)23508339 23500755

营销部传真:(022)23508542 邮购部电话:(022)23502200

*

天津泰宇印务有限公司印刷

全国各地新华书店经销

*

2013 年 3 月第 1 版 2019 年 1 月第 3 次印刷

230×170 毫米 16 开本 19.75 印张 358 千字

定价:35.00 元

如遇图书印装质量问题,请与本社营销部联系调换,电话:(022)23507125

前 言

当今世界，旅游已不仅是一种全球经济现象，而且越来越成为一种普遍的大众生活方式乃至人们日常生活不可缺少的重要组成部分。随着经济的发展、生活条件的改善、可自由支配时间和收入的增多，人们对旅游的需求更加旺盛。

旅游业已成为全球最大的新兴产业之一，不仅给许多国家提供了大量的就业机会，为其带来丰厚的外汇收入，而且还带动了一大批相关产业的振兴，各国政府因此愈来愈重视旅游业，这无疑将进一步推动旅游业获得更大规模、更高层次的发展。

据世界旅游组织报告称，受全球金融危机与经济低迷的影响，世界旅游业在2008～2009年间经历了长达15个月的连续负增长，并在2009年达到近十年的低谷。2010年经济复苏，世界旅游业以高于预期的速度恢复，呈现出积极增长的势头：当年国际入境旅游人数达到93900万人次、国际入境旅游收入9190亿美元，分别比2009年增长6.6％和8％。与2010年的快速增长相比，2011年的世界旅游业增长速度有所放缓，国际入境旅游人数达到98000万人次，入境旅游收入10300亿美元，分别同比增长4.4％和12％，虽然旅游人数增长率下降，但全球旅游收入仍然实现了强劲增长，这是人均旅游花费增加的结果。此外，各国的国内个人旅游支出、旅游资本投资、旅游带动支出及国内旅游供给等增幅都有不同程度的提高。

可见，尽管所面临的困难不少，但世界旅游业正在步入持续增长的稳定发展阶段。

预计到2020年，全球国际旅游人数将达16亿人次，到2050年更将占整个世界总人口的30％左右。

而在中国，改革开放35年来，尤其是近十年来，旅游业迅速崛起，取得了跨越式发展，已成为名副其实的“朝阳产业”。

从2002年到2011年的十年中，我国已经从旅游资源大国走向世界旅游大国，国内旅游、入境旅游、出境旅游市场规模均居全球前列：国内旅游人数从8.78亿人次到26.4亿人次，增长了200.8％，国内旅游收入由3878亿元到1.93万亿元，增长了 398%，形成全球最大的国内旅游市场；入境过夜旅游人数从 3680 万人次到 5758 万人次，增长了 56.5%，国际旅游(外汇)收入由 204 亿美元到 485 亿美元，增长了 138%；出境旅游人数由 1660 万人次到 7025 万人次，增长了 323%，为世界主要出境旅游国家之最，出境旅游消费达 726 亿美元。

世界旅游组织正式出版的 2012 年第 2 期《世界旅游业晴雨表》所显示的 2011 年统计数据表明，在当年世界入境旅游接待人数排名中，中国仅次于法国、美国，继续保持第三大入境接待国地；在旅游外汇收入排名中，中国仅次于美国、西班牙、法国，位列第四；在出境旅游消费(国际支出)排名中，中国仅次于德国和美国，继续保持第三大出境旅游消费国地位。

根据世界旅游组织(WTO)预测，到 2020 年，中国将成为全球最大的旅游目的地国和第四大客源输出国，接待外国游客和出国旅游人数将分别达 1.3 亿和 1 亿人次。这一预测为中国建设世界旅游强国的目标提供了极好的脚注；同时，这一目标与党的十八大提出在中国共产党成立一百年时全面建成小康社会目标的重合，为中国旅游业新的腾飞赋予了更加丰富的内涵。另据国内专家估计，到 2020 年，中国国际旅游创汇有可能达到 600 亿美元左右，国内旅游收入达到 2 万亿元人民币左右，旅游业总产值可望占到国内生产总值的 10%以上，成为名副其实的主要支柱产业。由此可见，旅游业在中国的发展前景是何等的振奋人心！

旅游业离不开旅游资源，因为，旅游资源是旅游业发展必不可少的物质基础和依托条件，其保证程度和开发利用状况直接制约着旅游业的发展规模和水平。而旅游资源及其开发研究，则更是现代旅游科学和地理科学研究的一个重要领域。

2012 年 10 月，教育部公布了新的高等院校本科专业目录，将旅游管理由原来工商管理类下的专业提升为与之“平起平坐”的旅游管理类基本专业，其下分设旅游管理、酒店管理、会展经济与管理等三个专业，这对诸多为旅游学科的发展奉献了无数心血的学界和业界同人乃至广大在读的旅游管理专业同学来说，无疑是一个值得高兴的好消息。

正因为如此，“旅游资源学”(或“旅游资源与开发”)作为高校旅游管理专业的专业基础课(在不少学校还是主干课程)，对于引导学生入门、树立专业思想、完善知识结构、拓展专业视野、提升人文综合素养乃至培养爱国主义情操的重要意义，就是不言而喻的了。

在此背景下，我们与南开大学出版社共同策划、组织编写了本书。作为一部由国家著名一流大学出版社出版的高校教材，我们在编写过程中追求品质、力求创新，致力于构建一套完整、科学、严谨的《旅游资源学》课程体系，并注意将学术性与实用性、科学性与可读性、理论阐述与案例分析有机结合起来。与此同时，本书结构严谨，条理清晰，编写体例规范，各章学习目的、主要内容、复习思考题和参考文献等一应俱全，既有助于学生系统学习和全面掌握旅游资源的理论与方法论，也有利于对他们进行严格的科研写作基本功训练。

与国内已有的《旅游资源学》教材相比，本教材的有以下主要特色。

一是注重理论和方法论的创新，体现鲜明的时代特色。例如，书中专辟了“旅游资源的创新”一章，并在“旅游资源管理”一章中专辟了“旅游资源科技化管理”一节，以求反映最新的学科前沿发展动态；而在“旅游资源分类”一章中，也尽可能地反映最近这些年来国内外旅游资源的重要发展和变化信息。

二是充分考虑到《旅游资源学》的应用性特点，强调理论联系实际，并增强可读性。本书在致力于将旅游资源的基本原理和方法深入浅出地教授给学生的同时，又格外注意在体系和内容上充分发挥作者既有几十年丰富的教学实践经验，又有宝贵的旅游阅历，更有丰硕的科研成果的优势，努力避免陷入一般专业基础课教材常见的那种晦涩、枯燥、难懂，学生一捧起书本就条件反射般的头痛的怪圈。因此，本书实际上是作者多年教学科研心血的结晶。例如，书中贯彻“论点鲜明，论据翔实”的原则，列举了大量案例来支撑理论阐述，且所有案例都经过精心挑选，其中有相当部分还是作者曾实地考察乃至做过深入研究的，因而具有最直接的感性认识、最生动的旅游体验和最到位的分析结论。此外，作为旅游专业教材，本书还特别注意了行文流畅、语句优美、图文并茂。

三是适用范围广。本书体系完备，内容全面、翔实而又新颖，不仅可以作为普通高校旅游管理和地理类本科专业的教学用书、全校通识类选修课教材，而且还可以作为旅游开发与规划策划工作者、旅行社计调和导游人员、景区管理人员的培训教材，以及旅游爱好者的自学读物。

本书由肖星教授和王景波副教授任主编，王计平和杨文华副教授任副主编。肖星负责设计写作大纲、确定基本框架，并对全书进行统稿、定稿和文字修改、润色，王景波负责部分初稿的统稿工作。各章具体编写分工为：肖星（广州大学）负责第 1 章第 1 节和第 4 节、第 3 章、第 6 章、第 7 章第 1 节和第 4 节、第 8 章、第 9 章第 1 节和第 2 节；王景波（临沂大学）负责第 1 章第 2 节和第 3 节、第 2 章、第 10 章；王计平（华东理工大学）负责第 4 章、第 7 章第 2 节和第 3 节、第 12 章；杨文华（四川外语学院）负责第 5 章、第 9 章第 3 节、第 11 章。书中插图由由广州大学旅游管理专业 2012 级硕士研究生钟燕森绘制，肖星审核。

在本书编写过程中，曾参考引用了大量国内文献，因篇幅所限，无法一一列出，只能将其主要编著者附于每章之后。在此谨向有关作者表示深深的谢意。

本教材从选题、组稿到成书，都凝聚着南开大学出版社旅游编辑室彭海英编辑所付出的诸多心血；王冰老师和吴中亚编辑也对本书的顺利出版支持有加；本书在调研、编写中还得到广州大学教材出版基金的资助，在此一并致谢。

由于时间紧迫，下笔仓促，书中的不足之处在所难免，还望各位同人、读者不吝赐教，以便再版时一并修订、完善。

肖　星

2012 年 12 月 31 日于广州大学城

目　录

第一章　引　论

学习目的

旅游资源是旅游活动开展的基础和前提，旅游资源学是以旅游资源为研究对象的学科。通过本章的学习，应掌握旅游资源的准确概念和基本特性，了解旅游资源学的性质和学科特征、旅游资源的形成机制，熟悉旅游资源学的研究内容和方法，理解旅游资源学与旅游学、资源学等学科的关系。

主要内容

- 旅游资源的概念与基本特性
- 旅游资源学概述
- 旅游资源学的性质与研究内容　旅游资源学的产生与发展
- 旅游资源学的学科特征与研究方法
- 旅游资源学与旅游学及分支学科的关系　旅游资源学与资源科学的关系　旅游资源学与其他学科的关系
- 自然景观旅游资源形成的基本条件　人文景观旅游资源形成的基本条件

第一节　旅游资源的概念与基本特性

一、旅游资源的概念界定

旅游资源是旅游业赖以生存和发展的前提条件和物质基础，它的赋存状况、丰度大小和品质优劣直接影响着旅游业的发展水平乃至旅游产业的结构优化。

由于旅游业是一项新兴产业，其本身的发展极为迅速，而为旅游业提供理论指导的旅游科学目前还不够成熟，对旅游资源的概念尚未形成全面、统一的认识。

在英文中，旅游资源（tourist resources）又被称做旅游吸引物（tourist attraction），其本身既包括能刺激旅游者产生旅游动机的各种因素，又包含决定旅游者的旅游行为能否实现的一系列中介条件，是一个内涵极为广泛的概念。

在中国，从 20 世纪 70 年代到 80 年代，经济学、地学和社会学一批学者相继转入旅游科学研究，他们在撰写论文和专著时都涉及对旅游资源概念的理解和解释，并从不同角度对旅游资源下了定义，其中又以以下几种说法最具代表性和影响力。

“凡是足以构成吸引旅游者的自然和社会因素，亦即旅游者的旅游对象或目的物都是旅游资源”（邓观利，《旅游概论》）。

“凡是能为人们提供旅游观赏、知识乐趣、度假休闲、娱乐休息、探险猎奇、考察研究以及人民友好往来和消磨闲暇时间的客体和劳务，都可称为旅游资源”（郭来喜，《人文地理概论》）。

“所谓旅游资源，专指地理环境中具有旅游价值的部分，也即旅游者在旅游过程中感兴趣的环境因素和可以利用的物质条件”（周进步，《中国旅游地理》）。

“旅游资源就是吸引人们前往游览、娱乐的各种事物的原材料。这些原材料可以是物质的，也可以是非物质的。它们本身不是游览的目的物和吸引物，必须经过开发才能成为有吸引力的事物”（黄辉实，1985 ）。

“旅游资源是指对旅游者具有吸引力的自然存在和历史文化遗产，以及直接用于旅游目的的人工创造物”（保继刚，《旅游地理学》）。

“自然界和人类社会凡能对旅游者产生吸引力，可以为旅游业开发利用，并可产生经济效益、社会效益、环境效益的各种事物和因素都可视为旅游资源”（国家旅游局资源开发司和中国科学院地理研究所，《中国旅游资源普查规范（试行稿)》,1992)。

由国家质量监督检验检疫总局2003年2月发布、当年5月开始实施的中华人民共和国国家标准《旅游资源分类、调查与评价》,则完全接受了1992年《中国旅游资源普查规范(试行稿)》对旅游资源所给出的定义。这就意味着该定义已成为目前国内旅游界公认的旅游资源权威定义。

分析上述各种定义,可以看出,虽然它们各自的出发点和强调的重点有所不同,但就资源的基本属性而言,大体是一致的,主要表现在以下三个方面。

首先,旅游资源与其他资源一样,是一种客观存在,是旅游业发展的物质基础。无论是水光山色、植物动物、变幻天象,还是文物古迹、城乡风貌、民族风情等,都是物质的。对于这些形态化的物质资源,绝大多数人都有认同感。而人们对于诗词曲赋、神话传说、寓言故事等无形的、不易感知和触摸的非物质的意识现象,则往往缺乏认可与理解,甚至还有人认为不应该将其归入旅游资源的范畴。但实际上,它们产生于物质基础并依附于物质基础而存在。换句话说,"精神"的产物只要同物质景观相结合,焕发出单纯的"物质"或"精神"难以产生的美感和旅游吸引力,就应该属于旅游资源。而且这种精神文化往往是物质景点的灵魂所在。如许仙和白娘子的故事发生于西湖断桥和镇江金山寺,为上述两地注入了活的灵魂,吸引大量的旅游者;上海海派文化与现代都市风貌相结合,成为其旅游资源的重要组成部分。据此,我们可以认为,无论是具体形态的旅游资源,还是依附于物质景观的精神文化旅游资源,其实质依然具有客观实在性。

其次,旅游资源具有激发旅游者动机的吸引向性。这是旅游资源的最大特点,也是旅游资源理论的核心。在现代旅游活动中,作为客体的旅游资源与主体(旅游者)的关系密不可分。西方人将"旅游吸引物"作为旅游资源的代名词,足以说明吸引功能对于一事物能否成为旅游资源的重要性。与其他资源相比,旅游资源最大的差异就在于它能激发旅游者的旅游动机,吸引旅游者到异地进行旅游观赏、消遣娱乐、休憩疗养、登山探险、科学考察、文化交流等旅游活动,以此来陶冶性情,丰富自己的文化生活。

再次,旅游资源能为旅游业所利用,并由此产生经济效益。资源一词本身属于经济学范畴,离开资源的经济价值来谈资源是毫无意义的。旅游资源是随着旅游业的发展而出现的专业术语,具有资源的一般属性。正是这种属性规定了作为旅游资源,其开发利用必然能带来一定的经济效益,或者虽受当前科技水平的限制尚未被利用,但在未来存在着被开发利用的可能性。

二、与旅游资源相近的四个概念

在旅游资源研究中,有几个相近的概念,即景观,风景,景区、景点,旅游产品，在一般文献中经常混用。然而仔细分析就会发现，这四个概念与旅游资源有着明显的区别。

(一)景观

景观一词，本身有景色、景物之意。根据1949年俄国地理学家宋采夫提出的定义，“自然地理景观应该是发生在如此一致的地域，在它的范围内，能观察到地质构造、地貌形态、地表水和地下水、小气候和土壤变种、植物群落和动物群落的同一种相互关系、相互制约的结合体有规律的典型的重复”。显然，景观的核心是自然的综合体。将这一概念移植到旅游学中，则形成了旅游景观这一概念。目前众多学者对它的解释不尽相同。如孙文昌教授认为，旅游景观是指一个地区的整体面貌，即各要素组成的相互联系、和谐的综合体；王兴中教授认为，旅游景观是“旅游者主要通过视觉，其次还有听觉等对特定的某一旅游时间、空间场内具有旅游意义的自然、人文复合物象和现象的感知景象”；钱今昔教授认为，“这种自然景观旅游资源和人文景观旅游资源在一定区域范围内的综合表征，就是旅游景观”。可见，景观不仅是客观存在，而且融汇了旅游者的主观感受，是主客观的统一。

旅游资源虽然经常是呈综合状态存在的，但也并不尽然。面对同一旅游资源，不同的旅游者，甚至同一旅游者在不同的情况下，也可能产生不同的感受。故虽然“旅游景观”与旅游资源在概念上有相近之处，但同时也有着明显的差异。

(二)风景

风景是旅游地理学中应用较为广泛的一个概念。对于它的含义目前也有多种理解。王之力认为，“风景学中风景的简单含义是人们所欣赏的大自然与建筑物所构成的美好景物”。张国强认为，风景是指“大自然的风光美景”，“应该是能够引起美感的大自然的一角，也就是能够引起我们给予正面审美评价的自然环境和物象”。他的这一看法指出了风景主要是自然风景，即自然环境或自然物象；它是自然环境的一部分，由于能引起人的美感而从自然地理景观中凸显出来。他进一步引深，认为风景组成有三个层次，即景物、景象和条件。

著名地理学家陈传康教授在研究旅游地理学的基础上，指出风景主要有山、水、林木、建筑等四个要素，有时还可包括天气变化和人文特色两个要素。

根据上述认识，孙文昌教授于1984年在《我国风景特点及开发问题》一文中这样表述：“风景是地理景观的一部分，它是由自然的山水、花木、天气变幻和人文建筑、文物古迹以及民族风俗等在空间组成的艺术综合体。这个综合体具有诗情画意，有欣赏价值，能陶冶人的情操，激发人热爱祖国的感情，并且从中获得多方面的知识。”这一概念可概括成三点：第一，风景是地理景观的一部分，是一个由山水、林木、建筑等组成的地段，在空间上不连片，而是呈斑点状分布，其范围大则可以是一个景区，小则是一个景点；第二，这一地段和其他地段不同，具有美学特征，有着诗情画意，对旅游者有极大的吸引力；第三，风景的功能在于给人以知识和力量。也就是说，人们在欣赏美景时，能学到知识，受到启示和教育，从而净化心灵，美化人品，使情感更为高尚。

（三）景区、景点

景区、景点乃旅游区、旅游点的简称，是景物集中的地方，是旅游资源经过人工开发后对外开放的地段。国家旅游局 2003 年曾经发文称，“旅游区（点）是具有参观游览、休闲度假、康乐健康等功能，具备相应旅游服务设施，提供旅游服务的独立单位。它是经过开发、利用旅游资源的结果，是旅游产品形态”。可见，景区、景点同旅游资源之间的关系实际上就是“产品”和“原料”之间的关系。至于景区和景点之间，则并无严格的界定标准，通常是以空间规模的大小和相互间的从属关系来区分的。

景区、景点是旅游产业的一部分，通常按一定的价格以商品形式出售给旅游者，或作为公益事业向旅游者免费开放。前者如四川的九寨沟景区、北京的天安门城楼景点和三亚亚龙湾热带天堂森林公园内的过江龙索桥景点等，后者如长沙的橘子洲景区、上海博物馆景点和广州越秀公园内的五羊雕塑景点等。

（四）旅游产品

旅游产品是一个综合性的概念，内涵十分丰富，根据孙文昌、郭伟所著《现代旅游学》（青岛出版社，1997），可以从以下两个角度来理解。

从旅游目的地的角度出发，旅游产品是指旅游经营者为满足旅游者在旅游过程中的多种需求而提供的旅游景点、旅游设施和服务的总和。其市场表现为旅游线路，它不仅包括沿线的旅游景点，还包括沿线提供的交通、住宿、餐饮等各种旅游设施和服务。可见，旅游产品是一种组合型的整体产品，完美的旅游产品通过完善、科学的组合才能形成。

从旅游者的角度出发，旅游产品是旅游者支付一定的时间、费用和精力得到的一种旅游活动的经历和感受，而不是得到了旅游经营者提供的景点、旅游设施和服务本身。

由此看来，旅游资源一般是原始或天然的、未经开发的事物和因素，其经济价值是潜在的；而旅游产品是旅游资源经开发后形成的旅游景点、旅游设施和服务，以及游客的经历和感受，其经济价值可以通过直接向游客销售获得收入来体现，二者的概念还是有较大差异的，原则上不应当混用。但事实上，二者有时又往往被混用。例如，海南三亚沙细、海蓝、阳光明媚、空气清新的亚龙湾是中国 1992 年所建立的 12 个国家旅游度假区中目前发展最为成熟的一个，那里由十余座顶级豪华国际品牌度假酒店所构成的热带滨海度假住宿设施，本身就是一种对国内外游客颇具吸引力的特色旅游资源，许多人之所以将亚龙湾作为自己休闲度假的首选，很大程度上就是冲着它那绝佳的生态环境和奢华的一线海景酒店去的。在这里，要想明显区分旅游资源和旅游产品，是比较困难的。

三、旅游资源的基本特性

特性即事物的本质特征，是一事物区别于他事物的内在属性。由于受旅游业、旅游活动、地理环境和人们审美观差异等因素的影响，旅游资源具有若干区别于其他资源的主要特性。

（一）对旅游者的吸引向性

旅游活动以旅游者在空间上的移动为前提，而旅游资源对旅游者所具有的吸引力是引发这一空间行为的重要原因。吸引向性是旅游资源理论的核心，也是衡量一事物或现象是否为旅游资源的首要指标。无论是令人陶醉的自然风景，风格独特的古今建筑，还是特色浓郁的民族风情和各具千秋的美味佳肴等，都因对旅游者有极强的吸引力而成为重要的旅游资源。

（二）区域性

旅游资源总是分布于一定的地理空间，其形成受特定区域地理环境各要素的制约，又反过来反映着区域环境的特色，这就是旅游资源的区域性。如中国北方与南方地理环境的差异，造成自然景观、人文景观的特色迥然不同：北方山水浑厚，建筑体型巨大，人的性格粗犷、豪放；南方山清水秀，建筑玲珑剔透，人的性格细腻、灵秀。正是旅游资源的地域差异性，导致一地的旅游资源对另一地旅游者形成吸引力，从而产生旅游者的空间移动。旅游资源开发中所讲究的特色原则，就是要求尽最大努力挖掘旅游资源地的地方特点，突出特色，吸引游客。

（三）多样性和综合性

如前所述，旅游资源形成的因素是多方面的，不仅包括地质地貌、气象气候、陆地海洋、土壤、动植物等自然因素，而且还涉及历史、文化、民族、宗教、城乡、产业等人文条件。多种因素的共同作用使旅游资源存在于自然和社会的各方面，其多样性和广泛性为其他资源所不及。旅游资源的这一特点是千差万别的旅游需求推动下的产物，因而能够适应旅游市场不断发展的要求。一个地区的旅游资源种类越多，对旅游者的吸引力就越大。

此外，任何一种旅游资源都不是孤立存在的，而是与其他各种旅游资源相互依存、相互作用，共同形成一个和谐的有机整体。存在于特定地域上的各种各样的旅游资源正是以一个有机整体来发挥其旅游吸引力，实现其旅游价值的。这就是旅游资源的综合性。一般来说，一个地区旅游资源的种类越多，联系越紧密，其生命力就越强，区域整体景观效果就越突出，综合开发利用的潜力也就越大。例如,中国的桂林山水、杭州西湖、北京名胜,瑞士的卢塞恩湖光山色和湖滨小镇,法国的尼斯碧海名城和宜人气候,就是以资源种类繁多、综合特征突出而成为中外著名的传统旅游区的。而由海子、叠瀑、森林、雪山、藏情等五大要素构成的四川九寨沟立体画卷和集地貌奇观、森林佳境、土家风情三位一体的湖南张家界,则已经成为中国开发利用前景颇好的综合旅游区中的新秀。

(四)永续性和不可再生性

永续性是指旅游资源具有可以重复使用的特点。与矿产、森林等资源随着人类的不断开发利用会日益减少不同,旅游产品是一种无形产品,旅游者付出一定的金钱所购买到的只是一种经历和感受,而不是旅游资源本身。因此,从理论上讲,旅游资源可以长期甚至永远重复使用下去。

但是,正如自然生态和文化遗产容易受到破坏一样,旅游资源使用不当也会遭到破坏,而且绝大多数旅游资源都具有易于破坏、难于再生的特点,因此,其"使用连续性"也并非绝对成立。作为世界上美好事物的旅游资源,是自然界造化和人类历史的遗存,是在一定条件下产生的。尽管它种类丰富,但对于旅游业的持续发展来说,数量毕竟有限。它不同于阳光、空气资源的取之不尽、用之不竭,也不同于土地、森林、草原资源的大量存在。这就要求我们的旅游资源开发工作必须以科学合理的旅游规划为依据,有序有度地进行。同时,依靠一定的经济、法律手段切实加强旅游资源的保护和管理工作也是必不可少的。例如,世界自然遗产九寨沟多年前就实行"沟内游览沟外住"的运作方式,非但不允许游客在景区内住宿,更不允许外来车辆进入景区,以尽可能减少生活污水、汽车尾气等对弥足珍贵的山水美景的破坏。又如,为进一步加强对文化遗产的保护,国务院已决定从 2006 年起,每年 6 月的第二个星期六为我国的"文化遗产日"。

第二节 旅游资源学概述

一、旅游资源学的性质与研究内容

(一)旅游资源学的性质

要认识旅游资源学的性质,必须首先了解旅游资源学的研究对象。旅游资源学是一门以资源科学、旅游学为基础,研究旅游资源的类型、形成、分布、组合、评价、开发、管理与保护的学科。由研究对象可以看出,旅游资源学的学科性质比较复杂,归纳起来,表现为以下几个方面。

1. 旅游资源学是旅游学科体系中的基础学科

旅游是一种复杂的活动，涉及很多方面，如旅游活动的对象、旅游实现的方式方法、旅游活动的组织和管理、旅游效益、旅游行为等。因此，旅游科学形成了涵盖旅游资源学、旅游地理学、旅游生态学、旅游开发规划学、旅游经济学、旅游营销学、旅游管理学、旅游文化学、旅游社会学、旅游心理学、旅游美学、旅游法学等诸多分支的学科体系。

在旅游学科体系中，旅游资源学的地位尤为重要。旅游资源的研究程度在很大程度上决定了旅游学的研究水平。这是因为，旅游资源学的研究内容与旅游学科的几乎所有分支学科皆有联系，特别是共同支撑这些分支学科的一些基础学科，如地学、生物学、历史学、文学、美学、建筑科学、环境科学、技术科学、信息科学等联系紧密。所以，旅游资源被普遍认为是旅游业的基础，旅游资源学则可以看作旅游学的基石。

2. 旅游资源学是一门应用性学科

旅游资源学关于旅游资源的类型、数量、质量、分布及组合等方面的研究成果，直接为国民经济建设提供基础信息，为旅游资源开发与旅游规划提供理论基础和服务。旅游资源学的产生源于实践的需求，其发展也依赖于社会实践的进步。不仅理论上要发展，更要同应用紧密结合，解决实践中资源调查、分类、评价、管理和保护等方面存在的程序和方法问题，并提供具体成果。

3. 旅游资源学是一门分支学科

旅游科学是研究旅游活动及其变化规律的科学，其本身形成了一个独立而庞大的学科体系，涵盖了自然科学、人文社会科学、经济科学等诸多学科内容，而旅游资源学则是其中的一个分支。同时，旅游资源学又属于资源科学中部门资源学的一部分，是一个集自然科学、人文社会科学、经济科学为一体的交叉学科，能够解决其他相关学科所不能解决的问题，内容独特而又相对单一，是旅游科学中的一个独立领域。

4. 旅游资源学是一门综合性学科

旅游资源学不仅综合了资源学、地理学、生态学、气候学、地质学、环境学等学科中的自然科学知识，园林学、建筑学、开发学、历史学、考古学、美学、民俗学、文学等学科中的文化知识，还包括一些相关的经济学、管理学、社会学等社会经济科学知识，涉及面宽而复杂；从另一角度看，旅游资源学自身也包括旅游资源类型、旅游资源调查、旅游资源评价、旅游资源开发、旅游资源管理、旅游资源保护等知识，范围广，内容多。

(二)研究内容

人类研究旅游资源的出发点不外乎两个，一是对旅游资源这个客体的认识和了解；二是如何合理地利用和管理旅游资源，不断挖掘旅游资源的生产潜力，满足人类不断增长的旅游需求。因此，旅游资源学的研究内容至少应包括以下几方面。

1.旅游资源学的基础理论研究

旅游资源学的基础理论研究主要包括对旅游资源这一客观研究对象的科学界定和剖析，对旅游资源的基本特性、价值和功能的研究，以及系统分析各项影响因素对旅游资源的形成、空间分布、质量状况和开发利用的影响规律等。

2.旅游资源的形成机制及特征研究

不同类型的旅游资源具有不同的形成条件及过程。自然景观旅游资源主要是各种自然因素相互作用、相互影响、长期演化的结果。人文景观旅游资源则是特定社会、历史、文化条件相互作用的产物。由于各类旅游资源形成的条件不同，所处的发展时期也有差异，使旅游资源呈现出不同的特征和价值。对旅游资源形成机制的研究，可以让人类深入了解旅游资源的特征、差异性及科学价值，进而使人们在进行旅游资源调查、评价、开发利用和保护时，做到既科学、合理，又能最大限度地体现旅游资源的多种价值，获得最佳的综合效益。

3.旅游资源分类及分区：旅游资源空间规律研究

分类是人们认识事物的方法，旅游资源的科学分类是认识和研究旅游资源的前提与条件。通过分类，可以对各类旅游资源进行更详细的研究。只有进行科学的分类，才能进行广泛的横向对比，探讨旅游资源之间的差异及本质，提炼各类旅游资源的鲜明特色，有利于旅游资源和旅游景区的开发利用与保护建设。因此，旅游资源分类也是旅游资源研究的重要内容。要从有利于认识旅游资源的角度积极开展旅游资源类型划分方法、标准的研究，建立科学合理的旅游资源分类体系。

旅游资源分区是对客观存在的旅游资源区域所进行的逐级划分和归并。通过旅游资源分区，有助于全面认识把握区域的旅游资源特点、优势和开发利用方向，可为各地区合理开发利用旅游资源与因地制宜地发展旅游业奠定科学基础。因此，要研究中国和世界旅游资源分区的原则和方法，推动旅游资源的科学区划，以便更好地发展区域旅游。

4.旅游资源调查与评价：旅游资源的数量和质量特征研究

旅游资源分布广泛，形成原因多种多样。已开发的现实旅游资源，随着时间的变迁和开发措施的实施，自身的构成因素及其在周边环境中的地位不断发生变化；与此同时，随着人类生产力水平的不断提高和认识能力的增强，旅游资源的深度和广度都得到了拓展。因此，旅游资源调查工作显得十分重要。通过系统、全面的旅游资源调查，可以查明调查区域内可供利用的旅游资源的类型、赋存数量、空间分布，以及已开发旅游资源的利用程度及效益等情况，为旅游资源的综合评价、旅游资源的规划与开发、旅游业的发展提供决策依据。

在通过调查获得了旅游资源的基本情况之后，还需对旅游资源进行系统评价，以确定其是否值得开发、如何开发、何时开发、为谁开发及开发方向如何。旅游资源的评价是在旅游资源调查的基础上，对旅游资源的规模、质量、等级、开发前景及开发条件进行的科学分析和可行性研究。旅游资源的评价直接影响到区域旅游资源开发利用的程度和旅游地的前途及命运。因此，客观而科学地评价旅游资源是旅游区综合开发的重要环节。

旅游资源的调查与评价，是旅游资源开发的前提和基础。通过旅游资源的调查和评价，可以为开发过程制定明确的开发目标、拟定恰当的开发时序、突出准确的开发重点和选择合理的开发方式，提供可靠的依据。因此，应加强旅游资源调查与评价的程序、方法及内容体系的研究，为旅游资源调查及评价实践提供理论指导。

5. 旅游资源的开发研究

作为旅游经济收入的来源，旅游资源必须经过有意识地开发成为旅游产品，才可使其潜在的价值转化成现实的社会经济优势，发挥其经济和社会文化效益；必须通过开发利用吸引游客，才能发挥旅游资源的多种功能和作用。随着旅游业的发展，旅游者逐渐增多，游客需求多样化、个性化趋势日益明显，只有对已被利用的旅游资源进行深层次开发，或开发未被利用的旅游资源，才能不断地满足旅游者的需要，确保旅游业的持续发展。因此，旅游资源学要研究旅游资源开发的模式、原则、内容、程序和方法，促进旅游资源科学、合理的利用。

6. 旅游资源的保护和可持续利用研究

旅游资源和资源环境是旅游活动的对象，旅游资源的特色和永恒存在是旅游业赖以生存与发展的基础。然而，旅游资源是有限的。目前，旅游业已成为世界公认的大产业，但由于早期受旅游业是“无烟工业”等认识误区的影响，在旅游业一派繁荣的同时，旅游资源业已遭到了严重破坏。正如《可持续旅游发展宪章》所说，“旅游具有双重性，一方面能够促进社会经济和文化的发展；同时，也加剧了环境损耗和地区特色的消失”。因此，保护旅游资源和旅游环境是旅游业可持续发展的根本保证。

旅游资源学应该以生态理论、可持续发展理论、人地关系理论为基础，研究生态环境的承载力、造成旅游资源破坏的原因及保护对策、旅游资源可持续利用的方式、方法，纠正旅游业是“无烟工业”的不合适的提法，保持旅游资源特色，真正树立起旅游业可持续发展的新观念。

二、旅游资源学的形成与发展

(一)旅游资源学的形成

在旅游学科体系中,旅游资源学形成较晚。但在相关学科的理论部分或个案研究中,国外旅游地学方面的学者曾较早涉及旅游资源的研究,如1938年卡尔逊(A. S. Carlson)对新罕布什尔州自然景观旅游资源进行的描述,并根据资源的差异对该区域进行了划分。其他著作如Tanner的《水资源与旅游》(1973)、Goodall的《植被环境与旅游》(1975)、Manfred等的《以马尔代夫为例,海岛环境的旅游资源开发》(1985)等。在国外旅游地学的研究中,对旅游资源的开发、利用主要是从旅游吸引物的角度加以考虑的。

中国的旅游资源学是随着中国旅游业的发展而兴起的一门新的学科。但有关中国旅游资源知识的记载,却可以追溯到非常久远的时期。例如,先秦时期的《山海经》系统地记载了当时全国范围内26个山区451座名山,并指出有"游乐之山"和"游戏之山"的区别。战国时期的《尚书·禹贡》以简洁的文字,从山河、资源、物产、民族、贡品、道路的地域分布,到交通线路和运输工具的选择,都做了描述,成为中国古代早期记述旅游资源的最有代表性的作品。中国早期的旅游资源的研究,以对旅游资源的描述为主。

中国的旅游业起步是在20世纪80年代,而在此之前尚未出现真正作为产业的旅游业,因此对旅游资源也不存在较为系统的研究。直到20世纪70年代末80年代初,我国才相继出现了部分地理学家投身于旅游资源的研究,且主要集中在旅游资源的分类、评价方面。郭来喜、陈传康、陈安泽、卢云亭等是中国旅游资源学研究的开拓者,此后又相继出现了一批活跃在旅游资源开发利用研究上的青年学者,如保继刚、吴必虎、陆林、楚义芳等,他们运用地理学的理论与方法,为旅游资源调查、评价、规划和开发初步构建了旅游资源学的框架。从掌握的不完全的研究成果来看,这一时期的研究,无论是理论还是实用层面,都还不能算是对旅游资源学的系统研究。

(二)旅游资源学的发展

随着旅游业的发展,旅游开发在世界各地大规模的开展。同时,受可持续发展观念的影响,对旅游资源的适宜性及系统开发日益重视,旅游资源学的研究获得了可喜进展。

在国外,旅游资源学研究发展主要集中在旅游资源的系统评价方面,如1969年加拿大在土地调查中提出的游憩资源评价系统、1974年英国科波克等人提出的旅游资源评价系统,以及1975年美国土地管理局的土地供游憩活动适宜性评估系统。

中国旅游学界对旅游资源的系统研究，如果以北京旅游学院筹备处旅游地理研究室1981编著的《旅游资源开发与观赏》为开端，迄今为止，已有三十余年的历史。在这期间，我国涌现出许多有关旅游资源研究的丰硕成果，如1987年孙尚清主持完成的"旅游资源经济发展战略研究"的子课题"旅游资源及其评价"研究、1992年中国科学院资源与地理所完成的"中国旅游资源普查分类"研究、1992年楚义芳提出的"中国观赏性旅游地的综合指数"研究、1998年国家旅游局完成的"中国优秀旅游城市"评价体系研究、2002年《地理学报》发表的国家自然科学基金"九五"重点项目成果——郭来喜、吴必虎等主持的"中国旅游资源分类系统与类型评价"研究成果、2003年国家质量监督检验检疫总局发布的国家标准《旅游资源分类、调查与评价》(GB/T 18972－2003)，等等。

与此同时，国内相继出现了大批旅游资源学及与之相关联的著作和教材，其中具代表性的旅游资源学著作和教材主要有：《旅游资源学》(杨桂华等，1994)、《旅游资源学》(苏文才，1998)、《旅游资源学》(丁季华，1999)、《旅游资源学》(高曾伟，2002)、《旅游资源学》(鄢志武，2003)、《旅游资源学》(郑耀星，2009)、《旅游资源学》(吴国清，2009)等；与旅游资源学相关联的著作和教材主要有：《旅游地理学》(保继刚、楚义芳等，1993)、《旅游资源与开发》(肖星、严江平，2000)、《旅游资源与开发》(甘枝茂、马耀峰等，2000)、《中国旅游资源概论》(肖星，2006)、《旅游资源与开发》(杨桂华、陶犁，2010)、《旅游资源开发及管理》(马耀峰，2010)、《旅游开发与规划策划案例研究》(肖星，2010)等。

三、旅游资源学的学科特征与研究方法

(一)学科特征

1. 综合性和边缘性

旅游资源学涉及面宽而复杂，综合性、边缘性明显。因此，在研究过程中，要综合借鉴和运用相关学科的有关原理和方法，构建涉及旅游资源形成、特点、分类、开发和保护等一系列内容的旅游资源学理论体系，推动其全面、和谐、健康发展。

2. 现实性和预测性

旅游资源学是适应旅游资源的合理利用和旅游业的发展而产生的，但旅游资源学的内容也针对旅游资源利用中存在的问题进行研究，旅游环境污染、旅游容量、旅游资源保护都是目前旅游资源学研究的重要课题，这就是旅游资源学研究的现实性特点。同时，社会是在向前发展的，人类的需求也在不断发生变化，旅游资源的特性和价值也必定随着社会的发展而变化。因此，研究旅游资源问题必须能够正确估计旅游资源发展的趋势，预测社会发展及需求的变化将会给

旅游资源带来的影响，这就要求旅游资源研究具有一定的预测性，以便能更好地指导旅游资源的开发利用。

3. 区域性和全局性

旅游资源存在于特定的地理环境中，是地理环境的重要构成要素。旅游资源存在着很大的空间变异性，不仅自然景观旅游资源存在区域差异，人文景观旅游资源也同样存在区域差异。因此，在研究旅游资源时必须对区域内旅游资源进行深入细致的研究，掌握各地旅游资源的特点和优势，因地制宜地利用旅游资源，充分发挥旅游资源的特色和优势，根据区域特点和市场需求开发出旅游精品。

旅游资源不仅属于我们当代人，而且也属于子孙万代，旅游资源开发利用对其周围的旅游资源，乃至开发地及周边地区的社会经济发展有可能造成不良影响，这就要求旅游资源学要注意从全局性的角度开展有关理论和实践方面的研究，为旅游资源的持续开发利用提供理论基础。

(二)研究方法

1. 野外调查

野外调查是旅游资源评价、开发规划及合理利用与保护的基础工作。旅游资源类型复杂多样，总是分布在特定的区域中，各自有其形成演化规律与进程。要认识旅游资源的类型与特色、分布与组合、优势与限制，揭示旅游资源的价值与功能、形成与演化，就必需深入实地进行调查。尤其是自然景观旅游资源，是由地质、地貌、气候、水文、生物等多种自然因素综合作用的结果，更要深入调查资源所在地域自然环境，充分认识资源的特色和价值，了解各种要素对旅游资源形成、特色的作用和影响，进而提出符合可持续发展要求的利用与保护策略。野外调查主要包括三个方面的内容：①调查了解区域旅游资源形成的背景条件（地貌、水文、生物、气象气候、历史等），找出其整体特色及内在联系；②旅游资源属性（具体特征）调查；③旅游资源开发条件（社会经济等方面）的调查。

2. 社会调查法

社会调查是对社会现象的观察、度量及分析研究的活动。利用社会调查，可以直接在现实的社会生活中系统地收集文物古迹、城乡风貌、民俗风情、宗教文化、文学艺术、美食购物等人文景观旅游资源材料，然后依据在调查中所获得的第一手资料来分析和研究人文景观旅游资源现象及其内在的规律，这样有利于人文景观旅游资源的合理利用和保护。此外，旅游资源开发决策过程中客源市场的定位与分析，以及旅游资源开发地区的社会经济、社会环境容量等方面，都必需进行深入的社会调查，以制定科学的旅游资源开发规划。社会调查可根据不同目的采用座谈访问、参与观察、社会测量、随机抽样等不同方法进行。

3.历史分析法

研究人类发展的历程及遗存，了解人类过去的生活环境、社会生活水平，都要采取历史分析的方法。在人文景观旅游资源中，有不少是人类社会各个历史时期有关生产、生活、军事、宗教、文学、艺术等方面的文化遗产，它们与当时的社会、经济、军事、文化、生活环境和生活水平密切相关，甚至一些自然景观旅游资源也打上了很深的历史文化烙印，具有强烈的时代性、地域性、民族性。因此，对它们的研究，只有采用历史分析方法，了解它们的产生原因、发展与演化过程，才能深入认识其历史价值和文化价值，对其利用做出正确科学的决策。

4.统计分析法

实地收集的第一手资料和收集到的第二手资料(前人的工作资料)往往比较杂乱，难以形成精确的、全面的认识。通过对一些可以量化的资料及数据，例如面积、温度、速度、数量、种数等，可先分类，再上机处理，从量上初步得到一些有关规律性、精确性、预测性的统计分析资料，进而对研究区内的旅游资源可形成一个较全面的认识，这样就能更好地把握研究区的总貌、重点、资源特色、旅游价值、环境容量等。

5.区域比较法

区域比较法是将所比较的区域从整体、内部各要素之间的联系等方面加以对比，从而发现区域优劣势、问题及不足的一种行之有效的方法。不同的旅游资源和不同的旅游区，具有不同的美学特征。采用区域比较法对不同地区的旅游资源进行比较、分析和评价，可从中找出各地区旅游资源的地域特色，有利于区域旅游开发规划扬长避短，发挥各地的旅游资源优势，防止低水平的重复开发和旅游产品趋同，避免造成资源和资金的浪费及恶性竞争。

6.地图法

直观形象、信息丰富的地图让旅游资源的分布一目了然，有利于研究者认识旅游资源和旅游区之间的空间关系，减少野外调查工作量，为旅游资源的分析评价提供方便。同时，将调查区旅游资源的类型、分布、开发现状等描绘在地图上，编制出旅游资源分布、开发规划等地图，以供决策者使用，是旅游资源开发研究者的任务之一。总之，研究者应在可能的情况下，充分利用各种地图，亲自动手编制各种地图，以促进旅游资源的研究。

7.遥感技术的应用

遥感是不接触目标物而探测其性质、形态和变化规律的综合技术。遥感技术应用于旅游资源调查最大的优点在于其视野广阔、整体性强、信息量大、真实客观、成本较低、工作速度较快，可以节约人力、物力、时间，提高工作效率。尤其是能在高山密林、悬崖峭壁、人迹罕至、常规方法无法到达和穿越的地区进行调查测量，能发现在野外调查中不易发现的景点。遥感一般有航空遥感和航天遥感之分，目前以大比例尺的远红外航片和卫片的效果较好。

第三节　旅游资源学与相关学科

一、旅游资源学与旅游学及分支学科的关系

旅游资源学作为旅游学的一门分支学科，与旅游学的关系极其密切。

旅游学是研究旅游活动及其所引发产生的各种现象与关系的的科学，研究内容主要包括旅游主体、旅游客体、旅游媒体及三者之间的关系。旅游活动是一种综合性的社会现象，它涉及自然的、经济的、社会的、法律的诸多因素。所以，旅游学研究的范围很广，与多种学科关系密切，如资源学、地理学、经济学、管理学、美学、社会学、心理学、法学等，其中每一种学科的理论同旅游学相结合，便形成了旅游资源学、旅游地理学、旅游经济学、旅游管理学、旅游美学、旅游社会学、旅游心理学、旅游法学等分支学科。旅游学是对旅游活动最一般规律的概括和总结，以各分支学科的研究为基础，旅游学的发展依赖于各分支学科理论和实践的发展。反过来，旅游学有关旅游活动的基本原理和基本规律适用于一切分支学科。

旅游资源学是专门研究旅游资源的类型、形成、分布、组合、评价、开发、管理与保护的一门学科，其研究对象是旅游资源，属于旅游学研究内容的一个侧面。因此，旅游资源学是旅游学的分支学科，与旅游学是部分与整体的关系。旅游学的基本原理为旅游资源学提供理论支撑，其研究为旅游资源学的研究提供指导。例如，在旅游学中，旅游主客体及其二者相互转化原理，是认识、开发各类旅游资源的重要依据，离开对旅游学原理的总体把握，旅游资源学将成为无源之水、无本之木。

旅游学的其他分支学科分别从地理、经济、管理、美学、社会、心理、法律等角度去研究旅游活动，即各自以不同的侧面阐述现代旅游活动这一复杂的社会现象，探讨旅游与有关学科结合的特点和规律。旅游学的各分支学科相互间属于平行学科。但从各自的研究对象和研究内容来看，旅游资源学与它们有着或多或少的联系。无论旅游活动的经济角度的研究，还是其社会学、心理学方面的成果，都对人类旅游活动与旅游资源及其要素的研究具有重要的参考价值。

二、旅游资源学与资源科学

旅游资源学属于资源科学的研究范畴。资源科学是为解决或缓解人与资源之间的关系，由自然科学、社会科学和工程技术科学相互交叉、相互渗透、相互结合产生的学科领域。资源科学的主要分支学科可分为三种类型（见图1－1）：第一种是学科性的理论研究，即综合资源学；第二种是个体资源研究，即部门资源学。前者较为成熟的分支学科主要有资源地理学、资源生态学、资源经济学、资源物理学和资源法学，后者较为完善的分支学科主要有气候资源学、生物资源学、水资源学、土地资源学、矿产资源学、海洋资源学、能源学和旅游资源学。第三种是区域资源学，它是综合资源学与部门资源学在具体时空的结合。显然，旅游资源学在资源科学中属部门资源学，与土地资源学、生物资源学等同为资源学的平行分支学科。

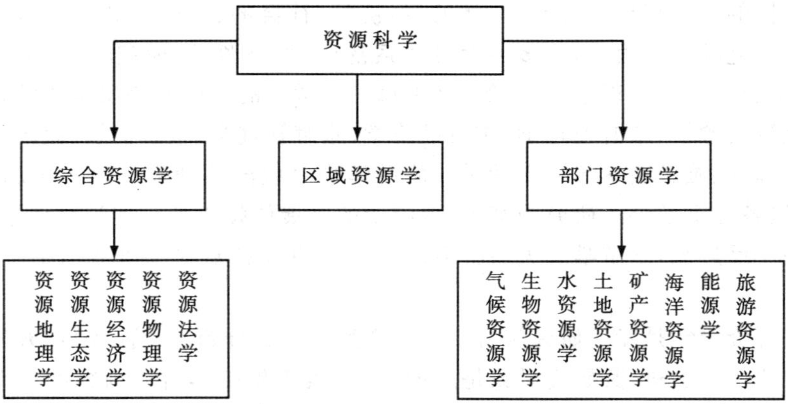

图1－1 资源科学的主要分支学科

三、旅游资源学与其他学科的关系

旅游活动涉及的内容极其广泛，旅游资源也有自然景观和人文景观之分，是一个庞大的体系。旅游资源的研究要涉及诸如地理学、气象气候学、园林学、建筑学、民俗学、历史学、景观生态学、宗教学等其他许多学科的知识。学习、掌握这些相关学科的基本知识和基础理论，有利于对旅游资源理论的理解和掌握。

第四节 旅游资源的形成机制

一、自然景观旅游资源形成的基本条件

(一)地球圈层为自然景观旅游资源形成提供了基础和空间

地球表层是由岩石圈、生物圈、水圈和大气圈等不同特征的圈层组成的。岩石圈在地球演变的历史进程中,记载着地球形成以来古地理环境的演变、构造运动、岩浆与火山活动,形成了岩浆岩、火山岩、变质岩、沉积岩、混合岩等层状岩石和岩体,产生了褶皱、断层、构造活动带、火山地震带,为喀斯特等各种奇妙深邃的地质旅游资源及"桂林山水"等千姿百态的地貌旅游资源提供了坚实基础和空间;生物圈中分布着植物、动物、微生物等丰富的生物种类和群落,为自然保护区、森林公园、野生动物园等对旅游者极具吸引力的生物景观旅游资源奠定了雄厚的基础和建立空间。水圈中的海洋、冰川、河流、湖泊、瀑布、涌泉等多种水体类型及各自伴生的景观为水体旅游资源提供了广泛的基础和空间;大气圈为大气环流、瞬息万变的气象旅游资源和温湿凉热的气候旅游资源准备了广阔的基础和空间。

(二)地壳运动和风化侵蚀等地质作用构成了自然景观旅游资源形成的原动力

地质作用可分为外营力作用和内营力作用。内营力作用表现为地壳运动、岩浆活动和地震等形式,外营力作用表现为风蚀、剥蚀、搬运、堆积等形式。地球的内营力是决定海陆分布、岩浆活动、地势起伏等的力量,决定着一个地区的地壳结构及地层、岩石、地貌形态等地质构造特征,进而一定程度控制着自然景观旅游资源的类型与形成。如由于地壳运动,在太平洋板块与亚欧板块的俯冲带,形成了阿留申群岛—日本群岛—琉球群岛—菲律宾群岛岛弧带,造就了海洋、岛屿、火山、温泉等自然景观。断块隆起形成了华山山地景观,断裂下陷形成了断陷构造,然后积水形成了青海湖断陷湖泊景观。火山作用形成了现代火山地貌、地热景观,如五大连池等。外营力作用在不断改变着地表形态,形成一些不同于内营力作用的地貌,影响着一些自然景观的形成,如搬运沉积作用形成的沉积地层,对涌泉、瀑布景观有一定的控制作用。风蚀、水蚀、冰蚀和岩溶等作用控制着雅丹地貌、冰川地貌、喀斯特地貌和千奇百怪的冰蚀景观等旅游资源的形成。

内营力和外营力交替作用,塑造出了千姿百态的地表形态及苍山翠岭、流泉

飞瀑、古树名花等景观，这些千差万别的景致交相辉映，使自然景观旅游资源成为一个丰富多彩的旅游宝库。

(三)自然地理要素的地域组合与分异决定了自然景观旅游资源的形成和特质

在地球表层，每个地域或地点的自然地理要素相互联系相互制约，组合形成了内部相对一致性的有机整体。自然景观旅游资源是这些要素共同作用的结果，具有地域的特质。受它们的共同影响，任何要素的变动都必定引起自然景观旅游资源的变化。地域或地点位置不同，其自然地理要素也不一样，地域的整体性不同，自然景观旅游资源也各具特质。而自然地理各要素在一定地域或地点的组合是由自然地理环境的地域组合规律决定的。

自然地理要素不仅具有组合规律，而且遵循地域分异规律。由于受太阳辐射按纬度分布不均匀与形成的自然带等许多现象纬度地带性分异及地球内能作用形成的海陆分布、地势起伏、岩浆活动等非地带性分异的影响，地表形成了全球性、大陆性、海洋性、区域性、地方性的千姿百态的自然景观旅游资源。

(四)自然要素的地域差异与整体性形成了自然景观旅游资源的特色

自然要素的地域差异是旅游资源形成的基本条件。地球表面的水体有海洋、冰川、河流、湖泊、瀑布、涌泉等多种类型。这些水体类型或水量不同，或形态不同，或分布不同，或成因不同，或水质及成分不同，或运动形式、强度不同，等等，它们与地质、地貌、气候、植被等因素相结合，形成了各具特色的水域风光旅游资源，如世界最宽的美、加交界的尼亚加拉大瀑布，形状、成因特殊的我国黑龙江省的五大连池。气候作为某一地区的多年天气综合特征，其差异性或特殊性经常造就特色鲜明的自然景观旅游资源。有些特定时空下的康乐气候环境和天象奇观成为一定区域的代表性的旅游资源，前者如避暑胜地庐山、北戴河，避寒胜地海南三亚、印尼巴厘岛等；后者如吉林雾凇、黄山云海、峨眉佛光、蓬莱仙境(海市蜃楼)等。由于太阳辐射强度分布不均、海陆分布、大气环流、巨型地貌形态、地势等因素的影响，所造成的气候差异性形成了从低纬的热带雨林到高纬的苔原带、从近海的阔叶林景观到内陆的干旱荒漠景观、从低海拔到高海拔的立体自然景观。生物具有多样性和差异的适应性，使不同地理环境下生存的植物群落或动物群落，如热带雨林、常绿阔叶林、针阔混交林、针叶林、苔原植被、荒漠植被等各种植被景观，存在着明显的地域差异，也同样形成了独具特色的旅游资源。

单项自然地理要素的差异虽然很显著，但这种差异是在一定区域综合自然地理环境下形成的，并与其他自然地理要素的特征构成了地域的整体性。整体性是地域各要素内部的一致性，但相对于其他区域，则属于地域的特色和差异性。区域地理环境状况的整体性，形成了区域自然景观旅游资源最显著的特色。

(五)圈层的交互发展、地理环境变迁及生物演化丰富了自然景观旅游资源的多样性

地球各圈层在交界处没有明晰的界限，而是相互渗透、相互影响，形成了不同于圈层内部的自然地理环境和自然景观旅游资源，同时地球圈层自身的发展和演变也滋生和蕴藏着“新”的自然景观旅游资源，增加多样性。

在地球历史的演变进程中，生物的演变是它的重要内容。由于地理环境条件的不同，生物种群随着地质历史的发展也在不断地演化，生物由低级到高级、由简单到复杂不断地进化着。生物种类不断增多，变得更为复杂。多种多样的生物群体形成了地表最有特色、最生动的外部特征，也构成了丰富多彩的自然景观旅游资源的娱乐环境和观赏游览对象。而一些古生物则因地质历史环境的变迁而灭绝，其遗体或遗迹保存在地层中，成为重要的旅游资源。另一些动植物在特定的条件下生存下来，成为再现古地理环境和研究古生物演变的“活化石”，如大熊猫、银杏、水杉等成为重要的观赏性动植物。为保护这些珍稀动植物而建立的各类自然保护区，已成为科学研究和旅游开发的重要场所。

二、人文景观旅游资源形成的基本条件

(一)丰富的历史遗存

人类发展的历史悠久，经历了不同的社会阶段，各个阶段形成了特定历史条件下的生产力发展水平和社会生活方式，其时代思想和智慧深刻地渗透到古人类遗迹遗址、建筑、雕塑、壁画、文学艺术、伟大工程、帝王寝陵、名人故居等方面。这些历史遗存是不同时期政治、经济、科技、社会、文化等的见证，是古代人类文明的珍贵遗产，蕴含着丰富的信息和价值，能激发游人的兴趣，特别是引起“好古凭吊”旅游者的关注，成为他们观赏考察的对象。许多地方也凭借文物古迹的强大吸引力而成为人们游览的热点。如周口店“北京猿人”遗址和陕西半坡遗址等包含有许多古人类的原始部群聚居、活动遗址、生活用具与生产工具、原始艺术及墓葬等，将人类文明的历史追溯到距今几万年以前，对于了解人类进化和社会发展具有重大意义，成为重要的人文景观旅游资源。历史上许多国家和地区留下了众多的帝王陵墓，如中国的秦始皇陵、明十三陵，印度的泰姬陵，埃及的金字塔等，因其工程浩大，建筑恢弘，文物价值极高，成为猎奇者的主要对象。最能反映时代风俗和文化特点的建筑及城墙、堡垒、楼阁、殿堂、桥塔亭榭、雕刻、古都、名人活动和重大历史事件的遗址遗迹等，更是现代重要的旅游资源。其他如石碑、水利工程、神话传说所依托的地点或建筑，也都以其独特的价值成为旅游资

源的一部分。

(二)显著的地域文化差异

社会文化是一定地域的人群根据其所在的地理环境,利用群体智慧创造形成的物质、制度、思想、生产生活方式等的总称。由于人群生活的地域环境不同,对环境的看法和利用自然的方式也不同,社会文化也因此有很大的差异。社会文化的显著差异形成一居住地对于另一地人群的神秘感,从而导致旅游者从一地向另一地移动。因此,不同地域、不同社会形态、不同民族的社会文化差异,是人文景观旅游资源形成的又一重要原因。

文化是一个很广泛的概念,社会文化差异也具有十分丰富的内涵,既包括不同民族间在生产方式、生活习俗(民居、饮食、服饰等)、民族礼仪、神话传说、歌舞盛会、节日庆典等方面的差异,也包括不同国家和地区人们(不管民族相同或不同)在生活方式、生产习惯乃至城镇布局、建筑风格等方面的差异,都是极具特色和开发价值的重要旅游资源。

(三)深厚的宗教文化

宗教是一种特殊的社会文化现象,作为一种意识形态具有的强大感召力,分布广泛,传播迅速,对世界经济、政治及社会生活产生了极为深刻的影响。

目前世界性的宗教有佛教、基督教和伊斯兰教,分布于全球各地,与所传入地区的地域特点相结合,又衍生出许多分支。共同的宗教信仰把散居在不同地域的同一宗教的信徒联结成一个紧密的整体。基于对宗教的敬仰和对宗教圣地的向往,宗教信徒以“朝圣”为主要目的的空间上的流动形成了较早的旅游活动。宗教建筑、雕塑、壁画等宗教艺术不仅对于众多的教门弟子有着极强的吸引力,而且以其极高的美学价值和庄严隆重且颇具神秘感新奇感的宗教活动,成为广大非宗教信徒的重要游览对象。甚至在一些宗教历史悠久、宗教影响力较大的地区,这种非宗教朝拜目的的旅游者数量也已大大超过宗教信徒。因此,宗教文化是人文景观旅游资源的重要组成部分。

(四)社会的创新

社会是不断向前发展的,也是不断有所创新的。随着社会自身的发展进步,旅游市场需求的扩大和多样化,为适应一定的市场需求,新的旅游景观在不断形成。如一些生产和商业场所、文教单位、科研基地、体育胜地场所、现代设施、各类城市建筑等原来的非旅游场所业已开辟为旅游景点,具备了旅游资源的属性。同时,随着旅游资源范畴的不断扩大,为满足各类旅游者多方面需求而创造的大量人造景观(如在有客源市场保障的前提下对其他地区的一些建筑实体或游乐场的仿建,对历史遗迹的复原和历史事件、神话传说的再现,或是根据当今旅游者的偏好进行旅游新景观的设计创意等),已成为一项新型的旅游资源。此外,随着某一社会历史事件或人类对自然的多角度发现，原本已存在的某些自然实体被赋予了新的社会文化价值，从而形成更新层次上的旅游景观资源。如由于电影《廊桥遗梦》的成功上映，而使曼德逊大桥一时名声大噪，成为旅游热点。社会在进步，社会的创新也必将造就越来越多新的旅游资源。

复习思考题

1. 旅游资源的基本概念和主要特性是什么？
2. 你是如何理解旅游资源学的学科性质和特征的？
3. 旅游资源学的研究内容主要包括哪些方面？
4. 旅游资源学的研究方法有哪些？
5. 旅游资源学与旅游学、资源科学等学科有什么关系？
6. 自然景观旅游资源形成的基本条件包括哪些方面？
7. 简述人文景观旅游资源的主要成因。

参考文献

1. 肖星，严江平. 旅游资源与开发[M]. 北京：中国旅游出版社，2000.
2. 石玉林. 资源科学[M]. 北京：高等教育出版社，2006.
3. 陈国生，黎霞. 旅游资源学概论[M]. 武汉：华中师范大学出版社，2006.
4. 吴国清. 旅游资源学[M]. 北京：清华大学出版社，2009.
5. 鄢志武. 旅游资源学[M]. 武汉：武汉大学出版社，2003.
6. 郑耀星. 旅游资源学[M]. 北京：中国林业出版社，2009.
7. 丁季华. 旅游资源学[M]. 上海：上海三联书店，1999.
8. 高增伟，卢晓. 旅游资源学[M]. 4 版. 上海：上海交通大学出版社，2007.

第二章　旅游资源的创新

学习目的

与一般的经济产业相同，旅游业也需不断创新才能得以生存发展。旅游资源创新是旅游业发展的基本动力。通过本章学习，应理解旅游资源创新的概念，了解旅游资源创新的必要性和意义，熟悉影响旅游资源创新的因素，掌握旅游资源创新的原则、内容和方法。

主要内容

- 旅游资源创新与旅游的发展
- 旅游资源创新的概念　旅游资源创新的必要性　旅游资源创新的意义
- 影响旅游资源创新的因素及旅游资源创新的原则
- 旅游资源创新的内容与方法

第一节　旅游资源创新与旅游的发展

一、旅游资源创新的概念

(一)创新

创新的原意有更新、创造新的东西和改变等三层含义。将“创新”一词引入经济领域的是美国哈佛大学熊彼特教授。他在1912年出版的《经济发展概论》中提出，创新是建立一种新的生产函数，将生产要素和生产条件进行新的组合并引入生产体系的活动，包括产品创新、工艺创新、市场开拓创新、生产要素创新和制度创新五个方面。之后，美国的德鲁克在20世纪50年代把创新引入管理领域，创建了管理创新的概念，认为创新就是赋予资源以新的创造财富能力的行为。现在创新更扩展到了社会的方方面面，其内涵也越来越丰富，如技术创新、产业创新等。

创新理论认为经济创新包括以下五种情况：一是获取和使用新的原材料；二是采用新的技术或生产方式；三是开辟新的市场；四是引进新的产品；五是创建新的组织。现在一般把创新活动大致分为三类，即技术创新、组织创新和制度创新。

创新是经济发展的一个内在因素，是人类社会经济发展的基本推动力量。与一般的经济产业相同，旅游业也需要不断创新，才能得以生存发展。旅游研究者、旅游业从业人员应积极探讨旅游业及旅游资源的创新，推动旅游活动质量及旅游业发展水平的提高。

（二）旅游资源创新

那么，旅游资源究竟能不能创新？一些旅游学者为此对旅游资源创新这一命题进行了深入的探讨和研究。钟海生(2000)认为旅游资源的科技创新是旅游科技创新最基本和最重要的领域，戴光全(2001)阐述了旅游资源创新的理论基础，李红强(2008)认为旅游资源创新是旅游景区实现可持续发展的必由之路，汪宇明等(2010)认为旅游资源是游憩需求变化与科技进步的函数，李庆雷(2012)提出了旅游资源可拓性的概念，这些研究为旅游资源的创新提供了理论依据。

什么是旅游资源创新呢？戴光全认为旅游资源创新的内涵包括旅游资源的认识创新和实践创新两个方面，认识创新又包括形成机制创新、资源特色创新、美学特征创新、资源分类创新、资源评价创新、资源利用方向创新；实践创新则包括旅游规划创新、经济效益创新、生态效益创新、社会效益创新。郑群明认为广义的旅游资源创新包括两方面的内容：一方面是旅游资源本身的创新，如旅游资源范畴的拓展、新型旅游资源的发现等；另一方面是旅游资源开发利用创新，如旅游资源由单一的开发利用方面转化成综合利用方式、单一产品开发转向多种产品开发等。李庆雷认为旅游资源的可拓性即潜力，既指其深度内涵的发掘，亦指广度关系的勾联。但这些概念仅是从内容构成的角度对旅游资源创新作了描述。

结合旅游资源这一具体事物的特殊性，本教材认为，凡是能增加现有旅游资源的价值或吸引力的一切因素和现象，皆属于旅游资源创新。

二、旅游资源创新的必要性

(一)旅游资源创新是旅游资源形成条件变化的要求

自然界是一个动态的巨系统,形成自然景观旅游资源的自然环境及自然要素等自然条件是在不断变化的,如地震、火山爆发和气候变化等。自然条件的变化会产生新的自然景观旅游资源,导致变化地域的旅游资源类型、构成、组合及适宜性、价值、功能的变化,要求旅游开发者及旅游研究者及时进行调查,以丰富现有的旅游资源,并研究新资源的特征,分析新资源对所在地及相关区域带来的影响,探讨现有资源的新价值及利用的拓展和升级。

人类社会本身是不断发展变化的,新的现象、新的事物层出不穷,也必然导致新资源的产生,也需要人们不断去发展、不断去研究、不断去补充。

(二)旅游资源创新是旅游市场需求变化的客观要求

人类旅游需求本身是发展变化的。在不同的历史发展阶段,由于受认知视野的局限,人类的旅游偏好、时尚会有所侧重,也导致对旅游资源认知的侧重点不同。在很多情况下人们会用传统的视角去认定旅游资源的种类和价值。不过,旅游业自诞生到现在已经百余年了,现代旅游者的基本动机和需求与过去的旅游者相比已经发生了显著的变化,生活在信息社会中的现代人旅游需求更加复杂化、个性化和多样化。旅游需求由早期的观光游览转型为多功能复合型,旅游者的旅游目的更多地是寻求新的体验和经历。旅游者群体规模也已扩大,并向大众化、多阶层方向发展,旅游的自主性增强。发展变化着的市场需求客观上要求旅游开发和旅游研究能够根据人类需求发展的动向,及时、准确地调整认知旅游资源的视角,不断去拓展新的旅游资源或研究、认识传统资源中的新旅游价值,对旅游资源进行创新,更新和催生其吸引力,以保持它对旅游市场源源不断的吸引力。例如,杭州市前些年开发的100处社会旅游资源,就包括了社区居委会、敬老院、幼儿园、派出所、监狱、丝绸厂等这些原本多半不属旅游资源范畴的类型。显然,它们的推出,丰富了杭州旅游资源的数量和结构,提升了杭州旅游的吸引力。

(三)旅游资源创新是景区可持续发展的基本途径

从可持续发展的要求来看,景区要实现健康快速的发展,必然要进行不断的旅游产品创新以避免衰落,这是景区生存发展的基本途径。而旅游产品的创新依赖在不同发展阶段开发、保护和创新不同的旅游资源,丰富和优化旅游产品的结构。旅游资源创新是景区可持续发展的物质基础和旅游生产力增长的潜力所在。

（四）旅游资源创新是提升旅游业发展水平的基础条件

一般认为，旅游业由住宿餐饮业、交通业、旅行社业、景区景点业和娱乐业构成，为旅游者的旅游活动提供食、住、行、游、娱、购等“六大要素”的服务。为了丰富旅游者的旅游活动，使旅游者在旅游过程中获得满意和最大的收益，旅游业应当不断深化和丰富旅游服务的项目内容、形式、方法、组织安排，改变“走走看看、玩玩乐乐”的低层次水平重复现象，向旅游者提供更高层次的旅游体验和经历。不过，由于许多旅游服务内容涉及旅游资源，旅游体验和经历的深化与丰富只有通过对旅游资源进行创新才能得以实现。因此，对于一个区域来说，旅游资源创新是提升旅游业发展水平和旅游产品竞争力的基本途径，要用发展的眼光和不断变化的视角，去发现新的有价值的资源，去重新探索传统资源的新价值、新功能。

三、旅游资源创新的意义

（一）有助于满足不断增长的旅游市场需求

随着旅游产业的迅速普及，旅游者的出游能力快速增加，传统旅游产品和旅游吸引物将越来越不具有吸引力，旅游资源创新将完善旅游地的吸引力体系，满足游客更多、更高层次的新的旅游需求。

（二）有助于增强旅游地的发展潜力

旅游地生命周期理论认为，通常情况下旅游地具有一定的生命周期，随着旅游地的深入开发，旅游产品将逐渐被完全推向市场，旅游者将由少而多、再由多而少，旅游地也将走向衰退和没落。通过旅游资源的创新，可以重新为旅游地注入新的活力，使之重新获得吸引力，走向旅游地生命周期的复苏阶段，从而增强旅游地的发展潜力。

（三）有助于丰富旅游产品

旅游目的地旅游产品的推出无一例外地依托于当地的旅游资源，当原有旅游产品长期保持“老面孔”，即缺乏创新后，由于旅游市场的需求仍在不断增长，旅游者就必然会流向拥有新产品的其他旅游目的地。所以，旅游目的地唯有通过旅游资源创新，经常推出新的适销对路的旅游产品，激发旅游地的活力，保持对旅游市场的吸引力，才能确保自已长盛不衰。

（四）有助于实现旅游业的持续发展

可持续发展是旅游业的内在要求，而旅游资源总体上是有限的，如果不对其进行不断的创新和创造，旅游业的“朝阳”终究会变成“夕阳”。只有多角度、多层次、多渠道、多类型地拓展旅游资源的内涵，丰富旅游资源的类型，创新旅游资源的开发，才能保持旅游业的生命力，使得旅游业的“朝阳”永不衰落。

第二节 旅游资源创新的原则与影响因素

旅游资源的创新是旅游开发实践对传统旅游资源理论的突破，也是对旅游资源理念的创新。旅游资源创新活动是由旅游资源研究者或开发者来完成的，它必须遵循一定的原则。同时，由于人与人之间的知识文化素质、思维能力存在一定差异，面对相同的旅游资源，不同的人会有自己独到、甚至相去甚远的见解和思路，在开展旅游资源创新活动时，要搞清楚哪些因素会对其产生影响。总的说来，在旅游资源创新活动中，旅游资源研究者或旅游开发者、旅游资源状况及旅游市场需求状况这三个因素十分重要，会对创新的质量产生重要影响。

一、旅游资源创新的原则

（一）特色原则

旅游资源的创新就是使旅游资源有所发展，与众不同、与过去不同。特色是旅游资源之间、旅游资源不同时段显著的差异，是旅游资源吸引力的本质，是旅游资源吸引力和竞争力的源泉。旅游资源创新形成的特色越浓，就越与众不同，吸引力就越强，越易引起旅游者的注意和成为旅游者的重要选择目标。突出特色、创新求异是旅游地或旅游企业发展的重要目标，也构成了他们同其他旅游地或企业进行有效竞争的重要策略。旅游地或旅游企业为了使自己获得突破性发展，都在挖掘自己旅游资源的地域特色和文化特色，积极创新，突出特色，发挥与其他旅游资源相比的优势。特色原则已成为旅游资源创新的基本原则。

（二）以人为本原则

旅游资源的创新是为了更好地挖掘其价值以满足人类的需要，属于人地关系系统的一个组成部分。因此，旅游资源的创新需要遵循人地关系系统的基本规律和原理。根据新区域地理学中的人地关系原理，人的能力、角色与社会结构影响地方特性的形成，新形成的地方特性反过来又影响人类对自然资源和社会资源的利用。旅游资源创新应当以人为本，妥善处理好旅游者、旅游地政府和企业、当地居民等不同利益主体的关系，注意公平合理，优化各类利益结构，推动社会和谐发展。

（三）因地制宜原则

旅游资源与当地的自然、人文环境密切相关，属于区域资源环境的重要组成部分。旅游资源的创新要以当地的旅游资源和社会经济文化环境为基础，与当地的资源和环境特色相吻合，避免创新方案过于突兀，与当地旅游环境格格不入，更要避免对当地造成“创新破坏”。

（四）市场原则

旅游资源创新的目的是为了增强其吸引力，而旅游资源的吸引力是对旅游市场而言的，如果得不到市场的良好回应，开发中投入的人力、物力、财力无异于浪费。旅游资源是旅游开发的基础，但不是旅游开发的充分条件，旅游资源创新的成功还要考虑市场的需求，要让资源与市场对接，依据客源市场定位和旅游者需求分析对旅游资源进行评估、筛选、加工和再创造。

二、影响旅游资源创新的主要因素

（一）旅游资源研究者或旅游开发者

旅游资源研究者或旅游开发者是旅游资源创新活动中最主动、最活跃的要素。他们的理念、能力、知识和经验都深刻影响其在创新活动中的智慧和行为。

1. 旅游资源研究者或旅游开发者的知识和经验

一般来说，成功的旅游资源创新需要旅游资源研究者或旅游开发者的知识和经验作为保障。因为，丰富的知识和经验，可以为他们提供更多的创新思路，能够使他们在市场分析的前提下进行科学的判断，明白什么样的旅游需求需要什么样的创新，才能做出令人满意的创新。因此，旅游资源研究者或旅游开发者要善于学习，储备渊博的知识，见多识广才能自如创新。

2. 旅游资源研究者或旅游开发者的创新理念

旅游资源研究者或旅游开发者只有树立创新的理念，才能跳出对现有旅游资源及既有功能的定式，去发现新的旅游资源，挖掘旅游资源的新功能和价值，创新旅游资源的利用方式和市场空间。尤其是在事物空间及与相关领域交汇的边界，持有创新的理念，更容易获得突破和成功。诸如旅游理论界提出的“大旅游”、“泛旅游”、“超旅游”、“红色旅游”之后出现的“生态旅游”、“绿色旅游”、“白色旅游”，皆是在边界交叉领域创新成功的典型案例。

3. 旅游资源研究者或旅游开发者敏锐的发现能力

潜在的旅游资源和旅游资源的潜在功能很大程度上有赖于旅游资源研究者或旅游开发者发现和挖掘的眼光，取决于人敏锐的发现和创新能力。作为研究者和开发者来说，应培养善于发现差异、问题、独特现象的深邃的洞察力及敏锐的捕捉能力。只有这样，研究者和开发者才能看到他人看不到的东西，抓住别人容易错过的稍纵即逝的机会。现实生活中，正是一些人拥有这种天赋才能，创造了旅游资源创新的辉煌故事。徐勇通过摄影创作和接待国外游客发现了在20世纪80年代老北京眼里普通得不能再普通的胡同的旅游价值，就此揭开了北京胡同游的序幕；张小可发现游客夜间活动贫乏的现状和以新的形式体验历史文化的需求，开始了首部大型历史实景舞剧《长恨歌》的准备工作；季琦美国之行感受互联网普及的影响后思考网络对传统旅游业务的创新，才有了经营网上机票和酒店预订业务的携程网的诞生。一般而言，虽然“发现”有机会、观察、鉴赏三个先决条件，亦要求想象、天赋、好奇与需要等元素，而归纳以往旅游资源的发现案例可知：发现的眼光源于强烈的敏感性、敏锐的观察力、绝妙的联想力和广泛的兴趣，需要克服熟视无睹、先入为主、以偏概全的僵化思维定式。

4. 旅游资源研究者或旅游开发者的创新思维

创新活动开始以后，需要创新思维对创新过程中的新信息、意外情况进行判断和分析，及时调整创新的内容和形式、方法和步骤，以达到创新任务的完成。在整个过程中，创新思维起着推动作用。

对创新思维含义的理解有广义和狭义两种。广义的创新思维既包括直接提出新设想或新的解决办法的思维形式，也包括与直接提出新设想有关的其他思维形式，如逻辑思维。狭义的创新思维是指在创新过程中提出创新思想的思维活动形式，主要是指非逻辑思维。非逻辑思维是创新思维的精髓，有直觉思维、联想思维、想象思维等形式。

旅游资源研究者或旅游开发者要大力培养自己的创新思维，增强创新思维的独立性、新颖性、主动性、多向性和综合性。

5. 旅游资源研究者或旅游开发者的信息性

目前，信息量的多寡成为影响成功的重要因素。旅游资源的创新本身也是一种信息，而该信息是否能收到预期的效果，则在很大程度上取决于信息本身的完整性、及时性和确切性。旅游资源研究者或旅游开发者只有全面、及时、准确地掌握旅游市场上需求及供给两方面的信息，才能设计出满足旅游者需求的创新方案。

(二)旅游资源状况

旅游资源本身是其创新的前提、出发点和依托。没有旅游资源的存在，旅游资源创新就是无源之水、无本之木。有些旅游资源看起来是新创造的，实际上是有很好的旅游资源做基础的，只不过这些基础可能是隐性的文化资源，也可能是其他的旅游环境或条件资源。如深圳华侨城的中国民俗文化村、世界之窗，看起来似乎是无中生有，实际上深圳是以中国改革开放的前沿、内外文化交流的窗口为背景的，改革开放使深圳的区位交通优势和客源市场优势得到了淋漓尽致的发挥，才成就了华侨城旅游开发的成功神话。从一定意义上是说，这也是一种很好的资源。所以，旅游资源状况为其自身的创新提供了良好的素材，没有素材，再高明的创造者、设计师也难以设计出有创意、吸引力强的旅游项目。此外，旅游资源状况也为旅游资源创新提供了着力点，避免盲目空想，增强了创新的科学性，让创新少走弯路，减少资源浪费和破坏。

(三)旅游市场需求状况

旅游资源的创新是否成功，最终还是要拿到市场去检验。因此，在众多旅游资源创新的影响因素当中，旅游市场需求状况是最为重要的外部影响因素之一。

首先，旅游市场需求为旅游资源创新提供了方向。旅游资源创新的设计是和旅游资源创新的市场定位息息相关的，每个旅游地的旅游资源创新都应该有自己的旅游市场营销战略，其中市场的定位就确定了该地旅游资源创新的目标市场范围。那么，在进行旅游资源创新时，旅游资源开发者和创新的研究者应该分析旅游目标市场消费者的消费心理和消费习惯并进行有针对性的设计，只有这样才能保证旅游资源创新与旅游地的发展目标保持一致。其次，当今的世界是市场经济的天下，任何商品都要到市场中去体现其自身价值，旅游资源创新同样如此，只有在旅游市场上受到旅游者青睐的旅游创新才能说得上是一个成功的创新。

总之，旅游资源创新是一项十分复杂的工作，涉及的方面比较多，只有将各个方面都尽可能地考虑到并予以完善，才有可能使创新的结果获得政府、企业、旅游者的广泛认可。

第三节　旅游资源创新的内容与方法

一、旅游资源创新的内容

旅游资源创新大体可分为内涵创新、价值和功能创新、开发方式创新三类。

(一)旅游资源内涵创新

1. 旅游资源范畴的创新

《旅游资源分类、调查与评价》(GB/T 18972－2003)中将旅游资源分为8个主类，31个亚类和155个基本类型。这些类型全部是围绕观光旅游的开发利用来分类认定的，可见，过去大多时候旅游资源仅指具有观光功能。可是，随着社会的进步，生产力和科学技术的提高，生活方式的变迁，人类的游憩需求发生很大变化，旅游竞争也日益激烈，使得越来越多的事物和因素成为旅游资源。一方面，随着旅游业的不断发展，旅游方式已由观光旅游为主体向休闲度假旅游过渡，旅游者的需求也由纯粹的山水旅游和都市旅游向多元化方向发展，其中近年在全国各地异常火爆的"农家乐"乃至休闲农庄便是其中的代表。都市人竞相到郊区甚至农村去体验乡村生活，以达到调节身心、放松心情的目的。平常的乡村生活、农事农活，普通的自然景物和乡村物产，成了吸引都市游客前来旅游的吸引物，成了乡村旅游发展的基础——旅游资源。另一方面，随着城市环境污染不断加剧，人们生活的环境日益恶化，城市出游者在选择旅游地时越来越重视目的地的环境质量。空气清洁、水质优良、环境安全、生态良好成为旅游者考虑的重要内容和旅游标准。森林、海滨、湖泊、河畔、山地、岛屿等生态环境优良的旅游区成为近年最热门的旅游地。森林、海滨等区域的高浓度的空气负氧离子含量、丰富的植物资源、生物多样性、宁静优雅的生态环境等成为全新的旅游资源。这种类型的旅游资源多为无形资源，有取之不尽、用之不竭的特点，大大地拓宽了旅游开发的思路和方法，为旅游业实现可持续发展提供了重要保障。然而，《旅游资源分类、调查与评价》(GB/T 18972－2003)却没有对于休闲度假旅游最需要的环境旅游资源作出任何的认定，也就是说目前对于休闲度假地的品位质量的认定还没有一个依据的标准。

旅游资源学应根据社会经济的发展，加强旅游资源范畴的研究，创新旅游资源概念，丰富内涵，适当扩展外延，增加新的旅游资源类型，为旅游开发实践提供更好的指导和服务。

2. 旅游资源分类及评价的创新

根据《旅游资源分类、调查与评价》(GB/T18972－2003)所下的定义，旅游资源是指自然界和人类社会凡能对旅游者产生吸引力，可以为旅游业开发利用，并可产生经济效益、社会效益和环境效益的各种事物和因素。该定义认为旅游资源的本质内涵包括三个方面：一是能够产生旅游吸引力，只有具备吸引力才有成为旅游资源的可能性；二是能够为旅游业所开发利用，即旅游资源是可开发的；三是能够产生效益，资源如果不可能产生任何效益，也就没有开发价值，就不能界定为旅游资源。但《旅游资源分类、调查与评价》(GB/T18972－2003)中并没有强调三个方面的标准尺度，只是依据旅游资源的现况、形态与特征，将旅游资源分为 8 个主类，31 个亚类，155 个基本类型，虽然具有非常好的分类学特征，但几乎未与旅游资源的科学内涵挂钩，分类系统中没有就"可开发、可产生效益"设置客观且科学的判别标准，在旅游资源评价赋分标准中，也未能按照旅游资源的三个基本属性来进行客观量化评价，其执行评价的标准不是标准自身的客观尺度，而是评价者自身的经验尺度。评价者对于旅游资源把握的经验尺度不同，评价的结论存在巨大的差异，由此而导致在实践运用中出现多重矛盾和问题。

从利用角度看，开发旅游资源是一种投资和经营行为，旅游资源评价首先是对其市场价值和经济效益进行评价，其次才是评价旅游资源的其他价值。没有经济价值的旅游吸引物是不能成其为旅游资源的。但在以往的旅游资源评价中，往往侧重于对旅游资源的各个属性进行分类评价，如旅游资源的自然地理条件、科研学术价值、文物考古价值、文化艺术价值和美学观赏价值等的评价。

综上所述，建立更为科学的分类体系及评价方法体系，增强旅游资源分类的综合性、全面性、科学性，完善旅游资源的市场评价、竞争力评价、定量评价，应成为旅游资源创新研究的方向。

3. 人造旅游资源

从理论上讲，发展旅游业必须以一定的旅游资源特色为基础，进行综合开发，才能获得成功。但事实上，一些地区尽管本身没有什么具有特别吸引力的旅游资源，却凭借自身拥有的区位优势和广阔的客源市场，通过人为创造出旅游资源进行开发，也获得了较大的成功。人造旅游资源在我国最早在一些发达的大城市兴起，其中最成功的例子是深圳华侨城主题公园群。1989 年 11 月，深圳锦绣中华开业轰动全国，1 亿元投资一年收回；1991 年 10 月，利用锦绣中华的收入滚动开发了中华民俗文化村，1.1 亿元投资一年半收回，再次轰动；1994 年 6 月，投资 5.8 亿元兴建的世界之窗开业，又获巨大成功；1998 年投资建设的欢乐谷开业后，长盛不衰，缔造了中国主题乐园一个新的神话。人造旅游资源的出现无疑是传统旅游资源开发基础上的重要创新，它可以丰富旅游资源的类别，在为传统旅游资源欠缺但市场区位优势明显的地区提供发展旅游业的可能性等方面都具有积极的意义。但由于人造旅游资源投入大，风险高，要慎重。一般来说，人造旅游资源多出现于发达地区。

(二)旅游资源价值和功能的创新

从功能与价值来说，绝大多数旅游资源一开始并不是旅游资源，具有原有属性和价值，后来由于旅游的需要，在原属性和价值的基础上才进一步发掘出了多种旅游功能与价值，譬如观光、休闲、度假、教育、探险、购物等；同时，这些功能和价值将随着人们的认识水平和需求变化而不断被拓展，这是因为任何一种事物或现象都是由多种因素组成的，并且处于系统联系之中，可以从多角度、多层面去认识评价。如同样是观山，苏轼在《题西林壁》中写下了不同视角观赏庐山的体会，“横看成岭侧成峰，远近高低各不同”的诗句，郭熙在《林泉高致》总结了不同季节观山的感受，“春山淡冶而如笑，夏山苍翠而欲滴，秋山明净而如妆，冬山惨淡而如睡”。对于旅游资源，从不同的视角去认识和分析，就会发现不同的价值和功能，据此可以找到不同的开发方向和模式。例如，森林可以是空气净化剂，吸收空气中混杂的有害气体；是天然氧吧，提供洁净氧气；降低噪声，是天然的消声器；有防止风沙和减轻洪灾、涵养水源、保持水土的作用；是多种动物的栖息地和多类植物的生长地。因此，森林具有美学、游憩、康疗、科研、教育等方面的价值，可以开展观光、休闲、康体、度假科普等方面的旅游活动。可见，人类对于事物之价值与功能的认识深度与广度，是永无极限的，每一个新认识的获得，都导致功能与价值的新整合。旅游资源的功能与价值仍有开拓的潜力与余地。

(三)旅游资源开发方式创新

由于客观世界的复杂性和旅游者动机的多样性，旅游资源的吸引力内涵非常广泛和丰富。科学技术的进步和广泛应用也为旅游资源的创新开发提供了更多的技术和手段。旅游资源开发利用方式的创新可分为主题创新、环境创新、手段创新。

1. 主题创新

主题与形象是形成竞争优势的最有利的工具。个性鲜明、形象健康的主题更能带给游客丰富、生动、深刻的旅游体验，自然更具有吸引力。主题创新主要有以下两种途径。

一是保持传统旅游资源原有主题，深入挖掘其内在的文化内涵，赋予主题以新意，使之更突出。例如，山东曲阜是中国传统儒家文化资源集中地，“三孔”是世界文化遗产和儒家文化资源的代表，打造中国儒家文化旅游圣地一直是曲阜旅游的重心。但随着旅游业的不断发展，市场需求的不断更新，文化观光旅游的吸引力逐渐下降。对此，曲阜在市场调研的基础上，深挖儒家文化内涵，创新旅游产品，策划出了气势宏大、表演逼真的“杏坛剧场”项目，充实了游客在曲阜的活动内容，增强了曲阜的旅游吸引力，一举扭转了曲阜旅游业下滑的趋势。

二是确定某一特定主题，人为地创造一些与之相协调的新旅游资源。成立于 2001 年 2 月的“海南博鳌亚洲论坛”就是这种类型的创新。最初的投资者仅仅是在博鳌的沙坡岛上建设高尔夫球场，后来通过类似于达沃斯“世界经济论坛”的“亚洲论坛”创意，才有了后劲勃发的“博鳌亚洲论坛”永久会址。借助舒适宜人的自然地理环境，博鳌通过将论坛设计成集生态、休闲、旅游、智能和会议服务为一体的综合功能区，产生了巨大的旅游吸引力，一跃成为世界关注的焦点乃至初到海南的游客必去的景点。

2. 环境创新

这里所说的环境是一个狭义的概念，主要指旅游地的自然生态系统和文化氛围。旅游地的环境创新也包括两个方面。优美、洁净的自然生态系统本身就是一种旅游资源，良好的生态环境是旅游发展最基本的要素，保护自然生态系统，才能保证旅游资源的可持续性开发。现在全国各地兴起的旅游厕所划分星，以及旅游地的废弃物处理系统的科学管理与运作等都可以看作旅游地自然生态环境的一定程度的创新。与此同时，现代旅游是人类的一种高层次的精神生活方式，是人们对增长知识的追求和享受，所以说文化是旅游的灵魂，失去文化，旅游的生命力也就要衰退。旅游地的文化氛围应体现主题的主导性与个性化的统一，单独的资源要素的设计、加工应从各个侧面围绕主题展开，以烘托突出主题，并使每一要素均具个性，不能雷同。其创新开发要尽可能地体现浓郁的民族地方特色和丰富的文化内涵，既包括民族的、地域的、历史的文化和特色，也包括现代文明、知识和娱乐性的和谐统一。

3. 手段创新

指在旅游资源开发中运用新科学技术手段，以进一步挖掘旅游资源的吸引力。除了已经被广泛应用的声、光、电技术外，还要将程序控制手段、电脑技术等高新科技手段融合进来，为旅游资源开发使用。如应用景区建设材料和文物古迹保护技术、主题公园的情景模拟技术可以为游客量身定做或自然古朴、或虚幻情景体验的旅游产品。湖南张家界武陵源风景名胜区通过建设数字化博物馆，在室内全方位、全天候地向游客展示武陵源所有的景观现状和形成历史，通过高技术的应用，让游客了解张家界地貌的形成及其保护的重要性，从而达到更好地教育游客、尊重自然、理解和支持景区的管理工作。通过手段的创新，为张家界市增添了一处高科技的博物馆旅游项目，丰富了张家界市旅游产品的类型，消除了因受保护、峡谷、森林、溪流、云雾、雨雪天气等因素造成的旅游遗憾，使整个区域的总体形象得以提升。不过，值得一提的是，在游客亲自操作或参与的项目中，难度不太宜大，否则大众游客需要较长时间才能掌握所参与项目的操作技巧，无疑会打击他们的积极性。

二、旅游资源创新的方法

（一）头脑风暴法

头脑风暴法又称集体思考法或智力激励法，是由纽约广告公司创始人奥斯本于 1939 年首先提出的。其基本思想是就有关问题召开专家座谈会，让专家畅谈自己的观点，对问题进行分析解读，然后由组织者对专家的意见进行梳理组织，形成统一的结论，最终在此基础上，找出各种问题的症结所在，提出有针对性的解决办法。

在使用这种创新方法时，组织者要明确会议的主题，提供必要的相关信息，创造一个自由的空间，让各位专家充分表达自己的想法。为此，参加会议的专家的地位应相当，以免产生权威效应，从而影响另一部分专家创造性思维的发挥。由于专家过多会导致组织成本相应增大，其人数应尽量适中，一般以 5～12 人比较合适。再则会议的时间也应适中，时间过长容易偏离创新方案的主题；时间太短则组织者很难获取充分的信息。这种创新方法要求组织者具备很强的组织能力、民主作风与指导艺术，能够抓住会议的主题，调节讨论气氛，调动专家们的兴奋点，从而更好地挖掘专家们潜在的智慧。

头脑风暴法的优点是：获取广泛的信息、创意，互相启发，集思广议，在大脑中掀起思考的风暴，从而启创迪众人的思维，构思出优秀的创新方案来。其不足之处有二：一是邀请的专家人数受到一定限制，挑选不恰当的话容易导致活动的失败；二是由于地位及名誉的影响，有些专家不敢或不愿当众说出与主流观点不同的意见。

（二）逆向法

所谓逆向法就是从事物或事情的另一面或利用逆向思维去观察分析，通常能突破传统思维框架束缚，找到利用正向思维所不能发现的、全新的解决事情的方案。逆向法是极为重要且成功率非常高的方法，这是因为，人们观察事物、分析解决问题通常是从正向去观察分析解决，久而久之就形成了一种思维定式，限制了人们的创造力，但如果从事物或事情的反面利用逆向思维去观察分析，突破思维定势的限制，必然会产生许多与众不同的想法、观点，为事物或事情的成功提供有效的保证。逆向法可分为换位思考法和逆向分析法两类。

就旅游资源创新来说，逆向法要求研究者从市场和竞争的角度考虑旅游资源的创新构思。从市场的角度考虑旅游资源创新构思，更能感受市场需求，会发现很多不足，提出大量的批评和建议。从竞争的角度考虑旅游资源创新构思，意思是把旅游资源创新与其他竞争者换位，以竞争者的心态、眼光来看待自己的创新举动，这样就会产生这个新出现的竞争者产品、服务、管理有什么问题，有什么竞争优势，我怎样对付竞争者等一系列设问。

逆向思考可以使研究者突破自我，从更新、更广的角度思考旅游资源未来的发展，进一步提高旅游资源创新的客观性、科学性和全面性。

（三）联想法

联想法是通过由此及彼的联系想象对旅游资源进行创新的方法，它是旅游资源创新中最常用、最具创造性的方法。此法能使研究者的思维极其活跃，从而使创新层出不穷。联想法的具体方法很多，最常用的有相关联想法、序列联想法等。

1.相关联想法

指将创新对象与其相关的事物或事情加以联想，以此进行思考和创新的方法。

2.序列联想法

指对与研究对象接邻的或紧密靠在一起的相关物，或两个以上联系物是相互接邻、关联着的链条上的连锁关系的联想。这种联想在思考时想到一个联系物，就会接着联系到另一个联系物，依次拓展延伸，可以带出一连串联系物，相应地带出一连串创新。

运用联想法需要一定的想象力、分析力和洞察力，想象力是联想法的基础，分析力和洞察力是运用联想进行创新的关键。

（四）分析法

分析法是指通过对旅游资源进行分析判断，将不切实际、不能满足人的需求的部分剔除，找出符合实际、与人们的需求相一致、新颖的旅游资源创新方案的方法。分析法是使用十分普遍的方法，又可分为经验分析法、属性列举法、希望点列举法、设问法等具体方法。

1. 经验分析法

经验分析法是旅游资源创新策划者首先根据当地旅游资源的状况，将每种旅游资源所有能够开发出来的合适项目或产品列举出来，并进行功能分析；然后根据对市场的认识，分析出每个项目或产品在旅游市场中出现的制约因素，或者在一定时期内实施某个项目或推出某种产品将要出现的制约以及市场价值可能存在的问题；最后根据市场价值和实施的可能性排列出各个项目或产品的重要程度。但经验分析法也有其不足的方面：首先，策划者可能会因其所受教育、学识、阅历的不同而对旅游资源有不同的认识，以致影响提出项目或产品的数量和质量；其次，项目可能会因实现的手段有限而受到很大的限制；第三，对于市场的认识毕竟建立在经验的基础上，难免会形成对市场的片面认识，可能会给项目或产品的实施带来一定的市场风险。

2. 属性列举法

任何一项特定的旅游资源都具有多种功能与价值，亦即属性。将这些属性全部列举出来，以发现旅游资源特色和项目创意点的方法称为属性列举法。此法最先是由美国内布拉斯加大学克劳福德（Robert Crawford）发明的一种提出问题和分析问题的方法，指的是将事物的属性分解为不同的部分或方面，并全部列举出来，然后以某一部分或方面的属性为置换内容，提出对该问题的创新构思。除了上述含义之外，认识和列举旅游资源的多重属性还为全面了解旅游资源提供了依据，为进行发散性思维指明了方向，为识别旅游资源的特色奠定了基础。

应该指出的是，旅游资源的属性一般包括外部特征、内部结构、整体形态、基本功能、运动方式、操作方式等方面，也可以分为名词属性、动词属性和形容词属性等三大类别，应用中可视具体情况列举出对象的全部或关键属性。将属性列举出来以后，可以借助缺点列举法（发现现有事物的缺陷，将其存在的缺点列举出来，在此基础上提出改进方案）或“希望点”列举法，针对某一属性或某些属性提出创新点。在此基础上，按照属性置换或移用的原理就可以产生旅游创新，或提出解决问题的基本设想。

3. 希望点列举法

指把希望旅游资源或开发突出或改变的点列出来，然后对所列的希望点进行分析整理、选择、组合、归纳而形成创新性方案的方法。

4. 设问法

指在旅游资源创新时，通过分析设问而启发创造性思维的方法。设问法既易开启思路，而且能使思路广阔深邃，创意独特有成效。奥斯本总结的“七步设问法”是这种方法中最为有效的方法之一，其基本步骤是：第一步，确定创新的方针；第二步，收集有关资料数据，做创新准备；第三步，对收集到的资料、数据进行分析；第四步，将自由思考产生出来的各种各样的创造性设想一一记录下来，构思出创新方案；第五步，提出实现创新方案的各种创造性构思；第六步，综合所有的资料和数据；第七步，对实现新方案的各种创造性构思进行评价，筛选出切实可行的构思。

复习思考题

1. 何为旅游资源创新？结合你的知识，谈谈对这个概念的理解。
2. 试分析影响旅游资源创新的因素。
3. 旅游资源创新应坚持哪些原则？这些原则对旅游资源创新有何意义？
4. 结合你所学过的知识，谈谈你对旅游资源创新内容的思考。
5. 旅游资源创新的方法有哪些？你认为还有何补充？

参考文献

1. 王德刚，王蔚. 旅游资源学教程[M]. 北京：北京交通大学出版社，2011.
2. 张凌云. 市场评价：旅游资源新的价值观[J]. 旅游学刊，1999，(2).
3. 钟海生. 旅游科技创新体系研究[J]. 旅游学刊，2000，15(3).
4. 汪宇明，钱磊，吴文佳. 旅游资源新论——基于游憩需求变化与技术进步的视角[J]. 旅游科学，2010，24(1).
5. 戴光全. 旅游资源创新问题的初步研究[J]. 桂林旅游高等专科学校学报，2001，(1) .
6. 朱竑. 从五种矛盾论旅游资源分类、调查与评价的国际视野和发展眼光[J]. 旅游学刊，2005，(6).
7. 王衍用. 对旅游资源应该进行深度研究[J]. 旅游学刊，2007，22(2).

8. 张燕存. 旅游资源可创新理论及其开发[J]. 西华大学学报(哲学社会科学版),2005,(5).

9. 李红强. 旅游资源创新——旅游景区发展的必由之路[J]. 黑龙江对外经贸,2008,165(3).

10. 李庆雷,赵红梅. 旅游资源的可拓性及其认识论意义[J]. 人文地理,2012,125(3).

11. 郑理,宁维正. 学习型组织理论及创新学[M]. 徐州:中国矿业大学出版社,2005.

12. 肖星,王景波. 旅游策划教程[M]. 广州:华南理工大学出版社,2005.

13. 马勇,李玺. 旅游规划与开发[M]. 北京:高等教育出版社,2006.

14. 郑群明. 全新旅游资源学[M]. 北京:中国科学技术出版社,2008.

第三章　旅游资源分类

学习目的

旅游资源分类是进行旅游资源研究、开展旅游资源普查、制定旅游发展规划和确定旅游开发项目的一项基础性工作。通过本章的学习，应掌握国家标准分类方法和国内学者的属性分类方法，了解国家标准分类方案和本教材的分类方案。

主要内容

- 国家标准分类方法与方案
- 郭来喜和吴必虎的分类方法
  杨振之的分类方法
- 肖星的资源属性分类方法与方案　管理级别分类方法

旅游资源分类是进行旅游资源研究、开展旅游资源普查、制定旅游发展规划和确定旅游开发项目的一项基础性工作，也是一个涉及面相当广、因而比较复杂的理论问题和实践问题。目前，国内存在多种从不同角度（如依据形态、成因、旅游功能、旅游活动性质、市场特点、开发现状或特定目的等）进行的各有所长的分类方法和方案。这里着重介绍国家标准分类方法与方案和国内若干学者的分类方法与方案。

第一节　国家标准分类方法与方案

2003 年 2 月，国家质量监督检验检疫总局颁布了中华人民共和国国家标准《旅游资源分类、调查与评价》(GB/T 18972－2003，以下简称《国标》)，依据旅游资源的性状，即现存状况、形态、特性和特征，将其划分为“主类”(8 个)、“亚类”(31 个)和“基本类型”(155 个)三个层次，每一层次的旅游资源类型有相应的汉语拼音代号(见表 3－1)。

表 3－1　旅游资源分类表(《国标》,2003)

主类	亚类	基本类型
A 地文景观	AA 综合自然旅游地	AAA 山丘型旅游地 AAB 谷地型旅游地 AAC 沙砾石地型旅游地 AAD 滩地型旅游地 AAE 奇异自然现象 AAF 自然标志地 AAG 垂直自然地带
	AB 沉积与构造	ABA 断层景观 ABB 褶曲景观 ABC 节理景观 ABD 地层剖面 ABE 钙华与泉华 ABF 矿点矿脉与矿石积聚地 ABG 生物化石点
	AC 地质地貌过程形迹	ACA 凸峰 ACB 独峰 ACC 峰丛 ACD 石(土)林 ACE 奇特与象形山石 ACF 岩壁与岩缝 ACG 峡谷段落 ACH 沟壑地 ACI 丹霞 ACJ 雅丹 ACK 堆石洞 ACL 岩石洞与岩穴 ACM 沙丘地 ACN 岸滩
	AD 自然变动遗迹	ADA 重力堆积体 ADB 泥石流堆积 ADC 地震遗迹 ADD 陷落地 ADE 火山与熔岩 ADF 冰川堆积体 ADG 冰川侵蚀遗迹
	AE 岛礁	AEA 岛区 AEB 岩礁
B 水域风光	BA 河段	BAA 观光游憩河段 BAB 暗河河段 BAC 古河道段落
	BB 天然湖泊与池沼	BBA 观光游憩湖区 BBB 沼泽与湿地 BBC 潭池
	BC 瀑布	BCA 悬瀑 BCB 跌水
	BD 泉	BDA 冷泉 BDB 地热与温泉
	BE 河口与海面	BEA 观光游憩海域 BEB 涌潮现象 BEC 击浪现象
	BF 冰雪地	BFA 冰川观光地 BFB 长年积雪地

续表

主类	亚类	基本类型
C 生物景观	CA 树木	CAA 林地 CAB 丛树 CAC 独树
	CB 草原与草地	CBA 草地 CBB 疏林草地
	CC 花卉地	CCA 草场花卉地 CCB 林间花卉地
	CD 野生动物栖息地	CDA 水生动物栖息地 CDB 陆地动物栖息地 CDC 鸟类栖息地 CDE 蝶类栖息地
D 天象与气候景观	DA 光现象	DAA 日月星辰观察地 DAB 光环现象观察地 DAC 海市蜃楼现象多发地
	DB 天气与气候现象	DBA 云雾多发区 DBB 避暑气候地 DBC 避寒气候地 DBD 极端与特殊气候显示地 DBE 物候景观
E 遗址遗迹	EA 史前人类活动场所	EAA 人类活动遗址 EAB 文化层 EAC 文物散落地 EAD 原始聚落
	EB 社会经济文化活动遗址遗迹	EBA 历史事件发生地 EBB 军事遗址与古战场 EBC 废弃寺庙 EBD 废弃生产地 EBE 交通遗迹 EBF 废城与聚落遗迹 EBG 长城遗迹 EBH 烽燧
F 建筑与设施	FA 综合人文旅游地	FAA 教学科研实验场所 FAB 康体游乐休闲度假地 FAC 宗教与祭祀活动场所 FAD 园林游憩区域 FAE 文化活动场所 FAF 建设工程与生产地 FAG 社会与商贸活动场所 FAH 动物与植物展示地 FAI 军事观光地 FAJ 边境口岸 FAK 景物观赏点
	FB 单体活动场馆	FBA 聚会接待厅堂(室) FBB 祭拜场馆 FBC 展示演示场馆 FBD 体育健身馆场 FBE 歌舞游乐场馆
	FC 景观建筑与附属型建筑	FCA 佛塔 FCB 塔形建筑物 FCC 楼阁 FCD 石窟 FCE 长城段落 FCF 城(堡) FCG 摩崖字画 FCH 碑碣(林) FCI 广场 FCJ 人工洞穴 FCK 建筑小品
	FD 居住地与社区	FDA 传统与乡土建筑 FDB 特色街巷 FDC 特色社区 FDD 名人故居与历史纪念建筑 FDE 书院 FDF 会馆 FDG 特色店铺 FDH 特色市场
	FE 归葬地	FEA 陵区陵园 FEB 墓(群) FEC 悬棺
	FF 交通建筑	FFA 桥 FFB 车站 FFC 港口渡口与码头 FFD 航空港 FFE 栈道
	FG 水工建筑	FGA 水库观光游憩区段 FGB 水井 FGC 运河与渠道段落 FGD 堤坝段落 FGE 灌区 FGF 提水设施

续表

主类	亚类	基本类型
G 旅游商品	GA 地方旅游商品	GAA 菜品饮食 GAB 农林畜产品与制品 GAC 水产品与制品 GAD 中草药材及制品 GAE 传统手工产品与工艺品 GAF 日用工业品 GAG 其他物品
H 人文活动	HA 人事记录	HAA 人物 HAB 事件
	HB 艺术	HBA 文艺团体 HBB 文学艺术作品
	HC 民间习俗	HCA 地方风俗与民间礼仪 HCB 民间节庆 HCC 民间演艺 HCD 民间健身活动与赛事 HCE 宗教活动 HCF 庙会与民间集会 HCG 饮食习俗 HGH 特色服饰
	HD 现代节庆	HDA 旅游节 HDB 文化节 HDC 商贸农事节 HDD 体育节
数量统计		
8 主类	31 亚类	155 基本类型

[注]如果发现本分类没有包括的基本类型时,使用者可自行增加。增加的基本类型可归入相应亚类,置于最后,最多可增加 2 个。编号方式为:增加第 1 个基本类型时,该亚类 2 位汉语拼音字母＋Z、增加第 2 个基本类型时,该亚类 2 位汉语拼音字母＋Y。

上述《国标》于 2003 年 5 月开始实施以来,得到了广泛的应用。应该说,它对于各地区摸清资源家底,促进旅游资源的开发和保护起到了积极作用。但在应用过程和学界、业界研究实践中,也发现《国标》存在较大的局限性,尤其是其评价标准的科学性受到了诸多质疑。

例如,肖星认为,《国标》分类项目过于烦琐,应用起来很不方便;所划分出的不少类型概念比较模糊,无论是名称、内涵乃至特色都与严格意义上的旅游资源相去甚远,相当一部分不过是一些相关专业术语甚至通用名词的罗列和堆砌,等等。

又如,何效祖认为,《国标》所确定的旅游资源分类结构存在 7 个概念模糊、3 个前后重复、9 个类型缺项。

再如,杨振之认为,《国标》只适用于观光旅游资源的分类与评价,而对度假旅游资源的分类、评价则并不适宜。

第二节 国内若干学者的分类方法与方案

一、郭来喜、吴必虎的分类方法

2000 年，郭来喜、吴必虎在《中国旅游资源普查规范》（试行稿）的基础上，将新拟的旅游资源分类系统完善为分类分级分态系统，并增加到 3 个景系，10 个景类，98 个景型。在表征资源单体规模时，以景域、景段、景元等三个空间尺度等级来区别，并根据资源所处状态分为已开发态、待开发态和潜在势态等三种，同时进一步修订出更为完善的表征基本类型的特征项，据此进行旅游资源类型的定量评价，并以北海市等为例对该体系和方法进行了验证。

二、杨振之的分类方法

2005 年，杨振之撰文认为，现行的国家标准《旅游资源分类、调查与评价》(GB/T 17982—2003)只适用于观光旅游资源的分类与评价，而对度假旅游资源的分类、评价则不适宜。他因此对度假旅游资源的分类、评价标准做了尝试性的研究，认为度假旅游资源由观赏游憩资源、生态环境资源、服务设施及服务、餐饮及其环境、娱乐项目五大要素构成，生态环境类旅游资源是度假旅游资源的基础要素，生态环境在度假旅游地可直接转化为度假旅游产品，与游客进行着能量交换。度假游客对度假旅游地的需求，对度假旅游吸引物的评价决定了度假旅游资源的分类、评价。

三、肖星的分类方法与方案

根据高等学校教学、科研需要，出于简明扼要、归类明确、应用方便的考虑，肖星教授在与严江平共同主编、中国旅游出版社 2000 年 8 月出版的《旅游资源与开发》一书中主要依据资源属性和管理级别两个标准，对旅游资源进行了系统分类。

(一)根据资源属性分类

依据资源属性，将旅游资源分为自然景观和人文景观两大类型。

所谓自然景观旅游资源，是指天然赋存和具有观赏价值，能使人产生美感的自然环境及其景象的地域组合。主要包括地文景观、水域风光、气候天象和生物景观等 4 项构景要素，其中又以前两项数量最多、分布范围最广。

所谓人文景观旅游资源，是指古今社会人类活动所创造的具有旅游价值的物质财富和精神财富。它是历史、现实与文化的结晶。其内容十分广泛，主要包括文物古迹、民俗风情、城乡风貌、文学艺术、宗教文化、现代设施和饮食购物等7项构景要素。

事实上，自然景观与人文景观旅游资源既有明显区别，又有一定的联系。自然景观旅游资源一般要经过人为的开发，或多或少带有人文因素；人文景观往往要以自然景观为基础，并与其特色相协调。

2005年10月，由《中国国家地理》杂志社发起，全国34家媒体参与，5家专业学会、十几位院士和近百名专家学者组成的评审团评选出了“中国最美的地方”，共17种类型，包括十大名山、五大湖、七大丹霞、五大峰林、十大峡谷、五大沙漠、三大雅丹、八大海岸、十大海岛、六大瀑布、六大冰川、十大森林、六大沼泽湿地、六大草原、六大旅游洞穴、五大城市、六大乡村古镇。其分类尽管比较粗糙，且远未涵盖旅游资源的全部，但却与肖星的资源属性分类有异曲同工之处。

依据资源属性所划分的旅游资源系统见图3—1。

1. 自然景观旅游资源

(1)地文景观

地球表面地质构造复杂，地貌类型众多，其中山地又控制着陆地地形的基本格局，因而形成了以山景为骨架的丰富多彩的地文景观旅游资源。

地文景观可进一步分为5种亚类。

①山岳形胜。主要包括风景名山、历史文化名山和冰山雪峰等。如享誉世界的中国华夏五岳、四大佛教名山、四大道教名山、武陵源、庐山、三清山、玉龙雪山、慕士塔格峰和公格尔山，以及雄伟壮丽的欧洲阿尔卑斯山和比利牛斯山、坦桑尼亚乞力马扎罗山、美国落基山和日本富士山，等等。在2005年“中国最美的地方”评选中，南迦巴瓦峰（西藏）、贡嘎山（四川）、珠穆朗玛峰（西藏）、梅里雪山（云南）、黄山（安徽）、稻城三神山（四川）、乔戈里峰（新疆）、冈仁波齐峰（西藏）、泰山（山东）和峨眉山（四川）被评为“中国最美的十大名山”。

②岩溶景观。主要包括地下的洞穴、暗河与地上的孤峰、峰林、石林及天生桥。如深邃曲折的浙江桐庐“瑶琳仙境”、贵州安顺龙宫、云南九乡溶洞、广东肇庆七星岩和连州地下河、陇南武都万象洞，美不胜收的桂林和贵州小七孔及越南下龙湾（号称“海上桂林”）岩溶山水，奇形怪状的云南石林，以全球最长而载入《吉尼斯世界纪录》的贵州黎平天生桥，以及斯洛文尼亚波斯托依纳洞穴、美国猛犸洞穴、印度尼西亚加里曼丹岛石林等。在2005年“中国最美的地方”评选中，梦幻织金洞（贵州毕节）、多彩芙蓉洞（重庆武隆）、全能黄龙洞（湖南张家界）、震撼腾龙洞（湖北利川）、本色雪玉洞（重庆丰都）和九曲本溪水洞（辽宁）被评为“中

国最美的六大旅游洞穴”。

③风沙地貌。包括风蚀地貌和风积地貌。风蚀地貌有风蚀蘑菇、风蚀柱、风蚀垄槽和风蚀城堡等，如令人恐怖的新疆乌尔禾风蚀“魔鬼城”和崎岖起伏的罗布泊“雅丹”（风蚀垄槽）；风积地貌指风积作用形成的具有较高美学观赏价值的多种沙丘和戈壁，如峰刃如削的中国敦煌鸣沙山、起伏连绵的鄯善库木塔格沙漠和非洲撒哈拉大沙漠、动物多样的以色列内盖夫沙漠、蔚为壮观的美国“彩色荒漠”等。在 2005 年 10 月“中国最美的地方”评选中被评为“中国最美的五大沙漠”的有巴丹吉林沙漠腹地（内蒙古）、塔克拉玛干沙漠腹地（新疆）、古尔班通古特沙漠腹地（新疆）、鸣沙山和月牙泉（甘肃）、沙坡头（宁夏）。

④海岸地貌。包括海蚀地貌、海积地貌、岩岸、沙岸、红树林海岸和珊瑚礁海岸等多种形态。如以蚀崖峭壁和海礁奇石为特色、浓缩了 8 亿年地质演化史的大连金石滩海滨，高大峭壁紧逼海洋的我国台湾清水断崖和挪威峡湾，号称“海底森林”的广西东部和海口东寨港红树林海岸，神奇迷人的西沙、南沙群岛和黄岩岛的珊瑚礁盘，色彩斑斓的世界最大珊瑚礁群——澳大利亚大堡礁，形如月牙般优美弯曲、海水终年蔚蓝但海滩却几乎全为鹅卵石铺地的法国尼斯天使湾，由串珠状沙洲组成的美国迈阿密海滩等。在 2005 年“中国最美的地方”评选中，亚龙湾（海南三亚）、野柳（中国台湾基隆）、成山头（山东荣成）、东寨港红树林（海南琼山）、昌黎黄金海岸（河北）、维多利亚海湾（中国香港）、崇武海岸（福建惠安）和大鹏半岛海滩（广东深圳）被评为“中国最美的八大海岸”。

⑤地质遗迹。主要指罕见或稀有并具特殊地质科学意义和极高美学价值的独特地貌景观。如全球独一无二的福建鸳鸯溪白水洋巨型水下石板广场，以石龙石海、火山蛋和火山口为特色的五大连池火山熔岩景观，以地缝、天坑和峰林等三绝著称的贵州马岭河地缝裂谷，世界最大的天坑群——广西乐业天坑群，中国唯一和世界最大、最典型的玛珥湖——湛江湖光岩，中国最大的泻湖——汕尾品清湖，举世闻名的东非大裂谷和耸立于澳大利亚大陆中部平原西侧的世界最大巍岩独石艾尔斯巨石等。2005 年“中国最美的地方”评选中所选出的丹霞山（广东）、武夷山（福建）、大金湖丹霞地貌（福建）、龙虎山（江西）、资江—八角寨—崀山丹霞地貌（湖南）、张掖丹霞地貌（甘肃）、赤水丹霞地貌（贵州）为“中国最美的七大丹霞”，都属于宝贵的地质遗迹。

上述地文景观旅游资源不仅具有一般的观光游览价值，更具有避暑疗养、登山探险、滑雪娱乐、宗教朝圣和科考研修等多种功能。

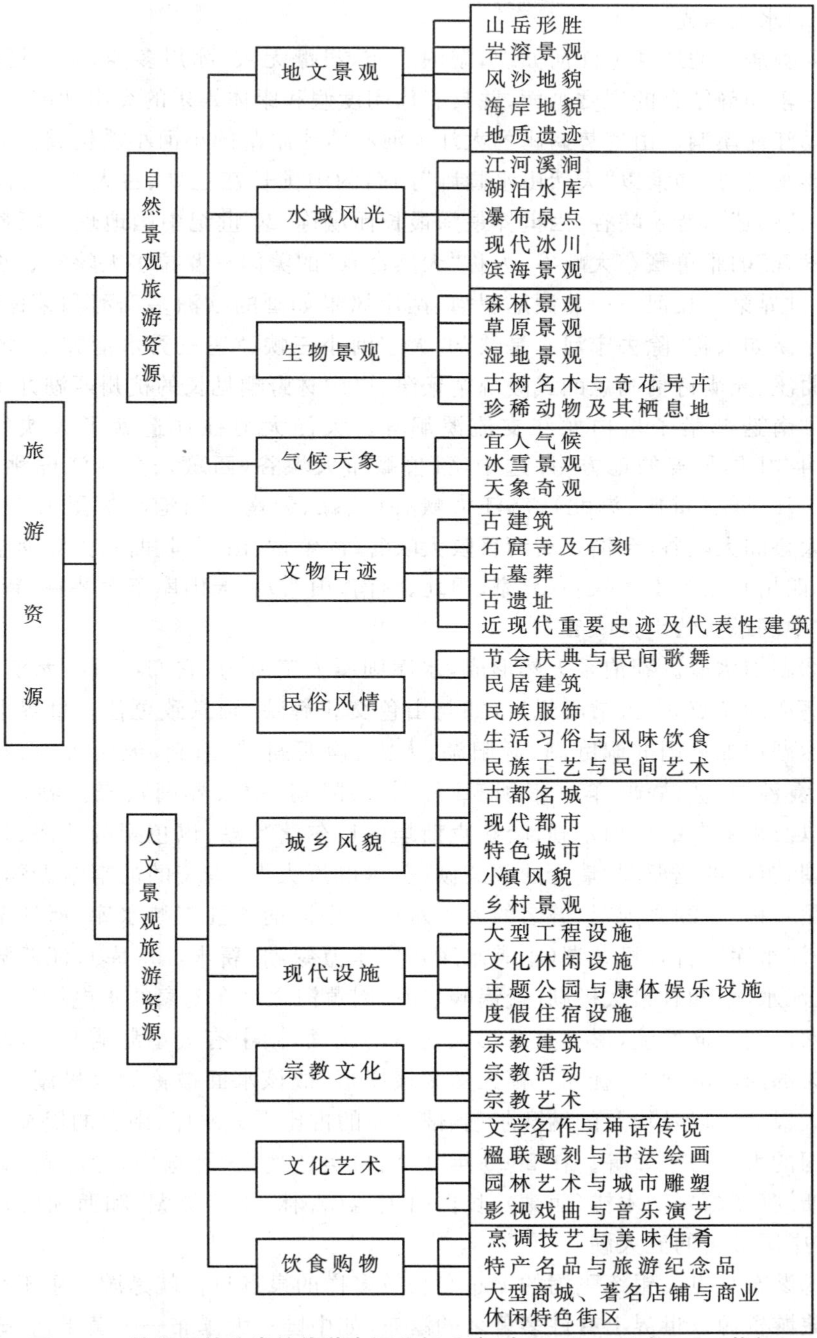

图 3—1　按照属性分类的旅游资源分级系统(肖星,2000 拟定,2012 修订)

(2)水域风光

人类居住的地球上江河如织,湖泊广布,泉瀑无数,冰川多姿,海域辽阔,构成了一幅动静结合的观赏画面,并具有休闲度假和康体娱乐的突出功能。

①江河溪涧。由气势磅礴的大江大河和清流潺潺的小河小溪构成。大江大河主要观气势,如素以"天然山水画廊"闻名的中国长江三峡、古人称"黄河之水天上来"的黄河晋陕峡谷、因世界最深最长而堪称"20 世纪中国地理学家最伟大地理发现"的雅鲁藏布大峡谷、人称"天然奇景"的美国科罗拉多大峡谷、"长比天河"的世界第一长河——非洲尼罗河、两岸风景如画的欧洲多瑙河和莱茵河等;小河小溪如人称"除去宁河不是峡"的大宁河小三峡、"三三秀水清如玉"的武夷山九曲溪、充满诗情画意的武陵源金鞭溪、以山林野趣见长的杭州西湖九溪十八涧和甘南迭部腊子口白龙江支流溪涧等。大江大河往往造就了大峡谷。在 2005 年"中国最美的地方"评选中,雅鲁藏布大峡谷(西藏)、金沙江虎跳峡(云南)、长江三峡(重庆、湖北)、怒江大峡谷(西藏、云南)、澜沧江梅里大峡谷(云南)、太鲁阁大峡谷(台湾)、黄河晋陕大峡谷(内蒙古、山西、陕西)、大渡河金口大峡谷(四川)、太行山大峡谷(北京、河北、河南、山西)和天山库车大峡谷(新疆)被评为"中国最美的十大峡谷"。

②湖泊水库。湖泊系天然形成,水库则属人工所为,它们都具有水流平静、碧波荡漾的特点,令人赏心悦目,如与山色交相辉映,则景致更佳。世界上著名的天然湖泊如中国的洞庭湖、鄱阳湖、太湖、瘦西湖、镜泊湖、天山天池、赛里木湖、宁夏沙湖、泸沽湖、羊卓雍湖、日月潭、兴凯湖(中俄界湖)、班公湖(中印界湖),以及俄罗斯的贝加尔湖、哈萨克斯坦的巴尔喀什湖、以色列的死海、日本的琵琶湖、英国的尼斯湖、瑞士的莱蒙湖、美国的五大湖、南美的的喀喀湖等,芬兰则更是号称"千湖之国"。著名的人工水库如中国的长江三峡水库、浙江千岛湖(新安江水库)、吉林松花湖(丰满水库)、广东万绿湖(新丰江水库)、江西陡水湖(上犹江水库)和甘肃太极湖(盐锅峡水库,因黄河之水在刘家峡水电站和盐锅峡水电站之间折向西流,形成呈 S 形大拐弯的湖面,湖中有大小岛屿 9 处,两个面积较大的河心洲沙岛,犹如一幅天然太极图形,故该水面被称为太极湖,岛屿被称为太极岛),以及埃及的纳赛尔湖、俄罗斯的古比雪夫水库、南美的伊泰普水库和美国的大古力水库等。在 2005 年"中国最美的地方"评选中,青海湖(青海)、喀纳斯湖(新疆)、纳木错(西藏)、长白山天池(吉林,中朝界湖)和西湖(浙江)被评为"中国最美的五大湖"。

③瀑布泉点。银练飞泻的瀑布和功效多样的泉点自古就是游人乐于光顾的重要旅游资源。世界上有许多著名的瀑布,如中国三大瀑布——黄果树、壶口和吊水楼瀑布,亚洲最大的跨国瀑布——广西大新德天瀑布,世界三大瀑布——非

洲维多利亚瀑布、南美伊瓜苏瀑布和北美尼亚加拉瀑布。世界上也不乏著名的冷泉、温泉、矿泉、药泉和观赏泉等各类泉点，如中国的杭州虎跑泉和济南趵突泉，西安华清池、广州从化、海南七仙岭和台湾北投温泉，青岛崂山和内蒙古阿尔山矿泉，五大连池药泉和大理蝴蝶泉，以及德国的威斯巴登和日本的箱根温泉、美国的黄石公园间歇喷泉、保加利亚的索非亚矿泉等。在2005年“中国最美的地方”评选中，藏布巴东瀑布群（西藏）、德天瀑布（广西，亚洲最大的跨国瀑布）、黄河壶口瀑布（晋陕交界）、九龙瀑布（云南罗平）、诺日朗瀑布（四川九寨沟）和黄果树瀑布（贵州）被评为“中国最美的六大瀑布”。

④现代冰川。作为一种固态水体，现代冰川晶莹剔透，别具一格，令人耳目一新。中国新疆喀拉昆仑山北坡的音苏盖提冰川和乌鲁木齐天山一号冰川、甘肃七一冰川与瑞士阿尔卑斯山阿莱奇冰川和北极地区、南极洲的辽阔冰原及座座海上冰山，均堪称现代冰川旅游资源的典型代表。在2005年“中国最美的地方”评选中，绒布冰川（西藏）、托木尔冰川（新疆）、海螺沟冰川（四川）、米堆冰川（西藏）、特拉木坎力冰川（新疆）、透明梦柯冰川（甘肃）被评为“中国最美的六大冰川”。

⑤滨海景观。地球上的海洋约占地表总面积的70.9%。海洋的中心部分称洋，边缘部分叫海。由于海的自身特点及其与人类活动的密切联系，海洋旅游资源的开发利用多限于大洋的边缘海部分，而且大量的旅游活动都集中在大陆边缘的海滨地带或岛屿群，真正的大洋旅游只限于环球航行、考察、探险等特殊项目。所以，此处所说的滨海景观，主要是指由海滩和与其相连的海域所构成的复合景观。它以沙细柔软、水清浪小、阳光和煦、空气清新的魅力对游客产生强烈的旅游吸引力，因而是一项极为重要的旅游资源，在风光观赏、疗养度假和体育运动等方面具有巨大的开发潜力。诸如椰林婆娑、海滩绵软、海水深蓝、终年皆可下水游泳的中国海南亚龙湾和蜈支洲岛、拉美加勒比和马尔代夫热带海滨海岛，夏季气温宜人的中国北戴河、韩国济州岛、日本冲绳和法国南部地中海海滨，号称“向世界出口阳光、空气和海滩”的西班牙太阳海岸，以及波澜壮阔的中国钱塘江海潮，波涛汹涌、特别适宜开展冲浪滑水运动的中国汕尾遮浪海滨、澳大利亚黄金海岸和美国夏威夷瓦胡岛怀基基海滨等，均是其中的佼佼者。

(3)生物景观

大自然孕育了丰富多样的植物和动物种群，它们使地球表面的景象空间更加活跃、生动和富有趣味，也给旅游者以赏心悦目的直观感受，并具有宝贵的科学考察价值。在返朴归真已成潮流、生态旅游渐成风气的今天，生物景观旅游资源无疑对海内外游客具有愈来愈大的吸引力。

生物景观可分为 5 种亚类。

①森林景观。如中国的黑龙江小兴安岭丰林原始红松林、吉林二道白河长白美人松林、广东鼎湖山季风常绿阔叶林和沟谷雨林、海南霸王岭热带雨林、四川九寨沟和湖北神农架原始森林、西藏雅鲁藏布大峡谷红豆杉林、内蒙古额济纳胡杨林、新疆喀纳斯南西伯利亚泰加林廊道，以及巴西亚马孙平原和马来西亚云顶高原的热带雨林、美国的加州红杉林、奥地利的维也纳黑森林和德国南部阿尔卑斯山区的新天鹅堡森林等。在 2005 年“中国最美的地方”评选中，天山雪岭云杉林（新疆）、长白山红松阔叶混交林（吉林）、尖峰岭热带雨林（海南）、白马雪山高山杜鹃林（云南）、波密岗乡灵芝云杉林（西藏）、轮台胡杨林（新疆）、西双版纳热带雨林（云南）、荔波喀斯特森林（贵州）、大兴安岭北部兴安落叶松林（黑龙江、内蒙古）和蜀南竹海（四川），被评为“中国最美的十大森林”。森林旅游活动主要有 8 种类型——观光游览、保健疗养、野营、狩猎、探险、修学旅游、科普旅游、采拮等。

②草原景观。如中国新疆巴音布鲁克草原和塔什库尔干金草滩、甘肃甘南草原、湖南城步南山牧场，以及澳大利亚中西部大草原、阿根廷潘帕斯草原和非洲广袤的热带稀树草原等。在 2005 年“中国最美的地方”评选中，呼伦贝尔东部草原（内蒙古）、伊犁草原（新疆）、锡林郭勒草原（内蒙古）、川西高寒草原（四川）、那曲高寒草原（西藏）、祁连山草原（青海、甘肃）被评为“中国最美的六大草原”。

③湿地景观。如杭州西溪湿地、广州南沙湿地、汕尾联安围湿地、江苏溱湖湿地、江西鄱阳湖湿地、甘肃张掖湿地、四川若尔盖湿地、云南拉什海高原湿地、中国香港湿地公园、伦敦湿地公园等。

④古树名木与奇花异卉。前者如陕西黄陵“黄帝手植柏”、安徽黄山迎客松、云南“茶树王”、福州“古榕树王”、山东日照“天下第一银杏树”（具 4000 多年历史）和广州增城增江河畔的千年古榄林等；后者如河南洛阳和山东荷泽牡丹、福建漳州水仙花、黔西“百里杜鹃”、广州从化“流溪香雪”（每年 12 月开始，流溪河国家森林公园的 3000 多亩、10 万多株梅树顶着寒风绽放出蔚为壮观的大片白色花海，漫山遍野凝如积雪，故名。并被誉为“中华梅花第一弄，南国报春第一枝”），以及日本的樱花、荷兰的郁金香，等等。

⑤珍稀动物及其栖息地。如中国四川卧龙的大熊猫、青海湖和班公湖的鸟岛、青海可可西里的藏羚羊、黑龙江扎龙的丹顶鹤、云南西双版纳的野象谷和海南南湾的猴岛、湖北神农架的金丝猴、江苏大丰的麋鹿、广东惠东的海龟湾，以及南部非洲的诸多天然野生动物园、澳大利亚东部的袋鼠和鸸鹋、北极地区的北极熊和北极狐、南极洲的企鹅等。与此同时，现如今人们观赏动物的主要方式也正

在从传统城市动物园的“人观笼中兽”转变成为现代野生动物园的“兽看车中人”。

(4)气候天象

地球上气候类型复杂多样，既有从南到北的温度变化，又有从东到西的干湿变化，还有从低到高的垂直分异，更具有特定地理环境下形成的富于变化的天象奇观。中国东西宽度和南北长度都超过 5500 千米，这就使得全国的气候天象旅游资源异彩纷呈，既为组织多种形式的旅游活动、促进旅游季节的均衡交替提供了优越的自然条件，也为不少旅游地增添了大自然的奇异景致，最能激发游人的游兴。

气候天象旅游资源又可细分为 3 种亚类。

①宜人气候。由夏季清凉的避暑型、长夏无冬或冬季温和的避寒型、四时如春的全年皆宜型气候所在地构成。前者如中国的秦皇岛、大连、青岛等温带海滨城市，庐山、莫干山、鸡公山等避暑名山，西宁、贵阳、兰州等西部高原城市，以及摩纳哥蒙地卡罗和法国尼斯、嘎纳、佩皮尼昂与西班牙帕尔玛等地中海海滨海岛城市，瑞士和德国的诸多山地等；中者如中国海南岛、泰国普吉岛、印尼巴厘岛及美国夏威夷等热带岛屿；后者如中国的昆明、埃塞俄比亚的亚的斯亚贝巴、墨西哥的墨西哥城和玻利维亚的拉巴斯等低纬度高原城市，以及中国的珠海和湛江、俄罗斯的索契等亚热带海滨城市。

②天象奇观。在一些特定地区所形成的独特天象奇观，也是观赏价值颇高的旅游资源。诸如峨眉佛光、蓬莱阁海市蜃楼和太湖西山日月并升，地球南北极圈以内的高纬度地区所出现的极昼和极光景观，当是天象奇观的代表。

③冰雪景观。冰雪既可作为观赏的内容，又可作为冰雪运动的场所，因而与海洋、森林并称世界三大旅游资源。中外都有很多令人如醉如痴的冰雪景观，如“雪域高原”西藏，“冰城”哈尔滨及附近的亚布力滑雪场、吉林雾凇和整个东北冬天的林海雪原景观，以及举世闻名的欧洲滑雪胜地阿尔卑斯山，俄罗斯、挪威、芬兰和加拿大的广阔天然雪原，日本北海道的冰雪景观，厄瓜多尔安第斯山区的赤道雪原等。

2. 人文景观旅游资源

(1)文物古迹

人类社会历史悠久，几千年来又发生过无数次推动世界进步的革命运动或重大事件，因而可供我们今天游览观赏的古代和近现代人类文明优秀遗产——文物古迹数量众多，种类丰富，是人文景观中最为博大精深的一种旅游资源。它们以其丰富的历史内涵、深厚的文化底蕴、独特的艺术魅力和优美的外观造型，深深地吸引和感染着每一位游人，使其为之倾倒和流连忘返。文物古迹可进一步分为 5 种亚类。

①古建筑。指一定区域内的人们在某一历史时期所创造的建筑物，具有鲜明的地域性、民族性、时代性、科学性和艺术性特点，是当时物质文明和精神文明的标志，更具有多方面的旅游价值。中国古建筑丰富多彩的屋顶形式和古希腊建筑严谨的三种经典柱式就分别是其地域性、民族性和艺术性的集中体现之一，见图 3－2、3－3。

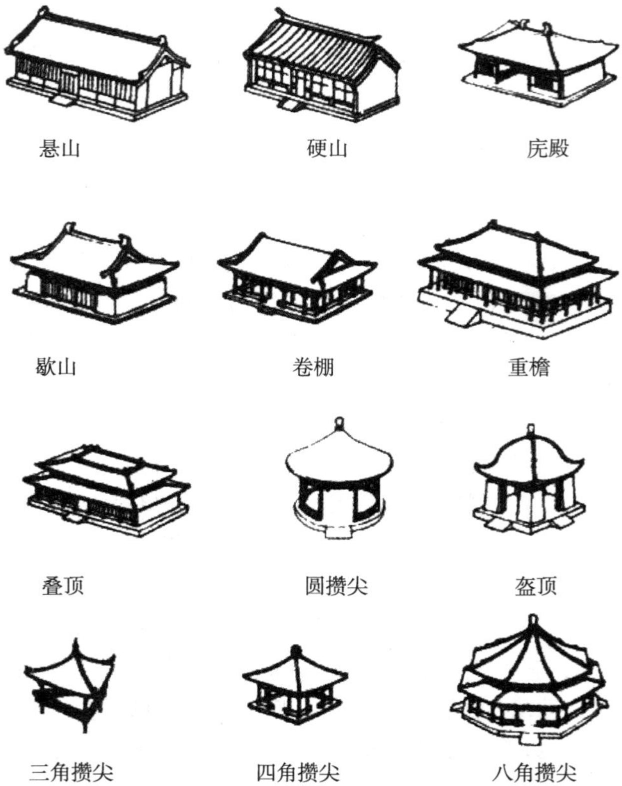

图 3－2 中国古建筑的屋顶形式

古建筑按其性质和功能又可细分为以下十种。

宫殿衙署——如北京故宫、河北保定直隶总督署、山西霍州署、河南内乡县衙等中国古代四大官衙。沈阳故宫、承德避暑山庄、拉萨布达拉宫、北京恭王府、曲阜孔府（中国封建社会官衙与内宅合一的典型建筑）和兰州鲁土司衙门，以及法国巴黎凡尔赛宫和枫丹白露宫、卢瓦尔河谷香波堡（12 世纪起法国国王狩猎的行宫）、佩皮尼昂马约卡王宫，伦敦白金汉宫和威斯敏斯特宫（英国议会驻地），布鲁塞尔王宫、马德里王宫、圣彼得堡冬宫和莫斯科克里姆林宫、布拉格城堡（世

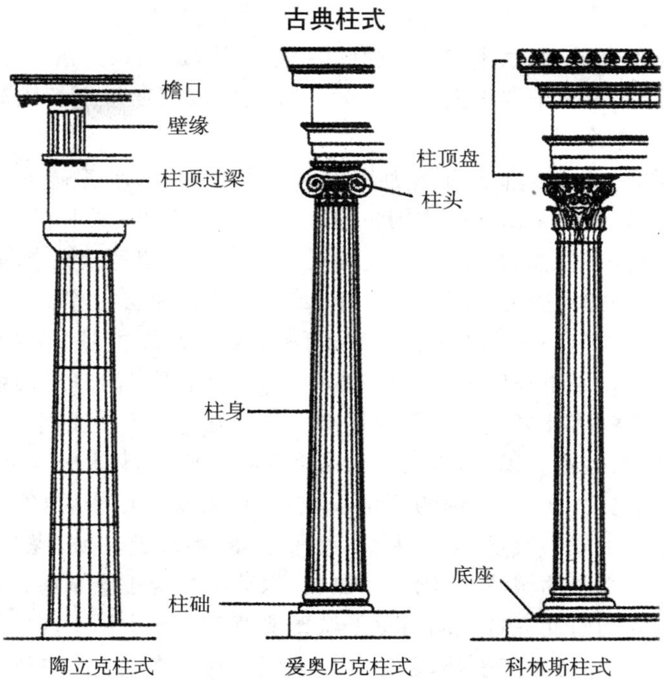

图 3—3 古希腊建筑的三种经典柱式

界最大的古城堡，昔日波希米亚国王、神圣罗马帝国皇帝的宫殿，捷克斯洛伐克和捷克共和国的总统府)、华盛顿白宫、曼谷大王宫、东京日本皇宫，巴黎、布鲁塞尔、蒙特利尔等市政厅。

坛庙祠堂——如北京天坛和先农坛，曲阜孔庙、天水伏羲庙、解州关帝庙、忠县张飞庙、汉中张良庙、广州南海神庙、佛山祖庙、湄洲岛妈祖庙(世界上第一座祭祀妈祖林默的庙宇)，太原晋祠、成都武侯祠、眉山三苏祠、广州陈家祠和从化广裕祠(曾获联合国教科文组织亚太地区文化遗产保护奖第一名——杰出项目奖)、潮州韩文公祠(全国历史最长的纪念韩愈的祠宇)，海口五公祠、巴厘岛海神庙、雅典帕特农神庙和罗马祖国祭坛等。

地标性古楼阁——如岳阳楼(中国古代江南三大名楼中唯一保持了原址原貌的古建筑)、广州镇海楼、成都望江楼、昆明大观楼、贵阳甲秀楼、镇江北固楼(多景楼)、西安钟楼、北京鼓楼、重庆忠县石宝寨(中国目前仅存的几座木结构建筑之一，号称“世界八大奇异景观”之一)等。

会馆书院——如自贡西秦会馆、重庆湖广会馆、亳州山陕会馆和庐山白鹿洞书院、长沙岳麓书院、儋州东坡书院等。

古代宗教建筑——如洛阳白马寺、应县木塔、恒山悬空寺、杭州灵隐寺、张掖大佛寺、武当山金殿、北京雍和宫、喀什艾提尕尔清真寺、泉州清净寺和曼谷玉佛寺、巴黎圣母院、罗马圣彼得大教堂、比萨斜塔、伦敦威斯敏斯特大教堂、耶路撒冷阿克萨清真寺等。

古典园林——如以师法自然为特色的北京颐和园、承德避暑山庄、苏州留园、扬州个园、广州余荫山房等中国古典园林，以几何构图见长的巴黎凡尔赛宫庭院花园、枫丹白露宫庭院花园、维也纳美泉宫庭院花园等欧洲古典园林。

古民居——如中国的福建南靖土楼，黟县西递村和宏村等皖南古村落，山西祁县乔家大院，湖南岳阳张谷英村，广东河源林寨与南园古村等客家古村落和连南千年瑶寨，潮州许驸马府和汕头澄海陈兹寅故居，苏州洞庭东山雕花楼、周庄沈厅和张厅，新疆喀什老城和鄯善吐峪沟麻扎村维吾尔生土民居，澳门龙环葡韵住宅式博物馆土生葡人民居，以及欧洲诸多保存完好的石构、木构古民居等。

古代城防建筑——如中国的万里长城、北京天安门城楼、西安城墙、平遥城墙、南京城墙和中华门城堡、崇武古城、蓬莱水城、番禺莲花城、虎门炮台和中国澳门大炮台；梵蒂冈的城墙、法国的昂热城堡、英国的爱丁堡城堡、卢森堡城的博克要塞、加拿大的魁北克古城墙与星形城堡要塞等。与中国不同的是，欧洲的不少城防建筑除作为防御工事外，还往往同时又是帝王的宫殿，如英国的伦敦塔、德国的海德堡城堡等。

古代桥梁——如中国北京卢沟桥、扬州五亭桥、河北安济桥、潮州广济桥、泉州洛阳桥，意大利威尼斯里亚尔托桥和佛罗伦萨维奇奥桥（俗称老桥）、德国海德堡红砖拱桥、瑞士卢塞恩卡贝尔桥、捷克布拉格查理大桥、英国克里夫顿悬索桥（维多利亚时期的建筑奇迹）等。

古代水利工程建筑——如中国的大运河、四川都江堰和广西兴安灵渠，印尼的巴厘岛苏比克稻田灌溉系统，法国加尔水道桥，古罗马大渡槽等。

②石窟寺与石刻。前者如中国的四大石窟——敦煌莫高窟、洛阳龙门石窟、大同云冈石窟、天水麦积山石窟，柬埔寨的吴哥窟、印度的阿旃陀石窟等；后者如中国的乐山大佛、泉州清源山老君岩造像、“水下碑林”重庆涪陵白鹤梁石刻（被联合国教科文组织称为“保存完好的世界唯一古代水文站”）等。

③古墓葬。如中国的陕北黄帝陵、西安秦始皇陵及其兵马俑坑、南京明孝陵、北京明十三陵、遵化清东陵、武威雷台汉墓（中国旅游标志铜奔马出土地）、曲阜孔林、鄂尔多斯成吉思汗陵、银川西夏王陵、喀什香妃墓、江阴徐霞客墓、江油李白墓和川南僰人悬棺，以及埃及的胡夫金字塔、印度的泰姬陵等。

④古遗址。如中国的北京周口店、湖南城头山和老司城、西安大明宫和半坡、浙江河姆渡、四川三星堆和金沙、甘肃大地湾和“两关”（阳关和玉门关）及锁

阳城、新疆吐鲁番“两城”(交河、高昌)和塔什库尔干石头城、内蒙古元上都、广州番禺莲花山古采石场遗址等;以及希腊的雅典卫城和奥林匹亚、意大利的罗马竞技场和罗马市场及庞贝古城、墨西哥的科潘玛雅、比利时的瓦隆地区采矿遗址等。

⑤近现代重要史迹及代表性建筑。此处所说的近现代时间下限,原则上按照中国目前通过的划分方法,分别以 1840 年中国鸦片战争和 1949 年中华人民共和国成立为界,个别城市因情况特殊,历史则会更早一些(如澳门,15 世纪即已被葡萄牙人占领)。典型实例如中国的伊犁将军府,中山翠亨孙中山故居、韶山毛泽东故居和奉化溪口蒋介石故居,上海中共“一大”会议和贵州的“遵义会议”旧址,瑞金和延安革命旧址,长春伪皇宫博物院、云南松山战役旧址和号称“东方的马其诺防线”的黑龙江虎头日军要塞旧址、湖南芷江中国人民抗日战争胜利纪念馆,淮海战役总前委和华东野战军指挥部旧址,澳门历史城区和上海外滩、天津解放北路及“五大道”、哈尔滨中央大街、大连中山广场、广州沙面、江西庐山、河南鸡公山、厦门鼓浪屿等优秀近代建筑群,天津利顺德大饭店和开滦矿务局旧址及袁世凯旧居、南京中山陵和原国民政府总统府及原江苏省咨议局大楼、广州中山纪念堂和大元帅府及粤海关旧址、武昌红楼和汉口江汉关旧址、青岛提督楼(现青岛迎宾馆)和德国总督府(现青岛市政协驻地)旧址、台北“总统府”(日占时期台湾总督府旧址)、香港立法会大楼和礼宾府(原港督府)、澳门特区政府总部(原澳督府)和民政总署大楼,北京天安门广场、人民大会堂、人民英雄纪念碑和毛主席纪念堂等;外国的巴黎埃菲尔铁塔、莫斯科红场列宁墓、柏林国会大厦、菲森新天鹅堡(19 世纪德国巴伐利亚国王的王宫)、海牙国际法院、法兰克福歌德故居、华盛顿美国国会大厦、费城市政厅、河内主席府(原殖民时期法国驻印度支那总督府)、万隆会议旧址、悉尼歌剧院和海港大桥,等等。

(2)民俗风情

我国地域广袤,民族众多,百里不同习,千里不同俗。56 个民族居住环境和历史文化各异,传统风俗独特,在神州大地上展开了一幅内容丰富、形式多样、情趣浓郁、绚丽多姿的民俗风情画卷,成为人文景观旅游资源中最活泼、最生动和最富特色的内容。毫无疑问,这对那些怀有强烈的求知猎奇心理和参与需求、渴望能够亲自领略和体验异民族生活情趣、探索社会演化进程和民族文化差异的旅游者,具有极大的吸引力和诱惑力。

民俗风情可进一步细分为 5 个亚类。

①节会庆典与民间歌舞。前者如中国春节、元宵节、中秋节、北京龙潭庙会、青岛啤酒节、兰州社火、藏族雪顿节、傣族泼水节、壮族三月三歌圩、哈萨克族“姑娘追”和巴西里约热内卢狂欢节、德国慕尼黑啤酒节、泰国象节、西班牙斗牛表演、摩洛哥新娘节等;后者如中国黎族竹竿舞、佤族甩发舞、藏族锅庄舞、土家族

摆手舞、塔吉克族鹰舞、彝族阿细跳月，朝鲜族和瑶族长鼓舞，美国夏威夷草裙舞、新西兰毛利人的“哈卡舞”（迎宾舞）及非洲诸多动作粗犷有力的民间舞蹈等。

②民居建筑。如造型各异、集中体现地域特色的北京四合院、晋中大院、陕北黄土窑洞、广州西关大屋、开平碉楼、梅州围龙屋、成都大邑刘氏庄园、九寨沟藏族木楼、湘西土家族吊脚楼、贵州布依石头寨、大理白族三坊一照壁和四合五天井、西双版纳傣族竹楼、伊犁哈萨克族毡房、帕米尔高原塔吉克族和柯尔克孜族石头房；以及北欧的陡坡顶农舍、荷兰的风车塔屋、北极地区爱斯基摩人的雪屋、贝宁的岗维椰水上村庄、东非富拉尼人的“布卡”（用树枝、庄稼和茅草搭成的房子）等。

③民族服饰。各民族绚丽多姿的服饰使神州大地多彩迷人。如中国傣族女子的筒裙，藏族的氆氇，维吾尔族的花帽、袷袢和连衣裙，纳西族妇女的“披星戴月”，白族的“风花雪月”头饰，裕固族的华丽长袍和帽子，福建的惠安女装；以及日本的和服，马来人的纱笼，缅甸男子的“笼基”（长裙），苏格兰绅士的花格短裙，西萨摩亚女子的草裙等。

④生活习俗与风味饮食。前者如中国云南泸沽湖摩梭人延续至今的“走婚”习俗和“母系大家庭”生活方式、湘西土家族和瑶族的“哭嫁”、西双版纳的傣童“出家”、阿尔泰牧民的秋季“转场”、东北查干湖与兴凯湖渔民的寒冬凿冰捕鱼和湛江东海岛渔民的众人奋力拉网盛况；以及日本茶道、巴厘岛妇女头顶重物却行走自如、阿拉斯加爱斯基摩人狩猎鲸鱼、新几内亚东部高地人男子穿刺挂鼻环等；后者如中国回族的油香和馓子、维吾尔族烤馕和抓饭、藏族的酥油茶与糌粑、湖南烟熏腊肉、兰州清汤牛肉面、西安羊肉泡、新疆拌面、天津狗不理包子、成都夫妻肺片、武汉豆皮、江苏靖江蟹黄汤包、云南过桥米线、桂林米粉，以及马来西亚人的“面包鸡”；日本人的寿司、乌干达人的“马托基”蕉饭、巴哈马人的烤鱼等。

⑤民族工艺与民间艺术。前者如中国的土家“西兰卡普”、苗族蜡染与刺绣、壮锦和马达加斯加人的“兰巴”（传统织布）、突尼斯人的雕镂技艺等；后者如中国的杨柳青年画、潍坊风筝和法国巴黎的街头作画艺术等。

（3）城乡风貌

是中国各地城市和乡村的历史与现实、社会经济与文化整体面貌的综合表现。繁华的都市、古朴的小镇和宁静的乡村历来各有其诱人之处，都是宝贵的旅游资源和游客采风揽胜的好去处。

在2005年“中国最美的地方”评选中，厦门鼓浪屿、苏州老城、澳门历史城区、青岛八大关、北京什刹海地区被评为“中国最美的五大城市”；丹巴藏寨（四川）、哈尼村落（云南）、图瓦村（新疆）、黎平肇兴侗寨（贵州）、婺源（江西）和丽江大研镇（云南）被评为“中国最美的六大乡村古镇”。

城乡风貌可进一步分成5种亚类。

①古都名城。以历史悠久、文化灿烂为突出特色。如西安、雅典、罗马、开罗世界四大古都和北京、杭州、苏州、广州、成都、拉萨、大理、巴黎、伦敦、柏林、马德里、巴塞罗那、佛罗伦萨、慕尼黑、伯尔尼、布拉格、华沙、圣彼得堡、莫斯科、伊斯坦布尔、耶路撒冷、京都等诸多中外古都名城。

②现代都市。以摩天高楼林立、时尚元素汇聚为突出特色。如上海、香港、深圳、纽约、法兰克福、米兰、迪拜、悉尼、墨尔本、里约热内卢、东京、首尔、加尔各答等。著名古都北京、巴黎、伦敦和柏林其实同时也兼具现代都市特征，在很大程度上体现了现代与传统的和谐统一。

③特色城市。以千姿百态、个性鲜明为标志。如单一职能首都暨"花园城市"巴西利亚、堪培拉和伊斯兰堡，风景名城黄山、张家界、武夷山和卢塞恩，海滨避暑胜地大连、青岛和索契，"度假天堂"三亚、帕塔亚和尼斯，"水城"威尼斯、阿姆斯特丹和布鲁日，"泉城"济南，"电影城"嘎纳和长春，"音乐之都"维也纳和"音乐名城"哈尔滨、萨尔茨堡，"大学城"牛津、剑桥和海德堡，"科学城"筑波和新西伯利亚，军港之城旅顺和土伦、"磁都"景德镇和"陶都"宜兴，"葡萄酒城"吕德斯海姆(德国)、"汽车城"十堰和底特律，边城绥芬河、东兴和帕绍(德国)，"赌城"蒙特卡洛、拉斯维加斯和中国澳门等。

④小镇风貌。或以古建众多、古风依旧为特色，或以某种因素而特别出名。与大都市相比，它们少了许多辉煌、灿烂，却多了一些恬淡、朴实。前者如中国的苏州周庄与同里古镇、湘西凤凰古镇和王村古镇(现名芙蓉镇)及洪江古商城(又称黔阳古城，系中国保存最完整、内容最丰富的明清古城之一，被有关专家誉为"中国内陆地区资本主义萌芽的活化石"。古城三面环水，是湘楚苗地边陲重镇，素有"滇黔门户"和"湘西第一古镇"之称，历史较凤凰古城早900年)、重庆大昌和瓷器口古镇、丽江大研古镇，以及法国东北部素有"西欧威尼斯"之称的科尔马小镇、南部地中海西岸景致迷人的科利乌尔小镇(Collioure，野兽派诞生地)、比利牛斯山区古朴静谧的孔弗朗自由城(Villefranche de Conflent)小镇、英国保存最完整的库姆堡(Castle Combe)古镇、因拍摄英国电影《情迷四月天》而一举闻名全球的意大利波托菲诺小镇、德国南部新天鹅堡所在的菲森小镇，号称"世界上最美湖畔小镇"的奥地利哈尔施塔特镇、瑞士少女峰下令人流连忘返的的因特拉肯小镇。后者如以每年举办亚洲论坛年会而著称的中国海南天堂小镇——水城博鳌，人称保留了"300年前瑞士风光"的甘川边境郎木寺小镇，避暑胜地江西庐山牯岭镇，颇具俄罗斯风情的新疆布尔津镇，美轮美奂、足能以假乱真的广州花都"九龙湖欧洲小镇"，以每年举办世界经济论坛年会、人称"经济联合国"而著称的瑞士滑雪胜地达沃斯小镇，对外国游客独具魅力的印尼巴厘岛手工艺品、艺

术、舞蹈和美食中心——乌布小镇，以及世界灾后重建的典范——温情旅游小镇中国四川汶川映秀镇。

⑤乡村景观。以清新宁静、景致各异为特色。如中国三大梯田群——云南元阳、广西龙胜和江西崇义上堡梯田，新疆喀纳斯仙境般的图瓦村落——禾木与白哈巴，川西与大自然浑然一体的丹巴藏寨，长三角和珠三角的水乡风貌，江西婺源春季一望无际的金黄色油菜花与粉墙黛瓦的明清古村落交相辉映的乡村景观，浙江楠溪江畔青山环抱的古村落，河西走廊中部民乐扁都口和山丹马场由十万亩油菜花构成的金色田园美景，赣州陡水湖独树一帜的渔乡风情，云南大理的"千年渔村"——双廊，福建武夷山大红袍景区和广东梅州雁南飞茶田度假村清新淡雅的茶田景观，江苏华西、山西大寨令人赞叹的乡村新貌，以及西欧和中欧随处可见的如诗如画田园牧歌景观，日本的"白山历史乡村"，菲律宾的"科迪勒拉水稻梯田"，等等。而每到秋季，位于洛桑和蒙特勒之间18千米长山坡上的数千公顷金黄的梯田式葡萄园与古老的村落和波光粼粼的莱蒙湖交相辉映，更展现出瑞士最美、最具代表性的田园乡村风光。

(4)现代设施

作为旅游资源的现代设施，主要指集中反映当代建设成就与时代特征、关系国计民生的大型工程设施，满足现代人类文明生活需要的文化休闲设施、主题公园与康体娱乐设施、度假住宿设施。

①大型工程设施。如中国的长江三峡水利枢纽、广州抽水蓄能电站、上海宝钢集团、长春第一汽车集团公司、湘潭吉利汽车制造基地、西昌卫星发射基地、北京国际贸易中心和中央电视台新址、上海世博会永久保留的五大标志性建筑"一轴四馆"(即世博轴、中国馆、主题馆、世博中心和演艺中心)、东方明珠广播电视塔、国际会议中心和金茂大厦，广州大学城、广州塔、琶洲会展中心和白云国际会议中心，深圳地王大厦和市民中心，海南博鳌亚洲论坛国际会议中心，湖南吉首矮寨特大悬索桥，中国香港会展中心和青马大桥，中国台湾101大厦等；埃及的阿斯旺高坝，巴西与巴拉圭合建的伊泰普水电站，德国斯图加特的奔驰汽车公司总部，法国的巴黎戴高乐机场和图卢兹"空中客车"总装厂，韩国釜山三星雷诺汽车公司，迪拜的阿尔法塔和帆船酒店等。它们虽然并非单纯的旅游景点，但除了具有多方面的实用价值外，本身也是现代景观突出的旅游吸引物，具有很高的观光游览价值，并往往成为旅游热点。

②文化休闲设施。如北京国家大剧院和中国美术馆、上海大剧院与上海音乐厅、广州大剧院与星海音乐厅、武汉汉秀剧场(建筑外型灵感来自中国传统红灯笼造型)、巴黎歌剧院和蓬皮杜国家艺术文化中心、伦敦泰特现代美术馆、维也纳金色大厅、马德里普拉多美术馆等品位高雅的艺术殿堂，北京中国国家博物馆

与中国科技馆、上海博物馆、陕西历史博物馆、河南博物院、广东科学中心(投资达 19 亿元,亚洲最大的科技馆)、白鹤梁水下博物馆、自贡恐龙博物馆、湖南里耶秦简博物馆、丹东抗美援朝纪念馆,以及伦敦大英博物馆、巴黎卢浮宫、纽约大都会博物馆、圣彼得堡艾尔米塔博物馆(是世界四大博物馆)及华盛顿美国航空航天博物馆、西班牙毕尔巴鄂古根海姆博物馆、慕尼黑德意志博物馆(世界最大的自然科学博物馆)、柏林博物馆岛(由 5 座博物馆组成)等珍品荟萃的综合性、专题性博物馆与科技馆,北京中国国家图书馆、上海图书馆、广州图书馆新馆和美国国会图书馆、莫斯科国立列宁图书馆、巴黎法国国家图书馆新馆等藏书丰富的大型公共图书馆,以及北京图书大厦、广州购书中心、上海书城、深圳书城和武汉万达电影城(目前中国规模最大、设施最先进的电影城,共设 15 个影厅,总座位数 3000 个,其中包括数字 3D 影厅、IMAX 巨幕影厅等)、长春电影城、横店影视城、镇北堡影视城、好莱坞电影城等各具特色的其他现代文化休闲设施。而由大片旧厂房改造而成的北京 798 艺术区,通过改造利用传统里弄和名人故居以再现 20 世纪二、三十年代旧上海风情的多伦路文化名人街,将企业生产过程及其文化底蕴与观光休闲有机融合在一起的广州珠江—英博国际啤酒博物馆和邵阳湘窖酒业文化城,则是近年涌现的中国众多文化休闲景区中旅游开发相当成功者。

③主题公园与康体娱乐设施。前者如深圳中国民俗文化村与世界之窗和欢乐谷及东部华侨城、广州香江野生动物世界和长隆欢乐世界及长隆水上乐园、杭州宋城、苏州乐园、常州中华恐龙园、开封清明上河园、屯溪徽州文化园、芜湖方特欢乐世界、北京海洋馆、大连圣亚与长沙海洋世界、我国香港迪斯尼乐园、奥兰多迪斯尼世界、好莱坞环球影城、新加坡圣淘沙名胜世界、微缩玩具城市马都拉丹(荷兰)、“天津眼”和“南昌之星”及“伦敦眼”(又名“千禧之轮”,曾是全球最大、最高的摩天轮)等特色鲜明的主题公园和游乐场;后者如北京“鸟巢”(国家体育场,2008 年北京奥运会主场馆)、“水立方”(国家游泳中心)和广州海心沙亚运公园(2010 年亚运会开闭幕式主场馆)、马德里拉斯温塔斯斗牛场、“伦敦碗”(2012 年伦敦奥运会主场馆)、阿布扎比奥林匹克城(阿联酋)、新奥尔良体育馆和慕尼黑体育中心等设施配套的体育场馆,以及广州九龙湖、海口观澜湖和三亚亚龙湾高尔夫球会与英国温布尔敦网球场、德国巴登巴登高尔夫球场等档次高、吸引范围大的康体健身设施。

④度假住宿设施。包括各类度假酒店、度假村和特色主题酒店等。由于它们本身的旅游服务功能,过去很少有人将其列入旅游资源范畴。但今天看来,通常地处优美环境,或定位高端、现代时尚,或外部造型、文化内涵与服务品质独具特色的度假酒店、度假村乃至度假酒店群,本身就是魅力无穷的旅游吸引物,许

多游客就是冲着它们才奔旅游目的地而去的，因此其旅游资源属性是不容忽视的。如中国三亚亚龙湾由 9 家国际顶级品牌酒店组成的世界少有的热带海滨一线海景奢华度假酒店群（与海碧沙细天蓝、终年气候宜人的绝佳生态环境相得益彰，并有高尔夫球会、海上运动等配套设施和项目，到这里度假已成为时下中外游人追捧的一种时尚，尤以冬季为甚）、由 8 座酒店构成的深圳东部华侨城特色主题酒店群、能让游客处处感受到珍稀野生动物魅力的中国最大生态主题酒店——广州长隆大酒店、依托优质温泉资源个性化服务堪称同行标杆的广州从化碧水湾温泉度假酒店、外部造型与所处自然景观浑然一体的广州莲花山粤海度假村和惠州龙门南昆山十字水生态度假村、外表依旧古朴沧桑但内部现代化设施却一应俱全的澳门圣地亚哥城堡酒店和法国尼斯 NEGRESCO 酒店等。而 2012 年 7 月 28 日开业的万达长白山国际旅游度假区（占地 18 平方千米，总投资超过 200 亿元，内设亚洲最大滑雪场和最昂贵的高尔夫球场等）中由超六星级的柏悦酒店、威斯汀酒店和五星级的凯悦酒店、喜来登酒店等组成的高端度假酒店群，则更可称得上是中国现代生态度假住宿设施的惊世之作。

(5)宗教文化

所谓宗教文化，是指一切与宗教直接有关的文化现象。古往今来，宗教文化一向与旅游开发密切相关。首先，任何宗教都各有其数量可观的信徒，他们出于对宗教的情感寄托，年复一年地到寺庙宫观去烧香拜佛、祈祷还愿或到宗教圣地去求法朝圣，形成川流不息、庞大无比的宗教朝觐流，而宗教朝觐旅游恰恰是种类众多的旅游方式中客流最稳定、流向最明确的一种；其次，宗教景观能够激发人们求奇、求新、求知和探秘的旅游动机，因而对广大的非宗教游客具有很强的吸引力；第三，宗教事象是历史文化的载体，在它身上所体现出的人类文明多方面的巨大价值是世所公认的。所以，宗教文化作为一种充满魅力的重要人文景观旅游资源的属性当毋庸置疑。

宗教文化旅游资源主要包括以下 3 种亚类。

①宗教建筑。如中国的泉州开元寺、扶风法门寺及其合十舍利塔、三亚南山寺及其 108 米高海上观音塑像、无锡灵山大佛、哲蚌寺等藏传佛教格鲁派六大宗主寺院、景洪曼飞龙白塔、武当山金殿、成都大邑鹤鸣山道源圣城、北京牛街清真寺和宁夏同心清真大寺、广州石室和上海佘山天主堂、哈尔滨圣索菲亚教堂，以及德国的科隆大教堂、西班牙的巴塞罗那“神圣家族”大教堂、俄罗斯的莫斯科瓦西里·勃拉仁内大教堂、印度的摩诃巴里普兰海滨神庙、印度尼西亚的婆罗浮屠佛塔、耶路撒冷的犹太教圣殿“哭墙”、迪拜最美的建筑朱美拉清真寺（现代伊斯兰建筑风格的典型代表）等。

②宗教活动。如山西五台山的佛教开光和诵经仪式、甘肃拉卜楞寺的藏传

佛教大法会和“展佛”仪式、广州石室天主堂的弥撒，以及穆斯林做礼拜、麦加朝圣、古尔邦节、开斋节，基督教的圣诞节、复活节、万圣节等活动。

③宗教艺术。如中国的敦煌莫高窟佛教壁画、天水麦积山石窟泥塑、肃南金塔寺大型高肉雕飞天、稀世珍品瓜州（安西）象牙造像、青州唐代佛像、湟中塔尔寺“三绝”（酥油花、堆绣和绘画）、芮城永乐宫元代道教壁画、同心清真大寺砖雕。柬埔寨的吴哥寺石刻、意大利威尼斯圣马可教堂内的壁瓷片壁画、法国沙特尔大教堂的精美雕刻品及彩色玫瑰窗、米兰大教堂外墙的壮观群雕等。

(6)文化艺术

文化艺术是人类精神文明的重要组成部分，其包含的内容相当丰富。而旅游本身就是一种大规模的文化交流活动，它与文化艺术有着密不可分的有机联系。作为可以为旅游业所开发利用的文化艺术旅游资源，主要有文学名作与神话传说（仅指与旅游直接有关的）、楹联题刻与书法绘画、园林艺术与城市雕塑、戏曲影视与杂技武术 4 种亚类。它们或者本身就是旅游者观赏的对象，能给人以美的享受；或者丰富了有关旅游资源的内容，增添了游人的游兴和乐趣；更多的则是通过其传咏、扬播，大大提高了旅游资源的知名度和吸引力，使无数游人向往和憧憬。所以，文化艺术是具有广泛群众性、鲜明地域性和强烈招徕力的高品位旅游资源。

①文学名作与神话传说。前者如中国崔颢的《黄鹤楼》、范仲淹的《岳阳楼记》、王勃的《滕王阁序》、李白的《望庐山瀑布》、张继的《枫桥夜泊》、王羲之的书法珍品《兰亭序》等与同名景点，吴承恩的《西游记》、曹雪芹的《红楼梦》、罗贯中的《三国演义》、施耐庵的《水浒传 》等中国古代四大名著及其故事发生地——火焰山与花果山、宁国与容国二府、赤壁古战场、水泊梁山，鲁迅的《孔乙己》与绍兴咸亨酒店、沈从文的《边城》与张冠李戴却一举成名的凤凰古镇、王之涣的《凉州词》与玉门关、王维的《送元二使安西》与阳关；英国小说家詹姆斯 · 希尔顿旷世奇作《失去的地平线》(1933 年)与长达半个多世纪的关于世外桃源——“香格里拉”秘境的找寻和命名争夺、法国雨果的《巴黎圣母院》与同名景点、大仲马的《基督山恩仇记》与故事发生地马赛伊夫堡等。后者如中国广大藏区关于格萨尔王的传说、云南石林地区关于阿诗玛的传说、广西壮族地区关于刘三姐的传说和欧洲莱茵河流域关于女妖的传说等。

②楹联题刻与书法绘画。前者如中国昆明大观楼的“海内第一长联”、泰山的唐玄宗《纪泰山铭》题刻和贵州安顺的“红崖天书”等；后者如中国的四大碑林（西安、曲阜孔庙、高雄南门和西昌地震碑林）、甘肃成县东汉《西狭颂》摩崖石刻、韶山毛泽东诗词碑林、湖南江永女书（几百年来传女不传男，充满神奇色彩），北宋张择端的名画《清明上河图》和元代黄公望的名画《富春山居图》、当代中国绘

画大师张大千的山水画和黄永玉的水墨画、俄罗斯列维坦的名画《金色的秋天》、法国卢浮宫收藏的达·芬奇名画《蒙娜丽莎》和墨西哥城的城市壁画等。

③园林艺术与城市雕塑。前者如昆明、沈阳、西安等三大世界园艺博览园，长沙橘子洲、二沙岛广州发展公园、墨尔本街心花园等大型市民休闲公园，广州珠江公园、深圳荔枝公园、纽约中央公园等现代园林；后者如兰州《黄河母亲》、《珠海渔女》、广州《五羊》、长沙橘子洲头《青年毛泽东》、北海《南珠魂》和《潮》、金昌《祖国的金娃娃》，以及纽约《自由女神》、哥本哈根《美人鱼》、布鲁塞尔《尿童》、马德里《塞万提斯》、海德堡《怪猴》和符拉迪沃斯托克（海参崴）《西伯利亚猛虎》等著名城市雕塑。

④影视戏曲与音乐演艺。前者如半个多世纪前电影《刘三姐》无意间让观众记住了有秀美山水和动人山歌的广西桂林，谢晋的《芙蓉镇》让古镇王村一夜之间成为湘西民俗文化旅游胜地，张艺谋的《大红灯笼高高挂》把乔家大院变成蜚声世界的晋文化旅游地，冯小刚的两部《非诚勿扰》更是让杭州西溪国家湿地公园和三亚亚龙湾热带天堂森林公园顷刻间名扬天下，《五朵金花》、《阿诗玛》、《庐山恋》、《红色娘子军》等其他类似影视名作也使得故事发生地或外景地名声大振，成为游客趋之若鹜的旅游热点。同样，美国大片《阿凡达》（片中“哈利路亚山”的主要场景原型来自中国的张家界地貌）、法国影片《巴黎圣母院》、新西兰电影《指环王》（拍摄地“探险之都”皇后镇）也使得其各自主要拍摄地的神奇面纱向世人敞开。后者如《青藏高原》、《康定情歌》、《神奇的九寨》、《美丽的草原我的家》、《蒙古人》、《阿佤人民唱新歌》、《乌苏里船歌》、《我爱五指山我爱万泉河》、《西沙我可爱的家乡》等著名歌曲，西北花儿、陕北民歌、湖南桑植民歌、海南儋州调声等民族歌曲，长盛不衰的哈尔滨之夏音乐会和萨尔茨堡音乐节、爱丁堡音乐节，以及《莫斯科郊外的晚上》、《红河谷》、《北国之春》等经典外国民歌，都深深地吸引着广大游人，使其对它们所歌颂的地方产生了强烈的出游动机；而大型室内歌舞剧《丝路花雨》、《长恨歌》、《云南映象》、《魅力湘西》、《东方霓裳》和大型山水实景演出《印象刘三姐》、《印象大红袍》、《天门狐仙·新刘海砍樵》、《东京梦华》等演艺节目，巴黎著名的《红磨坊》酒吧及其康康舞，世界规模最大的团体操暨文艺表演《阿里郎》（朝鲜），以及京剧、豫剧、粤剧、川剧、秦腔、黄梅戏、昆曲、贵州屯堡地戏等中国地方戏曲，也每每使中外游人乐此不疲。它们是旅游与文化融合发展的最佳体现。

(7)饮食购物

在我们这个幅员辽阔、物产丰饶和经济充满活力的世界上，各具千秋的烹调技艺和色香味形兼具的美味佳肴，种类繁多的特产名品和人见人爱的旅游纪念品，商品种类齐全、购物环境一流的大型商城和历史悠久、闻名遐迩的百年老店，建筑别致、氛围独特的商业休闲特色街区，构成了雄厚无比的饮食购物旅游资源，不仅能满足旅游者身临其境就地一饱口福和亲自选购物品以获得最充分享受的心理需要与了解各国各地饮食文化、丰富人生阅历、提高自己名望及身价的愿望，而且能够带动旅游商品生产乃至地方经济腾飞和吸引更多的潜在旅游者，从而不断扩大客源，提高旅游业的综合经济效益。

①烹调技艺与美味佳肴。如中国烹饪、法国烹饪和土耳其烹饪等世界三大烹饪流派，鲁、川、苏、粤、闽、浙、湘、徽等中国八大菜系；北京全聚德烤鸭和海南四大名菜（文昌鸡、嘉积鸭、和乐蟹、东山羊）等地方菜肴，满汉全席等民族菜肴，峨眉山佛寺素馔等宗教菜肴，南京板鸭和鸭肫干与法国鹅肝酱、德国咸猪手、土耳其烤全羊等地方风味食品。

②特产名品与旅游纪念品。前者如中国的四大名绣、十大名茶、宜兴陶器、景德镇瓷器、文房四宝、兰州百合、贵州茅台和法国的波尔多葡萄酒、德国的慕尼黑啤酒等；后者如北京景泰蓝、洛阳仿唐三彩、兰州刻葫芦、酒泉夜光杯、庆阳香包、保安腰刀、海南椰雕、喀什英吉沙小刀、天津杨柳青年画与泥人张彩塑和俄罗斯套娃与铜镜、德国奔驰汽车公司的精致钥匙圈等。

③大型商城与著名店铺。前者如北京的东方广场、新东安市场和燕莎友谊商城，上海的港汇广场和日月光中心，广州的天河城、正佳广场和太古汇，深圳的中信城市广场和益田假日广场，香港的时代广场、崇光百货商店和金百利商场，巴黎的春天百货公司和拉斐特百货公司，伦敦的韦斯特菲尔德购物中心，世界最大的购物中心——迪拜摩尔（The Dubai Mall）等；后者如北京大栅栏瑞蚨祥绸布店、天津劝业场、广州陶陶居、巴黎皮尔卡丹时装店和法贝格珠宝店、伦敦哈罗德（Harrods）百货商店、布鲁塞尔白天鹅咖啡馆（1845 年马克思和恩格斯曾在此起草《共产党宣言》）等。

④商业休闲特色街区。它们往往是一个城市中独具魅力、能够聚拢大量人气的地方。如北京的王府井大街和前门大街、上海的南京路和淮海路及新天地、天津的新意街（意风区）、广州的北京路和上下九及白鹅潭酒吧风情街、深圳的东门和华侨城欢乐海岸、武汉的楚河汉街（号称中国最具建筑特色的城市商业步行街和现代"清明上河图"）、杭州的河坊街、南京的新街口和夫子庙、苏州的山塘街、福州的三坊七巷、哈尔滨的中央大街、成都的宽窄巷子和锦里古街、拉萨的八廓街、桂林的阳朔西街（"老外"特别青睐）、西安的化觉巷古玩街和回民小吃夜市、兰州的张掖路步行街、喀什的中西亚国际大巴扎、台北的士林观光夜市、香港的旺角、澳门的议事亭前地（新马路），以及巴黎的香榭丽舍大街、柏林的选帝侯大街、法兰克福的罗马广场、巴塞罗那的兰布拉斯大街、阿姆斯特丹的卡尔弗大街、纽约的曼哈顿大街、洛杉矶的唐人街、墨尔本的酒吧一条街等。

(二)按照管理级别分类

多年来,通过开展立法建设、设立保护管理机构等一系列措施,中国旅游资源的保护和管理工作得到了很大加强。同属旅游资源范畴但分别归口不同的国家主管部门管理的风景名胜区、历史文化名城、文物保护单位、自然保护区、森林公园、湿地公园、地质公园、矿山公园、水利风景区、考古遗址公园、国家等级旅游区等,现已各自形成了比较完整的管理体系。

按照管理级别的高低(实际上反映了资源价值的大小和品位的高低),中国的旅游资源可以划分为以下四种类型。

(1)世界级旅游资源

包括经联合国教科文组织批准分别被列入《世界遗产名录》的名胜古迹、列入《世界地质公园》的自然景观和列入联合国"人与生物圈"保护区网络的自然保护区。

(2)国家级旅游资源

包括由国务院审定公布或批准建立的国家重点风景名胜区、国家历史文化名城、全国重点文物保护单位和国家级自然保护区,由原林业部、国家林业局批准建立的国家森林公园、国家湿地公园,由国土资源部评定的国家地质公园和国家矿山公园,由水利部评定的国家级水利风景区,由原建设部和国家文物局共同评定的中国历史文化名镇、中国历史文化名村,由文化部、国家文物局批准评定的中国历史文化名街,由国家文物局评定的国家考古遗址公园等。

(3)省级旅游资源

包括省级风景名胜区、省级历史文化名城和省级文物保护单位,以及省级自然保护区、森林公园和地质公园等。

(4)市(县)级旅游资源

主要包括市(县)级风景名胜区、文物保护单位和森林公园等。

上述四种类型都是在各地层层申报和专家考察评价的基础上,分别由联合国教科文组织、国务院及其相关国家行政主管部门、省级人民政府及其相关省级行政主管部门、市(县)级人民政府审定批准的,因而具有相应的权威性。显然,把它们纳入旅游资源分类体系,具有较强的代表性。

至于国家旅游局评定的国家等级旅游景区,其虽然毫无疑问在一定程度上具有旅游资源的属性,但考虑到它的设立旨在加强对旅游景区的管理,提高旅游景区服务质量,维护旅游景区和旅游者的合法权益,促进我国旅游资源开发、利用和环境保护,也即重在以规范性标准化的质量等级评定体系去考量旅游景区的开发、管理和服务水平,与上述其他各种不同级别的旅游资源有着显著不同,因而本教材未将其纳入旅游资源分类体系。

复习思考题

1. 根据国家标准，旅游资源是如何分类的？

2. 根据资源属性，旅游资源是如何分类的？

3. 按照资源属性分类，列举中外最具代表性的 20 处自然景观旅游资源。

4. 按照资源属性分类，列举中外最具代表性的 35 处人文景观旅游资源。

参考文献

1. 肖星，严江平. 旅游资源与开发[M]. 北京：中国旅游出版社，2000.

2. 肖星. 中国旅游资源概论[M]. 北京：清华大学出版社，2006.

3. 郭来喜，吴必虎，刘锋，范业正. 中国旅游资源分类系统与类型评价[J]. 地理学报，2000，55(3).

4. 杨振之. 论度假旅游资源的分类与评价[J]. 旅游学刊，2005，20(6).

5. 何效祖. 对国家标准《旅游资源分类、调查与评价》的若干修订意见[J]. 旅游科学，2006，20(5).

6. 刘益. 从旅游规划角度论《旅游资源分类、调查与评价》的实践意义[J]. 旅游学刊，2006，21(1).

第四章　自然景观旅游资源及其精华选粹

学习目的

自然景观旅游资源是旅游资源的两大组成部分之一。通过本章的学习，应掌握自然景观旅游资源的类型划分、各类自然景观的基本特征及其典型代表，理解各类自然景观的旅游价值，了解各类自然景观旅游资源的主要成因。

主要内容

- 地文景观旅游资源的特征、价值与成因
- 水域风光旅游资源的特征、价值与成因
- 生物景观旅游资源的特征、价值与成因
- 气候天象旅游资源的特征、价值与成因

第一节　地文景观旅游资源

地文景观是指在自然环境的影响下，地球内、外营力共同作用形成的景观。地表各种地文景观的形成和演变，直接受地层和岩石、地质构造和地质动力等因素的影响与控制。

一、地文景观旅游资源的特征、旅游价值与成因

（一）地文景观旅游资源的特征

1. 天然赋存性

从发生学的角度上看，一切自然景观都是大自然长期发展变化的产物，是其

鬼斧神工雕造而成，具有天然赋存的特点，即天赋性。

2.地域性

自然景观是由各种自然要素相互作用而形成的自然环境，具有明显的地域性特征，如中国风景的“北雄南秀”的特征反映了南北自然景观的总差异。

3.科学性

自然景观各个要素之间所具有的各种复杂多样性的因果关系和相互联系的特点，反映在自然景观的各个方面。因而自然景观的具体成因、特点和分布，都是有科学道理的。

4.综合美

从旅游审美的角度上看，一切自然景观都具有自然属性特征美。在自然景观美中，单一的自然景物，由于构景因素单调，一般来说，它的美是单调的；大多数自然景观美都是由各种景观因素组成的，它们相互配合，融为一体，并与周围环境相协调，所以体现出综合美的特点。

5.吸引价值的差异性

自然景观虽是大自然本身的产物，然而“千座山脉难以尽奇，万条江河难以尽秀”，只有具备能引起人们美感属性的自然景观，使观赏者获得美的那部分景观，才是自然美的代表，才具有自然景观美。另一方面，自然景观之所以能成为人们审美的对象，是与社会的发展水平和人们的综合素质分布开的。

（二）地文景观的旅游价值

1.美学价值

地文景观以其雄、奇、险、幽、旷等形态美和多样的色彩美而展示其特有的美感，成为旅游中重要的审美对象。

(1)形态美

地文景观的形态美，是指地质地貌的形态与空间形式的综合美，其中也包含主体在审美过程中产生的生理和心理感受。从古至今，人们对于自然景观的形态美有着各种不同的评价，并从中概括出雄、奇、险、幽、旷等形象特征来描述人们对各种各样地文景观美的感受。

①雄美（雄伟之姿）。雄是指具有高大形象的山体景观，也是最能激动人心的一种美。高有相对高度和绝对高度之别。如泰山贵为五岳之首，但就其绝对高度而言，五岳之中泰山仅居第 3 位，海拔 1545 米，但是泰山却以雄伟之姿、磅礴之势凌驾于齐鲁大地之上，从而“会当凌绝顶，一览众山小”，尽显高峻挺拔，主要是因为其相对高度较高。泰山之雄除了本身的雄姿之外，更有其悠久的历史原因，历代帝王的封禅，从秦皇、汉武登山封禅朝拜开始，泰山便成了天神的化身，受众人敬仰。

②奇美(奇妙之态)。指那些经过地球外力作用和人类开发改造而形成的,具有奇特风格的地文景观形态,而最具有奇妙形象者莫过于黄山。“黄山天下奇”,黄山雄踞皖南,云山千里、森罗万象,黄山有无数奇峰,有名可数的就有72座,或聚或散,或露或藏、或庄或谐、或高耸人云、雄伟挺拔,或状如盆景、小巧玲珑、千姿百态、层出不穷、变化多端。登上黄山如同跨入一座大型石雕展览馆,令人情趣横生、浮想联翩,像“梦笔生花”、“猴子观海”、“仙人指路”等奇石造型都格外引人入胜。还有新疆乌尔禾的“魔鬼城”、云南路南石林和张家界石林等,都是规模较大的地质地貌奇特景观。

③险美(险峻之势)。自然风景中,险和奇一样能以其特殊的夸张形式打破某种平淡而引起人们强烈的兴趣,带来特殊的美感享受。如前所述的西岳华山,挺拔险峻,“千尺幢”、“白尺峡”、“擦耳崖”、“上天梯”、“苍龙岭”、“鹞子翻身”等险径,几乎要垂直攀登,常常让游人提心吊胆,小心翼翼才能到达峰顶,而登顶后的成功感和愉悦感,以及山顶上的无限风光是游览者平时很难体验到的。四川剑门关也以险著称,这是由于剑门处于蜀道的南口,是一个发育在断层崖下的山垭,大有“一夫当关,万夫莫开”之势,因此,此处的险实际有“险要”之意,即地势凶险,位置重要。此外,某些不安全的景象,如倾斜的石柱,凌空的“天生桥”等,也能使人感到惊险、刺激。

④幽美(幽静之韵)。幽深景色的特点是欣赏空间的范围较小,往往是在一些从山深谷中,由于道路曲折,视线常常被遮挡,加之植被茂密,透光量较小,使人不能一目了然,从而具有深不可测之感。“幽必曲、必静、必深、必暗”则是对这种景观构成条件的概括。如以植物王国著称的天目山,素有“天目千重秀,林木十里深”之说,大树华盖,林密壑深,以其高、大、古、稀、茂,再配以“千峰涵一刹”的禅源寺,成为寻幽探奇的绝妙之地。四川的青城山以“幽”闻名,这一风景特征的形成是由于谷地内部视线不开阔,加之古木参天,寺观亭阁掩映于浓荫翠绿之间,曲折小径出没于密林幽谷之中,清静幽深,故有“青城天下幽”之称。

⑤旷美(空旷之逸)。空旷之逸指畅达、空旷之怡情。这类景观的特点是视野开阔、平展而坦荡,极目远眺,一望无际。如绵延四野的平原,空旷无际的大漠,辽阔浩森的镜湖瀚海等就是实例。最典型的首推“八百里洞庭”。登岳阳楼远眺方知“巴陵胜状,在洞庭一湖。衔远山,吞长江,浩浩荡荡,横无际涯;朝晖夕阴,气象万千。此则岳阳楼之大观也”。

空旷之景能令人神驰飞扬,思潮翻滚,进而有一种心胸开阔的畅快之感。如果能“更上一层楼”而“欲穷千里目”,则会使看到的旷野景色更有气派。如“孤帆远影碧空尽,惟见长江天际流”的黄鹤楼,可以使游人欣赏旷野景色的效果达到最佳。

(2)色彩美

随着季节变换,昼夜交替,阴晴雨雪,自然风物相映生辉,呈现出丰富奇幻的色彩。地文景观的色彩既可由岩体本身颜色所形成,还可通过植被、气象条件等其他因素的渲染而显现。如以山色叫绝的丹霞山,构成它的红色砂、砾岩呈现出绚丽的色彩,远看似染红霞,近看五彩斑斓,令人称奇。所谓"山色空蒙"是对细雨之中烟雾弥漫,朦胧淡雅山色的描述。还有"太白积雪"则因覆盖其上的皑皑白雪,而展现出沉寂神秘的雪顶之态。植被随着一年四季的更替,为山地换上了各色不同的衣服,使山地更加妩媚动人:春天万木抽芽,翠烟弥漫;夏天枝繁叶茂,碧海无涯;秋天树色骤变,层林尽染;冬天银装素裹,天地一色。色彩美赋予了地文景观以变化和生机,让人们可以领略到不同风格的美景,获得不同的审美感受。

2.科普教育价值

地文景观旅游资源是地球内、外营力地质作用的综合产物,是大自然的杰作,它们的形成、发展都有一定的规律性,并蕴含着一定的科学原理。人们在观赏过程中,既得到美的感受,又能认识一些科学事物,学到新的科学知识,受到教育的启迪。例如,登华山不仅能亲自体验华山之险,挑战自我,而且更能理解华山之险是如何形成的;去广西桂林和云南石林游览,既可欣赏到秀美的山石景观,又可从中懂得喀斯特地貌形成的原理;看了断层、褶皱等地质构造特征,比较容易了解地壳的运动知识;参观生物化石,可以认识地质历史时期生物的演化和环境的变化;访问滑坡、山崩、地震遗迹可增长地质灾害知识,提高公众防灾意识。因此,这些典型地区也就成了科学考察的对象和大众的科普教育基地。

3.探险运动与康体健身运动价值

许多名山大川的主峰,沟壑洞穴的深处,都不乏险峻摄魂之处,因此,常常吸引一些富有冒险和挑战精神的游人特别是年轻人前来进行探险活动。"无限风光在险峰",人世间许多奇伟瑰丽的美景常在险高之地,若想领略这些以险为美的景观,就必须历尽艰险。因此,很多山地尤其是比较险峻的高山成了人们登山健身,攀岩探险,挑战极限的场所。亚洲的喜马拉雅山、欧洲的阿尔卑斯山、非洲的乞力马扎罗山等世界名山,每年都吸引了许多登山者前往,其中既有专业队员,又有普通的登山爱好者。通过登山,攀登者可以体验遭遇惊险、艰难,而后战胜困难的乐趣。征服高山,攀登者可达到超越自我,升华精神的境界,获得一种独特的自我实现感受和审美感受。另外,不同的地貌条件还可以为一些体育活动的开展提供条件,如陡峭的悬崖,可用于开展野外攀岩比赛;相对复杂的地形可用于野外定向越野运动。

4. 文化旅游价值

地文景观不仅是单纯的自然景观，而且还具有深厚的历史文化内涵，这为自然景观旅游资源的深度开发提供了条件。我国古代文人墨客多有寄情自然，借助书画来抒发自己情怀、志向的传统，因此，凡名山大川，多留有古人诗词题赋。流传下来的许多千古名句和壮美的诗篇，为自然景观平添了几分神韵和意境。如明代大旅行家徐霞客两登黄山，前后著文记之，以“五岳归来不看山，黄山归来不看岳”的溢美之词，盛赞“黄山天下奇”的独特景象。还有描绘华山险峻雄旷景象的有名诗句“西岳峥嵘何壮哉，黄河如丝天际来”。杜甫《望岳》一诗中“会当凌绝顶，一览众山小”两句，更加突出了泰山雄伟壮观的形象。这些脍炙人口的名篇佳句为自然景观注入了灵魂，强化了景区的文化氛围，让自然风景之美更加深沉、持久而熠熠生辉。

此外，我国的山川名胜，往往与宗教文化密切相关，这也使一些山地成为宗教文化的聚集地。如武当山、华山是道教名山，而山西五台山和河南嵩山则是佛教名山。泰山作为自古以来自然崇拜、祭祀的场所，在古代中国山岳文化中占有独特的地位。

(三)地文景观的主要成因

1. 地质作用

地文景观的形成与地质作用密切相关。地壳自形成以来，就一直处于运动变化之中，没有一种岩石、构造、地貌是固定不变而仍然保持其形成时的面貌。所谓“沧海桑田”正是对这种巨大变化的描述。使地表形态、地质构造和地壳物质组成不断变化的作用叫地质作用。地质作用按其能量来源可分为两种：内营力作用和外营力作用。

(1)内营力作用

内营力作用，也称内力作用，是指地球内部能量如热能、压力等所产生的作用，主要表现为地壳运动、岩浆活动、变质作用和地震。

地壳的运动有两种基本形式，即垂直运动和水平运动，两种运动形式既相互联系，又可相互转化。如雄伟的珠穆朗玛峰所在的喜马拉雅山地区原是一片海洋，受挤压而猛烈抬升，隆起为世界第一高峰——珠穆朗玛峰。海拔 8844.43 米。这种巨大的垂直运动与印度地壳(板块)和亚欧地壳(板块)间的相对水平运动和挤压相关联。地壳运动十分缓慢，不为人的感官所能察觉，只是在漫长的地质时期中才显示出极大的变化。

岩浆是地壳深部处于高温高压状态的硅酸岩熔融体，由于温度和压力的变化，岩浆沿着岩石圈破裂带上升而侵入到地壳，称为岩浆侵入活动。岩浆上升到地壳一定位置未达地表就冷凝成岩，称为侵入岩；岩浆喷出地面，称为火山活动或喷出活动，由此冷却凝结而成的岩石称为喷出岩。另一方面，岩浆热为地热资源提供着丰富而巨大的热源，温泉及矿泉水已为人们广泛利用。地壳中已经形成的岩石，由于温度、压力等环境的变化，使其成分、结构、构造发生一系列的变化，这种促使岩石发生变化的作用称为变质作用。由变质作用形成的新岩石称为变质岩。

地震是大地的快速震动，属地壳运动的一种特殊形式。当地球运动变化所产生地应力超过岩层或岩体所能承受的限度时，就会使地壳发生断裂或错位，同时将受力时积累起来的巨大能量骤然释放出来，并以纵波和横波形式的地震波向四周传播，从而引起地表的震动成为地震。

(2)外营力作用

也称外力作用，主要由来自地球外部的太阳能所引起。具体表现为风化作用、剥蚀作用、搬运作用、沉积作用和成岩作用。

风化作用是指地壳表层岩石和矿物在太阳辐射、大气、水及生物作用下，使物理性质和化学性质发生变化，并形成新物质的过程。埋藏于地层深处的岩石，一旦出露于地表，由于外界环境的改变，原有的平衡被破坏，随之发生物理性质和化学性质改变，从而由坚硬变得松散，大块变为小块，甚至矿物成分也发生变化，形成与地表环境相适应的相对稳定的矿物。其中由于温度的变化及水的冻结融化使岩石产生机械破碎的过程称为物理风化；由于大气(氧气、二氧化碳)、水等作用通过化学反应而使岩石的化学成分发生变化的过程，称为化学风化；而在生物参与下的机械、化学破坏过程，则称为生物风化。

剥蚀作用也称为侵蚀作用，是指流水、风、冰川运动等外营力，对地表岩石、土壤的破坏作用，使岩石破碎，并使碎屑物质离开原地。其中最常见的是风力侵蚀和流水侵蚀两种作用类型。搬运作用是指岩石经风化、剥蚀后形成的部分碎屑物质在流水、风力、冰川、海浪等外力的作用下离开原地，被移动至其他地方的过程。

沉积作用是指被搬运的物质，随着环境的变化，外营力逐渐减弱，于是发生沉积，称为沉积作用。通常情况是较粗的物质先沉积，愈细的物质后沉积。

成岩作用是指泥沙或碎屑物沉积后在上覆沉积物压力和温度作用下，逐渐固结、脱水，并进行重结晶和胶结，从而形成坚硬的新的沉积岩石的过程。

地貌是指地球表面的各种形态及起伏状况，也称地形。而多种多样的地表形态是在地球内营力和外营力相互作用下共同塑造而成的。如前所述，内营力主要表现为地壳运动、岩浆活动等方面。而其中地壳的垂直、水平运动对地貌形成的影响尤为显著，地壳大规模的抬升和沉降运动常常形成巨大的隆起和凹陷，在地貌形态上表现为高大的山地与高原和深切的谷地与盆地。因此，内营力作用塑造了地球表面大的基本构造形态，增加了地表的高差起伏。而外营力的侵蚀、搬运、堆积等作用过程对高起的地表进行夷平，对凹陷的盆地进行填高，总的趋势是削高填低，减少地表的起伏，使地表趋于和缓。

伴随着地貌起伏形态的形成，其他的地文景观现象也随之出现。如隆起的山脉地区往往出现断裂、节理、褶曲等地质构造形迹，并有岩浆活动和变质作用发生；而相对沉陷地区堆积深厚的地层，富含动植物化石。沉陷作用甚至可以导致海侵现象，使原来的沿海丘陵变为岸外岛屿。风、水流等外营力的侵蚀、堆积作用可形成独特的蚀余地貌（残留下的地貌）、沙石堆积地貌，在一定岩石岩性的配合下可形成独特的象形山石地形，具有很强的观赏性。在岩溶作用、重力崩塌以及地面塌陷作用下，可发育成各种洞穴、天坑等自然奇观。

因此，内力的隆起和外力的剥蚀，内力的下沉和外力的堆积，总是彼此相互联系、相互制约的，在一定程度上是协调发展的。但是，在不同地区、不同时间和不同的时空结构层次中，各种内力和外力的组合、配合形式各不相同，因而地貌形成发育的过程、方向、规模和表现形式等也不一样。这便导致了地貌类型的多样性和地貌的区域差异性。

二、地文景观旅游资源的主要类型与精华选粹

（一）山岳形胜

主要指风景名山、历史文化名山和冰山雪峰。

中国的五岳名山：东岳泰山、西岳华山、北岳恒山、中岳嵩山，南岳衡山。

中国四大佛教名山：山西五台山（文殊菩萨道场，有“清凉佛国”之称）、四川峨眉山（普贤菩萨道场，三大奇观：日出、云海、佛光，“峨眉天下秀”、“雄秀西南”）、安徽九华山（地藏菩萨道场，称“莲花佛国”、“佛国仙城”）、浙江普陀山（观音菩萨道场，称“海天佛国”）。

中国四大道教名山：湖北武当山（道教第一名山）、四川青城山（“青城天下幽”）、安徽齐云山（乾隆誉为“江南第一名山”）、江西龙虎山（道教正一派发源地）。

还有闻名天下的山东崂山（道教名山）；安徽黄山（四绝：奇松、怪石、温泉、云海）和天柱山；浙江雁荡山（东南第一山、有“寰中绝胜”之称）、天台山（佛教天台宗发源地）和天目山；江苏镇江三山（金山、焦山、北固山）；福建武夷山（“三三秀水清为玉，六六奇峰翠插天”）；江西著名避暑胜地庐山（四大奇观：瀑布、奇峰、云海、植被）、革命根据地井冈山（朱德题名“天下第一山”）；湖北“神农架”；湖南武陵源风景名胜区、岳麓山（其岳麓书院为中国宋代四大书院之一）和毛泽东故乡韶山；四川乐山（乐山大佛）；重庆缙云山；贵州梵净山；广西桂林山水；广东四大

名山丹霞山（中国红石公园）、西樵山、鼎湖山（有“北回归线绿宝石”之称）和罗浮山；海南五指山；台湾阿里山；吉林长白山；辽宁千山和医巫闾山；天津盘山（京东第一名山）；世界最高峰——珠穆朗玛峰等等。

国外著名的山有：日本富士山、朝鲜金刚山、韩国雪岳山、德国黑林山、希腊奥林匹斯山、非洲屋脊——乞力马扎罗山、欧洲阿尔卑斯山、美国落基山，等等。

(二)岩溶景观

岩溶景观，也称喀斯特地貌景观。广东肇庆七星岩有七座石灰岩山峰形如北斗七星，山多洞穴，洞中多有暗河、各种奇特的溶洞堆积地貌。广西桂林山水和阳朔风光主要是以石芽、石林、峰林、天生桥等地表喀斯特景观著称于世。云南路南石林风景区：地表峰林棋布，主要为高大巨型石芽群景观，大部分灰岩山峰分布在河谷两侧，各种形态的石峰似人似物，形态逼真、栩栩如生，全国 35 片石林中云南省有 20 片石林；溶洞景观有：建水燕子洞，九乡溶洞等。贵州黄果树瀑布岩壁为瀑布华地貌，本地溶洞地貌较多，主要有黄果树瀑布附近龙宫洞，织金洞，黔灵山麒麟洞、黎平天生桥。四川九寨沟钙华滩流属于水下地表堆积地貌，如珍珠滩瀑布；黄龙风景区钙化池、钙化坡、钙化穴等组成世界上最大而且最美的岩溶景观。湖南武陵源黄龙洞，冷水江波月洞，都是奇特洞溶洞景观，各种堆积地貌罗列其中，如神仙府洞，奥妙无穷。江西鄱阳湖口石钟山景区绝壁临江洞穴遍布；彭泽龙宫洞长 2000m，洞内可泛舟观景，堪称“地下艺术宫殿”。浙江的瑶琳仙境，位于桐庐县，是浙江省规模恢弘、景观壮丽的岩溶洞穴旅游胜地，也是浙江迄今发现的最大洞穴，洞长 1000m，共有 6 个洞天，以“雄、奇、丽、深”闻名于世。江苏的宜兴石灰岩溶洞有“洞天世界”的美称，善卷洞、张公洞、灵谷洞又称“三奇”，洞壑深邃，多奇石异柱，泛舟其中如入海底龙宫。吉林的同化鸭园溶洞，有四个大厅，洞内满布石柱、石笋、石钟乳、石瀑、石帘、石莲花、石幔等堆积景观，并且深处有溶岩潭，深不可测，无法前往。

国外著名喀斯特地貌景观主要有“海上桂林”越南下龙湾、美国猛犸洞、马来西亚黑风洞、印尼加里曼丹岛石林等等。

(三)风沙地貌景观

风沙地貌景观包括风蚀地貌和风沙地貌。前者包括风蚀柱、风蚀蘑菇、风蚀垄槽、风蚀城堡等，如新疆乌尔禾风蚀“魔鬼城”，罗布泊“雅丹”地貌；后者指风沙堆积作用形成的沙丘和戈壁，如中国敦煌月牙泉的鸣沙山、宁夏中卫的沙坡头。还有一些“新月型”沙丘、“金字塔型”沙丘等景色也很壮观，如塔克拉玛干沙漠和巴丹吉林沙漠均有大量“新月型”沙丘、“金字塔型”沙丘分布。世界上著名的风沙地貌景观有非洲撒哈拉沙漠、美国“彩色沙漠”，等等。

(四)海岸地貌景观

海岸地貌景观包括海蚀地貌、海积地貌、岩石海岸、沙质海岸、红树林海岸、珊瑚礁海岸等多种形态。蓝天碧水、金沙细浪、日出夕照还有一些海上蜃景相映成趣。中国著名的海岸旅游资源丰富。如大连金石滩,这里有令人神往的礁石奇观,并且海蚀崖、海蚀溶沟等海岸地貌发育齐全,还是著名的海水浴场。河北昌黎黄金海岸、山东青岛海岸、江苏连云港和浙江舟山海岸、福建平潭岛和厦门鼓浪屿、海南三亚天涯海角、台湾清水断崖、广西红树林海岸等都是中国较为著名的海岸景观资源。世界著名的海岸景观有南非好望角、挪威西海岸的峡湾风光、泰国普吉岛、法国科西嘉岛、澳大利亚大堡礁等。

(五)特异地貌景观

特异地貌景观即世界上较为罕见的地貌景观,如澳大利亚艾尔斯巨石、美国科罗拉多大峡谷、中国贵州以地缝、天坑、峰林三绝著称的马岭河地缝裂谷景观、黑龙江以石龙石海和火山口为特色的五大连池火山岩熔景观、福建鸳鸯溪白水洋水下石板广场、云南元谋土林等。

第二节 水域风光旅游资源

一、水域风光旅游资源概说

水是自然资源的重要组成部分,它既是保证人类生活和生产的重要物质条件,又是构成旅游景观的重要的物质基础。

各种形态的水体在地质地貌、气候、生物以及人类活动等因素的配合下,形成不同类型的水体景观,即水域风光。如汹涌澎湃、烟波浩淼的大海,水光粼粼、波涛汹涌的河流,轻柔幽静、清澈透明的湖水,壮观奔放、飞流直下的瀑布,秀美清丽、奇妙无穷的泉水,银装素裹、巍峨挺拔的雪山……在不同时间、不同地点去欣赏这些水体资源,都会给人以不同的体验、不同的感受以及产生不同的意境,构成了自然景观旅游资源的重要组成部分。因此,凡能吸引旅游者进行观光游览、度假健身、参与体验等活动的各种水体资源,都可视为水域风光类的旅游资源。

(一)水体的类型与分布

1. 水体的类型

水是自然界分布最广、最活跃的因素之一。它无处不在,不仅存在于水圈,而且在大气圈、生物圈、岩石圈均能见到水。因此它的存在形式多样，是地球上以三种聚合态——液态、固态、气态共存于自然界的唯一物质。

2. 水体的分布

水是地球表面分布最广和最重要的物质，是参与地表物质能量转化的重要因素。地球上除了存在于各种矿物中的化合水、结合水以及为深部岩石所封存的水分以外，海洋、河流、湖泊、地下水、大气水和冰雪，共同构成了水体资源。其中海洋水占全球总水量的96.5%，淡水资源只占总水量的3.5%。而淡水资源中，与人类生活密切相关的河水、湖泊水和浅层地下水，仅占淡水资源总量的0.34%，那些深层地下水、极地与高山冰川、永冻层的冰等难以被利用的淡水资源却占了主体。此外，因受海陆位置、水汽来源、地形条件、季节变化等因素影响，水资源的时空分布很不均匀。如我国水资源的地区分布，总趋势是由东南沿海向西北内陆递减；季节变化是以夏季降水最多，冬季最少，春季和秋季居中。

（二）水体资源与旅游的关系

1. 水体是各类景区的重要构景要素

景区形态组合的差异，就会构成不同的美感与享受，产生不同的意境。水体是各类景区的重要构景要素，是其重要的物质基础。特别是自然风景区，都要以水作为其吸引因素。有了水，景区才变得有生气、有活力。名山不可缺水，溪流瀑布使山地变得"生动活泼"。水滋润着花木，养育了动物，从而使景色秀丽，充满生机。山以水为血脉，以草木为毛发，以烟云为神采，故山得水而活、得草木而华、得烟云而秀。如被人们称为"童话世界"的九寨沟以及"人间天堂"的苏杭，都是以水体资源形成了富有魅力的奇丽景观。其次，作为依托水体而建成的人文景观，也正是因为水随景转，景因水活，才有了万千变化。古往今来，无论是皇家园林，还是私家园林，都采取"引水注入"、"引泉凿池"，都十分重视水体的组合。如果说山是园林的"骨架"，那水就是园林传神的"血液"，古人有"名园依绿水"之说，突出了水体在各类景区构景中的作用。

2. 水体自身可形成多种多样的美景

水体资源在大多数情况下，要与其他因素组合才能形成优美的风景。如水与山、水与生物、水与季节气候、水与建筑物、水与人类活动等，共同组成了景色多变、类型各异的水域风光。但是，这种三态合一的自然物质亦可单独成景，海洋的浩瀚无边，河流的奔腾不息，湖泊的轻柔幽静，瀑布的飞流溅玉，泉水的清澈甘醇，冰雪的奇妙变化，都给人以形、声、色、态的享受。许多的河流、瀑布、湖泊、泉水、海洋，以其自身优美迷人的景色而成为独立的、极有价值的风景名胜区。如贵州的黄果树瀑布、杭州的西湖等，都是以水体资源而单独成景的。特别是对于固态的水体资源——冰雪，表现更为突出，利用这种固态的水体形成冰雕、雪雕等艺术产品，并举办各种类型的“冰雪艺术节”。

3.水体可开展各种丰富多彩的旅游活动

随着人们旅游需求个性化和多样化的不断发展，旅游活动不仅仅局限于看、游、赏，旅游者越来越注重体验与参与。水体资源既可以观赏又可体验、参与，因此对于水体类旅游产品的开发颇具优势。旅游者也总是对水给予青睐和厚爱，观水、戏水、漂流总是情趣无限，魅力不减，水总是能给人们刺激和愉悦的感受。如游泳、划船、扬帆、滑冰、滑雪、潜水、冲浪、滑水、垂钓以及疗养、品茗等，都是参与性很强的一些旅游活动，而离开水，这些活动将无法实现。

二、水域风光旅游资源的特征、价值与成因

（一）水域风光的旅游特征

水域风光具有形、声、色、味、影、态等六方面的特点，成为其吸引因素。

1.水形

指水体不同的形状。地球上的水体多以各种不同形状的地理实体表现出来，海洋、河流、涧溪、湖泊、瀑布、泉水等，都有不同的形状，给人不同的美感。如波澜壮阔的海洋，一平如镜的湖泊，蜿蜒曲折的小溪，滔滔奔流、宛如银带的江河，跌宕如飞、喷珠溅玉的瀑布，淙淙外溢、澄碧晶莹的泉水等，都以不同的形态对游人产生强烈的吸引力。

2.水声

指水体流动或冲击时所发出的各种美妙的声音。各种水体的运动或流动，都能产生一种特有的声音，这种声音通过人的听觉器官，就会形成一种听觉美感。推波助澜的急流，惊涛拍岸的潮流，空山雄浑的飞瀑，以及恬静的涓涓细流，各自弹出了不同声域的乐章，悦耳动听，给人以音乐美的享受。江苏无锡寄畅园的“八音涧”，引借惠山泉水，促其层层跌落，空谷回响，既徐缓抒情，又抑扬顿挫，恰如一部节奏轻快、韵律生动的乐章；安徽黄山的鸣弦泉，泉水叮咚作响，宛如弹拨琴弦的声音，清脆悦耳，有古诗描述：“山空滴沥如下注，转觉飘洒若风雨。却按宫商仔细听，二十五弦具不住。”

3.水色

指水体的颜色。水本身是无色的，但是由于水体处在不同的地理环境中，所含矿物质及洁净程度不同，或者透入水中的光线，受水中悬浮物以及水分子的选择吸收与选择散射的作用影响，则可呈现出不同的颜色，如在纯水中，蓝光易被散射，所以纯水多呈浅蓝色或蓝色。我国的黄河因含沙量大，成为世界上特有的黄色巨流，在阳光下宛如一条金色的带子；澳大利亚的南部有一个“三色湖泊”，一年内会出现灰、蓝、黑 3 种颜色，在世界湖泊中是独一无二的。这主要是因为

湖泊中含有大量的碳酸钙，冬季温度低，结晶的碳酸钙沉入湖底，呈灰黑色；夏季温度增高，碳酸钙晶体慢慢升起，使湖水呈灰色；秋季碳酸钙全部浮在湖面，因反光，把蔚蓝色的天空映在湖里，湖水由灰色变成蓝色。

4. 水味

指水体的不同味道。纯净水是无色无味的液体，而自然界的水体因为水中所含的成分的不同，会有不同的味道。未被污染的泉水常具有"清冽甘美、爽人可口"的味道，给人以清心、静心、养心的享受。如我国浙江的虎跑、龙井、玉泉等三大名泉，山东的趵突泉，陕西甘泉县的甘泉，山西的晋祠泉等，水质清澈，甘甜醇香；希腊境内的奥尔马加河，河水甜度相当于蔗糖的75%，被人们称为"甜河"；非洲安哥拉的勒尼达河，河水能放出扑鼻的香味，被称为"香河"。

5. 水影

指映在水中的倒影。山石树木、蓝天白云、桥梁建筑等，都会在水体中形成倒影。水中的倒影能增加水体的层次、扩大空间，水上水下、岸上岸下、桥上桥下，实物水影相互辉映，使自然风光更加绚丽多姿。如新疆天山上的天池，紧依博格达雪峰，峰湖相映，成为传说中的"瑶池仙境"；西安的华清池景区中，墨绿色的九龙汤与苍翠的骊山相互辉映，使有限的游览空间豁然开朗，美不胜收。对于水影，自古以来就有许多诗人，留下不少名篇佳作，如清代袁枚描写桂林山水有诗云："江到兴安水最清，青山簇簇水中生。分明看见青山顶，船在青山顶上行。"

6. 水态

指水体的状态。液态的水体从它的表现形式上有动态与静态之分；从它的运行过程上有喷涌、流动、跌落、平静之分。静态的水体常以泉塘湖池等形式出现，给人以安详朴实的感受；动态的水体，常以海洋、河流、涌泉、瀑布等形式出现，滚滚的江河，跌宕的飞瀑，波涛汹涌的海洋，叮咚清脆的清泉，潺潺流淌的小溪，无不给人一种不断运动变化的动态之美。因此，水体旅游资源以其千姿万态、百媚柔情，吸引着游客前往观赏、游玩、嬉戏。

(二)旅游价值

水域风光能从不同的方面满足游客的多种旅游需求和旅游动机，主要体现在以下方面。

1. 美学价值

水体以它独有的形、声、色、影、态变化的多样性展示着它特有的美感，成为旅游中重要的审美对象。水体给游人的美感是多方面的。

(1)水的壮阔之美

面对浩瀚无边的大海、飞流直下的瀑布、奔流不止的江河，人们往往会感到心胸豁然开朗，惊叹于大自然的波澜壮阔，产生仰慕或敬畏之情。我国贵州的黄果树大瀑布、陕西的壶口瀑布，都是以雄壮著称，当瀑布直下水流撞击崖壁、深潭时，水雾弥漫，声震四野，似雷鸣、似万马奔腾，惊心动魄；非洲的维多利亚瀑布、南美的安赫尔瀑布及伊瓜苏瀑布，也都以壮美闻名世界。

(2)水的秀丽之美

清澈的溪流、水山相映的湖泊、舒缓的江面，都会给人清丽柔和的美感，使游人感到轻松活泼，静雅舒适。如浙江富春江，宽阔的江面，平缓明净的流水，两岸清山如黛，间以农田、村舍，一派江南水乡的情调，给人以秀丽美妙之感；又如"如情似梦"的漓江，"淡妆浓抹总相宜"的西湖，都给人以秀美之感。

(3)水的奇特之美

水的奇特之美，缘自于其形、色、声等方面的变化。有"天下奇"之称的黄山，瀑布景观中的"人字瀑"、"一字瀑"、"九龙瀑"等都具有奇特的形状；世界自然遗产九寨沟，最奇妙的就是它的水景了，共有108个彩色湖泊，高低错落，水中倒映红叶、绿树、雪峰、蓝天，变幻无穷。位于以色列和约旦两国交界处的内陆咸湖——"死海"，堪称世界之奇，湖中含盐量非常高，没有任何生物生存，不会游泳的人在湖中很容易漂浮起来，甚至可以仰卧水中，捧书阅读，奇趣无限，每年都吸引着大量的游人前往体验。

2. 休闲疗养价值

温泉、矿泉、海水、湖泊等均具有疗养的功能，对于人体的保健和医疗，有着重要的作用。这些水体中含有多种微量元素及其他化学成分，有一定的矿化度，通过对人体的药理和化学生物作用，而具有治病健身的功效。"深知海内长生药，不及崂山一清泉"，是人们对崂山温泉理疗价值的评价。明代医药学家李时珍，在他的医药名著《本草纲目》一书中，对温泉的性质和疗效记载甚详："温泉主治诸风湿、筋骨挛缩及肌皮顽痹、手足不遂、无眉发、疥、癣诸疾。"古籍中描述温泉的则更多，可见温泉对人体的益处，早为古人所重视。我国大多数的温泉所在地，山川秀丽，风景如画，是人们疗养和旅游的好去处。如北京闻名遐迩的小汤山温泉、辽宁鞍山汤岗子温泉、西安久负盛名的华清池温泉度假区等。

3. 品茗价值

饮茶品茗，以修身养性，陶冶情操，是我国人民生活中一项颇具典型意义并富有特色的生活艺术。茶与水的关系极为重要，我国在几千年的饮茶习惯中，人们既重视茶叶的质量，又重视水的质量，好水冲好茶。杭州西湖的龙井茶，最好的保持了茶的汤色，用该区虎跑泉的水沏茶，则茶水清澈无比，叶芽形状美丽而不失真，味亦清淡甜美，确有如饮甘露之感，西湖龙井之所以能保持这种特点，与天下名泉——虎跑泉水有很大的关系，妙就妙在无论茶与水，都不失真味。对茶中色、香、味的体验，不需雕琢粉饰。中国的名泉有北京的玉泉山泉、济南的趵突泉、镇江的金山泉、无锡的惠山泉、杭州的虎跑泉等。其中趵突泉、惠山泉还有“天下第一泉”、“天下第二泉”的雅号，用这些泉水泡茶才能泡出好茶。

4. 娱乐价值

借助于水体资源，人们可以开展丰富多彩的娱乐活动，游泳、垂钓、潜水、荡船、冲浪、漂流、滑水、海水浴等活动，都要借助于清澈的河水、碧波荡漾的湖泊、水质良好的海域和风光优美的海滨。如我国大连的老虎滩、金石滩海滨游览区、河北的北戴河、山东的青岛、广东的汕头、海南的三亚等旅游胜地，都是借助于一定的水体资源、良好的气候条件、优美迷人的自然风景开展海水浴、驾船扬帆、潜水、观景等体验性的旅游活动，吸引了大批的中外游客。

5. 文化价值

水体资源不仅是旅游资源的重要部分，也是人们吟诗作赋的主要对象。古往今来，不少的文人墨客以秀丽的江河湖泊、雄浑壮丽的瀑布、清澈甘醇的泉水为对象，写下了许多流传至今的优美诗篇。如“一生好人名山游”的大诗人李白，曾写下“飞流直下三千尺，疑是银河落九天”的诗句来赞美瀑布，他笔下的庐山瀑布，气势磅礴，神韵万千；唐代大诗人韩愈曾以“江作青罗带，山如碧玉簪”的诗句来赞美如诗似画的漓江；孟浩然则用“气蒸云梦泽，波撼岳阳城”来描写洞庭湖的壮阔景象。除了这些流传下来的诗文以外，还有许多水体资源旁边的摩崖石刻、传说故事等，形成了丰厚的文化积淀和浓郁的文化氛围，从而提高了水体资源的观赏价值，也为开展水体的文化旅游创造了有利条件。

三、水域风光旅游资源的主要类型与精华选粹

水域景观是大自然风景的重要组成部分，是“灵气”之所在。江河、湖海、飞瀑流泉、冰山雪峰不仅独自成景，更能点缀周围景观，使得山依水而活，天得水而秀。水域风光是动中有静、静中有动。按水体的基本形态、使用价值和潜在功能，可以划分为江河溪涧、湖泊水库、瀑布泉点、海岸海洋、现代冰川等类型。

(一)江河溪涧

包括大江大河及其冲积而成的著名峡谷。河流是指陆地表面接纳汇集、输送水流的路径和通道，即河槽(河床)及在河槽中流动的水流。

1. 长江

长江是我国第一长河，全长 6380 公里，仅次于非洲的尼罗河和南美洲的亚马孙河，为世界第三长河，流域面积 180.9 万平方公里，流经我国 11 个省市区。沿岸自然景观奇特，文化内涵极为丰富，旅游景点星罗棋布，是我国著名的“黄金水道”和“黄金旅游线”，最典型的景观资源集中在三峡地区。三峡地段的长江，被称为峡江，三峡指的是瞿塘峡、巫峡、西陵峡。三峡西起四川奉节县白帝城，东

到湖北宜昌南津关，全长202公里。三峡之美，完全在于雄、险、奇、幽，山、水、林、洞，相映成趣，相得益彰。三峡是河谷地形，时而出现峡谷，峭壁巍峨，幽深险峻；时而出现宽谷，江面扩展，广阔秀丽，是以长江峡谷水道为主的河段风景名胜区，是一幅幅生动的山水画卷。

2. 黄河

黄河是我国第二大河，是中华民族的母亲河，它发源于青海省巴颜喀拉山北麓，全长5464公里，流域面积75.2万平方公里，流经我国9个省市自治区。由于黄河中游流经土质疏松的黄土高原，使得黄河成为世界上含沙量最多的河流，它像一条金黄色的巨龙，横卧在祖国北部辽阔的大地上。黄河从源头的涓涓细流，跨过崇山峻岭，流经水草肥美的天然牧场，进入沃野千里的华北平原，沿途雕塑出千姿百态的峡谷、瀑布、悬河等奇观。黄河流域牧场丰美、矿藏富饶，曾是中国古代文明的发祥地之一，自古以来我们的祖先就劳动生息在这块土地上，黄河两岸遍布着华夏民族活动的踪迹，黄河及其支流沿岸的咸阳、西安、洛阳、开封，都曾是显赫一时的历史古都，兰州、银川、包头、呼和浩特、郑州、济南等城市，既有大量的风光胜迹，又聚集着现代都市风情。黄河流域文化古迹众多，自然风光雄浑，高原风光、塞上江南、黄土风貌、千里沃野等，都对游人有着很强的吸引力。

3. 京杭大运河

京杭大运河隋代开凿，全长1764公里。这条古老的运河流经北京、天津、河北、山东、江苏、浙江6个省市，连接了海河、黄河、淮河、长江和钱塘江5大河流。沿河分布的古城、工商业城市和风景名城有杭州、嘉兴、苏州、无锡、常州、镇江、扬州等。大运河不仅具有交通功能，而且将燕赵、楚汉、鲁豫、吴越文化连环成链，成为贯穿南北的重要旅游景观。江苏、浙江都相继开辟运河水上游览线。

4. 桂林漓江

漓江又名桂江，是珠江流域的一条支流，发源于桂林市东北兴安县的猫儿山，流经桂林、阳朔，至平乐县恭城河口，全长437公里，清澈透明的漓江宛如一条长丝带，蜿蜒于桂林的万千奇峰异景之间，几乎走过了桂林山水的全部精华之处。由桂林至阳朔84公里的漓江，像一条青绸绿带，盘绕在万点峰峦之间，奇峰夹岸，碧水萦回，削壁垂河，青山浮水，风光旖旎，犹如一幅百里画卷，是中国锦绣河山的一颗明珠，是桂林风光的精华。

(二)湖泊水库

1. 湖泊

湖泊是地面上的洼地积水而形成的比较宽广的水域。沼泽或湿地是地表常年湿润或有薄层积水、生长湿生和沼生植物的地域。地球上的湖泊总面积占全球大陆面积的1.8%左右，我国是一个多湖泊和沼泽的国家，据统计，全国有大小天然湖泊 24800 多个，其中面积在 1 平方公里以上的有 2800 多个，主要分布在东部平原、青藏高原和蒙新地区。

湖泊的类型主要有以下八个。

(1)构造湖

系因陆地地壳运动而发生的褶皱、断层、下陷等作用形成凹地而积水成湖。此类湖泊的特点是：湖岸平直，岸坡陡峻，湖形狭长，湖水较深。如云南省的滇池、洱海，西藏自治区的纳木错，青海省的青海湖，俄罗斯的贝加尔湖等。

(2)火山口湖

系因火山喷发停止，火山通道被阻塞，火山口成为封闭的洼地，水体填充成湖。此类湖泊的特点是：一般面积较小，湖泊外形近圆形或马蹄形，深度较大。如云南省腾冲大龙潭火山口湖、吉林省长白山主峰白头山顶的天池都属此类，后者是一个非常典型的火山口湖。

(3)堰塞湖

由山崩、滑坡、冰碛物以及火山喷发的熔岩流等阻塞河流而形成。如位于黑龙江省北部的五大连池，是由于在 18 世纪初火山几次喷发后的熔岩阻塞了河道，而形成了五个串珠般的湖泊；陕西西安翠华山的聚湫池，是由于山崩断裂的石块阻塞了河道而形成的。

(4)岩溶湖

由石灰岩地区的溶蚀凹地积水而形成。此类湖泊的特点是湖形常呈圆形、漏斗状，面积较小。此类湖泊多见于云贵高原地区，如贵州西部乌蒙山区的威宁草海、云南中甸的拉帕海。

(5)冰川湖

由古冰川的刨蚀或冰碛作用形成凹地，积水而成的湖泊。新疆阿尔泰山的喀纳斯湖，就是一个高山冰川湖。整个湖面呈狭长形，蜿蜒曲折，以其秀丽的自然风光，誉满中外；又如，陕西太白山的大爷海、二爷海和三清池，也属于这一类型。

(6)河迹湖

由于河流的变迁，蛇曲形河道自行裁弯取直后，遗留下来的旧河道形成的湖泊。此类湖泊的特点是：湖形多呈弯月形或牛轭形，水深度较浅。江汉平原地区的洪湖就属于这种类型。

(7)海迹湖

也称潟湖，它是由于沿岸沙嘴、沙洲等不断向外伸展，最后封闭海湾而形成的湖泊。如浙江杭州的西湖、宁波的东钱湖、江苏省西北部的洪泽湖、无锡的太湖等。

(8)风蚀湖

是在干旱、半干旱地区，由于风蚀洼地积水形成的湖泊。此类湖泊的面积大小不一，且湖水较浅，湖水可由河流注入，也可由地下水补给。如内蒙古西部的嘎顺诺尔和苏古诺尔两个湖泊、毛乌素沙地的湖泊，都是属于风蚀湖。

2. 水库

人工建造而成，具有拦洪蓄水和调节径流等特定的功能。我国是世界上水库最多的国家，目前已建大小水库约 86800 座。如北京十三陵水库、安徽太平湖、浙江淳安的千岛湖、武夷山东侧的泰宁金湖、吉林的松花湖等。

(三)瀑布泉点

1. 瀑布

瀑布是流水从悬崖或陡坡上倾泻而下形成的水体景观，或从河床跌水处飞泻而下的水流。瀑布景观是水域风光类旅游资源的重要组成部分，具有独特的美学价值。

瀑布的类型多种多样，根据不同分类依据，可将其划分为不同的类型。按照瀑布水流量的洪枯以及多寡，可分为常年型瀑布、季节性瀑布、偶发性瀑布；按跌水级数，可分为单级型瀑布和多级型瀑布；按瀑布本身气势的大小、造型的优美等，可分为雄壮型瀑布和秀丽型瀑布；按产生环境条件的差异可分为江河干支流瀑布、山岳涧溪型瀑布和地下飞瀑等。

按照成因及本质特征，可以将瀑布分为以下六种类型。

(1)构造型瀑布

由地壳运动使地层发生断层所形成的瀑布。如庐山三叠瀑布、石门涧瀑布、香炉峰瀑布。当多级断层以地堑或地垒的形式出现时，则可以形成多级瀑布。

(2)堰塞瀑布

由火山喷发出来的熔岩漫溢，阻塞了河道，造成了原来河流在熔岩陡坎上产生跌水，或由山崩、滑坡、泥石流等堆积物阻塞河道，从而形成的瀑布。如黑龙江宁安县镜泊湖的吊水楼瀑布、四川叠溪瀑布。

(3)袭夺瀑布

此类瀑布是由于河流的袭夺而造成的。所谓河流袭夺，是指处于分水岭两侧的两条河流，其中侵蚀力量较强、侵蚀较深的河流进行下切侵蚀，切割分水岭后，将另一侧那条河流的一部分袭夺过来，使被袭夺的那条河，最终成为袭夺河的一条支流。被袭夺的河流由于高于袭夺河的谷底，而跌落下来，形成袭夺瀑布。如位于贵州黄果树瀑布西侧、灞陵河西岸的滴水滩瀑布、蜘蛛洞瀑布和绿湄潭瀑布等即属此类瀑布。

(4)差异侵蚀瀑布

当两种不同抗冲能力的岩层在一起，并同时受到一条河流的冲蚀，则会产生这种类型的瀑布。可以说，在没有断层、袭夺或堰塞的情况下，大多数瀑布是由于差异侵蚀造成的。如黄河壶口瀑布的后期发育就属于此种类型。

(5)喀斯特瀑布

在石灰岩地区，因水流溶蚀作用使石灰岩岩层、落水洞等发生坍塌或钙化层的不断堆积，河道中出现天然的坝坎等因素而形成。这种类型的瀑布，亦可在断层或两种软硬岩层的交接地带形成，只是其形成动力不仅局限于河流的冲蚀作用，还兼有水流对可溶性碳酸盐岩类的溶蚀作用。如众所周知的黄果树瀑布，就是喀斯特瀑布中的佼佼者。当落水洞没有坍塌时，瀑布发育在洞内，则形成喀斯特暗瀑。如贵州安顺龙宫的龙门飞瀑和浙江金华冰壶洞瀑布即属此类。

(6)悬谷瀑布

此类瀑布是因冰川的刨蚀作用而形成，往往以古冰斗为积水潭，再经由冰斗边缘的陡坎，夺路飞泻跌落而形成。这种古冰斗，现在一般已经没有任何冰川的活动。如广东南海市的西樵山瀑布群；江西庐山的王家坡瀑布，此瀑布发育在庐山王家坡古代冰川谷之中。

2.泉点

泉是地下水的天然露头，是地下水涌出地表的自然景观。它不仅可以造景、育景、美化了大地，而且还为人们提供了理想的水源。许多泉水具有重要的旅游价值，成为一种独特的水域风光类旅游资源。

泉水的类型多种多样。按泉水涌出地表的水动力条件可以分为上升泉和下降泉。前者可以向上自喷，即喷泉；后者只能向低处自流。按泉水的成因和地质条件可分为侵蚀泉、接触泉、溢出泉、堤泉、断层泉、喀斯特泉等。按泉水的温度可以分为冷泉(水温低于20℃或低于当地年平均气温)和温泉(水温超过20℃或超过当地年平均气温)。按泉水的奇异特征与功能可分为间歇泉、喊泉、笑泉、鱼泉、甘泉、苦泉、药泉和珍珠泉等。当泉水具有的特种化学成分和气体成分(矿化度)，并对人类肌体显示良好生物生理作用的泉水，称为矿泉。

(四)海岸海洋

地球表面70.8%被海洋覆盖，可见海洋水体在地球表面所占面积之大，分布之广。它以浩瀚无际、深邃奥妙的魅力吸引着每一个旅游者，成为水域风光类旅游资源的重要组成部分。据统计，目前全世界已有上千个海上娱乐中心和旅游中心，其中有200多个海洋公园。我国面临世界第一大洋——太平洋，海岸线总长约为1.8万公里，蕴藏着极其丰富多彩的旅游资源，所以沿海地区的海洋景观旅游业方兴未艾，占有越来越重要的地位。海洋景观包括以下三种类型。

1. 海面风光

辽阔的海面，水天一色，浩瀚无际，使人心胸开阔。海面时而狂涛滚滚、巨浪如山；时而风平浪静，微波荡漾。海面的这种变化，使人感受到自然界的无穷力量和魅力。海不仅以其优美的风光吸引游客，而且在海面上也可以开展参与活动，如海钓、游泳、驶帆、摩托艇、冲浪、滑水、热气球、划船和水上飞机等。随着海上交通的发展和旅游需求的变化，进行长途、短途海面观光旅游将得到更大的发展。

2. 海滨风光

蓝天、白云、碧海、细浪、沙滩、椰林构成了迷人的海滨风光，也成为传统"3S"旅游的主要内容。海滨地带始终是观光旅游的胜地。良好的气候和海水条件，还使海滨成为疗养度假的好去处。气候适宜、阳光充足的地中海沿岸、夏威夷、加勒比海、东南亚、我国的海南等地区，都成为世界著名的避暑、疗养、度假和水上活动胜地。目前盛行的海洋休疗法是利用海水、海藻、海泥来治病健身，可以洗海水澡，用海沙按摩，身裹海藻晒太阳，以此达到治疗健身的目的。海滨也为人们提供了一个广阔的娱乐天地，在那里易于开展海浴、驾船、潜水等多种体育运动。另外，在河流入海的喇叭状河口地区，常可见到涌潮现象。涌潮是指涨潮时，海水从广阔的海域涌进河口，潮水愈前进河口愈窄，致使海潮陡立如壁，推进时轰鸣作响，异常壮观。我国钱塘江口的大潮，潮差最高时达 9 米，为世界闻名的涌潮。

3. 海底风光

海水中蕴藏了极为丰富的海洋生物，这些资源对于人类具有很强的观赏价值和科考价值。随着现代科学技术的发展，海底观光探密和建造"人工海底乐园"已成为海洋旅游活动的一个重要组成部分，游客在潜水员的指引下，潜到水下去观赏鱼类(与鱼共舞)、珊瑚等海洋生物，游览和考察海底地貌以及在游览的过程中进行水下狩猎、摄影和打捞活动。据统计，世界上已有 30 多个国家建立了海洋旅游中心，每年吸引着众多的中外游客前往观光游览，如美国、澳大利亚、新加坡、泰国、印度尼西亚和我国的海南岛都是潜水旅游者最向往的地方。

(五)现代冰川

主要是高山和高纬地区的具有特殊形态特征和地貌景观特征的水域风光资源。中国的珠穆朗玛峰冰川、天山一号冰川、四川海螺沟冰川和雪宝鼎、嘉峪关祁连山七一冰川以及世界上著名的勃朗峰、乞力马扎罗山、富士山、北极冰川、南极冰川等等。冰川景观旅游资源主要以高大山体为依存条件，所以较高大的山脉一般成为冰川景观旅游的首选。

冰川是指极地或高山地区沿地面运动的巨大冰体，是降落的积雪在重力和巨大的压力之下形成的,具有一定的运动规律、一定的形态和规模,并能长期存在,可分为大陆冰川和山岳冰川两大类。现代冰川覆盖的总面积约1600万平方公里,占陆地总面积的11%。我国现代冰川主要分布于青藏高原及西部高山地区。

冰盖指覆盖于广大地区的极厚冰层。在极地或高纬度降雪量大的地区,在地表上形成自边缘向中心隆起的盾形冰盖。它分布面积大,冰层厚度往往超过千米。冰盖上常有冰原石山突出于冰上,在海岸地带常伸出巨大的冰舌,断裂入海后成为飘浮的冰山。南极大陆和格陵兰岛分布最为典型。

冰川是一种独特的地表水赋存状态,又是一种重要的地貌营力来源。冰川分布地区,常出现冰川、冰缘地貌和植被景观。在冰川分布区,人们可以学习有关水资源的知识,了解冰川的形成与活动情况,欣赏冰川奇观,同时通过对冰川地貌的了解,感受大自然沧桑变化的宏大力量和壮观气势。

第三节 生物景观旅游资源

一、生物景观旅游资源概说

生物是地球表面有生命物体的总称,按其性质分为植物、动物和微生物三大类。作为旅游资源的生物景观,主要是指由动、植物及其相关生存环境所构成的各种过程与现象。

生物景观旅游资源是自然景观旅游资源中最富特色的一类,它们是最具活力的自然景观旅游资源。它们以自身生命节律的周期性活动、变化多端的形态特征,使地球上呈现出一派盎然生机。几乎所有的旅游活动中,生物景观都起到了一定的旅游功能。

植物具有美化环境、装饰山水、分割空间、塑造意境的功能,而动物的外貌、形态、色彩、动作和声韵则是生动活泼的旅游素材。它们对丰富自然景观,衬托人文景观,保护生态环境,美化旅游景区,增添游人游兴,陶冶游人情操以及在开展科普考察、科学研究和生态旅游等方面,都有着十分重要的作用。

二、生物景观旅游资源的特征、价值

1.生物景观类旅游资源的特征

(1)广泛性和多样性

指生物景观类旅游资源在空间分布上的广泛性和多样性。地球上任何地

方，无论是山地、高原，海洋或湖泊，甚至是沙漠、戈壁，都有生物的存在。地球上自然生态系统的类型和生物的形态、色彩、声韵和种类等也丰富多样，这些都具有很高的旅游价值。我国的生物资源极为丰富，其中包括不少特有、独存和主要分布于我国的珍稀物种。据统计，目前我国有高等植物30000多种；维管束植物约有27150多种；独有的树木50多种，其中银杏、水松、水杉、金钱松、银杉被称为“植物的活化石”。

我国的动物资源也很丰富，有陆栖脊椎动物约2000多种，其中鸟类约有1189种，兽类近500多种，爬行类约有320多种，两栖类约210多种。世界上有不少陆栖脊椎动物为我国特有或主要产于我国，如丹顶鹤、马鸡、金丝猴、羚羊等。还有一些属于第四纪冰川后残留的孑遗种类，如大熊猫、扬子鳄、大鲵、白鳍豚等，都是极为珍贵的物种资源。

(2)生命有机性

自然景观旅游资源中的地质、地貌、水文等要素都属于无机物，由它们构成的风景景观，也有动、静的变化，但这种动态变化主要是在内外营力作用下的自然运动过程，是无生命的。而动、植物是具有生命的有机体，它们的存在给自然界增加了生命的活力。在一些以沙漠、草原、山水等景观为主的风景区，生物景观的存在，不仅使原本单调的景区充满生机，也增加了景区的旅游功能，提高了旅游效果。如青海湖鸟岛上的成千上万只禽鸟，使原本孤寂的荒漠景观变得热闹非凡、生机盎然。可见，生物景观不仅丰富了自然景观旅游资源的内容，还创造了自然景观的生机与活力。

(3)季节性

指生物随季节变化而发生的形态和空间位置变换而形成季节性旅游景观的特点。在不同的季节有不同的植物开花，如冬天的梅花、秋天的菊花等。不少植物的叶色也随季节变化而变化。如银杏的叶子，春夏季为绿色，秋季为黄色。一些动物的毛色也随季节而变化。如雷鸟在冬季为了与雪地的颜色保持一致，它的羽毛会退变为白色，作为防御敌人的保护色。许多动物如候鸟、蝴蝶、驯鹿等，为寻找更好、更舒适的生活环境，会随季节有规律地迁徙，从而出现生物空间位置随季节变化的景象。

(4)再生性

由生物自身的可繁殖性、可驯化性和空间可移动性所决定。人们在生物的可繁殖性基础上，借助生物的可驯化性和空间可移动性特征，在局部改变生态环境条件，运用人工干预的手段将许多动、植物进行驯化、移植、饲养、培育，形成人工生物景观。这样不仅使许多动、植物的数量得到保持并有所增长，而且拓宽了其生存范围。如我国通过人力作用保护了濒危灭绝动物大熊猫和其生存环境，并将它作为珍贵的礼物赠送给许多国家，让更多人可目睹这一珍贵的“活化石”。生物景观的这一再生性特征，不仅扩大了生物景观的分布范围，也丰富了其移向地区的景观内容。

(5)脆弱性

指生物及自然生态系统受胁迫增大且在抗干扰能力上较为脆弱的特点。灾害性环境变化，使不少生物死亡甚至物种灭绝。如白垩纪时期的灾变环境，使称霸一时的恐龙灭绝。人类过度的干扰、破坏也会导致生态系统的损毁。如随着人口数量的骤增、经济的高速发展、对森林的不合理采伐或盗伐，使天然林面积急剧减少。森林的破坏，造成环境恶化，使野生动物缺少栖息地，许多物种面临灭绝或已经灭绝。由此可见，生物景观类旅游资源极为脆弱，在开发利用时必须坚持保护与利用并重的原则，以建立良好的生态景观。

2. 生物景观旅游资源的价值

生物景观一般都具有观赏价值、文化科研价值和美化、净化环境的价值。

(1)观赏价值

主要通过生物的色彩、形态、发声、习性 、运动等直观表现出来。这是生物景观成为旅游资源的根本所在。例如，植物以其姿容 、色相为主的风采美，可供人们游览观赏；不少野生动物以其姿态、色彩、声韵或习性的优异，足以怡情悦目，给人们以精神享受，增加生活情趣。孔雀色彩的艳丽，鹦鹉、画眉鸣声的婉转，猴子、海豚技艺的奇巧，金鱼、天鹅等姿态的优雅……常常使大自然充满生机、充满活力，使观赏者流连忘返，其乐无穷。

(2) 文化科研价值

某些生物中蕴藏着若干备受人们推崇的精神，能够启迪人的心灵，陶冶人的情操，这就是生物景观旅游资源的文化价值所在。还有些植物或植被群落则具有很高的科学普及和科学研究价值。松、竹 、梅不畏严寒的品格，成为人们不畏逆境的精神支柱，孔雀和大象成了傣族人民对美丽和威武追求的象征，不少动植物因其精神价值而成为一个国家、一个民族、一个城市的象征，国花、国鸟、市花都寄托着人们的某种精神追求。另外，旅游中的许多野生动植物物种，具有重要的学术价值。人们可以通过对孑遗生物的研究，了解生物的进化规律与其对环境变迁的适应性。

(3)美化、净化环境的价值

主要指生物景观与地理环境密切相关，它们要适应地理环境才能发育、繁衍，反过来又能对地理环境起到绿化、装点美化、香化的作用。当然，绿化是基础，人们称绿色为生命色，它能给人以愉悦、舒适、安静的色彩感应气氛。因地制宜，恰如其分的绿化本身，就是对环境的装点、美化和香化，如：植被以其形、色、香郁等要素美化风景环境。美化主要通过绿地系统来实现。绿化本身可以净化空气，使人有清新之感。植物的叶、花、果实，都可散发出各种香型的香味，浓香撩人，清香宜人，花香醉人，果香诱人，皆可给人以不同的嗅觉美感。风景区园林内的昆虫、鸟雀 、小动物的鸣叫、嬉戏、觅食、跳跃、展翅、戏水，为如画的园林、果区增添了活力和生气，给人以动态美感。

三、生物景观旅游资源的主要类型与精华选粹

生物景观大致分为森林景观、草原景观、古树名木和奇花异卉、珍稀动物及其栖息地等五类。

(一)森林景观

指具有独特的美学价值和功能的野生、原生以及人工森林。在地球的陆地生态系统中，森林总面积为50亿平方公里，占陆地面积的32.6%。森林景观是陆地上最大、最复杂的生态系统，以其浩大繁茂，蓊郁苍翠，幽深神秘为特色，可开展探险、探奇、探幽、科学考察、疗养、健康、生态旅游及野生动植物的观赏和标本的采集。

森林可以提供安静舒适幽雅的环境，是人类寻求精神平衡，接触大自然的理想境地。“回归大自然”、“崇尚大自然”的思潮使森林旅游十分盛行。森林还具有涵养水分，保持水土，净化空气以及隔挡、降低噪声的功能，是“天然的隔音墙”。因此，森林在保护环境，保持陆地生态平衡中起着关键的作用。森林作为旅游资源，主要是利用其清新的空气，含量较高的氧气、负离子，以及树木散发出的各种杀菌有机物质，使人体健康得以恢复，尤其是神经系统和呼吸系统得以康复。

1.森林景观的主要类型

(1)亚寒带针叶林带景观

分布在夏季温和湿润，冬季十分严寒的北半球中高纬地区，如北欧、西伯利亚和北美阿拉斯加至拉布拉多半岛，大致成带状分布。北半球低纬地区的高山地区也有针叶林分布，称为山地针叶林。亚寒带针叶林带景观主要由针叶乔木和灌木组成，由于气候低温干旱，植物叶片呈针形或线形，树冠呈圆锥形或塔形。这里有大量耐寒喜光的落叶松，还有常绿针叶树种等。北欧是针叶林占优势的地区，也是全欧洲森林覆盖率最大的地区，大多数地域在60%以上。如瑞典就有“锯木场”之称，芬兰则更以“森林之国”闻名。

(2)温带阔叶林景观

温带落叶阔叶林是指夏季长叶、冬季落叶的乔木组成的森林植被类型，其树种主要有栎、槭、桦树等，动物有鼠、鹿、狐、狼等。主要分布在欧亚大陆西部、我

国华北、东北及朝鲜、日本、北美五大湖和大西洋沿岸低地等地区；南美南端及大洋洲南部也有小面积出现。欧亚大陆西部的温带落叶阔叶林种类较为单调，而东部的中国华北、东北及朝鲜、日本等地种类则要丰富的多。这些地区夏季温暖多雨，利于树木生长，枝叶繁茂；冬季寒冷干旱，植物落叶休眠，枝干光秃，因此植物群落季相变化明显：林下多春秋季开花植物。

作为"欧洲的心脏"——奥地利的首都维也纳有"多瑙河的女神"之称。其主要原因乃这里不仅是"世界音乐之都"，更在于维也纳的森林首先给人以无尽的美感和乐趣。森林从市西部向南绵延 10 多公里，是世界上绿化最好的城市之一。森林中有许多幽静的小村，几个世纪以来，这里一直是众多音乐家、诗人、画家的常住之地。大音乐家、被称为"华尔兹之王"的约翰·斯特劳斯，正是在这幽静之中，触景生情，灵感而发，才谱写了使维也纳扬名于世的名曲《维也纳森林的故事》和《蓝色的多瑙河》。

(3)亚热带常绿林景观

亚热带常绿阔叶林是发育在亚热带地区大陆东岸，湿润季风气候下的森林植被类型。其树种多为樟科、兰科、山茶科等。丰富的天然食物和良好的气候环境孕育了丰富的动物资源，如昆虫类、鸟类、猿猴类、爬行类等。南欧地中海地区，发育了大片亚热带常绿硬叶林，不仅分布于沿海和平原一带，而且还深入河谷地带，树种由地中海松、栓皮栎和马基群落等构成。在北非还有油橄榄等树种。东亚东南部的亚热带常绿阔叶林是世界上分布最广、最典型的，美国东南部地区也有发育。

(4)热带季雨林景观

有落叶季雨林和常绿季雨林两种，不论前者还是后者，均以南亚及东南亚分布较广。非洲南部称为"混合落叶林"；东非及北非，稀树散生，形成"走廊林"。南美、中美叫做"季节林"，是热带雨林的退变。

(5)热带雨林景观

热带雨林是由耐阴、喜湿、喜高温的常绿树种组成，植物群落种类丰富、结构复杂，具有丰富的附生植物和木质的藤本植物。热带雨林中丰富的植物资源和适宜的生存环境也养育了爬行类、两栖类和昆虫类等动物种群。高大的乔木、丛生的灌木和纵横缠绕的藤本植物形成茂密的热带雨林景观。不同高度的乔木，构成了多层次的乔木层，最高可达 70 米～80 米以上，一眼望不到顶，高居乔木层之上，成为树中之王。粗大的榕树在它的基部伸出厚厚的板状根。这里藤本、附生和寄生植物很多，各种美丽的花朵，争奇斗妍，四季不败。茂密森林中珍禽异兽很多。有重要的旅游观光和科学考察价值，不少地方已成为世界著名的观光旅游区。南美亚马孙平原热带雨林是世界最大的热带雨林分布区，马来群岛和印度半岛南部也分布有大面积的热带雨林。

2. 森林景观旅游资源精华选粹

(1)亚马孙热带雨林

亚马孙河流域是世界上公认的最神秘的“生命王国”。充沛的雨水、湿热的气候和长时间的日照，孕育了这片世界最大的热带雨林区，面积达 373 万平方公里，几乎占世界热带雨林总面积的一半，木材总储量超过 8 亿立方米。植物种类丰富多彩，多达 4 万余种，重要种类如凤梨科、红木、乌木、缘木、黄松木、巴拿马草科等。其中仅贵重木材就有数百种，有“贵重植物之乡”美称，著名的巴西南杉木在国际木材市场上独占鳌头。无数的乔木、灌木和草本、攀缘植物组成郁闭的原始丛林。这里永远青翠，感觉不到季节的交替，千姿百态，一派盎然生机。

亚马孙还有“世界动物王国”之称，有多达 700 余种的哺乳动物和 800 多种鸟类，其中很多是罕见的珍禽异兽。昆虫达 1.5 万多种，体形特别大，如黑蚊体长达 4 厘米 ，长达 30 厘米的大蜘蛛靠张网捕鸟而生。

(2)长白山原始森林

长白山原始森林是中国典型的温带生态系统，不仅属国家级自然保护区，而且加入了联合国“人与生物圈保护区网络”，有“温带生物自由基因库”之称。这里森林茂密，自然景观垂直分带明显：1600 米以下为针阔混交林，1600 米～1800 米为山地寒温带针叶林，1800 米～2000 米为岳桦林带，2000 米以上为山地苔原带。这里素有“红松之乡”的称誉。大面积的针叶林形成了可供人们观赏的原始森林景观，既有经济价值，又有旅游价值，是一处难得的绿色宝库。

(3)张家界国家森林公园

中国第一个国家森林公园，是著名的湘西武陵源风景区的核心景区。这里不仅有奇特的石英砂岩峰林、峡谷地貌景观，更有完备的森林生态系统，现今世界上的五大科植物此地全有，比整个欧洲所有的林木种类还多一倍以上。有高等植物 3000 多种，属国家保护的就有 28 种。由于山体较高，植被的垂直带性明显，既有北方树种如冷杉、雪松和香果，又有南方树种红豆杉、毛红椿，还有像珙桐、银杏等珍贵树种。另外这里还栖息了大量的珍稀动物，其中陆生脊椎动物 50 科 116 种，属国家保护的野生动物就达 30 种之多。这里不但是旅游者向往的去处，而且也是开展科普科研的理想场所。

(4)西双版纳原始森林景观

西双版纳位于云南省南部，是国家级自然保护区和联合国“人与生物圈”保护区网络成员。“孔雀之乡”西双版纳以繁茂的原始森林和旖旎的热带风光著称，有 800 万亩(约 533.3 平方公里)热带雨林，70 万亩(约 46.7 平方公里)原始森林，全区森林覆盖率达 63.2%，素有“植物王国”、“热带物种资源王国”的美称。有高等植物5000多种，其中100多种连《世界植物大全》上都无记载。中国国家一、二类植物有70%分布在这一地区，其中列为国家重点植物的就有51种之多，故被誉为“植物王国皇冠上的绿宝石”。本区常夏无冬，秋春相连，干湿季明显。林内四季常花、常果，树木老茎生花，巨大的榕树独木成林，攀缘植物沿高大乔木直爬至高空，各种蕨类寄生于乔木之上形成空中花园。林内还栖息着多种野生动物，有陆栖脊椎动物539种，鸟类29种，其中45种仅见于本区，如珍贵的亚洲象、孟加虎和金叶猴等，都为“植物王国”增添了勃勃生机和无穷乐趣。

（二）草原景观

草原景观主要指大面积的草原和牧场形成的植被景观，具有明显的季节变化。草原是在干旱、半干旱气候下，由旱生或半旱生的草木植物组成的植被类型，根据水热条件，草原又分为典型草原、荒漠草原和草甸草原。茫茫的草原上主要繁生着禾本科植物，有些地方簇生着杂蒿和小灌木。温带草原绿草如茵，蓝天白云下牛羊成群，既是优良的天然牧场，更是旅游的乐土。在草原上可骑马和骑骆驼，观赏大草原的风光，体验牧民的生活，到牧民帐篷中做客，以及参加赛马、马术、骑射、乘勒勒车等娱乐活动，都是草原旅游的主要内容，对久居闹市的城市游人有着不可抗拒的吸引力。

1.草原景观的类型

根据草原的地理位置和植被特征，草原景观可分为以下类型。

(1)热带稀树草原景观

热带稀树草原是一种以旱生、适高温的多年生草本植物占优势，并散生一些耐旱的乔灌木的植物群落。由于禾草的生长力高以及草原上植被稀疏开阔，有蹄类食草哺乳动物和一些大型食肉动物，如斑马、长颈鹿、非洲狮等多有分布。

非洲的热带稀树草原在世界同类植物中发育最典型、分布最广。因为草原上的食料丰富，食草哺乳动物如河马、羚羊、犀牛等在这里大量分布，其中不少动物被列为世界级保护动物，极具观赏性。

(2)温带草原景观

温带草原是指由低温、旱生、多年生的草本植物组成的生态系统，其植物种类主要由丛生禾草针茅、羊茅、须芒草等组成，也有散生的小灌木和多种双子叶杂类草，如豆科、菊科植物等。开阔的温带草原适宜善于竞走的大型食草动物生活，如野驴、黄羊、野牛和骆驼等。温带草原主要分布于欧亚大陆温带地区，我国东北和内蒙古地区也有分布。

(3)高寒草甸景观

高寒草甸以温冷生中生草本植物为主，草层低矮，盖度大，根系浅而密集。我国青藏高原上分布的高寒草甸，在仲夏时节，百花盛开，水草丰美，还有乌黑的牦牛、矫健的骏马以及野驴、野牛、藏羚羊、旱獭等多种珍稀动物，构成了一幅别致、生动的高原风情。

2.世界主要草原景观

世界上草原分布很广。从匈牙利经黑海沿岸、中亚、蒙古至中国的内蒙古和东北的欧亚大陆草原基本连成一片，从加拿大中部到美国中部有北美温带大草原，澳大利亚有中西部大草原，南美阿根廷有潘帕斯草原，非洲有热带稀树草原。各地草原种类不同，植物物候各异，因此草原外貌季相更迭明显，尤其是夏秋鲜花盛开五颜六色，艳丽夺目，非常迷人。

（1）澳大利亚中西部大草原

澳大利亚畜牧业发达，素称“骑在羊背上的国家”，其自然基础就在于地形平坦的中西部地区天然草场辽阔，和现代化的放牧方式共同构成了富有特色的旅游资源。由于澳大利亚大陆没有野生食肉动物，牛羊一年四季都可采用露天围栏放牧。在那里，浩浩荡荡的牛羊散布在广阔无垠的草场之上，蓝天、白云、花艳、草绿，一幅壮观的美景令人赏心悦目。游人可以看牧群悠然自得地吃草，观牛、羊比赛，还可以参与剪羊毛、挤牛奶。当一天牧羊人，过一日牧民生活，已成为澳大利亚最具吸引力的旅游项目之一。

(2)阿根廷潘帕斯草原

为世界著名的温带草原。西起安第斯山麓，东至大西洋沿岸，自然条件得天独厚。那一望无际的平原，温和湿润的气候，肥沃的黑钙土，丰富的地下水十分利于种植业和畜牧业的发展。经过劳动人民的辛勤开发，这里早已成为世人皆知的粮仓肉库，那独特的草原景观成为阿根廷的一项重要的旅游资源。

（3）非洲热带稀树草原

非洲的热带稀树草原是世界同类植物中发育最典型、分布最广的。食草动物因食料丰富而得到充分的发展。羚羊、斑马、犀牛、长颈鹿、河马等在这里大量分布，长颈鹿和斑马身上长有美丽的斑纹，是最受游人喜爱的观赏动物。而且大多数均被列为世界级保护动物。

（三）古树名木与奇花异卉

各种古树名木和奇花异卉所构成的景观特点不同，景观效应各有千秋。它们种类繁多，而且枝、叶、花、果实、种子的形态和色彩等均不相同，有很高的旅游欣赏价值。

观赏美。花卉多以其特色形状与色彩引发游人的美感。如荷花的花朵大、瓣阔，色或红或白，硕大的绿色荷叶和清水相衬，显得十分高雅。又如昆明园近山海棠开放时，成“胭脂凝夜紫，花萼来红潮”之景。

寓意美。人类有悠久的种植花木、观赏花木的历史。在长期栽培、观赏花木的过程中，人们根据花木之特点，逐渐形成了各自花木的寓意内涵，可以表达人们的感情、愿望、爱慕、理想等精神寄托，能够启迪人的心灵，陶冶人的情操。如白菊的真实、红豆的相思、豆蔻的别离、紫丁香的初恋、白桑的智慧、紫罗兰的诚实、白百合的纯洁等等。

嗅觉美。有的花木形态、色彩一般，但在其开花或结果时发出沁人心肺的清香，令人陶醉，有“野芳发而幽香”的美感。如丁香、茉莉、洋槐、梅花、玉兰、桂花等。

1. 古树名木

古树名木是指多呈单体存在，以树龄、规模、形姿和所处环境等为特色来吸引游客观赏，使人发思古之悠情，看自然之演变的树木。它们是记录历史、指示环境变迁、展示生态特征的历史文物和科学资料，具有科学研究和旅游欣赏价值。古树名木具有两层含义：第一，指那些以古老的树龄、珍稀的树种和独特的生理结构特征吸引旅游者观赏的树木，如银杏；第二，指那些具有历史文化特性，或因名人手植，或因传说故事，或因其形态奇特而闻名的树木。这些古树名木多与庙宇、古建筑、古陵墓、山岳景象结合在一起，具有一定的文化内涵，成为旅游者观赏游览的重要内容。

中国有许多历史悠久的古树名木，或因名人手植，或因故事传说，或因形态别致而著名，在旅游名山和重要景区景点随处可见。中国名木主要有：世界植物活化石，水杉、银杏、鹅掌楸、珙桐等。如黄山的迎客松，松树冠扁平，飘逸多姿，针叶短而密，苍劲古雅，其形态和气势别具一格，给人一种刚毅挺拔之感，被称为“四绝之冠”。陕西黄陵的黄帝轩辕手植柏，高达 15 米，围粗 10 米，估计距今有五千多年的历史，堪称“世界柏树之父”。山东曲阜孔林，古木参天，茂密幽深，据记载，“因弟子各以四方奇木来植，故多诸异树”，现有古树 2 万多株，如松、柏、朴、橡、楷、柳、榆、槐、枫、银杏等，树龄多在数百年至两千年。这块占地 30 公顷的“至圣林”，成为我国最大的古树园。广东新会城郊天马河中央的古榕树，枝叶婆娑，根茎相连，覆盖面积达 10000 平方米，成群的白鹭、灰鹭栖息于此，巴金的《鸟的天堂》以此为题材，使该千年古榕闻名中外。台湾省新竹的一棵红松树，高达 51 米，树围近 24 米，树龄达 4600 年，被称为“松山神木”。中国寺庙中的古树名木更多。例如，北京戒台寺有五大名松：活动松、九龙松、抱塔松、身在松和卧龙松，浙江天台山国清寺的隋梅，北京谭木石寺的银杏被清高宗封为“帝王树”等。

世界上也不乏景观价值较高的古树名木，如孟加拉国有一棵世界最大的古榕树，其树冠投影面积竟达 10000 平方米之多，可容纳几千人在树荫下乘凉，遂以“独树成林”闻名世界。

2. 奇花异卉

奇花异卉指那些具有奇特的生态、生理现象的花卉，往往以奇特的美吸引着旅游者。奇异的“奇”是指某种独一无二的特征，如花最大、最古老等。

花能美化环境，供人观赏，给人以朝气蓬勃、生机盎然的感受。欧美盛行用花来表达人们的语言、感情和愿望。国花寄托民族的理想，作为国家的象征。奇花异卉与人们日常认识的一般花卉有所不同，它们往往依据诸如最高、最古老、花最大等以与众不同的特征来吸引人们。如世界上最大的花是印度尼西亚的爪哇和苏门答腊热带森林中奇大无比的大王花，直径约 1.4 米，最重的超过 50 千克；南美洲亚马孙河流域的王莲，直径 2 米～4 米，可负载 20 千克～30 千克的小孩儿，是世界上最大的莲。云南马县的钟表花，花的最外层是白色的花瓣，像表壳；第 2 层是排列整齐的无数细须，中间为紫色环，像表盘；第 3 层有 3 片翘起的黄色花蕊，中间又伸出 3 根棕色的“针”，如同于时针、分针和秒针。

花以其色、香、韵、姿的四大美学特征成为植物体中最美的部分，也成为人们观赏的主要对象，那些名贵、奇异、独特的花卉更是备受人们的青睐。世界名贵花卉资源极为丰富，如朝鲜的金达莱花、坦桑尼亚的丁香花、奥地利的白百合花等。其中有些花卉极具有观赏价值，如日本的樱花、荷兰的郁金香和我国的十大名花等。

(1)中国主要的奇花异卉

中国人民自古就注意以自然植被和奇花异卉装点美化自己的生活环境，栽培花卉的历史悠久，花卉名品众多。拥有名贵花卉近 6000 多种，约占世界的 3/4。其中梅、兰、竹、菊被称为“四君子”，兰、菊、水仙、菖蒲被誉为“花草四雅”，玫瑰、蔷薇、月季被誉为“园中三杰”。

中国栽培的梅花淡雅幽香，为寒冬唯一的观赏名花。著名赏梅胜地原有无锡西郊的梅园、杭州塘栖的古梅园、武昌东湖的梅岭、南京东郊的梅花山等，而苏州吴县的西山现已成为全国新开发的最大赏梅胜地。玉兰也为名贵花种，花如白玉，香气如兰，杭州玉帛附近的玉兰林，北京颐和园乐寿堂的玉香梅等均为观赏胜地。

牡丹是中国的特产和传统名花，又名唐韭、百两金、富贵花。它以花大、形美，色艳、香郁诸特点而名列群花之首，被誉为花中之王、国色天香，并引得无数文人逸士为之陶醉，写出了不少著名的诗篇。洛阳牡丹更以其花容绚丽而有“甲天下”的美称。

中国的许多名山大川和旅游胜地都有自己的名花。如峨眉山的高山杜鹃花，兰州安宁的桃花，天津盘山的梨花和杏花均以其色闻名于世，并被开发成各种花节，成为当地旅游资源的重要组成部分。

① 奇花异卉大观园——云南。中国云南素有"天然花园"之称，奇花异卉种类多样，举世瞩目。现在西欧各国争相种植的杜鹃、抱春、龙胆、百合、绿绒蒿等名花大多来自云南。英国皇家植物园和爱丁堡皇家植物园栽培有云南所产的杜鹃200余种，报春花100多种，可见云南名花地位之高。据国内外的评价，云南最有名的观赏花卉是山茶、杜鹃、报春、木兰、百合、兰花、龙胆、绿绒蒿等八大名花。云南山茶性喜温暖潮湿，怕炎热和酷寒，其树形和花朵都比国外普遍栽培的山茶要大得多，是自然界少见的大花常绿乔木。花色有朱红、紫红、粉红、玫瑰红等多种，还有红白相间的两色品种。被誉为"树头万朵齐吞火，残雪烧红半边天"，有"云南茶花甲天下"的美誉，现已被列为昆明市市花。山茶花还和梅花、水仙、迎春花并列为中国有名的"花中四友"。

②贵州百里杜鹃。贵州黔西县和大方县境内拥有环状分布的大片杜鹃，花区长50公里，宽2～5公里，面积达100多平方公里，故称"百里杜鹃"。其面积之大，品种之多，为国内外所罕见，被公认为"世界杜鹃花中心"。每当杜鹃花盛开之际，当地的少数民族都要举行隆重的"杜鹃花会"。这里已成为中国的最大杜鹃花观赏胜地。

③漳州水仙。从福建漳州市南郊的九湖镇出发，沿国道324线到漳浦(绥安)县的长桥镇，开辟了长150公里，纵深300米的花卉品种开发带，故有"百里花市"之称。闽南花卉中心就位于漳州市九湖镇，这里齐集了各地几乎所有的种花好手、养花专业户，代表品种有剑兰、素心兰、红梅、腊梅、月季、玫瑰、月桂、七里香、夜来香、五宝茶花……能点得出名的就有上千种，该镇的长富村几乎家家都以养花为业，并有百余年的历史，有"百花村"的美称。花农们精心培育了春兰、秋兰、寒兰、草兰、报岁兰、鲜藤兰等数十个新品种，不仅在此扎根落户、竞相勃发，而且每年该村都有百余名卖花姑娘将一簇簇馨香洒向全国，乃至世界。

(2)世界著名的奇花异卉

世界各地名花争艳，形成了众多的以赏花为主的风景点。

①日本樱花。日本有"樱花之国"之称，樱花是日本的国花和东京的市花。日本樱花有300多个品种，分为白、黄、绿、粉、淡红等多种颜色，其中有一种五色樱，花瓣有五种色彩，其形美不可言。由于受光照、水分和气候等多种因素的影响，遍布日本各地的樱花，开花时间各不相同。每年不少游人都不惜财力、精力赏遍各地樱花。上野公园是东京人喜爱的观樱胜地，园内有2000多株樱花，每年4月观樱季节，老少蜂涌而至，每天有几十万人来到上野公园，在樱树下席地而坐、跳舞、唱歌。入夜，樱花树上的五光十色的灯笼大放光明，此时的樱花别有迷人之处。

②荷兰郁金香。荷兰有"欧洲花园"的美誉，花卉中的郁金香最为闻名，也是

荷兰的国花之一。每年四、五月间，都会举行科肯豪夫花节。荷兰从土耳其引进郁金香已有400多年的历史，引进之初，品种单一，直到17世纪30年代，由于“疯狂的郁金香贸易”才使其身价百倍。经数百年的培育，现已有700多个品种，每年80%的花卉用于出口，远销100多个国家，年创汇达10多亿荷兰盾。如今，荷兰已与郁金香难舍难分，荷兰人为郁金香付出了辛勤的劳动，郁金香使荷兰更加多姿多彩，成为荷兰人高照的福星。

(四) 珍稀动物及其栖息地

地球上动物种类很多，群系复杂，数量丰富。有些野生动物不仅具有经济、科学、文化教育等多方面的重要意义，而且现存数量稀少或濒临灭绝，便被称为珍贵稀有动物，简称珍稀动物。它们以其体形、色彩、动态、鸣叫等不同的特征，使旅游景观生动活泼，深受人们的喜爱，有的被视为民族精神的象征甚至国宝，因而具有很高的旅游价值。观赏珍稀动物现已成为国内外游客甚感兴趣的旅游活动内容之一。人们既可以实地欣赏其美丽的形态与色彩、独特的生活习性和逗人的表演，还可以建立城市动物园或野生动物园等以供长期观赏。而那些与之相联系的珍稀动物栖息地——自然保护区，则是开展野生动物观赏旅游、生态旅游和科学研究的理想之地。二者共同构成了一种重要的自然景观旅游资源。

1. 中国国宝——大熊猫

大熊猫是世界上最珍贵的动物之一，是著名的珍稀孑遗动物。一万年前曾遍布中国，但目前遗留下的数量极少，仅分布于中国四川省西部的36个县、陕西省南部的6个县和甘肃南部的1个县境内。它栖息于海拔1400米～3500米的落叶阔叶林、针阔混交林和亚高山针叶林带的山地竹林内。大熊猫的故乡宛如人间仙境，那里群山叠翠，流水潺潺，气候温凉而潮湿，浓密的竹林既是大熊猫的青纱帐，又是它们的天然“粮仓”。大熊猫身体胖软，头圆颈粗，耳小尾短，四肢粗壮，一对八字形的黑眼圈，犹如戴着一副黑镜，非常惹人喜欢。它性情温驯，体态丰满圆润，花斑美丽，行动风趣。中国把它视为国宝，列入国家一类保护动物，世界野生动物协会也将它选为会标。

2. “长江大熊猫”——白暨豚

白暨豚是中国特有的珍稀潜水动物之一。它是当今世界上仅存的五种淡水鲸中的一种，享有“活化石”的美誉。物以稀为贵，物以奇为趣，白暨豚既“稀”又“奇”，所以可与誉满全球的大熊猫媲美，被人们称为“长江里的大熊猫”。其长2米多，重约100公搬走斤，皮肤细腻光滑，背部呈浅灰蓝色，腹部纯白，在阳光下闪耀着光亮，善于游泳。时速可达80公里左右。由于长期生活在浑浊的江水中，视听器官已退化，但大脑特别发达，声纳系统极为灵敏。头部还有超声波功能，一遇紧急情况，立即潜水躲避。白暨豚仅分布在中国长江中、下游江湖中，数量极为稀少，十分珍贵，具有很高的科研价值和观赏价值。

3. 东方宝石——朱鹮(红鹤)

朱鹮又叫朱鹭，是一种美丽的鸟。它身披雪白的羽毛，远远看去酷似白鹭。事实上在其体羽的羽干、羽基以及翅膀边缘的飞羽都渲染着浓淡相宜、鲜艳夺目的粉红色。额顶和颊部都裸露没有羽毛，呈朱红色，后枕部有冠羽，嘴长且向下弯曲，非常显眼。体型中等，体长约 70 厘米～80 厘米，体重 1.5 公斤～2 公斤。朱鹮栖息在水田、河滩、池塘、沼泽地和山溪附近，平时也呆在高大的树上，这种珍禽，以小鱼、软体动物、甲壳动物、水生昆虫和蛙类为食。春季繁殖期间，成对的朱鹮离开越冬时结成的群体，在高大的杨树、松树或栗树上筑巢繁衍生殖。朱鹮是亚洲的特产珍禽，也是目前世界上最稀少的鸟，被誉为"东方宝石"。已被列入国际一级濒危动物名单。日本人特别喜爱它，日本民航的标志里就有朱鹮图案。中国现已建立了以保护朱鹮为主的陕西洋县自然保护区。

4. 光彩夺目的极乐鸟

南太平洋的巴布亚新几内亚是世界珍禽极乐鸟的主要栖息地。极乐鸟头部为金绿色，披一身艳丽的羽毛，长长的大尾羽更是妩媚动人，光彩夺目。极乐鸟对爱情忠贞不渝，一旦失去伴侣，另一只鸟就会绝食而死。巴布亚新几内亚人把极乐鸟视为自己民族的象征，在其国旗、国徽，甚至民航客机和各种纪念品上均印有极乐鸟的形象。

5. 南极主人——企鹅

定居在南极大陆的企鹅可谓是地球上最勇敢、生命力最顽强，却又最惹人喜爱的小生灵。它们能抗击大到 100 米/秒的风速和低至－89℃的寒极气候。阿德雷企鹅体短，最长 55 厘米，而帝企鹅有的高达 1.2 米，成年的帝企鹅肚圆腰肥，身后的黑色羽毛形如燕尾服，尤其耳边一圈彩毛亮丽非凡，更显出一副帝王气派。在冬季，帝企鹅喜欢群居，成千上万只汇聚一块生蛋孵子。待幼雏出壳，父母们会相商着办一个"幼儿园"，由少数"阿姨"照管众多小朋友，爸爸妈妈们则腾出身子下海捕食，一趟趟赶回来哺育自己的子女。对于来访南极大陆的客人——南极考察队员们，它们常常会以家族建制，排成一溜儿，一个个扎着小翅膀，一摇一摆奔跑过来，非常热情地以主人的身份前来迎接客人的到来。

第四节 气候天象旅游资源

一、天象气候旅游资源概说

气象、气候不仅与人类的生产、生活关系密切，而且与人类的旅游活动也有不可分割的联系。天气指短时间内大气的状态和大气现象的综合；由大气辐射、大气环流、海陆分布、地面性质等因素相互作用所决定的一个地区的多年天气特征谓之气候，而气象则是大气中冷、热、干、湿、风、云、雨、雪、雾、闪电现象等各种物理状态和物理现象的总称。

千变万化的气象景观、天气现象以及不同地区的气候资源与岩石圈、水圈、生物圈旅游资源景观相结合，再加上人文景观旅游资源的点缀，就构成了丰富多彩的气候天象旅游资源。

气候既是一种自然景观旅游资源，又是开展旅游活动的必要条件。它们不仅能直接造景、育景，而且还影响地貌、水文、生物和各种人文景观旅游资源。

二、气候天象旅游资源的特征、成因与价值

(一)气候天象旅游资源的特征及成因

1. 广域性及差异性

无论陆地气团，还是海洋气团，往往规模大，内部特征相似，影响范围广。在同一地区，若为同一气团控制，则这一地区几乎同时出现同种气候类型，表现出显著的广域性。由于各地的地理纬度、海陆分布、地形起伏等影响气候的因素各不相同，这就促使各地的气象、气候旅游资源具有鲜明的地域性特点。

2. 借景性和背景性

借景性是指气象景观需要借助其他景观相配合，才能欣赏或更富魅力，如海上日出，佛光等。背景性是指有些景观需借助气象、气候为背景，才更完美，如蒙蒙薄雾中的山峰，蓝天白云下的草原等。

3. 节律性及导向性

气候类型在同纬度地区较为相似，但由于下垫面及大气环流、地貌形态等多种因素的影响，在年际、月际、日夜之间均有着规律性变化。旅游活动随气候变化同样出现淡季、旺季的节律性变化，客流导向性亦随之变化。

4. 立体性和层次性

气候旅游资源随地理纬度和海拔高度的变化，常出现立体和层次的变化。

(二)气候天象旅游资源的价值

1. 观赏与体验价值

独特的气候天象要素构成奇异的自然景观旅游资源，对旅游者有着很大的吸引力。如闻名世界的旅游风景区黄山吸引着无数中外游客前来观光游览，游客在赞叹黄山的奇松、怪石的同时，更为神奇多彩的气象景观所陶醉。无论是白云滚滚、银浪滔滔的黄山云海，飘忽不定、变幻无穷的黄山雾，美妙绝伦的黄山日出、日落，鲜为人见的黄山奇景宝光，还是冬日里形成的“玉菊怒放”、“梨花盛开”的雾凇奇观，雪后初晴的黄山银白色世界，都会使游人流连忘返。除了观赏功能外，气象气候还有体验功能，这是由于温度、湿度、风、光照等都能给人带来直接的身体体验、感觉。坐在海边的礁石上，感觉海风轻轻拂面，嗅着有淡淡咸味的空气，看远处落日余晖，归帆点点，听身边浪涛拍岸，海鸥啼鸣。这种“亲身体验”的感觉往往能给游客留下深刻的印象，是更高层次的旅游形式，也成为旅游者进一步追寻的主要内容。

2. 休闲度假价值

人们对气候的感觉，最敏感的是气温、湿度和风的状况，所以一般多以气温、湿度和风的配合状况来表示一个地区的气候舒适度。由于下垫面(地面、植被、水体等)结构、性质及周围环境的不同，引起近地面层的热量与水分状况的差异，这种差异就使得一些区域的气候条件具有了相对的优越性，有利于开展避暑消寒等度假活动。如地中海沿岸、加勒比海沿岸、夏威夷、阿尔卑斯山地、我国的庐山和北戴河。这些地方要么夏季凉快清爽，要么冬季温暖湿润，或有充足的阳光，成为著名的度假胜地。由于地表状况影响而出现的一些局部小气候，也为休闲活动提供了条件，如湖滨地带受湖泊调节，与远离湖面的区域相比具有气温温差小、相对湿度较大的特点，加之有优美的水景和亲水环境，成为人们休闲的好去处。山谷、河谷地带，常形成山谷风，夏夜凉风习习，可供人们消暑、纳凉。乡野、农村由于地表植被覆盖度高，水面较多，空气污染少，形成与城市不同的气候条件，因此，乡村旅游、郊区度假休闲旅游盛行的原因之一。

3. 疗养健身价值

气候条件是疗养活动所必需的一个重要环境条件，许多“气候宜人”的环境适合开展疗养旅游活动。一般来说，洁净的空气，适宜的温度、湿度状况，充足的阳光及宜人的景色对人的身体保健和病体康复有积极作用，有利于开展疗养活动。森林覆盖好的山区、湖滨、海滨往往成为主要的疗养场所。如滨海区域四季温和，日照充足，空气清新、湿润。柔和的海陆风昼夜交替，十分宜人。滨海风景区由于海浪拍岸，水被分裂为无数雾珠，使空气中负离子的数量增多。生物气象学家研究证实，负离子具有消毒、杀菌和净化空气的作用。富含负离子的空气进入人体，还具有镇痛、止咳、镇静催眠、降低血压和减轻疲劳的功效。我国滨海地区分布着许多著名的气候疗养胜地，如北戴河、烟台、青岛、大连等地。

三、气候天象旅游资源的主要类型与精华选粹

(一) 宜人气候

宜人气候是满足人们正常生理需求的气候条件，即人们无需借助任何消寒或避暑的装备与设施，就能保证一切生理过程正常进行的气候条件(郭跃，1998)。在水平地带中，宜人气候主要分布在中、低纬度的湿润气候和半湿润气候区内，以海滨、岛屿最佳。在山区，宜人气候分布的上、下限因地而异，但主要取决于气温、气压的垂直变化状态，中纬度地区以中、低山地(中山 1000 米～2000 米，低山＜1000 米)为主，低纬度地区可达到中山以上。局部地区的小气候和微气候也有独特的宜人之处。如溶洞不仅景色观赏价值极高，而且多数具有基本恒温、湿度较大的微气候特点，某些洞穴内空气中还富含微量元素，宜于疗养，可促使肺结核病、风湿类疾病、骨折以及外伤患者及早治愈康复。宜人气候的类型主要有避暑型气候、避寒型气候、阳光充足型气候、四季如春型气候。

1. 避暑型气候

避暑气候可分为三种类型。

(1)高原山地型

由于气候的垂直变化规律明显，许多高山和高原遂成为避暑胜地。如我国的避暑胜地庐山比九江市高 1500 米，平均气温比九江低 5.6℃；再如菲律宾的碧瑶，海拔为 1600 米，气温比马尼拉低 6.7℃；埃塞俄比亚的亚的斯亚贝巴，虽然位于北纬 9°，地处热带，然而因其海拔高达 2360 米，故四季凉爽，草木常青。世界著名的山地高原型避暑胜地还有肯尼亚的内罗毕、秘鲁的库斯科、玻利维亚的拉巴斯、厄瓜多尔的基多、哥伦比亚的波哥达、墨西哥的墨西哥城、中国的峨眉山和莫干山等。

(2)海滨型

由于海洋的影响，海滨地带夏季气温比内陆低，以温和湿润为其特点，因而宜于避暑。如大连、青岛、北戴河等旅游城市。

(3)高纬度型

由于气温从赤道向两极递减，许多避暑胜地位于中高纬度。如挪威的哈默菲特位于北纬 74℃，面向巴伦支海，夏季气候宜人，是欧洲的避暑胜地之一。

2．避寒型气候

世界上的避寒胜地多均选在热带、亚热带的海洋性气候区，很多热带、亚热带沿海城市成为著名的避寒胜地。如美洲西印度群岛的巴巴多斯、非洲的佛得角群岛、西印度群岛的向风群岛、中美洲的尼加拉瓜、亚洲的巴基斯坦、马来西亚的沙捞月和沙巴、新加坡、泰国、南美洲的苏里南、非洲的多哥、大洋洲的瓦利斯群岛和富图纳群岛、澳大利亚的悉尼海滨、美国夏威夷群岛、中国的海南岛及北海等。

3．阳光充足型气候

阳光是重要的气候旅游资源。地中海沿岸各国利用地中海型亚热带气候，即日照时间长、阳光和煦的特点，大建海滨浴场，成为世界著名的旅游胜地。如西班牙之所以成为世界上旅游业最发达的国家之一，最重要的一点是发挥了得天独厚的海岸带和气候资源的优势。西班牙属地中海式气候，多晴日，多阳光，湿度小，另外海岸线绵长（3144 公里），沙细柔软，海水湛蓝，特别适宜于开展日光浴和海水浴。故西班牙向以阳光和海滩的旅游形象出现于游人面前和传播媒体之上。

4．四季如春型气候——以昆明为例

中国云南省会昆明的气候在全国大城市中可谓独一无二。这里年平均气温 15.4℃，7 月平均气温 20.1℃，没有真正的夏季，而是春秋相连，长达 310 天，仅在年初有一个短暂的冬季，1 月平均气温也达 9.1℃，年较差只有 11℃，是名副其实的“冬暖夏凉四时春”的“春城”。这里年较差与日较差相比，后者的数据值反而比前者大，中午较凉，冬半年日较差可达 12～20℃，因此当地有“夜晚即冬季”之说。昆明地区降水丰沛，干湿季分明。年降水量约 990 毫米，大部分集中于每年 5～10 月，其中 7 月降水量最多，占全年 20%。

（二）冰雪景观

冰、雪、雾凇奇景是寒冷季节或高寒气候区才能见到的气候景观，并以其纯洁、壮观、和神奇吸引着古今中外游人。我国自古就有许多文人雅士“踏雪寻梅”，留下不少千古名篇。时至今日，冰雪景观越来越被人们所喜爱，因为它不仅仅供人观赏游览，而且还可使人融入冰雪的世界中嬉戏运动，成为人们在紧张工作之余的一个绝佳休闲娱乐场所。冰雪景观主要分布于中高纬地区，如欧洲、美洲南北两端、东亚、北亚、中亚、南极洲以及陆地的高海拔地区。

1.欧洲

欧洲的冰雪景观分布相当广泛，又以北欧和阿尔卑斯山区最为典型，特别适于开展冰雪运动。例如，位于斯堪的纳维亚半岛西部的挪威，绝大部分领土位于北纬 60°以北，境内 70%的面积为山地和高原，海拔 2000 米以上的迎风坡形成广阔的天然雪原，白雪皑皑，景观壮丽，为欧洲著名的滑雪度假区，有“滑雪之乡”的美称。北欧的芬兰、瑞典、丹麦也是冰雪运动开展较好的国家。此外，瑞士、奥地利、捷克、波兰等国所在的阿尔卑斯山区，有大范围的冰雪公园，游客不但可以观赏冰雪奇景，还可进行冰雪运动。冰雪运动是欧洲人最喜欢的一项冬季活动，也是旅游业的主要收入来源之一。

世界上第一座用于旅游的冰雪旅馆是1991年瑞典建造的“冰屋”。近年“冰雪故乡”的北欧各国，兴起了一项新的旅游项目——冰雪度假村，即除食品外，冰雪度假村的生活用具全是冰雪做成。设计师贝维斯用3000吨冰雪在瑞典的尤卡亚维镇建成了世界上最大的冰雪度假村，占地1100平方米，内设冰雕艺术品展馆、酒吧、剧院、教堂和蜜月套房等，可为游人举行婚礼以及洗礼等活动，可谓开创了冰雪景观旅游的先河。

2. 美洲

冰雪景观主要分布于北美洲。加拿大大约有一半领土位于北纬60°以北，最北的埃尔斯米尔岛延伸到北纬83°。每年从11月到翌年5月都是冰天雪地，冬季长达半年之久，为开展冰雕艺术创造、进行冰上运动提供了得天独厚的条件。其中渥太华市中心的里多运河是世界最长的冰场。而美国除了拥有阿拉斯加的冰雪景观外，还在西海岸开辟了北美第一大冰雪公园——桀士伯国家公园。

3. 亚洲

亚洲的冰雪景观以中国、韩国、朝鲜、日本和俄罗斯的西伯利亚及远东地区分布较为集中。其中，中国的冰雪景观以东北最为典型。东北地处寒温带和中温带，是全国纬度最高、冬季最长的地区，人们常以“林海雪原”形容这里的北国风光。若以城市结合气候而言，则数哈尔滨、吉林二市的冰雪景观最具特色。

（三）天象景观

天象，旧指天文、气象方面的现象，如日月星辰的运行等。此处天象奇观系指在特定地理环境下气象因素所表现出来的奇异的形、色等变化，它往往结合地形、地物、海浪、沙漠、纬度等要素，形成独特、壮丽、甚至是神秘莫测的景观，乃是一种特殊的旅游资源。由于天象奇观具有独特性、神秘性和不可预测性，正好满足人们求奇、求异的旅游心理，故对游客颇具吸引力。天象奇观主要包括极光、佛光、海市蜃楼、日出、夕照、月景、云海和云瀑等。

1. 极光

极光是太阳的带电微粒从高纬度进入地球的高空大气层，受到地球磁场的影响，激发高层空气微粒造成的发光现象。极光色彩鲜艳夺目，形状多样，有动有静，在5～10千米的高空亮度最强。在北半球距地球磁极22°～27°的地方，有一个“极光带”，大体上是通过阿拉斯加北部、加拿大北部、冰岛南部、挪威北部和新地岛南部的一个环状地带，每年有2/3的天数（约245天）可以见到极光，并成为该地区吸引游客的主要自然景观之一。中国黑龙江北部的漠河和新疆阿尔泰地区每年也能见到一次极光。

2. 佛光

佛光又叫宝光，是山岳中特有的一种美景。它的神奇之处在于观赏者对面的天空，有五彩光环出现，光环中央有人形影像，仿佛佛祖降临人世。佛光多出现于中、低纬度地区高山之巅的茫茫云海之中，是在阳光斜射的条件下，由云海雾珠发生的衍射分光现象。佛光呈现为色彩华美的光环，霞光四射，光环随人而动，人在光环中如身临仙境，成为高山地区重要的天象奇观。在德国的哈尔兹山，瑞士的北鲁根山，中国的黄山、庐山、泰山和峨眉山均可见到，以峨眉山金顶佛光最为壮观。其重要原因在于金顶一年之中雾日多达320天，平均每10天之中雾日就达8.9天，雨日为7.4天。故那里的佛光即多又美。在德国的哈尔滋山、瑞士的北鲁根山也会有佛光出现。

3. 海市蜃楼

海市蜃楼简称“海市”或“蜃景”，古人认为这是海中大蛤蜊（蜃）吐气所致，故得名。其真正成因是由于气温垂直方向上的变化，及相应的空气密度垂向分布发生分异，引起光线的折射和全反射现象，使得远处的地面景物在人眼前形成奇异的幻觉。海市蜃楼不仅奇光异彩，而且均有图形，这图景时而是仙山琼阁，时而是都市街景，时而是丰美的绿洲……它行踪诡密，出无定时，既虚无又实在，既清晰又飘渺，有时还伴有祥云彩光。一般多见于中、高纬度地区的海面、沙漠和山顶等地势开阔地方，在春夏之交，雨过天晴之后出现的可能性最大。中国的山东蓬莱阁和浙江普陀山是观赏海市蜃楼的绝佳处。另外，连云港海洲湾、渤海长岛、北戴河东联峰山、庐山五老峰和塔克拉玛干也都可观测蜃景。

蜃景的出现有两个特点：一是在同一地点重复出现，比如，美国的阿拉斯加上空经常会出现蜃景；二是出现的时间相对固定，如我国蓬莱的蜃景大多出现在每年5月、6月，俄罗斯齐姆连斯克蜃景往往在春天出现，而美国阿拉斯加的蜃景是在6月20日以后的20天内出现。

复习思考题

1. 自然景观旅游资源有哪些特点？
2. 简述地文景观类旅游资源的分类及特征。
3. 简述生物景观旅游资源的特征及意义。
4. 结合实践，分析自然景观的旅游功能。

参考文献

1. 肖星,严江平. 旅游资源与开发[M]. 北京:中国旅游出版社,2000.
2. 甘枝茂,马耀峰. 旅游资源与开发[M]. 天津:南开大学出版社,2000.
3. 杨桂华,陶犁. 旅游资源学(修订版)[M]. 昆明:云南大学出版社,2003.
4. 苏文才,孙文昌. 旅游资源学[M]. 北京:高等教育出版社,1998.
5. 全华. 旅游资源开发与管理[M]. 北京:旅游教育出版社,2006.
6. 张伟强. 旅游资源开发与管理[M]. 广州:华南理工大学出版社,2005.
7. 郑耀星. 旅游资源学[M]. 北京:中国林业出版社,2009.
8. 吴国清,高娜,宋玲. 旅游资源学[M]. 北京:清华大学出版社,2011.

第五章 人文景观旅游资源及其精华选粹

学习目的

人文景观旅游资源是旅游资源的两大组成部分之一。通过本章的学习，应掌握人文景观旅游资源的类型划分、各类人文景观的基本特征及其典型代表，理解各类人文景观的旅游价值，了解各类人文景观旅游资源的主要成因。

主要内容

- 遗址遗迹旅游资源概说　遗址遗迹旅游资源的分类　遗址遗迹旅游资源的特征与价值　遗址遗迹旅游资源精华选粹
- 建筑与设施旅游资源概说　建筑与设施旅游资源的分类　建筑与设施旅游资源的特征与价值　建筑与设施旅游资源精华选粹
- 旅游商品资源概说　旅游商品资源的分类　旅游商品资源的特征与价值　旅游商品资源精华选粹
- 人文活动旅游资源概说　人文活动旅游资源的特征、价值与成因　人文活动旅游资源的主要类型　人文活动旅游资源精华选粹

人类在认识自然、适应自然、改造自然的过程中创造了大量的物质财富和精神财富。随着时间的推移，大部分的物质财富和精神财富都已经销声匿迹，只有小部分得以幸存下来。如古遗址、古墓葬、古建筑等历史文化古迹，雕塑、绘画、文学与音乐等艺术作品，生产生活及政治军事活动物品，等等。这些物质和精神

方面的遗存。既是人类宝贵的物质遗产和精神财富，也是发展旅游业重要的人文景观旅游资源。除了人类在历史上创造的可以为发展旅游业所利用的物质财富和精神财富遗存，人文景观旅游资源还包括当代人类已经创造和正在创造的可以为旅游业所利用的物质财富和精神财富。

人文景观旅游资源是历史、现实与文化的结晶，具有观赏性、地域性、历史文化性、垄断性和民族性等特征。

观赏性。人类在自身发展演化的过程中与自然有着紧密的联系，对自然界也有着天生的依赖性和亲切感。人们根据自己对自然的理解，按一定的文化创建了人类社会的方方面面。不同国家、民族、地区的人们都有自己独特的群体审美特征，这些审美差异又被反映到社会的各个角落，由此形成了丰富多彩的人文景观旅游资源。观赏性是人文景观旅游资源最基本的特征。

地域性。人文景观旅游资源是在特定的自然地理环境中形成的，对自然环境具有很强的依赖性，因此具有明显的地域色彩。各个地方由于气候、地貌、水文、动植物等自然环境因素的差异，形成了各具特色的人文景观旅游资源。以传统民居为例，南北方有较大不同。如黄土高原的窑洞、北京四合院、江南的水乡民居、湘西吊脚楼等。

历史文化性。人文景观旅游资源是人类发展过程中为适应政治、经济、军事、文化等方面的需要人为建造的，它们是人类历史文化的结晶，是民族风貌的集中反映，是人类发展的载体。不论是以自然为主辅以人文，还是以人文为主利用自然的各类不同形成机制的旅游资源，都有其科学性和自然、社会哲理性，体现了特定历史时期人类的科技水平、生产能力、审美标准和道德风范。

垄断性。旅游资源的区域性特点，决定了其难以模仿或复制，因而具有垄断性。人文景观旅游资源都是在一定自然和社会环境中长期存在并发展的，离开了特定的地域背景，人文景观旅游资源就失去了真实场景，吸引力也会大打折扣。目前国内许多微缩景观，主题公园等的吸引力远不如真实环境。

民族性。在长期的发展演变中，各民族都形成了具有本民族特色的人文景观旅游资源。在民俗方面，各民族都有自己独特的生活习惯和节日活动方式。如信奉伊斯兰教和信奉佛教的民族在节日内容、宗教艺术上的不同，蒙古族的“那达慕”大会、傣族的“泼水节”与壮族的“三月三”等活动在时间、形式、内容上的不同。

参照《旅游资源分类、调查与评价标准》的分类，人文景观旅游资源可分为如下四个亚类：遗址遗迹旅游资源、建筑与设施旅游资源、旅游商品资源、人文活动旅游资源。

第一节　遗迹遗址旅游资源

一、遗迹遗址旅游资源概说

我国是一个历史悠久的文明古国，各族人民在漫长的历史岁月中创造了辉煌灿烂的文化，留下了不胜枚举的历史遗址、遗迹和浩如烟海的历史文物。历史遗址是指古代人类在生产生活及其他社会活动中形成的活动场所、建筑废墟等历史遗存。历史遗迹通常指古代人类活动所留下的历史遗存中因受自然和人为因素损毁，残存得较为模糊且行将消失的历史遗存痕迹。历史遗物一般指非固定文物，即为人类社会各个时期创造和使用，能够反映古代社会发展并保存至今的历史遗存器物，如原始社会时期的石器、陶器、骨器，奴隶社会时期的铜器、玉器以及古代的碑刻、字画、图书、工具、兵器、漆器、丝帛等。这些历史遗址、历史遗迹与历史遗物记录了人类自起源以来不同时代社会政治、经济、文化、生活的特征，反映了当时人类的社会发展水平以及各地人们的相互交往关系，是当代最重要的人文景观旅游资源。

遗址遗迹旅游资源是指具有历史文化、科学艺术和观赏游憩价值，能够对旅游者形成吸引力，能够为旅游业所利用并且产生经济、社会、文化和环境效益的历史遗址遗迹。

二、遗迹遗址旅游资源的特征、价值与成因

(一)遗址遗迹旅游资源的特征

1. 历史性

人类社会活动随着历史进程的发展，规模不断扩大、内容不断丰富、形式不断多样，形成了历史阶段的演替。在不同的历史阶段，人类活动的发展水平、表现形式和主观追求不同，因此对自然环境的改造利用必然产生不同的结果。历史遗址是人类历史发展阶段性的具体反映，揭示了历史的真实面目。历史遗址考古作为历史研究的基础，越来越引起广泛的重视。

2. 文化性

人类社会的历史也是一部文化的发展史。历史遗址是古代人类物质文化财富的重要组成部分，能够准确反映和体现古代物质文化的发展状况；是历史意识形态和上层建筑的载体，能够向现代人传达十分丰富的精神文化信息，如哲学理

念、道德规范、科学技术、文学艺术、社会习俗等。历史遗址具有物质文化和精神文化的双重性，是历史文化的具体体现。

3. 社会性

人类通过生产活动、文化活动、政治活动及建设活动，不断开发利用自然资源，创造出绚丽多彩的物质财富和精神财富。人类的社会活动经历了漫长的发展历史，在地球表面留下了分布广泛、形式多样的活动痕迹。没有人类的形成和发展，就不可能有历史遗址的出现，历史遗址是人类社会活动的产物。

(二)遗址遗迹旅游资源的价值

1. 满足旅游者追溯历史的旅游需求

历史遗址是人类历史发展阶段性的具体反映，是人类历史活动的真实写照。追寻历史遗址就是追溯历史。遗址遗迹旅游资源是现代人认识历史、理解历史的重要物质载体，能够满足旅游者思古、忆古、怀古和了解人类历史的需要。现代人的生活方式与古代相比已是大相径庭，通过重访古人类活动遗址遗迹，旅游者可以具体了解古代人们的社会生产生活方式，以便于更好地认识今天的生产生活方式。

2. 满足旅游者体验文化的旅游要求

人类文化的发展具有继承性和变异性。传统文化是现代文化之源，想要理解现代文化的差异性和独特性，必须从传统文化入手。历史遗址记录了传统文化的基本特征，是传统文化的具体体现和高度凝聚，成为旅游者探讨文化演变脉络的窗口。如四川成都都江堰蕴涵极为丰富的水利文化，是古代科学思想、发明创造、技术进步的具体反映，凝聚着古代人民的聪明才智，为旅游者深刻了解古代水利文化创造了具体的实证条件。

3. 满足旅游者的旅游审美需要

遗址遗迹旅游资源凝聚着古代人类浓厚而独特的美学思想。我国古代人们在认识自然、改造自然的过程中，形成了很多先进的美学思想和理念，如天人合一的环境意境、阴阳互补的哲学理念、对称与变化的空间构想等。遗址遗迹旅游资源则是形象化地展示我国古代人类美学思想，能够满足旅游者观赏美景、陶冶情操的旅游要求。

(三)遗址遗迹旅游资源的成因

人类在历史发展的长河中创造了大量的物质财富和精神财富，然而随着时间的推移，这些财富大部分已经消失，还有一部分或已经废弃、或掩埋于地下、或残缺不全，这一部分就演变为历史遗址遗迹。遗址遗迹旅游资源形成的原因主要有如下三个方面。

1. 人类活动场所原有功能的消失

道路、寺庙、生产地等人类活动场所由于原有功能的消失而被废弃，逐渐演变为历史遗址遗迹。如古代人们出于政治和军事的目的和交通联系的方便很早就开始修筑和开凿道路，后因种种原因而废弃，形成了古道路遗迹。

2. 战争原因

自人类出现以来，战争就一直没有停止过。战争和文明始终相互交错，既对人类文明的发展和进步起着催化和促进作用，又时刻破坏着人类文明。为了争夺赖以生存的土地、河流、山林等天然资源，为了反对民族压迫争取民族独立，为了婚姻、种族复仇等，都会发生战争。历史上发生过很多军事战争和革命战争，从而留下了许多革命军事遗址、遗迹和文物。

3. 自然环境发生剧变

自然环境发生剧变，指的是发生重大突发性自然灾害，造成人类文明的巨大破坏，从而使原来的人类活动场所转变为遗址遗迹。突发性自然灾害如地震、沙尘暴、火山爆发、泥石流、海啸、台风、洪水等。突发性自然灾害在急剧改变人类生存环境的同时，也会使原来的人类活动场所转变为废墟，如楼兰古城遗址。地震等剧烈的地壳运动还会在地层中留下若干变动的痕迹，形成文化层。

三、遗迹遗址旅游资源的主要类型与精华选粹

根据《旅游资源分类、调查与评价》(GB/T18972－2003)，遗址遗迹旅游资源主要包括史前人类活动场所、社会经济文化活动遗址遗迹2个亚类，其下又划分为12个基本类型。其中，史前人类活动场所亚类有4个基本类型，社会经济文化活动遗址遗迹亚类有8个基本类型。具体内容如下。

(一)史前人类活动场所

史前人类活动场所指石器时代的人类遗骨化石和石器遗迹被发现的地点。包括人类活动遗址、文化层、原始聚落遗址、文物散落地四个基本类型。

1. 人类活动遗址

人类活动遗址指史前人类聚居、活动场所。是人类从形成到有文字记载历史以前的古人类遗址，即从300万年前旧石器时代开端到有文字记载以前的古人类活动所遗留下来的人类居住、生产、生活场所，包括旧石器时代古人类活动遗址和新石器时代聚落遗址。

旧石器时代的古人类遗址主要有：距今200万年前的重庆巫山猿人遗址，180万～170万年前的云南元谋县“元谋人”遗址，115万～80万年前的陕西蓝田县“蓝田人”遗址，70万～50万年前的北京“周口店人”、“北京人”遗址。此外，还有20万年前的陕西大荔县“大荔人”，10万年前的湖北长阳“长阳人”，21万～16

万年前的山西襄汾“丁村人”，1.8万年前的北京周口店龙骨山“山顶洞人”等古人类遗址。北京周口店是我国境内发现的最早的猿人住所，也是当今世界上发现的古人类遗址化石数量最多、材料最丰富、最齐全的一处。

新石器时代的古人类遗址主要有：浙江余姚县河姆渡村“河姆渡文化”遗址、河南新郑县斐李岗“仰韶文化”早期遗址、陕西西安市半坡村“仰韶文化”遗址、河南渑池县仰韶村“仰韶文化”遗址、山东泰安市大汶口镇“大汶口文化”遗址、重庆巫山县大溪镇“大溪文化”遗址、浙江余杭县良渚村“良渚文化”遗址、湖北京山县屈家岭“屈家岭文化”遗址、甘肃临洮县马家窑村“马家窑文化”遗址、山东章丘市龙山镇“龙山文化”遗址等。

2. 文化层

文化层指史前人类活动留下来的痕迹、遗物和有机物所形成的堆积层。文化层的每一层都代表一定的时期，可以从每一文化层中的包含物及上下地层相互叠压关系，确定遗址各层的文化内涵和相对年代。从各层中取样测定的孢粉资料，可以了解当时其中各个时期的植被和自然环境。

著名的文化层有以下三个。

(1) 河姆渡遗址文化层

河姆渡遗址是世界闻名的新石器时代遗址，位于浙江省余姚市河姆渡镇。河姆渡遗址发现于1973年，遗址总面积约4万平方米，堆积厚度4米左右，上下叠压着四个文化层。根据北京大学碳14实验室测定，第四文化层距今约7000—6500年，是中国现已发现的最早的新石器时代地层之一；第三文化层距今约6500—6000年；第二文化层距今约6000—5500年；第一文化层距今约5500—5000年。在遗址的第三、四文化层保存了大量的植物遗存、动物遗骸、木构建筑遗迹和构件，以及数以千计的陶器、骨器、石器、木器等。河姆渡遗址全面反映了中国原始社会母系氏族时期的社会生活，为研究当时的农业、建筑、纺织、艺术等提供了极其珍贵的实物资料。近年来，在宁波、余姚、慈溪、奉化、象山、鄞县以及舟山等地，又先后发现了一批植根于河姆渡文化后期的良渚文化遗址，更丰富了河姆渡文化的内涵。

(2)河南龙山遗址的文化层

河南龙山遗址的文化堆积层厚达4米，为龙山、西周、春秋、战国、汉、宋、明、清八个时期连续叠压，为研究龙山文化向夏文化过渡、史前城址聚落形成、我国文明起源、国家的形成等提供了重要的实物资料。

(3)四川三星堆遗址文化层

四川三星堆遗址发掘出4个文化层，据此可以研究古蜀之地在新石器时代晚期、夏朝时期、商朝时期、周初时期不同的政治、经济、文化形态，为探索古代文明的起源和发展提供了实证资料。

3. 原始聚落遗址

原始聚落遗址指史前人类居住的房舍、洞窟、地穴及公共建筑，是原始社会人类聚族而居所留下的住址遗迹。当时，一个氏族的成员世居一地而形成村落。据考古发现，我国旧石器时代就有聚落。

著名的原始聚落遗址有：河南渑池仰韶村的仰韶文化遗址、浙江余姚河姆渡村的河姆渡遗址、陕西西安市半坡村的半坡遗址、浙江余杭县的良渚文化遗址等，其中西安半坡遗址是古人类居住区规模最大、功能最全、人类文化层最多的一处原始聚落遗址。

4. 文物散落地

文物散落地指在地面和表面松散地层中有丰富文物碎片的地方。中国是四大文明古国之一，几千年的历史文明使得我国的文物众多，形成了许多著名的文物散落地。陕西省由于是西周、汉、隋、唐等几个封建时代的都城所在地，皇帝和王孙士大夫的墓葬较多，陪葬品因而也较为丰富，存留至今成为大量价值珍贵的地下文物。

（二）社会经济文化活动遗址遗迹

社会经济文化活动遗址遗迹，指有文字记载以来人类活动场所的遗址。这些遗址遗迹有些原貌虽然已毁，但与保存下来的文物古迹一样有着重要的旅游开发价值。社会经济文化活动遗址遗迹包括：历史事件发生地、军事遗址与古战场、废弃寺庙、废弃生产地、交通遗迹、废城与聚落遗迹、长城遗迹、烽燧八个基本类型。

1. 历史事件发生地

历史事件发生地指历史上发生过重要贸易、文化、科学、教育事件的地方。重要历史事件往往对一个时期的政治、经济、文化产生重大的历史影响，对后世有激励、启迪、借鉴、警示作用。人们为了纪念并教育后人，在这些重大历史事件发生地多建有纪念地，并且这些纪念地通常尽可能地利用原有建筑物，保持原来环境，以增强真实感和感染力。

著名的历史事件发生地有："丝绸之路"重镇——甘肃敦煌、武威，"海上丝绸之路"的起点——福建泉州，南宋时期朱熹和陆九渊兄弟进行"鹅湖之会"的所在地——江西铅山鹅湖书院，"九一八"事变的发生地——辽宁沈阳，"卢沟桥事变"的发生地——北京卢沟桥畔宛平城等。

2. 军事遗址与古战场

军事遗址与古战场，指发生过军事活动和战事的地方。重大军事战役，以及相关联的军事事件、人物、传说和战场遗址，是人们缅怀历史、抒发思古之幽情的重要载体，因而对旅游者有巨大的吸引力。

著名的古战场遗址有以下五个。

(1)垓下遗址

位于安徽省灵璧县东南，公元前 202 年，楚汉两军决战于此，刘邦大败项羽，迫使项羽演出“霸王别姬”和“自刎乌江”的历史悲剧。

(2)官渡古战场

官渡古战场位于郑州中牟县城东北 2.5 公里的官渡桥村一带，因傍官渡水而得名。东汉建安五年，当时袁绍率兵 20 万南下，曹操率兵 4 万在官渡相拒。曹操歼灭袁军主力，为统一北方奠定了基础。这是我国历史上以弱胜强、以少胜多的著名战役之一。

(3)重庆合川钓鱼城遗址

钓鱼城遗址位于重庆市合川区城区东面 5 公里的嘉陵江南岸钓鱼山上，因南宋时抗击蒙古大军 36 年而闻名天下。合川钓鱼城被称为“迄今中国保存最为完好”的古战场遗址，在 1982 年和邻近的北碚缙云山一起，被国务院列为“缙云山—北温泉—钓鱼城”国家重点风景名胜区，并于 1996 年列为全国重点文物保护单位，是重庆市唯一的“双国重”单位。

(4)镇海口古战场

镇海自古以来就是我国重要的海防要塞，它先后有过抗击倭寇、英军、法军、日军等外国侵略者的悲壮记载。

(5)赤壁古战场

赤壁位于古城黄州的西北边，因为有岩石突出像城壁一般，颜色呈赭红色，所以称之为赤壁。公元 208 年，赤壁之战惊心动魄，奠定了魏、蜀、吴三国鼎立的基础。

3. 废弃寺庙

废弃寺庙指已经消失或废置的寺、庙、庵、堂、院等。

4. 废弃生产地

废弃生产地指已经消失或废置的矿山、窑、冶炼场、工艺作坊等。

著名的废弃生产地有铜绿山古矿遗址和铁生沟西汉冶铁遗址。

位于湖北省大冶县的铜绿山古矿遗址，开采于春秋到汉代，总面积约 8 平方公里，井巷多达数百条。在附近还有不同时代的竖炉、地炉及炼铜炉渣等冶炼遗迹。

河南巩县铁生沟西汉冶铁遗址，东西长约 180 米，南北宽 120 米，总共 21600 平方米。附近采矿遗迹众多，还有铸造坑、配料池及铁制器物，该遗址证明在西汉时期已出现了煤炭炼铁和球墨铸铁技术，在世界冶金史研究中有着十分重要的意义。

古代瓷窑遗址主要有：江西景德镇的白虎湾、湖田、黄泥头，吉安的吉州窑，浙江上虞的小仙坛，安徽淮南的寿州窑，河南禹县的钧窑，陕西的耀州窑等遗址。

5.交通遗迹

交通遗迹指已经消失或废置的交通设施。

(1)关隘遗址

关隘即关津要隘，是古代设于交通要道、险峻之地、边关要塞、出入路口的防御守卫设施，承担守国卫土、检查行人、征收关税等职能。古语有“一夫当关，万夫莫开；一人守隘，万夫莫向”之说，因此关隘遗址以其地理形势之险要、历史遗存之丰富、文化含量之浓厚而颇具旅游吸引力。

边关要隘，如长城沿线的关城，除保存较为完整的山海关、嘉峪关等关隘外，更有众多如“春风不度玉门关”、“劝君更进一杯酒，西出阳关无故人”等阅尽人间沧桑的关隘遗址。

要道关隘，如古代关中平原四周地形封闭，各向出入要道关隘罗列，东有函谷关、潼关，东南有蓝关、武关，西南有大散关，东北有临晋关，北有萧关、金锁关，西北有陇关、安戎关等。

(2)驿道和驿站遗址

驿道是指古代社会人们出行往来的交通要道，即供车辆、马匹通行而开辟的大路。驿道是历史发展的脉络，文化传播的桥梁，也是重要的军事设施之一。我国古代有修路利民的传统，历朝历代皆有驿道的修设。

驿站是古代供传递宫府文书和军事情报的人或来往官员途中食宿，换马的场所。我国是世界上最早建立组织传递信息的国家之一，邮驿历史悠久。现留存的驿站遗址、文物并不多。

著名的驿道驿站遗址有：新疆的盖茨河畔古驿舍遗址，位于塔什库尔干县，当时可容数十人留宿，是“丝绸之路”葱岭古道的重要驿站。

(3)栈道遗址

栈道又名阁道、复道、栈阁，是古代崎岖山区的独特道路形制。栈道所在山高谷深、修建耗资巨大且充满危险。古栈道是人们智慧的结晶也是民族精神的体现，可给游客带来强烈的视觉冲击和精神震撼。栈道遗址主要分布于秦岭、巴山以及西南地区。

著名的栈道遗址有：褒斜道，北起秦岭北坡斜谷，南止其南坡的褒河口，栈道段众多。南口附近的石门栈道，为纪念修建栈道的有功之人，或有感于山水风光，形成了被称为“石门十三品”的汉隶石刻摩崖书法作品，被视为古代石刻和书法的精品。

6. 废城与聚落遗迹

废城与聚落遗迹指已经消失或废置的城镇、村落、屋舍等居住地建筑及设施。

(1)废城遗址

著名的废城遗址如楼兰古城遗址。楼兰古城遗址位于若羌县境内，罗布泊以西，孔雀河道南岸7公里处，整个遗址散布在罗布泊西岸的雅丹地形之中。历史上，楼兰是西汉时期西域三十六国之一，楼兰城是楼兰王国前期政治、经济、文化中心。据史书记载，早在公元前2世纪楼兰就是西域最繁华的地区之一，古楼兰国有人口14000余人，士兵近3000人。古楼兰由于地处"丝绸之路"要冲，扼东西交通的门户，当年在这条交通线上"使者相望于道"，交通繁忙，城市经济繁荣，楼兰古城有着极盛一时的历史和灿烂的绿洲文化。然而，声名显赫的楼兰王国在繁荣兴旺了五六百年以后，突然销声匿迹。古城遗址直到1900年才有人第一次在罗布泊西北岸发现。1980年5月我国著名科学家彭加木在罗布泊蒙难失踪，更给这座古城蒙上了一层神秘恐怖的面纱。近年上海的"独行侠"余纯顺历时八年在走遍了大半个中国后，倒毙罗布泊荒漠，又给楼兰古城平添了几分凄凉和悲壮。楼兰古城究竟是怎样消失的，楼兰遗址究竟在哪里，楼兰的自然环境究竟有多恶劣，长期以来一直是中外考古学家和科学家关注的问题。楼兰也是中外旅游探险爱好者憧憬向往的神秘之地。

(2)聚落遗址

著名的聚落遗址如半坡遗址。半坡遗址位于陕西省西安市东郊灞桥区浐河东岸，是黄河流域一处典型的原始社会母系氏族公社村落遗址，属新石器时代仰韶文化，距今6000年左右。1952年发现，1954～1957年发掘，面积约5万平方米，已发掘出45座房屋、200多个窖穴、6座陶窑遗址、250座墓葬，出土生产工具和生活用品约1万件，还有粟、菜籽遗存。其中房屋有圆形、方形半地穴式和地面架木构筑之分。

7. 长城遗迹

长城遗迹指已经消失的长城遗迹。从春秋诸侯争霸到明代止，共有20多个王朝和诸侯国修过长城，在16个省市自治区保留有长城遗址，也是长城旅游资源的主要组成部分。

主要长城遗址有以下五处。

春秋战国长城遗址，如楚、齐、魏等用于诸侯国之间防御的长城遗址，秦、赵、燕用于对北方游牧民族防御的长城遗址。

秦长城遗址，西起甘肃临洮，东止朝鲜半岛的大同江北岸。

汉长城遗址，在修缮秦长城中东段的同时，大规模地修筑了河西长城，使长城延伸到了西域。

封建社会中期长城遗址，如北魏长城、北齐长城、隋长城、辽长城、金长城等。

明长城遗址，在辽东和西北地区，明长城的某些地段毁坏后有大量遗迹可寻。

8.烽燧

烽燧指古代边防报警的构筑物。早在西周时期，人们为了迅速传递军情，就创建了烽燧报警系统。长城出现以后，烽燧系统遂成为长城防御体系的重要组成部分。“烽”指夜间举火，“燧”指白昼放烟，多于高阜山巅、高台之上实施，因此烽燧遗址主要表现为被称为“烽火台”的台式建筑遗迹。

著名的烽燧遗址有如下两处。

陕西骊山西周烽火台，位于陕西骊山山巅，传说这里是西周时周幽王“烽火戏诸侯，褒姒一笑失天下”的地方。

新疆巴里坤县的烽燧群遗址，保存有20多座烽燧墩台，夯土板筑，间以块石，再现了“寒驿远如点，边烽互相望”的情境。

第二节 建筑与设施旅游资源

一、建筑与设施旅游资源概说

建筑与设施是人类在生产生活及其他社会活动过程中创造的重要物质文化财富，它以各种古代和现代的建筑物、构筑物、工程设施来反映人类社会在政治、经济、文化、科技、军事、宗教等各方面的历史与成就，成为旅游活动中最常见、数量最多、形式最多种多样的人文景观旅游资源。建筑也称建筑物，是人造的、相对于地面固定的、有一定存在时间的，且是人们要么为了其形象、要么为了其空间使用的物体。设施是为某一目的而设置的一定物体，属于基础性建筑，或者建筑群体构成的场所场馆。设施成为旅游资源在于它巨大的社会功能以及历史文化意义。

建筑与设施旅游资源，指对我国的政治、经济与科学技术曾经或仍在产生重大影响，对旅游者有吸引力，能够被旅游业利用产生经济、社会、环境效益的各种古代和现代的建筑与设施。作为旅游资源的组成部分，是发展现代旅游业的重要物质基础，对游人访古探幽、欣赏艺术，考察研究，增进知识都有极高的价值。

二、建筑与设施旅游资源的特征、价值与成因

(一)建筑与设施类旅游资源的特征

1.功能多样性

建筑与设施类旅游资源，一般是为了发展生产、改善交通、推动科研、振兴教育、繁荣文化和增进人民福利等目的而兴建。

2.历史性

建筑与设施都是在特定的历史时期，在特定的历史环境中修建的，在建筑思想，建筑布局、建筑风格、建筑功能、建筑内部结构等方面都反映出鲜明的时代特征。

3.地域性

生活在不同地域的人群，其社会形态、民族构成、生活方式、观念信仰、兴趣爱好、风俗习惯有很大差异，形成了具有地方特色的建筑与设施。正是社会文化的地域差异形成在一地居住的人群对另一地的未知感。人们对地方特色建筑与设施的好奇感是促使旅游者从一地向另一地移动的重要原因。

4.聚集性

建筑与设施的角色已经不再局限于其本身的角色，而是扩展开来。克里斯蒂·诺波特·舒尔茨对建筑作了一个类比："建筑犹如透镜，聚集能量而作用于环境中，透镜的品质，以它所收集的能量作为先决条件，并决定其产生的效果。"设施也具有类似的性质，它们转借和积聚来自政治、经济、社会及文化等各方面的力量于最终的物质实体，表现为一种建筑效果。这充分说明了建筑与设施类旅游资源是经济、政治、文化的聚集表现。

(二)建筑与设施旅游资源的旅游价值

1.满足旅游者了解人类建筑文化的需要

梁思成认为，历史上每一个民族的文化都产生了它自己的建筑，并随着该文化而兴盛衰亡。中华民族是具有悠久历史文化的民族，现在遗留下来的建筑和设施都是我国悠久历史文化的具体反映，是人类建筑文化的鲜活的物质载体。通过了解不同历史时期的建筑形成的原因、建筑理念、建筑特征等，旅游者可以了解人类丰富多彩的建筑文化。

2.满足旅游者了解古代科学技术的需要

建筑和大型的工程设施富含丰富的科学技术价值，是古代建筑思想、古代建筑技术在物质上的具体反映，凝聚着古代人民的聪明才智，展示出社会科学技术发展的历史进程。通过对长城、故宫、都江堰水利工程等建筑与设施旅游资源的参观游览，旅游者可以深刻了解中国古代的科学技术发展水平。

3. 满足旅游者景观美学观赏的需要

人们在修建建筑与设施时，往往融入了他们的价值观和审美观。如天人合一的设计理念、阴阳互补的哲学理念、对称与变化的空间构想、古朴与华丽的色彩运用、稳重与精巧的均衡等就成为指导中国建筑和工程设施建设的主要理念。这些建筑与工程设施的同时可以满足旅游者的美学欣赏需要。

(三)建筑与设施旅游资源的成因

1. 文化遗留与传承

古代建筑与设施是在历史的长河中形成并保存下来，反映了不同历史时期的自然环境和文化特征，建筑也被誉为“石头史书”。古代建筑与设施从不同的角度展示了当时的生产力发展水平和社会生活风情，对于一些喜欢探寻历史文化的旅游者来说具有莫大的吸引力。

历史上许多浩大的工程陵，如中国的秦始皇陵、明十三陵，印度的泰姬陵，埃及的金字塔等，建筑恢弘，文物价值极高，为众多猎奇寻古者所向往。其他如石碑、雕刻、水利工程等历史遗存，神话传说所依托的地点或建筑也都以其独特的价值成为重要的旅游资源。

2. 文化创造

随着旅游需求的多样化，现代人类不断创造各种建筑与设施旅游资源。

首先，人们开始从旅游的视角重新审视现代建筑与设施，使得一些现代建筑与设施在满足生产、教育、生活等社会功能的同时，具有了旅游的附属功能。譬如一些生产和商业场所、文化娱乐场所、文教单位等都成为了旅游者的游览对象。如东方明珠广播电视塔、上海杨浦大桥、葛洲坝、北京奥运会场馆、上海世博会场馆等。

其次，为了更好地满足旅游者日益增长、多样化的旅游需求，人类创造了大量的旅游建筑和游乐设施。游乐设施正是专为旅游业建设的工程。它包括人造乐园、度假村、微缩景区、高尔夫球场、保龄球场、跑马场，等等。

三、建筑与设施旅游资源的主要类型与精华选粹

中国建筑与设施旅游资源历史悠久、数量繁多。根据《旅游资源分类、调查与评价》(GB/T18972－2003)，建筑与设施旅游资源划分为 7 个亚类、49 种基本类型。其中 7 个亚类分别为综合人文旅游地、单体活动场馆、景观建筑与附属型建筑、居住地与社区、归葬地、交通建筑、水工建筑。

(一)综合人文旅游地

综合人文旅游地包括 11 个基本类型，分别为：教学科研实验场所、康体游乐休闲度假地、宗教与祭祀活动场所、园林游憩区域、文化活动场所、建设工程与生

产地、社会与商贸活动场所、动物与植物展示地、军事观光地、边境口岸、景物观赏点。

1. 教学科研实验场所

教学科研实验场所指各类学校和教育单位、开展科学研究的机构和从事工程技术实验场所的观光、研究、实习的地方。这类旅游资源有助于人们开阔视野、增长知识、丰富阅历。

著名的科研场所，如四川西昌卫星发射基地，过去是绝密的军事基地，近年来随着我国航天事业取得举世瞩目的成就，西昌也逐渐走入了公众的视野，成为对外开放的旅游景区。向来自世界各地的游人展示中华民族几千年来的智慧结晶和集众多精华于一身的航天高科技成果，振军威、壮国威，激发爱国热情。

著名的教学场所，如清华大学、北京大学、剑桥大学、牛津大学等名牌大学，不仅有优美的校园、古老的建筑，更由于其具有深厚的文化底蕴和浓郁的学术氛围吸引了无数莘莘学子慕名前来参观游览，由此形成大学校园旅游热潮。

2. 康体游乐休闲度假地

康体游乐休闲度假地指具有康乐、健身、休闲、疗养、度假条件的地方。康乐休闲是社会发展的产物，是人类进步的标志。在紧张而繁忙的生活之余，人们希望能够告别繁华的都市和忙碌，回归自然，追求享受和舒缓，休闲度假型旅游地成为焦点。20 世纪 90 年代以来我国的康体游乐事业获得了较快的发展。目前，我国大多数休闲度假地不仅具备了传统的棋牌娱乐项目、健身设备、美容美发设备、卡拉 OK 娱乐等设备，富于刺激的赛车运动、摩托艇、运用现代电子设备模拟车、船、飞机、高尔夫、保龄球等项目运动的遥控模型俱乐部也在中国逐步兴起，并成立了许多专营康体项目的机构。

著名的康体游乐休闲地有：青岛石老人、三亚亚龙湾、上海佘山、福建武夷山、湄州岛、北海银滩、昆明滇池、杭州西湖、苏州太湖、广州南湖、无锡太湖、大连金石滩等国家级度假区，还有著名的北戴河、南戴河疗养胜地以及遍布各大城市的各级各类高尔夫球场、保龄球馆、健身俱乐部、洗浴场、滑雪旅游度假区、运动广场、攀岩中心等。

3. 宗教与祭祀活动场所

宗教与祭祀活动场所指进行宗教、祭祀、礼仪活动场所的地方。佛教、道教、伊斯兰教和基督教是中国四大宗教，均具有丰富的宗教内涵、历史渊源和艺术遗存。尤其是佛教和道教在中国历史悠久、影响深远，又极其重视偶像崇拜，因而留下了大量的名胜古迹、建筑雕塑等，今天皆成为重要的旅游资源，成为我们了解古人的宗教意识、民俗文化和艺术追求的重要媒介，成为我们接受和继承古代遗产的桥梁。

世界著名的宗教圣地有：沙特阿拉伯的麦加（伊斯兰教克尔白圣殿）、耶路撒冷（基督教耶稣圣墓教堂、伊斯兰教阿克萨清真寺、犹太教所罗门圣殿）、伯利恒（犹太教古以色列大卫王的故乡、传说中耶稣降生之所）、意大利罗马、梵蒂冈（世界天主教的中心），这些宗教圣地同时也是国际旅游业发达的地方。

我国著名的宗教与祭祀活动场所有：灵隐寺、少林寺、北京太庙、曲阜孔庙等。

灵隐寺位于杭州西湖灵隐山麓，处于西湖西部的飞来峰旁，离西湖不远。灵隐寺又名“云林禅寺”，始建于东晋（326 年），是我国佛教禅宗十刹之一。当时印度僧人慧理来杭，看到这里山峰奇秀，以为是“仙灵所隐”，就在这里建寺，取名灵隐。后来济公在此出家，由于他游戏人间的故事家喻户晓，灵隐寺因此名闻遐迩。五代吴越国时，灵隐寺曾两次扩建，大兴土木，建成为九楼、十八阁、七十二殿堂的大寺，房屋达 1300 余间，僧众达 3000 人。

灵隐寺的最前面是天王殿，上悬“云林禅寺”匾额，是清代康熙的手笔。大殿正中佛龛里坐着袒胸露腹的弥勒佛像。弥勒佛后壁佛龛里，站着神态庄严、手执降魔杵的韦驮菩萨，系由独块香樟木雕成，是南宋遗物。灵隐寺的大雄宝殿是单层、重檐、三叠的建筑，高达 33.6 米。另有清末重塑之木雕释迦坐像，高约 24.8 米，金光四射，闪耀夺目，富有宋代守实雕塑之风。此外还有十二圆觉，二十诸天等佛。1954 年进行全面修整后，改为永久性的钢筋水泥建筑。大殿规模宏敞，气势雄伟，殿正中的释迦牟尼佛像，高 19.6 米，是以唐代禅宗著名雕塑为蓝本，用 24 块香樟木雕成的。灵隐寺的殿宇、亭阁、经幢、石塔、佛像等建筑和雕塑艺术，对于研究我国佛教史、建筑艺术史和雕塑艺术史都很有价值，是祖国珍贵的文物。

4. 园林游憩区域

园林游憩区域指园林内可供观光游览休憩的区域。园林是由山石、水体、生物、建筑、文学艺术等构景要素组成的具有生活、游憩和观赏功能的综合性艺术品，人们在其中观光游憩，获得美妙的观感和精神的陶冶。中国的古典园林是东方园林的典范。中国古典园林融建筑、绘画、雕塑、文学、书法、金石等艺术为一体，达到了完美的境界，被公认为世界“风景式”园林的渊源，被誉为“园林之母”。中国古典园林是对空间进行整体设计的建筑艺术，通过筑山、理池、植物配置、建筑营造和艺术利用，形成空间的形、神、气的统一，创造一个能与人的思想感情产生共鸣的建筑群体空间环境。

著名的园林游憩区域有：北京颐和园、承德避暑山庄、苏州园林等。

拙政园，江南园林的代表，苏州园林中面积最大的古典山水园林。位于苏州市东北街一百七十八号，是苏州四大古名园之一，也是苏州园林中最大、最著名的一座。1997 年 12 月 4 日被列入《世界文化遗产名录》，堪称中国私家园林经典。

拙政园占地面积 52000 平方米，又分东园、中园、西园三部分。东园山池相间，点缀有秫香馆、兰雪堂等建筑。西部水面迂回，布局紧凑，依山傍水建以亭阁，其中主体建筑鸳鸯厅是当时园主人宴请宾客和听曲的场所，厅内陈设考究。中园是拙政园的精华部分，其总体布局以水池为中心，亭台楼榭皆临水而建，有的亭榭则直出水中，具有江南水乡的特色。主体建筑远香堂位于水池南岸，隔池与主景东、西两山岛相望，池水清澈广阔，遍植荷花，山岛上林阴匝地，水岸藤萝纷披，两山溪谷间架有小桥，山上和岛上各建一亭，西为雪香云蔚亭，东为待霜亭，四季景色因时而异。远香堂之西的"倚玉轩"与其西面船舫形的"香洲"遥遥相对，两者与其北面的"荷风四面亭"成三足鼎立之势，都可随势赏荷。

5. 文化活动场所

文化活动场所指人们进行文化活动、展览、科学技术普及的场所。这类场所能够满足人们审美消遣、读书求知、高雅休闲等精神生活的需求。譬如博物馆、图书馆、书城、美术馆、少年宫、音乐厅、电影院、剧院、演艺中心、歌舞厅、大型影视拍摄基地等等。

著名的文化活动场所有：中国国家博物馆、中国国家图书馆、北京美术馆、上海博物馆、上海城市规划展示馆、上海图书馆、上海书城、陕西历史博物馆、成都西南书城等。

6. 建设工程与生产地

建设工程与生产地指经济开发工程和实体单位，如工厂、矿区、农田、牧场、林场、茶园、养殖场、加工企业以及各类生产部门的生产区域和生产线。

著名的建设工程与生产地有：法国的雷诺、标致和雪铁龙三大汽车公司，法国波尔多地区的葡萄酒生产厂，美国的太阳城核电站、波音飞机公司，中国的北京首都钢铁集团公司、青岛海尔集团和青岛啤酒厂、上海的秦山核电站、湖北宜昌三峡水电站大坝等。

7. 社会与商贸活动场所

社会与商贸活动场所指进行社会交往活动和商业贸易活动的场所。在各大城市里较为常见，通常是一个城市或地区商贸活动最为繁荣的地方。譬如重庆的解放碑、江北商业步行街，等等。

8. 动物与植物展示地

动物与植物展示地是指饲养动物与栽培植物的场所。以动物园、植物园为代表，主要开展动植物观赏、文化娱乐、休闲避暑、野营、科普教育等功能的旅游活动。动物园是搜集、饲养各种动物，以科学研究为主，并进行科学普及和供游人游览的园地。

著名的动物展示地有上海野生动物园、北京野生动物园、深圳野生动物园、四川碧峰峡野生世界、武汉森林野生动物园、杭州野生动物园、重庆野生动物园等等。

植物园是搜集、种植各种植物，以科学研究为主，并进行科学普及和供游人休憩的园地。植物园也有综合性植物园和专题性植物园之分。

著名的植物展示地有综合性植物园如北京植物园、南京中山植物园等；专题性植物园如西双版纳热带植物园、吐鲁番沙漠植物园；如伦敦的英国邱皇家植物园（简称邱园），美国的阿诺尔德树木园（简称阿园），加拿大蒙特利尔植物园（简称蒙园）等。

9. 军事观光地

军事观光地指利用曾经或正在用于军事的建筑物和设施来开展观光游览的场所。在如今的和平年代，许多闲置的军营区及设施等战地史迹成为相当重要的地区景观与游憩资源。

著名的军事观光地如万里长城。

10. 边境口岸

边境口岸指边境上设立的过境或贸易的地点。边境口岸之所以具有旅游价值，一是由于其处于两国或两地区交界处，游人在此可观赏异国的风光、建筑、民间生活场景；二是边境口岸在交通方面十分重要，是出入两国、两地区的必经之地；三是在边境从事某些贸易活动，能够因两国、两地的经济差异而获得比内地更大的利益。

著名的边境口岸有：新疆霍尔果斯和红其拉甫口岸、内蒙古二连浩特和满洲里口岸、黑龙江绥芬河与黑河口岸、吉林珲春口岸、广西东兴口岸、云南打洛和姐告口岸、西藏亚丁口岸等。

11. 景物观赏点

景物观赏点指观赏各类景物的场所。自古至今人们总是习惯在自然环境好的地方建造大小不一的亭台楼阁，以便从不同角度观察景物。

著名的景物观赏点有杭州西湖、岳阳楼。

（二）单体活动场馆

单体活动场馆属于现代人文景观旅游资源，它能让人们参与丰富的休闲、娱乐活动，领略都市风情。随着人们生活水平的提高，单体活动场馆的发展前景更为广阔，它也会变成人们生活的一个重要组成部分。单体活动馆包括 5 个基本类型，分别是聚会接待厅堂（室）、祭拜场馆、展示演示场馆、健身和游乐馆场和歌舞游乐场馆。

1. 聚会接待厅堂(室)

聚会接待厅堂指公众场合用于办公、会商、议事和其他公共事物所设的独立宽敞房舍,或家庭的会客厅室。从功能方面看,公众的聚会、接待大厅多集中在影剧院、宾馆饭店、展览馆、图书馆、商业设施、体育馆、车站及航空港等建筑内部,是以人为主体的、集艺术性和技术性于一体的公共厅堂。

著名的聚会接待厅堂(室),如北京天安门广场西侧的人民大会堂,是中国全国人民代表大会开会和人大常委会办公场所,也是中共中央、国务院和各人民团体政治活动的重要场所,由中央大厅、万人大礼堂、宴会厅和 300 多个会议厅、休息室、办公室构成。整个建筑庄严雄伟,富有民族风格,名列 20 世纪 50 年代北京十大建筑之首。

2. 祭拜场馆

祭拜场馆指为礼拜神灵、祭祀故人所开展的各种宗教礼仪活动的馆室或场地。在崇拜自然和祭祀祖先的信仰下,人们要进行多种多样的祭祀上天、土地和祖先的活动,修建与此相关的礼制性建筑来供奉和参拜这些神灵,以求保佑和赐福。坛、庙是中国古代最主要的祭祀性建筑物和祭拜场馆。

著名的祭拜场馆,如北京天坛,是明清时期的祭天建筑,建于明永乐十八年(1420 年),天坛共有两道坛墙,分内坛和外坛,平面北圆南方,象征天圆地方。其占地面积约 270 万平方米,是我国现存最大的古代祭祀性建筑群,吸引着成千上万的游客前来参观。

祭祀大殿祈年殿是天坛最突出的主体建筑,优雅的体型、高超的艺术处理和丰富的文化内涵,成为中国古代建筑艺术最成功的优秀典范之一。祈年殿立于三层汉白玉须弥座台基上,底面为圆形,直径约 90 米,殿身高 38 米,三重檐伞形攒尖顶。在明代,上檐青色表示天,中檐黄色表示地,下檐绿色表示万物;清乾隆十六年(1751 年)修缮时,将三层檐都改为蓝瓦,顶尖以鎏金宝顶结束,檐下彩绘金碧灿烂。整个建筑色调纯净,造型庄重典雅。祈年殿前庭地面比院外地面提高 4 米余,加上三层台基,使祈年殿台基面高出垣外地面 10 米以上,这使得人们在穿越茂密的参天古柏林丛后,至此顿然超出苍翠的林海之上,有超凡出尘、与天接近的感觉,形成祈天时所需的静谧肃穆气氛,也体现了天坛崇高无上的地位。

3. 展示演示场馆

展示演示场馆指为各类展出或演出活动开辟的馆室或场地。它们一般是一个国家或地区、城市的标志性文化工程设施,高水平的大型艺术殿堂。由于这类场馆以综合性的艺术展示和大型文艺演出为主要功能,所以一般设计独具匠心,建筑富丽堂皇,具有很高的艺术观赏价值,因而是重要的人文景观旅游资源。

著名的展示演示场馆有悉尼歌剧院、上海大剧院、重庆大剧院等。

4. 健身和游乐场馆

健身和游乐场馆，指开展体育健身、歌咏、舞蹈、游乐活动的独立馆室或场地，包括各类游乐场、主题公园、娱乐中心、城市公园、体育场馆与健身设施等。

著名的健身和游乐场馆有迪斯尼乐园、新奥尔良体育馆、温布尔敦网球场、北京国家奥林匹克体育中心、北京鸟巢、香港红堪体育馆、上海体育中心、苏州乐园、深圳世界之窗、中华民俗文化村等。

5. 歌舞游乐场馆

歌舞游乐场馆指开展歌咏、舞蹈、游乐的馆室或场地。

(三)景观建筑与附属型建筑

景观建筑与附属型建筑包括 11 个基本类型，分别为佛塔、塔形建筑物、楼阁、石窟、长城段落、城(堡)、摩崖字画、碑碣(林)、广场、人工洞穴、建筑小品。

1. 佛塔

佛塔通常为直立、多层的佛教建筑物。佛塔起源于印度，原是埋葬佛祖释迦牟尼火化后留下的骨舍利的一种佛教建筑，梵文称"窣堵坡"(Stupa)，就是坟冢的意思。公元 1 世纪前后，塔也随着佛教传入中国，并与中国原有的楼阁亭台等传统建筑相结合，功能和类型都不断丰富。

著名的佛塔有如下几处。

开元寺塔，位于河北定县开元寺内，是我国现存最高的古代砖塔。

佛宫寺释迦塔，俗称应县木塔，是我国现存最古、最高的木构阁楼式佛塔。

妙应寺白塔，是我国现存最高的喇嘛塔。

除此之外，还有西安的大小雁塔、登封嵩岳寺塔、开封铁塔、山东历城四门塔、泉州东塔和西塔、大理崇圣寺三塔、云南西双版纳曼飞龙塔，等等。

2. 塔形建筑物

塔形建筑物指为纪念、镇物、表明风水和某些实用目的的直立建筑物。中国有许多著名的塔形建筑物，式样千姿百态，蔚为奇观。有的端庄肃穆，有的巍峨挺拔，有的玲珑俏美，有的简洁匀称，充分体现了我国劳动人民的聪明智慧和高超的建筑技术。

著名的塔形建筑有：江苏徐州淮海战役烈士纪念塔，黑龙江哈尔滨防洪纪念塔、风水塔；江西南昌八一起义纪念塔，广东潮州江东镇的急水塔，河北涿鹿镇水塔，江西南昌绳金塔等。

3. 楼阁

楼阁指用于藏书、远眺、巡更、饮宴、娱乐、休憩、观景等目的而建的两层或两层以上的建筑。二者在建筑形制上无多大差别，但使用功能不同。楼的用途极为广泛，而阁的用途主要为珍藏图书、佛经、佛像和形成景观。

主要名楼有：承德避暑山庄烟雨楼、浙江嘉兴烟雨楼、广东广州镇海楼、湖北武汉黄鹤楼、湖南岳阳岳阳楼、江西南昌滕王阁、四川成都望江楼、云南昆明大观楼、贵州贵阳甲秀楼等。其中黄鹤楼、岳阳楼、滕王阁被称为“江南三大名楼”。

黄鹤楼，位于湖北省武汉市，江南三大名楼之一。黄鹤楼始建于三国时期(223 年)，传说是为了军事目的而建，孙权为实现“以武治国而昌”(“武昌”的名称由来于此)，筑城为守，建楼以嘹望。至唐朝，其军事性质逐渐演变为著名的名胜景点。唐代诗人崔颢一首《黄鹤楼》更使黄鹤楼名声大噪。现存的黄鹤楼以清代“同治楼”为原型设计，楼高 5 层，总高度 51.4 米，建筑面积 3219 平方米。楼外铸铜黄鹤造型、宝塔、牌坊、轩廊、亭阁等一批辅助建筑，将主楼烘托得更加壮丽。登黄河楼远眺，“极目楚天舒”，武汉三镇风光尽收眼底，雄伟壮观。

岳阳楼，位于湖南省岳阳市西门城头、紧靠洞庭湖畔。自古有“洞庭天下水，岳阳天下楼”之誉，“江南三大名楼”之一。北宋范仲淹脍炙人口的《岳阳楼记》更使岳阳楼名扬天下。现在的岳阳楼沿袭清朝光绪六年(1880 年)所建时的形制，是江南三大名楼中唯一保持了原址原貌的古建筑，其建筑艺术价值无与伦比。岳阳楼坐东向西，面临洞庭湖，遥见君山。楼平面矩形，正面三间，周围廊，三层三檐，通高近 20 米。屋顶为四坡盔顶，屋面上凸下凹，为中国现存最大盔顶建筑，覆黄琉璃瓦，翼角高翘。楼前两侧左右与楼品字并列，有三醉亭和仙梅亭作为陪衬。

滕王阁，位于江西省南昌市西北部沿江路赣江东岸，江南三大名楼之一，因初唐才子王勃作《滕王阁序》让其在三楼中最早扬名天下，故又被誉为“江南三大名楼”之首。历史上的滕王阁先后共重建达 29 次之多，屡毁屡建，现在的滕王阁为 1989 年重建。滕王阁高 57.5 米，加上两层底座一共九层，琉璃绿瓦，鎏金重檐，雕花屏阁，朱漆廊柱，可览“落霞与孤鹜齐飞，秋水共长天一色”，蔚为壮观。

4. 石窟

石窟指临崖开凿，内有雕刻造像、壁画，具有宗教意义的洞窟。石窟是中国佛教寺庙建筑的一种，洞窟内陈示佛教雕刻、彩塑或壁画。石窟本身及窟外的建筑处理和石窟中的艺术品都是中国历史上各时代建筑艺术面貌的反映。

著名的石窟有：敦煌莫高窟、大同云冈石窟、洛阳龙门石窟、天水麦积山石窟，被誉为“中国四大石窟”。

敦煌莫高窟，位于甘肃省敦煌城东南 25 公里处。这是中国规模最大、内容最丰富的石窟群。莫高窟处于中国西北的荒漠之中。不过，当公元 365 年，乐樽和尚在此开凿第一个石窟时，这里却是中西方交流之要冲。敦煌莫高窟以壁画、泥塑著称。这里的壁画有 4.5 万多平方米，其内容除了佛经故事外，还有大量的人类渔猎、耕作、制陶的生活场景；也描绘了当时的生产交通工具，如车船、农具、织机等；还保留了大量的亭台楼阁、塔寺店铺、桥梁水榭等古建筑形象。除壁画和泥塑，莫高窟藏经洞（第17窟）中发现的经文也有着举世闻名的价值，它的存在及发现，使国内外学者研究敦煌有了丰富的依据，遂形成了专门学科“敦煌学”。敦煌莫高窟有五座唐宋木结构窟檐建筑，是中国现存建筑中的珍贵标本。

云冈石窟，位于山西省大同市西16公里处，始建于北魏时期，以壮观的石刻闻名。“雕饰奇伟，冠于一世”是古人对云冈石窟的赞美。云冈石窟现存洞窟53个，东西绵延1公里，洞内大小佛像5.1万多身，是中国最大的石刻艺术宝库。云冈石窟最大的雕像高17米，这尊佛像的脚上可容12人站立。大佛的周围有小佛围绕，甚为壮观。云冈石窟的石刻之所以有名，在于它的精湛的雕刻技艺和丰富多彩的内容。这里五万多尊塑像，大至十几米，小至几厘米，形态、神采都很动人。有些石佛，透过他们薄薄的罗纱可见其优美身段；有些飞天、乐伎明显地流露出波斯的色彩。

龙门石窟，位于河南洛阳市南面12公里处，分布于伊水两岸的崖壁上，南北长达1公里。龙门石窟始开凿于北魏孝文帝迁都洛阳（494年）前后，迄今已有1500多年的历史。后来，历经东西魏、北齐、北周，到隋唐至宋等朝代又连续大规模营造达400余年之久。密布于伊水东西两山的峭壁上，南北长1000多米，现存石窟1300多个，佛洞、佛龛2345个，佛塔50多座，佛像10万多尊。其中最大的佛像高达17.14米，最小的仅有2厘米。另有历代造像题记和碑刻3600多品，这些都体现出了我国古代劳动人民很高的艺术造诣。其中以宾阳中洞、奉先寺和古阳洞最具有代表性。

麦积山石窟，位于甘肃省天水市东南约45公里处，是我国秦岭山脉西端小陇山中的一座奇峰，山高仅142米，但山的形状奇特，孤峰崛起，犹如麦垛，人们便称之为“麦积山”。山峰的西南面为悬崖峭壁，石窟就开凿在峭壁上。麦积山石窟始建于公元384年，后来经过十多个朝代的不断开凿、重修，遂成为我国著名的大型石窟之一，也是闻名世界的艺术宝库。现存洞窟194个，其中有从4世纪到19世纪以来的历代泥塑、石雕7200余件，壁画1300多平方米。麦积山石窟的一个显著特点是洞窟所处位置极其惊险，大都开凿在悬崖峭壁之上，洞窟之间全靠架设在崖面上的凌空栈道通达。游人攀登上这些蜿蜒曲折的凌空栈道，不禁惊心动魄。古人曾称赞这些工程：“峭壁之间，镌石成佛，万龛千窟。碎自人力，疑是神功。”

5. 长城段落

长城段落指古代军事防御工程段落。

保存至今最为完好、最为坚固的石砌万里长城，为明代修建。明长城西起嘉峪关,东至鸭绿江,全长 6300 多公里,形成了由墙体、城台、烽燧、关隘组合而成的边疆防御体系,在冷兵器时代发挥了巨大防御作用。目前我国保留长城遗址或段落的省区多达 17 个,在北京附近还保存着历代修建的八达岭长城、慕田峪长城、古北口长城、居庸关长城、金山岭长城、司马台长城等旅游景区景点。还有山海关长城(秦皇岛东北)、九门口长城(辽宁与河北交界处)、喜峰口长城(河北迁西县城西北)、黄崖关长城(天津蓟县)、偏关长城(山西偏关县)、娘子关长城(山西平安)等。

6. 城(堡)

城(堡)是指用于设防的城体或堡垒。城(堡)是人类为了自身安全、防御外侵而修筑的护卫性工程。这里的"城"不同于城市,而是指中国古代的城防建筑,即用于设防的城体或堡垒。早期的城市,特别是京都,一般都具有完整的城防体系,而现今全国遗存的大小城墙,多是明清时期所筑砖砌城墙。

著名的城(堡)有:江苏南京城、陕西西安城、山西平遥城、辽宁兴城、湖北荆州城、云南大理城、广东潮州城和肇庆城以及福建崇武海防古城、浙江镇海海防古城和安徽寿县古城城墙等。

7. 摩崖字画

摩崖字画指在山崖石壁上镌刻的文字,绘制的图画。山崖上镌刻的字叫"摩崖石刻",绘制的图画称为"岩画"。一方面,摩崖字画具有历史文献价值。许多山崖上镌刻的文字体裁多样,有诗词、碑记、对联、契约、题名题记等,内容丰富多彩,涉及一个地区的历史、地理、军事、宗教、社会风俗等各方面,为研究特定时期的历史发展状况提供了珍贵的资料。另一方面,摩崖字画具有珍贵的艺术价值。不同年代、不同民族风格的摩崖字画,或富于天然之意趣,或体量巨大、气势恢弘,或为名家手笔,为秀美的自然风景增加了深厚的人文内涵。许多摩崖字画本身就是一道美丽的风景,成为人们寻古探幽的绝好去处。

著名的摩崖字画有:山东泰山摩崖石刻、福建武夷山摩崖石刻、安徽齐云山摩崖石刻、陕西汉中褒斜道摩崖石刻、江西赣州通天岩摩崖石刻以及宁夏贺兰山岩画、广西左江花山岩画、内蒙古桌子山岩画、新疆阿尔泰山岩画、江苏连云港将军崖岩画等。

8. 碑碣(林)

碑碣(林)指为纪事颂德而筑的刻石。碑碣(林)内容丰富,记事、记人、歌功颂德等,为人们研究各朝代的政治、经济、文化提供了宝贵文字资料。碑碣本身也是造型艺术的展现,不仅碑上的文字是书法艺术的体现,而且碑额、碑身与碑座的雕刻纹饰,如人物、蟠龙、凤凰、麒麟、花草、祥云、日月等,种类繁多,精美绝伦。纹饰各异的图案,旨趣各异的装饰艺术,呈现出不同时代的精神象征。

著名的碑碣(林)有如下两处。

(1)武侯祠唐碑

位于四川省成都市。碑的全称为《蜀丞相诸葛武侯祠堂碑》,它汇集了中唐时期著名宰相裴度的文章、著名书法家柳公绰的书法和刻工鲁建犀利的刀刻,自建碑以来,深受后人的赞赏,被誉美为"三绝碑"。该碑身高 367 厘米,宽 95 厘米,厚 25 厘米。整个唐碑高大壮观,给人们庄重肃穆之感。碑文分为序和铭,碑阴上还刻有武元衡及其监军以下僚属共 27 人的姓名和爵禄。现存碑文与《文苑英华》、《唐文粹》略有出入。

(2)西安碑林

位于陕西省西安市三学街(因清代的长安学、府学、咸宁学均设在这里而得此名)。它于北宋二年(1078 年)为保存《开成石经》而建立。九百多年来,经历代征集,扩大收藏,精心保护,入藏碑石近三千方。现有六个碑廊、七座碑室、八个碑亭,陈列展出了共一千零八十七方碑石。西安碑林是我国收藏古代碑石墓志时间最早、名碑最多的一座艺术宝库。西安碑林不仅是中国古代文化典籍刻石的集中地点之一,也是历代著名书法艺术珍品的荟萃之地,有着巨大的历史和艺术价值。

9.广场

广场是指用来进行休憩、游乐、礼仪活动的城市内的开阔地。广场通常具备一定的功能,如集会、休闲、运动以及各种文化活动,有单一功能,也有综合功能。著名的广场都有其特定的内涵,广场的功能越多,其内涵越深,与人的关系越密切,逐渐形成特定的广场文化,久之,演化成一种习惯或传统,构成建筑人文性格,成为游人向往之地。

著名的广场有如下六处。

(1) 北京天安门广场

天安门广场位于北京市中心,南北长 880 米,东西宽 500 米,面积达 44 万平方米,可容纳 100 万人举行盛大集会,是当今世界上最大的城市广场。1949 年 10 月 1 日,毛泽东主席在天安门城楼上宣告中华人民共和国成立,并亲手升起第一面五星红旗。从此,天安门城楼成为新中国的象征,它庄严肃穆的形象是我国国徽的重要组成部分。

(2)济南泉城广场

山东省会济南的泉城广场,南屏千佛山,北依大明湖,西邻趵突泉,东眺解放阁,似一颗璀璨的明珠,装点着美丽的泉城。广场东西长约 780 米,南北宽约 230 米,占地约 250 亩。自西向东主要组成有:趵突泉广场、济南名士林、泉标广场、下沉广场、颐天园儿童乐园、滨河广场、荷花音乐喷泉、四季花园、文化长廊、科技文化中心及银座购物广场等十余部分。济南泉城广场是展示齐鲁文化和经济强省形象的全国一流的跨世纪现代化广场。

(3)成都天府广场

成都天府广场位于成都市区中心,面积为 88368 平方米。天府广场是以交通休闲为主要功能的综合性的规则形态的立体式广场。广场西面为皇城清真寺;广场的北面是四川美术馆,馆内常常展出一些艺术精品;广场的正北面是省展览馆,馆内一年四季轮换展出我国实业界的新产品;广场的东面为锦城艺术宫,曾经是西南地区最大的艺术殿堂;广场的南面为居住和商业办公区,如成都百货大楼等。天府广场已成为成都市一道亮丽的风景线。

(4)上海人民广场

上海人民广场位于上海市中心,是一个融行政、文化、交通、商业为一体的园林式广场。广场北侧是上海市人民政府所在地,西北侧为上海大剧院,东北侧为上海城市规划展示馆,南侧为上海博物馆,人民大道穿越其中。广场两侧各设 17 米宽的绿化带,绿化总面积达 8 万平方米。人民广场总面积达 14 万平方米,过去作为全市人民游乐集会的场所,现已成为融文化、绿化、美化为一体的跨世纪的上海政治文化中心。

(5)哈尔滨索菲亚广场

位于美丽的松花江南岸,占地 5 万平方米,以其独特的建筑景观、欧域风情闻名于海内外。索菲亚教堂为广场标志性建筑,建于 1907 年,曾是远东地区最大的东正教堂,规模宏大,雄伟壮观。中心休闲广场、建筑艺术广场均为景区内敞开式文化广场,风光独特。广场还配有信息港、影吧、淄旱冰及啤酒广场、冷饮广场等休闲娱乐项目和服务配套设施,定期举办的“哈尔滨老照片展”、歌舞晚会等文化活动,吸引了中外游客来此休闲娱乐、观光旅游。

(6)大连中山广场

位于大连市中山区,总面积 2.2 万平方米,直径 168 米。广场呈圆形辐射状,有 10 条大路从这里向四面八方辐射。因为四周装有高级音响,每天定时播放世界名曲,所以这里又称中山音乐广场。广场中间突出的圆盘是一座露天舞台,典雅醒目,是市民的公共娱乐场所。每当夜幕降临,成百上千的老百姓汇聚在这里,随乐曲翩翩起舞,场面欢乐而又祥和。周围建筑大多建于本世纪初,有罗马式的、哥特式的、文艺复兴风格和折衷主义的,等等,欧味很浓。这些建筑现大部分被金融机构使用,所以中山广场也是大连市的金融中心。

10. 人工洞穴

人工洞穴指为防御、储物、居住等目的而建造的地下洞室。部分人工洞穴由于具有历史文化价值、科学考察价值、旅游审美价值等而成为旅游资源。

著名的人工洞穴有如下两处。

(1)涪陵816核洞

位于重庆市涪陵区白涛街道(原白涛镇),是迄今发现的亚洲最大的人工洞穴。洞体总建筑面积10.4万平方米,共有大型洞18个,道路、隧道等130多条,犹如一个巨大的迷宫。816核洞从1966年9月开始修建,是由周恩来总理亲自批准修建的中国第二个核原料工业基地,属国家涉核绝密军事工程。1984年在工程接近尾声时,国际形势好转,816工程全面停工。2002年以来,816核洞逐渐对公众开放。这个曾经神秘莫测的核原料军事工业基地因具有较强的科学考察价值和旅游审美价值而成为旅游资源。

(2)花山谜窟

原称"古徽州石窟群",位于安徽黄山市中心城区东郊新安江南岸的群山之中,是古代人工开凿的规模宏大、形态奇特的地下宫殿群。据考古、地质专家对洞穴出土的西晋釉陶等文物进行考证,洞穴开凿于西晋年间,距今有1700多年的历史。目前已发现石窟36座,遗址区面积达7平方公里。关于花山谜窟还存在不解之谜:它处在新安文化的中心地带,然而,如此浩大的人工洞穴开凿工程在历史上竟然没有任何信息记录。花山谜窟因具有历史文化价值、科学考察价值和旅游审美价值而成为旅游资源。

11.建筑小品

建筑小品是指那些作为纪念、装饰、美化环境和配置主体建筑物的独立构筑物,它们的主要功能是点景或供人们饮宴、游乐、赏景与读书作画,诸如雕塑、坊、表、阙、台、阁、廊、亭、榭、舫、影壁、经幢、喷泉、假山与堆石、祭祀标记等。

著名的建筑小品有:西汉茂陵霍去病墓石雕"马踏匈奴"、甘肃武威的青铜"马踏飞燕"雕塑、颐和园中全长728米的长廊、北京北海公园内琼华岛北坡的爬山廊、黄山北海的清凉台、陕西汉中的刘邦拜将台、天安门和十三陵的华表、苏州园林中广泛使用的假山、徽州古戏台等。

(四)居住地与社区

居民地与社区类旅游资源包括8个基本类型,即传统与乡土建筑、特色街巷、特色社区、名人故居与历史纪念建筑、书院、会馆、特色店铺、特色市场。

1.传统与乡土建筑

传统与乡土建筑指具有地方建筑风格和历史色彩的单个居民住所。我国各族人民由于居住的地理环境、气候条件、生产方式及生活水平的不同,不同民族的居所各具特色。

著名的传统与乡土建筑有如下五种。

(1)蒙古包

它是草原牧民为适应游牧生活的一种圆形流动住宅,在蒙古、哈萨克、柯尔克孜、塔吉克等民族中被广泛使用。

(2)帐蓬

藏区的帐篷是牧区最普遍、最古老的一种居住形式,古称“天幕”、“穹庐”,具有可随时拆卸、搬运的特点,适应牧民逐水草而居的游牧生活方式。

(3)吊脚楼

侗家的吊脚楼,一般建于群山环抱之中,整个楼房的前半部用木柱撑在斜坡上,铺以木石,再在上面建住房,楼柱有时高达八九米,楼如悬空一般,异常雄伟。

(4)窑洞

黄土高原的窑洞,是当地人们利用黄土干燥时立而不塌的特点,挖洞居住形成的民居,省工省料,且冬暖夏凉,体现了浓郁的黄土高原地域文化气息。

(5)四合院

北京的四合院是北京典型的民居代表,这种四合院式的建筑是构成中国许多建筑群的基本单元,它由 4 座房屋组成一个院落,全家人按长幼顺序分别居住,非常符合中国人的家庭观念与生活习惯,所以很受欢迎。

2. 特色街巷

特色街巷是指能反映某一时代建筑风貌,或经营专门特色商品和商业服务的街道。

著名的特色街巷如下两处。

(1)王府井大街

北京王府井大街,以悠久的历史、博大精深的传统文化和丰富的商品、繁华的商业建筑而成为集购物、休闲、文化、娱乐、旅游、餐饮、商务、住宿为一体的综合性商业步行街,号称“中华第一商业街”。

(2)上海南京路、淮海路

上海南京路、淮海路,汇集了数百家现代化商厦、中华老字号商店及名特产品商店,堪称“购物天堂”的形象代表,成为外地人到沪必去之地。

3. 特色社区

特色社区是指建筑风貌或环境特色鲜明的居住区。江西庐山风景区、山东青岛八大关因汇聚了俄、英、法、德、美等众多世界各国建筑,而有“万国建筑博览会”之称,江苏苏州老城区,其小桥流水、“人家尽枕河”的特色景观和巧夺天工的苏州园林成为人们心中最美的居住区之一。

4. 名人故居与历史纪念建筑

名人故居与历史纪念建筑是指有历史影响的人物的住所或为历史著名事件

而保留的建筑物。为纪念历史名人和许多历史重大事件，全国有众多的名人故居、纪念馆和纪念性建筑。

著名的故居有：湖南韶山毛主席故居、四川广安邓小平故居、浙江绍兴鲁迅故居、上海孙中山故居、北京郭沫若故居等。

著名的历史纪念建筑有：重庆人民解放碑、北京中国人民抗日战争纪念馆、上海中共一大会址、贵州遵义会议地址、广西金田的太平天国起义纪念馆等。

5. 书院

我国的书院源于唐代，盛于宋代，是旧时地方上设立的供人读书或讲学的处所。书院建筑讲究风景环境的选址和经营，尤以山环水绕、清秀之地最为理想，一般由讲学、藏书和供礼三部分建筑组成。

著名的书院有：湖南长沙的岳麓书院、江西庐山的白鹿洞书院、河南商丘县城南的应天府书院（睢阳书院）、河南嵩山南麓的嵩阳书院、湖南衡阳的石鼓书院等等。

6. 会馆

会馆指旅居异地的同乡人共同设立的馆舍，主要以馆址的房屋供同乡、同业聚会或寄居。会馆是中国古代城市公共建筑的一种，内部有会场、剧院、宴会厅等，并具有办公和居住等综合功能，这些会馆曾经是某些重大事件开展的场所，或者其建筑本身保存到现在成为文物，其深厚历史文化价值吸引人们前来参观。

著名的会馆有：河南开封的山陕甘会馆、河南洛阳的潞泽会馆、重庆湖广会馆、天津南开区的天津广东会馆、山东聊城山陕会馆等。

7. 特色店铺

特色店铺指销售某类特色商品的商店或老字号铺面，吸引着旅游者前来浏览、购物和饮食消费。许多成熟的旅游地都形成了一些著名的特色店铺，如重庆市磁器口景区的“陈麻花”、“古镇鸡杂”等。

8. 特色市场

特色市场指批发零售兼顾的特色商品供应场所。一些区位交通条件好、地方特色鲜明的特色市场能够满足旅游者的购物体验需求，对他们具有很强的吸引力。

著名的特色市场有：南京夫子庙古玩市场、浙江义乌国际商贸城旅游购物中心、乌鲁木齐国际大巴扎等。

（五）归葬地

归葬类旅游资源有三个基本类型：陵寝陵园、墓（群）、悬棺。

1. 陵寝陵园

陵寝陵园是指帝王及后妃的坟墓及墓地的宫殿建筑，以及一般以墓葬为主的园林。帝王陵寝中，以秦、汉、唐、明、清帝陵规模宏大，保存较好。

秦始皇陵是中国历史上最大的皇陵，位于陕西临潼骊山，坐南朝北，由三层方形夯土台垒叠而成，目前下台东西宽 345 米，南北长 350 米，每层台壁均向内斜收，自底至顶三层共高 43 米。城垣内外的建筑物包括角楼、寝殿、便殿、寺因、吏舍等。已发现有兵马坑 3 座，马厩坑 1 座，跽坐俑坑 31 座，珍禽异兽坑 31 座，造墓工人坑 103 座，被处死的宫廷近臣陪葬墓 18 座。1974 年发现的兵马俑随葬坑，发掘出与真人真马同样大小的武士俑和陶马 6000 多个，神态逼真，栩栩如生，再现了两千多年前的战阵阵容。这一发现引起世界性轰动，被誉为世界第八奇迹。

2. 墓(群)

墓(群)指单个坟墓、墓群或葬地。

著名的墓(群)有：北京的毛主席纪念堂、江苏南京中山陵、陕西韩城司马迁墓、浙江杭州岳坟、内蒙古呼和浩特昭君墓等。

3. 悬棺

悬棺指在悬崖上停放的棺木。悬棺葬法流行于我国古代一些少数民族地区，利用自然崖壁平台、洞穴、缝隙安放棺木，或打孔设棺柱悬吊棺木，多分布在江河之滨、峭壁之上。棺木高悬，充满神秘和悬念，颇具旅游吸引力。悬棺广泛分布于我国南方各省，以福建武夷山地区、江西、四川珙县、兴文县和贵州西北部、湖南西部和长江三峡一带的崖墓最为有名。

武夷山悬棺，位于福建武夷山九曲溪两岸，悬棺如船形，又称船棺，经测定距今 3800 多年，被视为悬棺发源地。

江西龙虎山崖墓群，位于江西龙虎山泸溪河两岸悬崖绝壁之上，距地达 30 米～50米，为春秋战国墓葬，距今 2600 多年。

(六)交通建筑

交通建筑类旅游资源包括 5 个基本类型：桥，车站，港口渡口与码头，航空港，栈道。这些设施除了具有相应使用功能外，其中不少或规模宏大、气势雄伟，或造型别致、建筑豪华，或具有纪念意义，既是所在城市经济建设成就的重要标志，也成为游览观光的对象。主要介绍一下桥梁建筑。

(1)世界名桥

英国泰晤士河伦敦桥、意大利威尼斯里亚尔托桥、美国纽约布鲁克林大桥、英国伦敦塔桥、加拿大魁北克桥、澳大利亚悉尼海港大桥、美国旧金山金门大桥、土耳其博斯普鲁斯海峡大桥、英国恒比尔大吊桥、西班牙卢纳巴里奥斯桥等。

(2)中国名桥

赵州桥，位于河北赵县的河上，是一座单孔石拱桥，桥面宽 10 米，两侧 42 块模仿板上刻有龙兽状浮雕。

卢沟桥，位于北京广安门西南 10 公里。建于 1189 年，是一座联拱石桥，长约 265 米，有 241 根望柱，每个柱子上都雕着狮子。

广济桥，位于广东潮洲东门外，是我国古代一座交通、商用综合性桥梁，也是世界上第一座开关活动式大石桥，有“一里长桥一里市”之说。

五亭桥，位于扬州瘦西湖内。桥基为 12 条青石砌成大小不同的桥墩；桥身为拱卷形，由 3 种不同的卷洞联合，共 15 孔，孔孔相通，亭亭之间的廊相连。

安平桥，位于福建晋江安海镇。桥面由 7 条大石板铺成，桥头有六角五层砖构宋塔一座，为中国古代最大的梁式石桥，有“天下无桥长此桥”之誉。

（七）水工建筑

为开发利用江河的水能和水利资源，世界各地建设了许多现代水利工程设施。水工建筑类旅游资源包括 6 个基本类型：水库观光游憩区段、水井、运河与渠道段落、堤坝段落、灌区、提水设施。水工建筑的类型、数量很多，著名的有如下四种。

1. 京杭大运河

是世界上里程最长、工程最大的运河。北起北京（涿郡），南到杭州（余杭），经北京、天津两市及河北、山东、江苏、浙江四省，贯通海河、黄河、淮河、长江、钱塘江五大水系，全长约 1794 千米。始凿于公元前 5 世纪的春秋末期，后屡经扩展疏浚，到隋、元两代两次大规模扩展，运河才先后通达洛阳和北京。大运河的开通对于江南与北方政治、经济和文化的交流，特别是对沿线地区工农业经济的发展和城镇的兴起均起了巨大作用。京杭大运河也是世界上最古老的运河之一。它和万里长城并称为中国古代的两项伟大工程，闻名于全世界。

2. 灵渠

位于广西壮族自治区兴安县境内，是中国秦代修筑的水利工程，又称湘桂运河、兴安运河。秦始皇为发兵岭南，运输兵源粮饷，于公元前 221～前 214 年命史禄主持兴建灵渠，它勾通了漓江和湘江二水，把长江和珠江两大水系连接起来，经过历代的修葺，成为一个完整的水利工程体系。灵渠分为南渠和北渠，全长 34 千米，主要工程包括铧嘴、天平、渠道、陡门和秦堤几部分。

3. 都江堰

位于四川省成都市都江堰市灌口镇，是中国建设于古代并使用至今的大型水利工程，被誉为“世界水利文化的鼻祖”。由秦国蜀郡太守李冰及其子率众于公元前 256 年左右修建的，是全世界迄今为止，年代最久、唯一留存、以无坝引水为特征的宏大水利工程，都江堰渠主要由鱼嘴、飞沙堰、宝瓶口三大主体工程构成。三者有机配合，相互制约，协调运行，引水灌田，分洪减灾，具有“分四六，平涝旱”的功效。该工程一直使用至今,现已开发成为我国著名的风景名胜区。

4. 坎儿井

坎儿井是分布于特定地区的一种别具一格的水利工程。在我国新疆的一些地区,气候极度炎热干旱,不仅降雨量少,而且蒸发量极大,地表又渗漏严重,于是人们创造了坎儿井这一种特殊的水利形式。其原理是在雪山融水的预测线路上凿若干竖井,于底部横向挖掘使其以暗渠相通,从而形成蓄水暗渠。然后每隔数十米凿一竖井,相临竖井对挖互通,即为引水暗渠。暗渠输水至适宜地点,以用于生活和生产,遂形成绿洲。坎儿井每条长数千米至数十千米不等。现仍存1100多条,总长度约3000余千米,以吐鲁番为最多,是一项可与长城、运河媲美的伟大工程。

第三节　旅游商品资源

一、旅游商品资源概说

旅游商品的概念有广义和狭义之分。广义的旅游商品是指旅游者因旅游,或在旅游过程中购买的具有旅游文化内涵的有形商品和无形商品的总称。它几乎涵盖了旅游者在旅游之前、旅游活动之中所购买的所有商品,包括旅游日常消费品、旅游纪念品、旅游线路以及各种服务等。因此,广义的旅游商品是指能对旅游者产生吸引力的所有旅游产品。狭义的旅游商品则是指旅游者在旅游过程中购买的,具有纪念意义的,能反映旅游地特色的特殊物品。

本书从狭义角度定义旅游商品资源。旅游商品资源是指旅游者在旅游过程中购买的,具有文化性、地域性以及纪念性的有形商品和无形商品。包括旅游生活用品、文化用品、旅游纪念品等。

二、旅游商品资源的特征、价值与成因

(一)旅游商品资源的特点

旅游商品资源具有文化性、地域性、愉悦性、宣传性、纪念性的特点。

1. 文化性

旅游商品作为一种文化的载体,它记录着旅游者的一次旅游经历,反映出旅游目的地的文化渊源和背景。具有文化性的旅游商品更易于被大众认同,也最具有魅力、最具有国际性。如到中国的旅游者喜欢购买中国茶叶、丝绸、印章、瓷

器、国画、工艺品等，是因为其具有中国文化的特色。

2. 地域性

受特定的自然地理环境和文化传统、社会习俗、人文环境等条件的影响，旅游商品资源呈现出较强的地域色彩。旅游商品资源是能够代表和反映旅游目的地的资源特色和文化底蕴的。如海南省通过贝和沙的艺术组合而制作贝沙工艺品，就具有鲜明的地域文化特征。

3. 愉悦性

旅游商品不同于一般商品，能够给旅游者带来审美的愉悦性。旅游商品中的工艺美术品和轻纺旅游纪念品，具有很强的观赏性，能够给旅游者带来精神的愉悦。如可供陈设的玉、石雕刻工艺品，字画，壁毯，壁饰等，能够给人以艺术享受。

4. 宣传性

旅游商品的宣传性是指具有地域特色旅游商品能使旅游者了解当地的历史文化、生活习俗甚至是地理气候等，从而对目的地的知名度、形象等起到宣传作用。旅游者把制作精良并具有当地文化特色的旅游商品带回家，不仅使亲朋好友对旅游地产生良好印象，在无形中也提高了旅游地的知名度，这样更有利于旅游业的发展。如刻有云冈石窟佛像的煤雕艺术品就具有较强的宣传作用，它不但使人们了解到云冈石窟的魅力，还传递这样一个信息：山西大同是一座具有丰富煤炭资源的历史文化名城。

5. 纪念性

旅游产品不同于一般产品，旅游产品的消费和生产是同时进行的。因此，不可能将旅游产品带回家慢慢消费，旅游产品的消费随着旅游过程的结束而停止。而具有纪念意义的旅游商品都镌刻着旅游者一段难忘的经历。如去四川峨眉山的旅游者，会带回刻有“峨眉山纪念”字样的竹手杖。

(二)旅游商品资源的旅游价值

1. 旅游商品资源可以满足旅游者了解当地文化的旅游需求

文化是人类在不断的历史演变中沉淀起来的精华，文化性是旅游商品的基本属性。民间手工艺品、古文物复制及仿制品、各种旅游题材的小商品等，能够反映各地风俗民情和名胜古迹的特点，具有浓郁的民族和地方特色，旅游者可以从中感受到旅游地的独特文化。如仿出土兵马俑能够使旅游者在一定程度上了解秦代墓葬文化。

2. 旅游商品资源可以满足旅游者不同层次的旅游需求

旅游商品资源的开发不仅可以满足旅游者的物质享受，还可以满足旅游者的精神享受。譬如菜品饮食的合理开发就可以满足旅游者多种层次的旅游需求，特色菜品饮食一方面可以满足旅游者吃饱的生理需求，另一方面也可以满足旅游者了解地方特色饮食文化，感受异地的饮食文化习俗的旅游需求。

3. 旅游商品资源是获得经济利益的重要手段

旅游商品资源是具有高附加值的资源。旅游商品资源通过开发主要满足旅游者“吃”和“购物”的旅游需求，是旅游地发展旅游业、获得经济利益的重要手段。在旅游者的消费构成中，交通费、住宿费比较稳定，属于基本旅游消费；膳食费、游乐费虽有弹性，但伸缩幅度不大；相比之下旅游购物属于非基本旅游消费，弹性较大。在提高旅游地经济收益方面，旅游商品资源的合理有效开发利用显得尤为重要。

(三)旅游商品资源的成因

旅游商品的形成既离不开地域性自然环境的影响，也离不开人们的文化创造与文化传承，是自然和社会文化共同作用的产物。

1. 自然界赋存

旅游商品的材料一般来自于地域性自然环境的产物，包括动物、植物、矿物等，要受到地质、土质、水质、气候等自然条件的影响。例如，由于岭南地处亚热带，气候温和，为热带、亚热带水果生长提供了条件，所以岭南佳果众多，共计有270多种，以荔枝、香蕉、柑橘和菠萝为最，被誉为“岭南四大名果”。

2. 文化创造与传承

旅游商品作为地方物质性文化代表，其特色的形成离不开文化创造与传承。一种产品或商品被创造出来以后，经过代代传承，品质不断改良，文化不断得到积淀，最终形成特色和品牌。例如，中国茅台酒历史源远流长，早在西汉汉武帝时代就已经有“枸浆”名酒；西湖龙井早在唐代陆羽《茶经》中已经有了记载，明代已经名闻天下。

3. 文化传播与发展

旅游商品通过不同地区和民族的文化交流融合，也会形成具有特色的商品。例如，青岛啤酒已经成为青岛的特色旅游商品，然而青岛啤酒厂最初是英德商人为适应占领军和侨民的需要而开办的，生产设备和原料全部来自德国。

三、旅游商品资源的主要类型与精华选粹

根据《旅游资源分类、调查与评价》(GB/T18972－2003)，旅游商品资源包括地方旅游商品1个亚类；亚类以下又进一步划分为7个基本类型，即菜品饮食、农林畜产品及制品、水产品及制品、中草药材及制品、传统手工产品与工艺品、日用工业品、其他物品。

1.菜品饮食

菜品饮食是指具有跨地区声望的地方菜系、饮食。中华民族的"食文化"源远流长，几千年来，我国人民积累了丰富的烹饪经验，由于各地环境条件不同，饮食习俗各异，长期以来形成了许多不同的流派。

我国汉族地区著名的四大菜系是：鲁菜、川菜、淮扬菜和粤菜。

(1)鲁菜

是"北方菜系"的优秀代表，春秋战国时便已闻名，明清时期成为宫廷御膳的主体，后来遍及京、津、东北各地。鲁菜可分为济南菜和胶东菜两种。曲阜的孔府菜也自成体系，是我国最精湛的官府菜。鲁菜的特点是以当地特产为原料，精于制汤和以汤调味，烹调方法以爆、炒、烧、炸见长，味道以咸、鲜为主，并善于用葱香调料。名菜有：糖醋黄河鲤鱼、葱油海参、九转大肠、干蒸加吉鱼、炸蛎黄等。

(2)川菜

四川古称"天府之国"，烹饪条件得天独厚。明清辣椒传入我国后，川菜形成稳定的风味特色。川菜主要由成都(上河帮)、重庆(下河帮)、自贡(小河帮)三个部分组成。川菜的特点：以麻、辣、味浓为主，调味丰富，有麻辣、豆瓣、香豉、三椒、怪味等不同风味。名菜有：鱼香肉丝、宫保鸡丁、怪味鸡、灯影牛肉、麻婆豆腐、干煸牛肉丝等。

(3)淮扬菜

是我国长江下游地区的著名菜系，春秋战国时在吴地已初显端倪，在唐宋时已成为"南食"中的重要组成部分，明清时已完全形成流派。它包括苏州、南京、扬州、镇江四个支系。淮扬菜的特点：选料严，制作精，讲火工，善于炖、焖、煨、煮，主料突出，原汁原汤，注重本味，浓淡相宜。名菜有：松子肉、枣方肉、百花酒焖肉、水晶肴肉、松鼠鳜鱼、糟煎白鱼、无锡脆鳝、鸡汁扒翅、苏州卤鸭、胡葱野鸭等。

(4)粤菜

由广东菜、潮州菜和东江菜三方风味为主组成。粤菜的特点：用料广泛，鸟兽虫鱼皆可入馔，鲜、嫩、爽、滑，调味品如虾酱、蚝油、鱼露、红醋、梅膏等富有地方特色，烹调方法常用烩、溜、烤、煎、炸、烧等，载誉国内外，仅纽约市就有以粤菜为主的餐馆5000余家。名菜有：片皮乳猪、龙虎斗、荔浦扣肉、糖醋咕噜肉、咖喱牛肉、果汁鱼块、香滑鲈鱼球、蟹黄鱼翅、竹丝鸡烩五蛇、菊花烩蛇羹、时果西瓜盅、香露炖花菇、东江春卷等。

我国还有品种繁多的地方风味小吃，极富地方特色，深受广大旅游者青睐。著名的有北京的炸酱面、全聚德烤鸭、东来顺涮羊肉，天津食品"三绝"——狗不理包子、桂发祥麻花、耳朵眼炸糕，山西刀削面和猫耳朵，陕西的羊肉泡馍，新疆的烤羊肉串和手抓饭，江苏南京板鸭和盐水鸭，苏州东坡肉，无锡排骨，广东烤乳猪，浙江的金华火腿，湖南长沙的臭豆腐，宁波猪油汤圆和年糕，昆明的过桥米线，四川成都的担担面等。

2.农林畜产品及制品

包括种植业、林业、畜牧业及其加工的制品。

著名的农副产品有：河北涿州御米、上海青浦香粳稻、江苏常熟血糯、烟台苹果、河北“天津鸭梨”、浙江黄岩蜜橘、江西中华猕猴桃、吐鲁番无核白葡萄、新疆马奶子葡萄、广东荔枝、福建龙眼、海南椰子、天津金丝小枣、陕西临潼石榴等；畜牧业产品中的名品包括内蒙古的三河牛、黄河河曲马、湖北监利猪、宁夏滩羊、江苏狼山鸡、绍兴麻鸭、江西兴国灰鹅等。

著名的畜产品及其制品有：广东腊肠（广式腊肠）、哈尔滨红肠（原名“里道斯灌肠”）、南京香肚、北京香雪肠等。

3.水产品及制品

包括渔业及其加工业的产品。

著名的水产品及其制品有：黄河鲤鱼、武昌鱼、上海松江鲈鱼、中国鲥鱼、太湖银鱼、江苏阳澄湖大闸蟹、山东长岛鲍鱼、浙江盱眙的龙虾、大连湾牡蛎等。

4.中草药材及制品

指具有跨地区声望的药材和药材制品，共有中药材和中成药两大类。

著名的中药材有：四川贝母、广西罗汉果、西藏麝香、浙江杭白芍、四川天麻、新疆罗布麻、安徽茯苓、新疆天山雪莲、吉林人参、西藏冬虫夏草、贵州杜仲、山东东阿阿胶、宁夏枸杞子、山西黄芪、吉林鹿茸等。

中成药名品有：云南白药、乌鸡白凤丸、桂林西瓜霜、漳州片仔癀、六味地黄丸等。

5.传统手工艺产品与工艺品

指具有跨地区声望的当地生产的传统手工产品与工艺品。中国工艺美术品种类繁多，工艺精湛，既具有鲜明的中华民族风格，又具有不同的地方特色，深受游客喜爱。主要有刺绣、陶瓷、雕塑、金属、漆器、编织等，每类工艺美术品中都有享誉海内外的精品。

(1)刺绣工艺品

中国的刺绣源远流长，在世界服饰文化宝库中占有重要的位置，在中国传统工艺美术行业中颇有影响，是中华民族智慧的结晶，是百花园中瑰丽多姿的一朵越开越艳丽的奇葩。中国的四大名绣为苏绣、湘绣、蜀绣、粤绣。

苏绣。苏绣发源于苏州，宋代已有相当规模，明末清初的沈寿，吸收西洋和日本美术、刺绣的长处，创造了有光线效果的仿真绣。苏绣自古以精细、素雅著称,构图简练,主题突出,其技巧特点概括为“平、齐、细、密、匀、顺、和、光”八个字。最细的将一根丝线掰成四十八股,一般人用肉眼无法看清。双面绣是在绣品的正反两面绣图案,两面的形象、针法相同,针脚藏而不露。1915 年,苏绣作品参加了巴拿马国际博览会,在海内外名声日隆。

湘绣。湘绣创始于楚国,清代时成为长沙城乡的主要手式工艺。它在湖南民间刺绣的基础上,吸收苏绣和广绣的优点而发展起来的。它以彩色散丝作绣线,除运用“齐针”、“接针”、“打粉针”等针法外,独创“掺针”法,掺针针脚参差自如,使不同色的线相互掺合,逐渐变化,色彩丰富饱满,色调和谐。湘绣的图案借鉴了中国画的长处,所绣多为山水、人物、花鸟、翎毛、走兽,生动逼真,长于绣狮、虎题材。主要品种有条屏、画片、被面、枕套、床罩、靠垫、桌布、手帕及各种绣衣等。

蜀绣。也称川绣,即以四川成都为中心的刺绣品总称。蜀绣以软缎和彩丝为主要原料,用晕针、切针、拉针、沙针、汕针等 100 种针法,充分发挥了手绣的特长,形成了具有浓厚的地方风格。蜀绣题材多为花鸟、走兽、山水、虫鱼、人物,品种除纯欣赏品绣屏以外,还有被面、枕套、靠垫、桌布、头巾、手帕等。北京人民大会堂四川厅的巨幅芙蓉鲤鱼座屏和蜀绣名品蜀宫乐女演乐图挂屏、双面异色水草鲤鱼座屏、大小熊猫座屏,是蜀绣的代表作。

粤绣。以广绣为代表,全国四大名绣之一,历史上指广州、佛山、南海、番禺、顺德等地的刺绣品。粤绣构图饱满,繁而不乱,装饰性强,色彩浓郁鲜艳,绣制平整光滑,金银垫绣富于立体感,富丽堂皇。粤绣题材广泛,以百鸟朝阳,龙凤、博古类最多。人物绣与花鸟绣是粤绣的特色产品。

(2)雕塑工艺品

指以木、石、砖、竹、象牙、兽骨等材料雕刻的和以粘土、油泥、糯米面等材料塑造而成的小型或装饰性手工艺品。雕塑工艺品是雕刻和塑造工艺品的总称。

著名的雕刻工艺品,如果核雕刻,是民间艺术中的一绝。它是在植物果核上,利用其外形特点或起伏的变化,雕刻出各种人物、走兽、山水、楼、台、亭、阁等。核雕的原材料有核桃、桃核、橄榄核、象牙果核、杏核、樱桃核等等,最佳的是油橄榄核,体积仅有一节指头那么大。在这么小的橄榄核上进行雕刻,其难度是可想而知的。正是由于其操作上的高难度,核雕技艺鲜有传人。

著名的塑类工艺品有:无锡惠山泥人、天津“泥人张”彩塑、北京面塑、河北吕秋玲面塑、上海面塑、山东菏泽面塑等。

(3)陶瓷工艺品

包括陶器和瓷器。

著名的陶器有:宜兴的均釉陶与紫砂陶、洛阳唐三彩、桂林美术陶器等,其中又以宜兴紫砂最为著名。宜兴紫砂壶胎壁无釉,呈多孔状,耐热性能好,传热慢,不烫手,即使寒冬用沸水泡茶也不会炸。

著名的瓷器有:江西景德镇瓷器,青花瓷、青花玲珑瓷、粉彩瓷、薄胎瓷是其闻名中外的四大传统名瓷,特点是“声如磬、白如玉、薄如纸、明如镜”。

(4)漆器工艺品

漆器制作始于六七千年以前。1976 年在浙江余姚河姆渡原始社会文化遗址中,发现了木胎漆碗,这是我国现已发现的最早漆器。

著名的漆器工艺有如下三种。

脱胎漆器:被誉为“真正的中国民族艺术”,主要产于福州,其特点为不易变形、落漆或褪色,并有极大的耐腐性。

雕刻漆器:又叫“剔红”,始于唐代,盛于明清,北京漆雕早在 15 世纪的明初就名扬四海。

扬州镶嵌漆器:始于战国时期,唐代创“剔红雕漆”,明朝兴“镶嵌”之法,至清代将两者相结合,且增加了特色。其特点为产品以镶嵌螺钿,造型古朴典雅,做工精巧细致,纹样优美多姿。

(5)编织工艺品

指以草、竹、柳、麻等为原料,经手工编织的民间工艺品,包括草编、竹编、柳编、藤编、棕编、麻编等种类。

著名的编织工艺品有:草编以山东琅岈草编、浙江宁波草帽为代表;竹编产地有浙江东阳、四川成都、福建泉州等,如四川自贡的竹丝扇和广西苍梧等地的竹丝挂帘等;藤编的产地主要有广东南海沙贝、云南腾冲等。

(6)珠宝工艺品

珠宝主要指珍珠和宝石。珍珠以广西合浦南珠、洞庭湖珍珠为代表;宝石以新疆阿尔泰地区宝石与和田玉、山东沂蒙金刚石、黑龙江玛瑙、浙江临安县的昌化鸡血石等最为有名。

(7)其他工艺品

其他富有特色的工艺品,如天津杨柳青、苏州桃花坞和山东潍县杨家埠三处的木刻年画;河北蔚县、山东黄岛的剪纸;山东潍坊和天津的风筝;北京的景泰蓝;山东博山的料器;扬州盆景、苏派盆景、川派盆景、徽派盆景和岭南盆景;江苏常州的黄杨梳篦和福州的牛角梳;湖南浏阳花炮和广东东莞烟花;杭州绸伞等。

6. 日用工业品

指具有跨地区声望的当地生产的日常使用的工业品。具有跨地区声望、民族与地域特色的日用工业品,也是重要的旅游商品资源。

著名的日用工业品有:中国的旗袍、西班牙的披风和斗牛裤、泰国的纱笼和绊尾幔、日本的和服、法国巴黎的香水和时装、日本的电子产品等。

7. 其他物品

指具有跨地区声望的当地生产的其他商品。著名的其他物品有很多，不胜枚举。

第四节　人文活动旅游资源

一、人文活动旅游资源概说

人文活动旅游资源，是指那些以社会风情为主体，反映社会风貌、人文意识、人文教育以及人文文化等内容，可以被旅游业开发利用的人文景观旅游资源。人文活动旅游资源包括两个部分的内容：一是属于人们日常生活一部分的活动，如民间习俗、礼仪、民间集会、宗教活动、社会活动等等，它们因地域、民族的差异而形成自己特有的风貌，全面地反映了一个民族的历史和现实生活，是一个民族文化传统的真实表露；二是人们借助一定的载体和表现形式，对现实生活进行反映或者再加工的艺术活动，主要包括各类文学创作和绘画、书法、舞蹈、戏剧、影视等。

二、人文活动旅游资源的特征、价值与成因

(一)人文活动旅游资源的特征

1. 民族性

无论是社会风情，还是社会艺术，都是归属于一定的民族，展示着一定的文化内涵，即社会性同民族性水乳交融，缺乏民族性就不足以体现其社会性。尤其我国由 56 个民族组成，突出这一点，将使我国以民族风情为主体的人文景观旅游资源的类型更加丰富。

2. 地域性

人文活动旅游资源具有鲜明的地域分异规律和特征。由于各地自然地理环境、人文历史条件的差异，各地各民族的活动方式、饮食、服饰等也具有很大的不同。如我国的饮食习俗表现为南米北面，南甜北咸，呈现出强烈的地域差异。

3. 多样性

我国是一个有着悠久历史的多民族国家，各民族在历史的长河中形成了丰富多彩的人文活动。“千里不同风，百里不同俗”，各民族各地区在居住、饮食、服

饰、生产、婚姻、家庭、村寨、节日、丧葬、信仰、风尚、礼仪、禁忌等方面都有自己的特色，形成了我国的丰富多样的人文活动旅游资源。

4.体验性

与自然景观旅游资源和其他人文景观旅游资源不同，人文活动旅游资源具有极强的参与性和体验性。旅游者可以穿上当地居民的服饰体验当地居民的生产生活方式，在参与体验中留下深刻印象。譬如傣族的四月泼水节，适应热季到来前晴朗的炎热天气，迎接傣族新年，旅游者参与当地人泼水、赛龙舟、赶摆等活动，会感到新奇而高兴。

（二）人文活动旅游资源的旅游价值

1.人文活动旅游资源可以满足旅游者的审美娱乐需求

中国地域辽阔，民族众多，各民族各地区在长期历史发展中形成了鲜明、独特的人文活动。人文活动本身就含有审美娱乐的成分，如各民族多姿多彩的民俗风情、神秘古朴的宗教仪式、异彩纷呈的艺术活动等，在给予旅游者视觉审美享受的同时，也满足了游客娱乐休闲的旅游需求。

2.人文活动旅游资源是展示地域文化的重要窗口

旅游者出于对异域文化的好奇和认知心态，以不同的方式感知、体验其文化内涵。独特的民族文化、多彩的民俗风情、传统的生产方式成为集中展示当地文化的窗口。在我国西北有很多具有地方特色的少数民族活动，譬如哈萨克族的姑娘追、叼羊，维吾尔族的盘子舞、手鼓舞、沙巴依舞，锡伯族的射箭活动等。这些民族活动则集中展现了当地人们热情、奔放、欢快、勇敢的民族性格。

3.人类活动旅游资源是获得经济利益的重要手段

人文活动旅游资源的开发可为当地带来较大的经济效益，对于带动民族地区的社会进步、经济发展，提高文明程度和生活质量，具有十分明显的作用。

（三）人文活动旅游资源的成因

人文活动旅游资源形式多样，不同类型的人文活动旅游资源形成的原因也是有差异的。下面将分类分析人文活动旅游资源的成因。

1.文化传承

人文活动旅游资源包括人事记录、艺术、民间习俗、现代节庆等内容，是不同地域的人们在适应自然环境的过程中发生的重要事件或特定的行为。丰富多彩的人文活动旅游资源都是人类文化传承的结果。如我国的杜甫草堂、“三苏祠”、鲁迅故居、郭沫若故居等名人故居都是历史遗留的产物；又如众多的民俗事象，在很久以前就已经产生，之后在漫长的流传过程中，经历了十分复杂的变化，但其核心和“母题”部分却仍然保留着，而且形成了比较固定的形式；再如蒙古族的“那达慕”大会，它是蒙古族古老的娱乐和游戏活动，在每年夏、秋季牧闲时间举行，现在流传下来的传统内容主要有三项：摔跤、赛马、射箭。

2. 文化创造

多姿多彩的人文活动是人类在改造与利用大自然的过程中，不断运用自身智慧创造出来的。如文学艺术作品，是人类对社会生活进行形象地概括而创作的；又如现代节庆作为群众性、文化性、活动性的事件，人们在原有商业价值的基础上，创造性地增加了旅游休闲价值，使得旅游节庆成为活动性旅游景观。

三、人文活动旅游资源的主要类型与精华选粹

依据《旅游资源分类、调查与评价》(GB/T18972—2003)，将人文活动类旅游资源划分了 4 个亚类和 16 个基本类型。亚类(基本类型)分别是：人事记录(人物、事件)、艺术(文艺团体、文学艺术作品)、民间习俗(地方风俗与民间礼仪、民间节庆、民间演艺、民间健身活动与赛事、宗教活动、庙会与民间集会、特色饮食习俗、特色服饰)和现代节庆(旅游节、文化节庆活动、商贸农事节、体育赛事活动)。

1. 人事记录旅游资源

人事记录包括历史上和现代著名的人物和事件。重大的政治、军事、经济、社会事件，在特定时期对人们生活产生重大影响，左右着历史发展的进程；一些悬疑事件，一直悬而未决，吸引旅游者去寻访、探究名人的足迹或历史事件。

(1)人物

指历史和现代名人。政治家、教育家、文学家、科学家、英雄、宗教人士等，他们以自己的奋斗精神、聪明才智、优秀品质在特定的历史时期写下了一篇篇辉煌传奇的历史故事，令人崇拜、仰慕。国内外几乎所有杰出的文化艺术家的故居和其他遗址都已成为旅游者参观游览的地方。

海明威故居，位于哈瓦那塞罗区。海明威的不朽名著《老人与海》就在此写成。庄园里有海明威的起居室、卧室、餐厅、厨房、卫生间，他的两间书房，以及他孩子的卧室。园中有一个附带更衣室的游泳池，海明威出海所用的游艇也完好地保存在这里。游泳池旁是海明威四只爱猫的墓。海明威故居现在已成为著名的博物馆，这位诺贝尔文学奖获得者吸引了许多慕名而来的参观者。

(2)事件

指发生过的历史和现代事件。重大的政治、军事、经济、社会事件，在特定时期对人们生活产生重大影响，左右着历史发展的进程，吸引旅游者去寻访、探究名人的足迹或历史事件的线索，从而产生旅游的动机。

著名的如“丝绸之路”遗址。

“丝绸之路”东起长安(今西安)，经陕西、甘肃、宁夏、青海、新疆，跨越葱岭

(今帕米尔高原),经中亚部分的独联体、阿富汗、伊朗、伊拉克、叙利亚而达地中海东岸(今罗马),全长7000多公里,中国境内的"丝绸之路"总长4000多公里。"丝绸之路"距今已有两千余年的历史,它的魅力是永恒的。今天,古老的"丝绸之路"沿线众多的历史文物、古迹、壮丽的自然风光和多姿多彩的各民族风土人情,仍然吸引着成千上万来自世界各地的旅游者。"丝绸之路"中国段沿线的历史文化古迹主要有:被称为世界第八奇迹的秦始皇兵马俑、保存释迦牟尼佛骨的法门寺、敦煌莫高窟、麦积山石窟、长城嘉峪关和汉代烽燧遗址、著名的藏传佛教寺院塔尔寺、丝路重镇高昌故城遗址。

2. 艺术旅游资源

艺术是人类精神文明的重要组成部分,其内涵相当丰富。旅游业可以开发利用的艺术旅游资源主要有文艺团体与文学艺术作品。

(1)文艺团体

指表演戏剧、歌舞、曲艺杂技和地方杂艺的团体。

(2)文学艺术作品

指对社会生活进行形象的概括而创作的文学艺术作品。文学艺术以高度凝练的语言概括了景观的特色,阐明了审美特征,点化了意境,提高了旅游资源的旅游品位。如张继的《枫桥夜泊》,王勃的《滕王阁序》,王羲之的《兰亭集序》,使这些桥、阁、亭名扬四海,使旅游者能情景交融,文景互映,相得益彰。文学艺术自身也可以单独进行开发,成为非常吸引游客的旅游佳品。如我国以《红楼梦》、《西游记》、《水浒传》等故事为线索,采用声、光、电控以及仿真机器人等现代化高科技手段,建设了"西游记宫"、"大观园"、"三国城"等旅游景点,再现名著文化。

3. 民间习俗旅游资源

民间风俗是一种传承的社会文化现象,是在共同地域、共同历史的作用下,形成积久成习的文化传统。民间习俗旅游资源,指那些具有民族和地方特色,对旅游者具有吸引力、具有一定旅游价值的民俗事象的总和。包括地方风俗与民间礼仪、民间节庆、民间演艺、民间健身活动与赛事、宗教活动、庙会与民间集会、饮食习俗、特色服饰八个类型。

(1)地方风俗与民间礼仪

指地方性的习俗和风气,如待人接物礼节、仪式等,是各民族、各地区人们在长期生活经历中形成的一种相对稳定的习俗,包括生活方式、生老病死、婚丧礼俗、禁忌等。

少数民族婚嫁习俗奇特,部分少数民族采用开放式择偶,如壮族的歌圩、仫佬族的走坡、苗族的芦笙会、跳花场等,这些大型集会为青年男女通过对歌找配偶提供了方便。此外,苗族的游方,布依族的赶表,侗族的行歌坐月,傣族的碾房对歌、丢包等，也都是以歌为媒，表达男女青年之间的爱情。这些盛大的集会都吸引游客趋之若鹜。

在民间礼仪中，最重要的有诞生礼、成年礼、婚礼和丧礼，四次重大礼仪都有自己特定的仪式。

(2)民间节庆

指民间传统的庆祝或祭祀的节日和专门活动，具有明显的地域性，代表地方民俗特色，有极强的参与性，是极具吸引力的旅游资源。

汉族的传统节日有：春节、元宵节、清明节、端午节、中秋节、重阳节。

少数民族的节庆活动更加丰富多彩，著名的有如下四个。

傣族泼水节，按傣历计算约在公历的四月中旬，持续三到五天，傣语称“厚南”。泼水节源于“浴佛节”，这一天每人须挑一担水，为佛洗尘，然后大家担水上街相互泼洒，这是傣族人庆祝新年的独特方式。

蒙古族“那达慕”大会，是蒙古族的传统游艺大会，其原意是“娱乐”、“欢聚”的意思。每年七八月份，草原上水草丰美，牛羊肥壮，这个季节，蒙古族人就举行盛大的文娱、体育活动。

蒙古族的“敖包”会，是一个盛大的祭日。“敖包”是蒙古族的萨满神之一，为民族部落的最高保护神。旧俗每年六七月间，草原上要举行“敖包”大祭。人们用木石堆在一起，象征“敖包”神灵所在地，然后在附近升起火堆，烤肉，煮酒，向“敖包”祭洒马奶、奶酪和酒，叩拜神灵，最早是由萨满跳神，后来变为喇嘛念经。“敖包”盛会期间，还举行摔跤、赛马、对歌等活动。

彝族火把节，是彝族人最重要的节日，一般农历六月二十四日前后举行。它源于祭神祭田、送祟出邪，有用火烧天神降下的“天虫”之意。白、纳西、哈尼等族的人民也过火把节。

(3)民间演艺

指民间各种表演方式。著名的民间演艺有：川剧变脸、鼻子吹巴乌、鼻子吹葫芦丝、喷火、笛技、口技、相声、幽默演唱、碗筷独奏、蛋壳吹奏；还有节日里传统街市民间小曲、唱台、剧会，乡间叫唱、民乐队、说唱队，严氏、魏氏秦腔大王等。

(4)民间健身活动与赛事

指世代相传的流行于民间的游戏、游艺、竞技、体育、工艺等方面的内容。

著名的民间健身活动与赛事有：舞龙，舞狮，踩高跷，跑旱船，放爆竹，燃烟花，放风筝，看花灯，唱山歌，扭秧歌，打腰鼓，赛龙舟，舞刀剑，耍武术等活动。我国各民族民间健身活动与赛事民俗绚丽多彩。

(5)宗教活动

指宗教信徒举行的佛事活动。在我国主要有道教、佛教、基督教、天主教、伊斯兰教，这些宗教经过长期的发展演变，与我国民族的传统文化和风俗习惯融合在一起，形成了丰富多彩的宗教活动。

佛诞节，又称浴佛节，是纪念释迦牟尼诞生的节日，为每年阴历四月初八。在汉族地区变成盛大群众性庙会，傣族地区成为泼水节。青海塔尔寺要从四月初八到十五进行大型的佛事法会。

(6)庙会与民间集会

指节日或规定日子里在寺庙附近或既定地点举行的聚会，期间进行购物和文体活动。早期庙会仅是一种隆重的祭祀活动，随着经济的发展和人们交流的需要，庙会就在保持祭祀活动的同时，逐渐融入集市交易活动。这时的庙会又称为“庙市”，成为中国市集的一种重要形式。随着人们的需要，又在庙会上增加娱乐性活动。于是过年逛庙会成了人们不可缺少的过年内容。但各地区庙会的具体内容稍有不同，各具特色。

客家“走古事”。福建龙岩连城县罗坊镇的客家人，每年正月十五都要举办盛大的“走古事”活动。每年正月十五，以戏曲装扮的几个10岁左右的男孩立于轿台之上，由青壮年抬着，在彩旗、鼓乐队的簇拥下，先在旱地里奔跑，随后向村头的河里狂奔。谁先到达终点谁就赢，来年就会福气连连。

宝丰马街书会。每年正月，来自安徽、河北、山东等地的民间曲艺艺人都会云集于河南西南部的马街村，参加在村东的田野上举行的马街书会。正月十一、十二是书会的前奏，正月十三为正会。这天，艺人们要先到火神庙祭祀火神，然后就各自选定场地，打木桩，挂喇叭，取琴、清嗓、开唱。每年的马街书会都要评选说得最好、书价最高、最受欢迎的艺人，作为当年的“书状元”。宝丰马街书会成为传统文化演绎的独特狂欢节。

延安定亲庙会。延安地区有赶庙会定亲的习俗。定亲庙会一般一年举行两次，第一次在农历四月初八，第二次在农历七月二十二。赶庙会时，男女两家被媒人约到庙会上，男方家要带上西瓜、苹果等礼品。两家人席地而坐，由男方家把带来的食品摆出来，请女方家人品尝。大人们谈天说地，拉家常。如果男女青年互生爱慕，就会另找僻静地方谈情说爱去了。等谈得差不多了，双方家长会请媒人出面，议订婚约。

(7)特色饮食习俗

指各具特色的餐饮程序和方式。品尝风味饮食，是旅游不可或缺的内容。各地独具特色的餐饮，不仅在原料选配、烹饪技术、享用方式上给人以独特的物质和精神享受，而且与各民族的历史、传说、社会生活状况及生活地区的气候、物产等有密切关系，是一种特色文化的反映。

西藏人民的膳食具有其独特的民族特色，其食品包括糌粑、酥油、酥油茶、甜

油茶、甜茶、牛肉、奶渣、青稞酒、豌豆、蚕豆、圆根等。

(8)特色服饰

指具有地方和民族特色的衣饰。服饰是各族人民为塑造本民族美好的形象而创造出来的。民族服饰是民族文化中最易被察觉、最具魅力的组成部分之一，很多时候单凭服饰便可判断某人的民族身份，尤其是少数民族。中国少数民族服饰更是绚丽多彩。

少数民族特色服饰有：蒙古族的蒙古袍和蒙古靴，藏族的氆氇和褚巴，维吾尔族的袷袢和四楞小花帽，彝族女子的百褶裙和男子的“英雄结”，满族的旗袍和坎肩，苗族的银饰、纳西族的“披星戴月”、傣族的筒裙等。多姿多彩的民族服饰是成为吸引游客的的旅游资源。

4.现代节庆旅游资源

我国现代节庆种类多样，除了春节、端午节、中秋节等民间传统节庆，以及国庆节、劳动节、妇女节、儿童节等政治性或国家规定的庆典性活动，还有许多地区性的节日或由某一组织、某一企业举办的现代节庆活动。现代节庆主要包括以下四个基本类型：旅游节、文化节事活动、商贸农事节活动和体育节活动。

(1)旅游节

指定期和不定期的旅游活动的节日。旅游节的内容有的依托于当地传统文化庆典，有的自创一个极具现代内涵的综合庆典活动，一般被冠以“×旅游节”的名称。著名的旅游节有中国重庆三峡国际旅游节、上海旅游节、泉州旅游节等。

(2)文化节事活动

指定期和不定期的展览、会议、文艺表演活动的节日。文化节事活动结合旅游所在国和所在地的传统文化，用现代旅游活动去诠释传统文化。如历史名人节多依据该地曾出现过的历史名人，或某位历史名人在该地的政绩、事迹，或名人在此殉难来策划节会。著名的文化节有：湖南为纪念屈原举办的“中国湖南汨罗江国际龙舟节”，山东曲阜的“国际孔子文化节”等。

(3)商贸农事节活动

指定期和不定期的商业贸易和农事活动的节日。商贸农事节一般指由商家或地方政府发起，以促进旅游与商贸往来的节庆活动。著名商贸农事节有：河南洛阳牡丹节、陕西临潼石榴节、海南椰子节、吐鲁番葡萄节、贵州国际名酒节、大连服装节、潍坊风筝节、青岛啤酒节、中国广州进出口商品交易会等。

(4)体育节活动

指定期和不定期的体育比赛活动的节日。著名的体育节有：奥林匹克运动会、洲际运动会、世界杯足球赛、呼伦贝尔盟的冰雕雪橇节、岳阳汨罗江国际龙舟节等。

复习思考题

1. 举例说明我国人文景观旅游资源的基本类型。

2. 简述人文活动旅游资源的特征、价值及其成因分析。

3. 简述民间习俗旅游资源的特征、主要类型及旅游价值。

4. 了解你居住城市(乡村)主要的人文景观旅游资源有哪些类型,选择你感兴趣的一种写一份调查报告。

参考文献

1. 曹明纲. 中国园林文化[M]. 上海:上海古籍出版社,2001.
2. 陈传康,刘振礼. 旅游资源鉴赏与开发[M]. 上海:同济大学出版社,1990.
3. 韩养民. 中国风俗文化学[M]. 西安:陕西人民教育出版社,1998.
4. 黄景略,叶学明. 中国历代帝王陵墓[M]. 北京:商务印书馆,1998.
5. 刘敦荣. 旅游商品学[M]. 天津:南开大学出版社,2011.
6. 楼从西. 中国古建筑二十讲[M]. 上海:上海三联书店,2001.
7. 潘宝明,朱安平. 中国旅游文化[M]. 北京:中国旅游出版社,2001.
8. 彭一钢. 中国古典园林分析[M]. 北京:中国建筑工业出版社,1986.
9. 沈祖祥. 旅游宗教文化[M]. 北京:旅游教育出版社,2000.
10. 赵荣光. 中国饮食文化概论[M]. 北京:高等教育出版社,2003.
11. 肖星,严江平. 旅游资源与开发[M]. 北京:中国旅游出版社,2000.
12. 郑耀星. 旅游资源学[M]. 北京:中国林业出版社,2009.

第六章　旅游资源的调查

学习目的

旅游资源调查是旅游资源评价与开发的前提。应通过本章的学习，了解旅游资源调查的意义、指导思想与基本内容，熟悉旅游资源调查的步骤和典型案例，掌握旅游资源调查的方式和方法。

主要内容

- 旅游资源调查的意义、指导思想与基本内容
- 旅游资源调查的方法与步骤
- 案例分析——广州从化市旅游资源普查所用技术路线与方法

旅游资源的调查是旅游资源评价与开发的前提。通过旅游资源的调查和评价，可以为开发过程中制定明确的开发目标、拟定恰当的开发时序、突出准确的开发重点和选择合理的开发方式提供可靠的依据。调查与评价是同一项工作中的两个步骤，在内容、方法和结论上各有侧重和差异。总的来说，调查是评价的前期工作，注重对旅游资源单体的深入了解和基本信息的掌握；评价是调查工作的进一步深化，即注重在单体分析的基础上相互比较、综合分析，从而得出对旅游资源整体的认识。

从旅游资源开发的实践来看，旅游资源的调查与评价始终是一项非常重要的工作，并且随着经验的积累、理论的提高和方法的改进，其成果对旅游开发的指导意义越来越明显。

第一节 旅游资源调查的意义、指导思想与基本内容

一、旅游资源调查的意义

旅游资源分布广泛，形成原因多种多样。已开发的现实旅游资源随着时间的变迁和开发措施的实施，自身的构成因素及其在周边环境中的地位不断发生变化；另一方面，随着人类生产力水平的不断提高和认识能力的增强，旅游资源的深度和广度都得到了拓展。因此，针对“旅游资源”这个动态概念，其调查工作显得十分重要。

通过对旅游资源的调查，可以了解到调查区域内旅游资源的类型、现状、特征、规模和开发潜力等因素，从而为其评价和开发工作奠定基础，提供可靠的第一手资料。

通过对旅游资源的调查所获得的基础资料，可以建立信息档案联接到区域信息库中，从而起到摸清家底、了解现状的作用，对区域经济发展、旅游管理工作有很大的参考价值。

通过对旅游资源自身和其外部开发条件的深入调查，可以全面掌握该资源的开发、保护和利用现状及存在的问题，从而为确定该资源的开发导向、开发时序、开发重点和提出相应的管理措施提供翔实可靠的材料。

通过对旅游资源的定期调查，可以动态、系统地掌握旅游资源的开发进展状况，检测其保护情况，从而为旅游管理部门及时、准确地获得相关信息，迅速地做出反应、提供条件，并使其工作科学化、现代化。

总之，旅游资源的调查是旅游资源开发中的基础性工作，调查的成果对于旅游资源的科学规划、合理开发、现代化管理和环境监控与保护都有积极的意义。

二、旅游资源调查的指导思想

旅游资源调查工作的重要性对其本身提出了较高的要求。整个调查工作必须遵循以下指导思想。

（一）理论联系实际

进行旅游资源的调查首先要掌握旅游资源的形成机制、分布规律，旅游业发展的基本规律，旅游者的消费需求规律等基础理论，进而学会分析文字资料，将野外调查工作与室内分析研究相结合，用理论规范调查工作，用调查的第一手资

料来充实、检验室内分析的结果。

(二) 树立综合调查的观念

旅游资源的调查工作涉及许多学科的理论与众多部门的实践，因此，调查过程中一方面要充分掌握各学科已形成的理论和调查区域内的各种资料，并取得各有关部门的支持和配合，另一方面要对调查区域的自然景观资源、人文景观资源和经济、交通、社会条件、人口状况及重点城市进行全面的调查和分析。

(三)用动态的眼光进行调查

旅游资源本身是一个动态的概念，它会随着所处的自然环境和社会条件变化及人类生产力提高后认识能力的变化而变化，其内涵和外延均处于动态之中。因此，调查过程中要注意调查对象的发展过程及趋势，特别是要注意发现潜在的旅游资源，对旅游开发提出有力的依据。

三、旅游资源调查的基本内容

由于旅游资源的种类繁多、成因各异、构成要素复杂，对其调查既要注重旅游资源自身的各种情况，也要关注所处外界环境的现状与发展趋势。因此，旅游资源的调查应包括以下基本内容。

(一)旅游资源形成的背景条件

主要在于了解和掌握调查区域内的基本情况，从而找出资源的整体特色及内在联系。

1.调查区的地貌特征

包括所处的地貌单元、地质构造状况、岩性、地壳活动状况等。

2.调查区的水文特征

包括地表水和地下水的类型、分布、水文特征及特殊的水文现象(特别是洪水、泥石流等灾害现象)。

3.调查区的动植物特征

包括动植物的类型、分布及珍稀或特色动植物类型的基本状况。

4.调查区的气象、气候和环境因素

包括降水、气温、光照、湿度的基本状况和特殊的现象。

5.调查区的历史沿革

包括在人类历史上的发展历程及遗留下的各种遗迹情况。

(二)旅游资源本身

主要是深入细致地调查旅游资源本身的多种特征，为开发提供基本素材。

1.自然景观

在前述基本自然条件调查的基础上，有重点地调查可供开发、特点突出的资源，包括构成特色山体的岩石、地层、构造、构成地貌形态的山势、沟谷、洞穴等，构成水景的泉、溪、瀑、湖等，具有特色的动植物和气象因素等。

2. 人文景观

包括各类古建筑和遗址、古人类活动和文化遗址、古交通遗址、石刻、壁画及特色村寨等。不仅要调查现存、物化的景观，还要调查历史上有影响但已毁掉的人文遗迹及民间传说等，便于开发时充分利用。

（三）旅游资源外部开发条件

包括调查区和所依托城镇与中心城市的距离，调查区与外部的交通通信联系状况，依托城镇的经济状况、接待条件、社会治安、民族团结、风土人情、文化素养、物产情况等。所有这些外部条件都直接影响着调查区内旅游资源开发的前景、深度及获取效益的情况。

第二节　旅游资源调查的方法与步骤

（一）准备阶段

主要包括以下步骤。

1. 成立调查小组

调查小组由承担旅游资源调查工作的部门或单位如旅游局、科研机构、调查机构等负责吸收不同管理部门的工作人员、不同学科方向的专业人员及普通调查人员构成。小组要有一定的组织关系和协调配合机构，必要时须进行野外考察的基本功培训，如野外方向辨别，伤病急救处理，基础资料的获取等。

2. 制订旅游资源调查的工作计划

调查的工作计划和方案由调查小组负责人拟订，包括调查的目的、调查区域的范围、调查对象、主要调查方式、调查工作的时间表、调查的精度要求、调查小组内的人员分工、调查成果的表达方式、投入人力与财力的预算等内容。

3. 拟定旅游资源分类体系，设计旅游资源调查表及调查问卷

《旅游资源分类、调查与评价》(GB/T 18972—2003)已将旅游资源从高到低归为3个层次：即8个主类、31个亚类和155个基本类型，同时对调查表格的形式、填写项目有较为完备的解释。要依据以上文件，结合调查区域的旅游资源分布、类型、数量的大致情况设计旅游资源调查表和到相关部门及社区进行社会调查的调查问卷，并将填表要求及调查工作中的注意事项编制成与表格和问卷并行的书面文件，便于实际调查工作中的协调和统一。

4.资料收集与室内整理分析

主要是对第二手资料(包括广泛存在于各种书籍、报刊、宣传材料上的有关调查区域内旅游资源的资料和旅游主管部门及进行过部分或局部调查的机构或研究人员保留的有关文字资料、影像资料及地图资料等)的搜集、整理和分析。由此可对调查区域内的基本情况形成一个笼统的印象,并将调查区域划分为若干调查小区,选定调查目标及重点,选取比例尺适中的地图(最好是地形图)作为地理底图,编制与调查工作计划相配套的野外考察路线图。一般根据调查对象的范围大小选取地图的比例尺,范围大的可以选取较小比例地图,范围小的可以选取较大比例尺地图。同时,对于第二手资料中介绍详尽的旅游资源可直接填写旅游资源调查表,便于野外考察比较变化,补充缺漏。

(二)资料和数据收集阶段

这一阶段的主要任务是在准备工作、特别是第二手资料收集分析的基础上,由调查人员通过各种调查方法获得调查区域内详尽的第一手旅游资源。

1.调查方式

根据这一阶段工作的详略程度,旅游资源调查分为概查、普查和详查等三种方式。

(1)概查

即由于受时间、资金、人力、物力等因素的限制,在第二手资料分析整理的基础上进行的一般状况调查。主要任务是对已知点进行调查、核实、校正,或根据其他专业资料对潜在旅游资源进行预测的验证。可在大范围内进行调查确定资源的基本状况及分析规律,也可在较小范围内对指定区域做现状调查。这种方式周期短、收效快,但信息损失量大,容易对区域内旅游资源的评价造成偏差,在条件允许的情况下还是进行普查或详查为好。

(2)普查

即为给保护和合理开发利用旅游资源提供必要科学依据而对特定区域所进行的详细、全面的调查。开展普查工作的基本条件包括:已成立正式旅游管理或开发机构,并有一定实际工作经验和资料积累;普查区内有较丰富的旅游资源相关资料和数据;有可以承担普查任务的专业人员;有为实施普查及成果处理所需要的物资、设备和资金。普查工作既可以行政区(如全国、省或县)为普查单元,也可选取自然区、人文区或线状区为普查单元,范围可大可小。总之,旅游资源的普查工作是一项周期长、耗资大、技术水平高、成果科学合理的基础性工作。由于这种方法对人、财、物等各方面要求较高,尚未在我国大范围普及进行,只在个别省份和部分市、县开展过。由于旅游资源是国情的基本构成要素,对其进行普查是今后我国旅游业的重要工作之一。

(3)详查

即带有研究目的或规划任务的调查，通常调查范围较小，可使用大比例尺地形图(1∶5000、1∶10000)进行。调查中通过直接测量、校核收集基础资料，对重点问题和地段进行专题研究和鉴定，并对旅游开发所需要的外部条件进行系统调查，对关键性问题提出规划性建议。这种方式目标明确、调查深入，但应以概查或普查的成果为其基础，避免脱离区域背景下的单一景点静态描述。

2. 调查方法

以上三种调查方式只是在调查范围的大小、内容的详略、投入的多少上有差异，实际工作中需要调查人员进行实地考察和踏勘，通过测量等手段获得具体详细的资料，以自身的专业素养对调查对象做出感性认识和理性评价，并通过与当地居民的交流深入了解与旅游资源密切相关的地域文化背景。在数据和资料收集阶段，通常使用以下三种调查方法。

(1)野外实地踏勘

这是最基本的调查方法。调查人员通过观察、踏勘、测量、登录、填绘、摄像等形式直接接触旅游资源，可以获得宝贵的第一手资料及专业人士较为客观的感性认识，结果翔实可靠。旅游资源调查表、旅游资源分布图的草图均在这一阶段完成。因此，要求调查者勤于观察、善于发现、及时登录、及时填图、现场摄录、及时总结。

(2)访问座谈

这是旅游资源调查的一种辅助方法。它可以有效弥补由于时间短、人力不足、资金有限等因素影响而无法全面、深入了解旅游资源的缺陷，通过走访当地居民或开座谈会等方式增加信息收集渠道，为实地勘察提供线索、确定重点，提高勘察的质量和效率。要求预先精心设计询问或讨论的问题，便于在尽可能短的时间内引导调查对象讲述有关信息，达到调查目的；另一方面调查对象应具有代表性，如行政人员、老年人、青年及学生，文化馆工作人员，当地从事地质、历史、水文、环保等研究的人员等。

(3)问卷调查

这也是一种辅助方法。可采取通过行政渠道分发给各有关部门或个人填写集中收回的方式，或在踏勘现场由游客或当地居民填写分散收回的方式收集的有关旅游资源、旅游市场的动态信息，对调查结果有重要的参考价值。要求问卷设计合理，分发收回的程序符合问卷调查的规定，以保证其结果的有效、合理。

(三)文件编辑阶段

这一阶段是在数据和资料收集阶段的工作完成后回到工作室内进行的图文资料编辑工作。

1. 旅游资源地图的编制

即整理反映旅游资源调查工作过程和工作成绩的手绘草图，选取形象直观的图例，将经过编辑的内容转绘到选定的地理底图上，形成旅游资源分布现状图。该图可反映调查区内旅游资源的基本类型及其名称、性质、分布和旅游资源周边的自然、人文环境状况，如地貌、水文、交通、所依托的中心城镇等。

2. 旅游资源调查报告的编写

此项工作是调查工作的综合性成果。是外界籍以认识调查区域内旅游资源的总体特征，并可从中获取各种专门资料和数据的重要文件。若针对旅游规划进行的旅游资源调查报告是规划的重要依据，也可作为其附件。调查报告内容视调查目的和采取方法的不同而有所区别，但从总体结构上可以包括以下几个方面。

(1)调查地区的旅游环境

包括调查区的位置、行政区划、自然地理特征(地形、水系、气候和气象、动植物等)、交通状况和社会经济概况等。

(2)旅游业开发历史与现状

(3)旅游资源基本类型

这是报告的核心部分，包括旅游资源的类型、名称、分布位置、规模、形态和特征(可附带素描、照片、录像资料)。

(4)旅游资源分区与评价

对调查区内旅游资源做总体评价，并按照其表现出的属性特征、空间组合特点进行分区，便于分析和开发利用。

(5) 旅游资源开发中的问题

将调查工作中所发现的关于旅游资源开发利用中存在的问题进行总结概括，以引起开发者和管理者的注意，同时须提出相应开发规划的建议。

整个报告文本要求以实际调查材料为基础，论点要有充足的论据支撑，论据需要在报告文本或附件中标明；文字应简捷、明确；尽量采用图文并茂的表示方法。

第三节　案例分析——广州从化市旅游资源普查所用技术路线与方法

《广州从化市旅游资源普查》系广州大学旅游学院以肖星教授为首的课题组受广州市旅游局和从化市人民政府联合委托，自 2008 年 8 月开始前期准备，2009 年 1 月正式启动，2011 年 1 月最终完成，历时 1 年。普查成果受到专家评审委员会和委托方的一致好评，并由南开大学出版社于 2009 年 12 月出版《广州从化市旅游资源普查与开发利用研究》专著 1 部。

一、理论依据与技术路线

本次普查主要采用《旅游资源分类、调查与评价》(GB/T 18972－2003)进行调查、分类、评价，同时辅以遥感、全球定位系统、网络信息等高科技理论与手段。

按该标准将全部旅游资源划分为 8 个主类，31 个亚类，151 个基本类型等 3 个层次。

在按照该标准的“旅游资源共有因子综合评价体系”对调查所获旅游资源单体价值进行评价、分级的基础上，结合郭来喜、吴必虎《旅游资源分类、分级、分态系统》中的规模分析系统(景域、景段、景元)进行等级上的分类，进而展开定量分析。

此次普查的技术路线如图 6－1 所示。

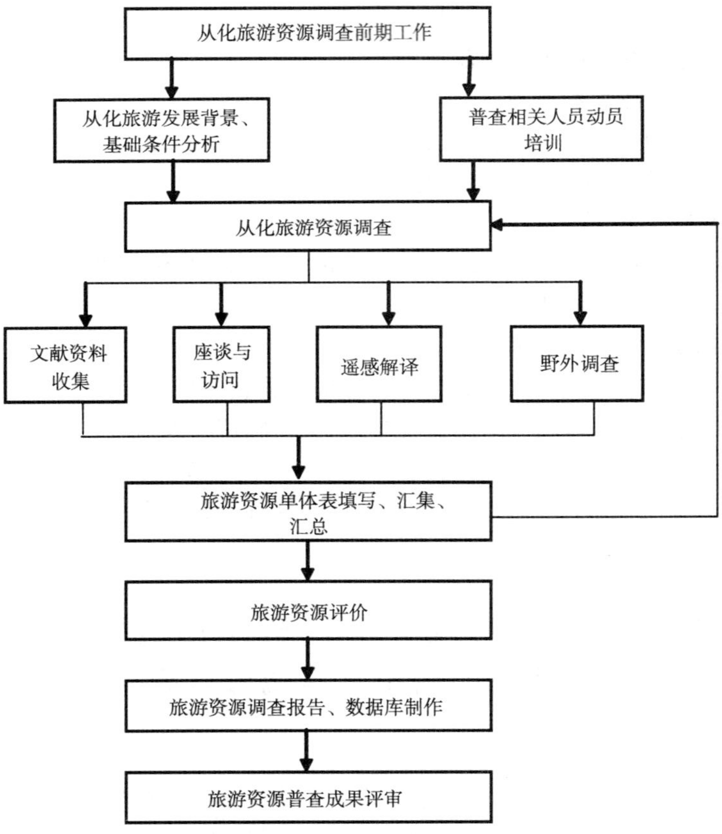

图 6－1　从化市旅游资源普查的技术路线

二、具体技术方法

1. 文献资料收集

采用传统旅游资源调查方法，通过从市、镇街和村自上而下的调查、收集资料获得基础性、原始的材料，包括导游书、地形图或电子地图、览胜、地方志书、地名录、文物志、乡土教材、城市和风景区园林规划、旅游规划、旅游志、国土规划和农业区划报告、文史资料和宗教资料等，还包括各种照片、影像资料、遥感图片。这些资料分散在民间及各地方政府部门中，需全面、详细地调查、收集和整理，包括民间掌握的图件、文字及口头资料（包括民俗、传说等）。

2. 座谈与访问

对市、镇（街）、村相关专业人员或资深人士进行访谈，了解旅游资源及其状况，梳理旅游资源普查线索。

3. 遥感解译

在文献资料收集和座谈访问的基础上，结合清晰度高、信息量丰富、立体感强、更具现实性的图像数据，通过遥感解译，摸清调查区的旅游资源大致的基本情况，并编汇出旅游资源分布的基本底图，为野外调查做好前期工作。具体操作如下。

首先，利用资料收集过程中获得的调查区的遥感图像，对已知旅游景点进行解译，以确定旅游资源的分布现状，明确总体旅游资源的现有规模、范围。

其次，解译遥感图像中的旅游资源信息，包括断层、褶皱、水系、植被、地貌等，全面了解和认识整个调查区潜在的旅游资源，并圈出潜在的景区。

4. 野外调查

（1）野外调查要求

①对各个旅游资源单体填写“从化市旅游资源单体调查表”，并根据该表的要求完成每一单体的相关内容。

②对销售门票的每一旅游景区和某一镇（街），填写《从化市调查区实际资料表》，并根据该表的要求完成每一单体的相关内容。

（2）野外调查程序

①确定调查小区。按调查小区进行，按行政区——乡镇划分调查小区。

②确定调查线路。因地制宜布设调查线路，体现从化地方特色，考虑覆盖调查区内重点区域，贯穿全部调查小区。

③选定调查对象。确定必须调查的对象。列出具有旅游开发前景的，有明显经济、社会、文化价值的旅游资源单体。

④编制“旅游资源单体统计表”。按照调查规程收集旅游资源单体名录。

⑤“旅游资源单体调查表”的填写。

⑥旅游资源单体统计。将全部调查获得的旅游资源单体填表存档。

(3)调查的技术方法

针对从化市旅游资源分布的特点，按不同类型拟采用旅游点、旅游线路、旅游区调查等进行拉网式调查。

①旅游点调查。对于风景集中、地质条件简单、面积很小的旅游点，进行详细调查，尤其对新发现的景点应当进行重点调查。对地方志提供的线索，遥感图像解译和地形图分析中发现的疑点，群众报景和路线调查中发现的景点等，进行重点调查。

②旅游路线调查。沿着旅游者所走的路线对沿途各景点进行考察，随时留心观察地质、地貌的奇特造型，山景水色，植被分布，风土乡情等，把观察到和了解到的信息做好详细记录，发现各路线的特点并进行总结，开发出各具特色的旅游路线。

③旅游区调查。对重点区域内的旅游资源进行调查，获得旅游资源名称、地理位置(包括所属景区和行政隶属)、资源描述、资源所处的自然和人文环境背景、景区基本情况、旅游交通、旅游设施、旅游接待情况、城市依托条件等有关信息。另外，对已开发利用 的旅游风景区及其外延部分进行调查，重视在景区外围寻找发现新的景点。

(4)野外调查的记录方法

①表格记录法。野地调查的核心内容是填写“从化市旅游资源单体调查表”。

②图标记录法。将调查中收集到的信息标注在遥感解译设计好的基础底图上，准确记录下旅游可利用景点、景区及所缺少的信息。

③实地素描法。在调查中用画笔、颜料等绘画材料描绘出实地考察的对象。

④影视录摄法。在调查过程中注意图片资料的收集和积累，对考察地进行录像、摄影，力求图文并茂，为建立旅游资源数据库、直接处理转化为公众成果奠定基础。

5.资源评价

在野外实地调查的基础上，拟采用《旅游资源分类、调查与评价》(GB/T 18972—2003)中的“旅游资源共有因子综合评价体系”对调查所获旅游资源单体价值进行全面赋分、评价和分级。

(1)量值的表达

基本类型数量；各大类中亚类数量；单位面积旅游资源基本类型单体结构分析；小区得分排序；人文景观旅游资源和自然景观旅游资源数量结构。

(2)品质的表达

旅游资源迪纳体质量分级构成;自然景观旅游资源和人文景观旅游资源的分级质量等级构成;旅游资源基本类型等级分级结构;各调查小区旅游资源分级构成情况;资源等级的区域分析。

(3)组合关系的表达

包括集合区的表达;组合线路的表达;组合区的表达等。

复习思考题

1.旅游资源调查的意义何在?

2.简述旅游资源调查的基本内容。

3.旅游资源调查有哪几种方式,其各自的内涵是什么?

3.综合运用三种调查方法,尝试对你所在城市的任一单项旅游资源进行一次系统调查。

参考文献

1.肖星,严江平.旅游资源与开发[M].北京:中国旅游出版社,2000.

2.肖星,等.旅游开发与规划策划案例研究[M].广州:华南理工大学出版社,2010.

3.肖星,方忠权,李庄荣.广州从化市旅游资源普查与开发研究[M].天津:南开大学出版社,2009.

第七章　旅游资源的评价

学习目的

旅游资源的评价是在旅游资源调查的基础上进行的深层次的研究工作，是对旅游资源的特点及其开发做出评判和鉴定。通过本章学习，应了解旅游资源评价的意义和基本原则，熟悉旅游资源评价的内容，掌握旅游资源的定性评价方法，理解和熟悉旅游资源的主要定量评价方法。

主要内容

- 旅游资源评价的意义与基本原则
- 旅游资源定性评价的主要方法
- 旅游资源定量评价的主要方法

旅游资源评价是一项极其复杂而重要的工作。由于评价的目的、资源的赋存条件、开发导向等不同，旅游资源评价方法通常包括体验性评价、技术性评价和综合性评价。这些常用的旅游资源评价方法一般分为定性评价和定量评价两大类，早期的评价主要采取定性评价方法，该方法以经验逻辑判断或简单的加减方式进行评价，使用简单、应用广泛、包含内容丰富，但只反映资源的概况，主观因素的影响较大。随着评价研究的深入，定量评价方法逐渐被采用，如回归模型法、菲什拜因一罗森伯格模型、层次分析法等。由于定量评价法是根据一定的评价标准和评价模型，将有关旅游资源的各评价因子进行量化处理后进行的，其评价结果客观并具有可比性。在实践工作中定量评价方法受到越来越多的重视和越来越广泛的应用。

两种方法各有优缺点。在具体应用时，可根据情况选用一种或两种，通常采用定性与定量评价相结合的方法比较理想。

第一节　旅游资源评价的意义与基本原则

一、旅游资源评价的意义

在通过调查获得了旅游资源的基本情况之后，还须经过有意识地开发，才可使旅游资源潜在的价值转化成现实的社会经济优势。这就需要对旅游资源进行系统评价，以确定其是否值得开发、如何开发、何时开发、为谁开发及开发方向如何。因此，旅游资源评价是在旅游资源调查的基础上进行的深层次研究工作，是选择调查区中的旅游资源、资源环境及其开发条件作为评价对象和内容，采取一定的方法，对旅游资源的特点及其开发作出评判和鉴定，从而为地区旅游资源的合理开发利用和规划建设提供科学基础。

旅游资源的评价是一项极为复杂的工作。它涉及自然、历史、地理、气候、经济、科学、技术、文化、艺术等多方面的知识，因而参与评价的工作人员必须充分搜集和掌握各个领域的资料和成果，以保证旅游资源评价结果的科学性和准确性。

二、旅游资源评价的基本原则

旅游资源评价工作涉及面广、情况复杂，目前还没有形成统一的认识基础和评价标准。为使旅游资源评价做到公正、客观，其结果准确、可靠，一般应遵循以下基本原则，便于达成共识。

（一）全面系统的观点

旅游资源是多种多样的，它的价值和功能也是多层次、多形式、多内容的。这就要求在进行旅游资源评价时，不仅要注重对旅游资源本身的成因、特色、质量、数量等因素的评价，还要把该旅游资源所处区域的区位、环境、客源、交通、经济发展水平、建设水平等开发利用条件作为外部条件纳入评价的范畴，综合衡量，全面完整地进行系统评价，准确地反映旅游资源的整体价值。

（二）动态发展的观点

旅游资源特征以及开发的外部社会经济条件是在不断变化和发展的。这就要求旅游资源评价工作不能囿于现状，陷入僵化和形而上学之中，而必须具有动态发展观点，用发展和进步的眼光看待变化趋势，从而对旅游资源及其开发利用前景做出积极、全面和正确的评价，特别是要注意避免一味夸大其词、盲目拔高的通病。

(三)尊重事实的态度

旅游资源的评价工作要从客观实际出发,即在旅游资源调查的基础上,运用地理学、历史学、经济学、美学、建筑学等相关理论和知识,对旅游资源的形成、本质、属性、价值等核心内容,作出实事求是的评价。

(四)兼顾三种效益

评价旅游资源要全面考虑三方面的效益:①经济效益,即能增加经济收入,开拓财源,对当地经济发展起到促进带动作用;②环境效益,即能美化和保护环境,保持生态平衡,为人类提供有利身心健康的游览休闲空间;③社会效益,即能吸引游客,为其提供开拓眼界、增进知识、陶冶情操的场所,同时使旅游资源所在地的社会环境通过与外界的交流得到提高。总之,要通过充分合理地利用旅游资源,发挥其潜在的资源优势,获得综合效益。

(五)定性与定量相结合

常用的旅游资源评价方法一般有定性和定量两种。定性研究方法使用简便,应用范围广,包含的内容丰富,但缺乏可比性,只能反映旅游资源的概要状况,主观色彩较浓;而定量分析是根据一定的评价标准和评价模型,以全面、系统的方法将有关旅游资源的各评价因子予以客观量化处理,其结果具有可比性。但在实际工作中,这两种方法必须密切配合才能较好地达到预期的目的。

第二节 旅游资源的定性评价方法

定性评价是通过人们的感性认识,对旅游资源做出定性的评价或分级,一般无具体数量指标。定性评价法使用广泛,形式多样,内容丰富,是在旅游资源调查的基础上,根据调查者的印象所做的主观评价,多采用定性描述的方法,评价的结果主要与评价者的经验与水平有关,因此也叫做经验评价法。该方法简单易行,对数据资料和精确度要求不高,但不可避免地存在结论的非精确性和推理过程的相对不确定性。

体验性评价是定性评价中最常用的方法,主要是通过人们的感性认识,对旅游资源作出定性的评判或分级等,一般没有具体的数量指标。大多数是基于评价者(旅游者或旅游专家)对于旅游资源的个体体验而进行的。他们对旅游资源提出的评价与分级,无具体的数量界限,只有定性的结论。根据评价的深入程度以及评价的结果形式,通常可分一般体验性评价以及美感质量评价。

一、一般体验评价法

一般体验评价法指通过统计大量旅游者在问卷上有关旅游资源的优劣顺序，或统计旅游资源在报刊书籍上出现的频率，或邀请各相关领域的专家讨论评议，从而确定一个国家或地区最优旅游资源排列顺序的评价方法。其结果能够反映这些旅游资源的整体品质和大众知名度。

一般体验性评价是由评价者根据自己的亲身体验对一个或一系列的旅游资源就其整体质量进行定性评估。对于一系列旅游资源进行一般性体验评价，其结果可以形成一个评价序列。这种评价多由传媒机构或行业协会、旅游行政管理机构发起。其显著特点是评价的项目很简单，甚至根本没有评价的细项，只要求就旅游资源进行整体质量评价，或是在问卷上按表示质量优劣的序号填上评价者认定的旅游资源即可。

二、美感质量评价法

这是一种专业性的旅游资源美学价值的评价，一般是基于对旅游者或旅游专家体验性评价基础上进行的深入分析，建立规范化的评价模型，其评价的结果多是具有可比性尺度或数量值。其中，对自然风景质量的视觉美评估技术已经比较成熟，目前较为公认的有专家学派、心理物理学派、心理学派和现象学派四大学派。

(一)专家学派

代表人物是林顿(R. B. H. Litton)。专家学派对于自然风景评价的研究，多年来一直居于统治地位，他们制定的风景质量评估系统已为许多官方机构所采用。专家学派认为，凡是符合形式美原则的风景(皆指自然风景)就具有较高的风景质量。因而，对风景的分析基于其线条、形体、色彩和质地四个要素，强调多样性、奇特性、协调统一性等形式美原则在风景质量分级中的主要作用。风景评价工作由少数专业人员来完成。专家学派的风景质量评价方法，突出表现为一系列的分类分级过程，其依据除了形式美原则外，还有生态学原则。

美国土地管理局的风景资源管理系统对于自然风景质量的评价堪称代表，其具体方法如下。

1. 规划风景类型

先选定 7 个风景质量因子进行分级评分(见表 7—1)，然后再将各单项因子的得分值相加作为风景质量总分值。

2. 评价亚型风景质量

根据山石地形、植被类型及水体形态的多样性，将风景质量划分为三个等级，即A级——特异风景，总分19分以上；B级——一般风景，总分12～18分；C级——低劣风景，总分0～11分。

表7—1 风景质量分级评价

评价因子	评价分级标准和评分值		
地形	断崖、顶峰或巨大露头之高而垂直的地形起伏；强烈的地表变动或高度冲蚀之构造（包括主要的劣地或沙地）；具支配性、非常显眼而又有趣的细部特征（如冰河等）(5)	险峻的峡谷、台地、孤丘、火山丘和冰丘；有趣的冲蚀形态或地形变化；虽不具支配性，但仍存在具趣味性的细部特征(3)	低而起伏之丘陵、山麓小丘或平坦之谷地，有趣的细部景观特征稀少或缺乏(1)
植物	植物种类、构造和形态上有趣且富于变化(5)	有某些植物种类的变化，但仅有一两种主要形态(3)	缺少或没有植物的变化或对照(1)
水体	干净、清洁或白瀑状之水流，其中任何一项都是景观上的支配因子(5)	流动或平静的水面，但并非景观上的支配因子(3)	缺少，或虽存在但不显目(1)
色彩	丰富的色彩组合；多变化或生动的色彩；岩石、植物、水体或雪原的愉悦对比(5)	土壤、岩石和植物之色彩与对比具有一定程度的强度的变化，但非景观之支配因子(3)	微小的颜色变化；具对比性或尚有趣；一般而言都是平淡的色调(1)
邻近景观之影响	邻近之景观大大地提升视觉美感质量(5)	邻近之景观一定程度地提升视觉美感质量(3)	邻近景观对于整体视觉美感质量只有少许或没有影响(1)
稀有性	仅存性种类、非常有名或区域内非常稀少；具观赏野生动物和植物花卉的一致机会(6)	虽然和区域内某些东西有相似之处，但仍是特殊的(2)	在某立地环境内具趣味性，但在本区域内非常普遍(1)
人为改变	未引起美感上的不愉悦或不和谐；或修饰有利于视觉上的变化性(2)	景观被不和谐干扰，质量有某些减损，但非很广泛而使景观质量完全抹杀或修饰，只对本区增加少许视觉之变化或根本没有(0)	修饰过于广泛，致使景观质量大部丧失或实质上降低(—4)

资料来源：保继刚、楚义芳，《旅游地理学》（修订版），高等教育出版社，1999

(二)心理物理学派

代表人物为施罗德(H. W. Schreoeder)、丹尼尔(T. C. Oanial)和布雅夫(G. J. Bnbyoff)。该学派把风景与风景审美理解为一种刺激—反应的关系，将心理物理学的信号检测方法引用到风景质量评价中，通过检测公众对风景的审美态度获得一个反映风景质量的量表，然后将该量表与风景组成成分之间建立起数学关系。心理物理学派的基本思想是：①人类具有普遍一致的风景审美观，可以将这种普遍的、平均的审美观作为风景质量的衡量标准；②人们对于自然风景质量的评估(审美评判)，是可以通过风景的自然要素来定量表达的；③风景审美是风景(客体)和人(主体)之间的一种作用过程，风景质量评估实质是指建立反映这一作用关系的定量模型。

评价模型操作可分四个步骤进行：一是测量公众的平均审美态度，以照片或幻灯片作为工具获得公众对所展示风景的美感评价；二是确定所展示风景的基本要素；三是建立风景质量与风景的基本成分间的相关模型；四是将建立的数学模型用于同类风景的质量评估。

(三)心理学派

又称认知学派，代表人物为卡普兰(S. Kaplan)、吉布利特(Gimblett)和布朗(T. Brown)。该学派把风景作为人的生存空间、认识空间来研究，强调风景对人的认识作用在情感上的影响，试图用人的进化过程及功能需要来解释人对风景的审美过程。20 世纪 70 年代中期，环境心理学家卡普兰(S. Kaplan)夫妇以进化论为前提，从人的生存需要出发，提出了风景信息的观点，逐步完善了风景审美理论模型。他们认为，人在风景审美过程中，既注重风景中那些易于辨识和理解的特性，又对风景中蕴藏的具神秘感的信息感兴趣。因此，具有这两种特性或信息的风景的质量就高。

(四)现象学派

又称经验学派，代表人物为洛温撒尔(Lowenthal)。该学派把人在风景审美评判中的主观作用提高到了绝对高度，它把人对风景的审美评判看作人的个性和其文化历史背景、志向与情趣的表现。现象学派的研究方法，一般是考证文学艺术家们关于风景审美的文学、艺术作品，考察名人的日记等，以此来分析人与风景的相互作用及某种审美评判所产生的背景。此外，也通过心理测量、调查、访问等形式，记述现代人对具体风景的感受和评价。但这些调查不是简单地评价风景优劣，而是详细描述自己个人经历及关于某风景的感受，以此分析某风景价值所产生的环境与背景。因此，严格来说，现象学派的方法和研究结论往往不能为风景评价学者直接应用，实用价值较小。

三、国内主要的定性评价方法

(一)“三三六”评价方法

由卢云亭提出。“三三六”是指三大价值、三大效益、六大条件。三大价值指旅游资源的历史文化价值、艺术观赏价值、科学考察价值;三大效益指旅游资源开发之后的经济效益、社会效益、环境效益;六大开发条件指旅游资源所在地的地理位置和交通条件、景象地域组合条件、旅游环境容量、旅游客源市场、投资能力、施工难易程度六个方面。

1. 三大价值

(1)历史文化价值

属于人文景观旅游资源范畴。评价历史古迹,主要要看它的类型、年代、规模和保存状况及其在历史上的地位。

(2)艺术观赏价值

主要指客体景象艺术特征、地位和意义。自然风景的景象属性和作用各不相同。其种类愈多,构成的景象也愈加丰富多彩。主景、副景的组合,格调和季相的变化,对景象艺术影响极大。若景象中具有奇、绝、古、名等某一特征或数种特征并存,则旅游资源的景象艺术水平就高,反之则低。

(3)科学考察价值

指景物的某种研究功能,在自然科学、社会科学和教学上各有什么特点,能否为科教工作者、科学探索者和追求者提供现场研究场所和实证。我国有许多旅游资源在世界具有很高的科学考察价值,获得了中外科学界的赞誉。

2. 三大效益

(1)经济效益

主要包括风景资源利用后可能带来的经济收入。其评估必须实事求是,不能夸大和缩小,因为它是旅游区开发可行性研究的重要内容。

(2)社会效益

指对人类智力开发、知识储备、思想教育等方面的功能,它可以给游人哪些知识、赋予何种美德,这些都需要进行科学的评价。

(3)环境效益

指旅游资源的开发,是否会对环境和资源本身带来破坏。可以通过综合考察,分析各种利弊条件,对旅游区的环境效益做出评估。

3. 六大条件

(1)地理位置及交通条件

这是确定旅游区开发规模、选择路线和利用方向的重要因素之一。它不仅影响旅游区的可进入性，而且影响客源市场。

(2)景象地域组合条件

这是评价旅游资源的又一重要指标。风景名胜固然驰名，但地域组合分散，景点相距遥远，或位置偏僻，交通不便，可进入性差，就大大降低了它的旅游价值，也影响了它的开发程序。评价景观的地域组合，还有一个重要任务，是区分主体景观类型和非主体景观类型。一个旅游区，是由许多相互关联的景观要素构成的，其中一些要素为主景要素，即对旅游区景观特色具有某种特殊的吸引力和感染力；另外一些要素则起衬托、辅助作用。评价时，要突出对主景和特色评价，同时顾及辅助性景观。在评价景观要素的组合变化时，特别要注意两点：一是自然和人文资源的互补性。一般来说，自然资源是基础，人文资源大部分是可再生的或可创造的。二是要素的协调程度。正是千变万化的组合，体现了地方风貌，形成了旅游地的个性，如松、石、云、泉融为一体的"黄山四绝"等。

(3)旅游环境容量

旅游环境容量，是指开发地的容人量和容时量。旅游区面积所容纳的游人数，为容人量，它是旅游区的用地、设施和投资规模在设计时的依据。容时量是指旅游区游览所需要的基本时间，它体现了旅游区的游程 、内容、景象、布局和建设时间等内容。

(4)旅游客源市场

客源数量是维持和提高旅游区经济效益的重要因素，没有最低限度的游人，风景资源再好也难以开发。

(5)投资能力

旅游资源的开发需要大量资金的持续投入，旅游区的社会经济环境、经济发展战略以及给予投资者的优惠政策等因素都直接影响投资者的开发决策。

(6)施工难易程度

旅游资源的开发，还要考虑到项目施工的难易程度和工程量的大小。它取决于工程建设条件，如地质、水文等自然条件和基本供应设施条件，包括设施的建设条件、食品供应条件、建筑材料条件等。旅游地的施工方案，须经过充分的经济技术论证，提出每一项工程的建设技术指标。只有合理地评估施工条件，才能既不浪费资金，又有可行性的施工效益。

(二)资源与环境综合评价法

即"六字"、"七标准"，该方法是由上海市社会科学研究院的黄辉实提出的，主要从旅游资源自身和旅游资源环境两个方面进行评价。

1.旅游资源自身

采用六字标准，即指美、古、名、特、奇、用。美是指旅游资源给人的美感，如从色彩、形状、规模、听觉等方面给人以愉悦的感觉;古是指旅游资源是否具有悠久的历史,一般来说,旅游资源经历的历史事件越长就越具有价值;名是指旅游资源是否是高知名度的事物或与名人有关的事物,如比萨斜塔、长城等;特是指旅游资源是否是特有的、别处没有的或少见的稀缺资源,如四川的大熊猫、西安的兵马俑;奇是指旅游资源能否给人以新奇之感,如峨眉山佛光、浙江海盐的日月并升等;用是指旅游资源是否具有应用价值,如温泉等。此外,他还认为旅游资源开发的成本虽属开发问题,但在评价旅游资源时,对单位成本、机会成本、影子成本、社会定向成本等也要有大致的估计。

2.旅游资源环境

采用七项标准,具体为季节性、环境污染状况、与其他旅游资源之间的联系性、可进入性、基础结构、社会经济环境、客源市场七个方面进行评价。

除一般体验性评价和美感质量评价外,近年来不少专家学者在原有方法的基础上,还提出了一些新的定性评价的方法,如北京旅游学院科研室提出的"八、六、五"评价法等。由于定性评价的描述对象不同,虽然简便易行,但所用的标准差别很大,往往要求评价者自己根据旅游资源的实际情况去加以创造,且因个人意见的局限性而常常带有主观色彩,故运用此类评价方法必须遵循以下三个原则。

(1)实事求是的原则

即对旅游资源的价值作用必须如实、科学地评估,既不夸大,也不缩小,力求做到恰如其分,通常采用区际间项目比较方法。

(2)高度概括的原则

定性评价是以大量第一手资料为基础的,因此评语不能太细,力求以明确、简练的描述,概括出区域旅游资源的价值、特点和功能。

(3)力求数据的原则

定性评价虽不属定量评价,但在评价中要尽可能减少主观色彩,尽量向定量、半定量评价倾斜,努力使定性评价实现数据化。

(三)吸引力、开发条件、效益三项评价方案

1.吸引力评价

包括观赏价值(美、独特、新奇程度等)、文化价值、科学价值、观赏内容、环境评价、季节要素、特殊价值(土特产品)和环境容量八个子项目。

2.开发条件评价包括地区经济条件、可进入性、依托城市、通信条件、地方积极性和已有服务设施情况六个子项目。

3.效益评价

包括投资与收入、客源预测和社会效益。

第三节　旅游资源的定量评价方法

旅游资源定量评价是通过统计、分析、计算，用具体的数量来表示旅游资源及其环境等级的方法。数量化是现代科技发展的趋势，定量评价较之定性评价，结果更直观、更准确。一般又分为单因子评价和综合评价两个方面。

一、旅游资源的技术性评价

（一）技术性的单因子定量评价

对旅游资源进行充分的技术性评价，是旅游区在规划和开发过程中必不可少的重要环节。该评价方法是评价者在进行旅游资源评价时，针对旅游资源的旅游功能，集中考虑某些起决定作用的关键因素，如美感、地貌、水体、植被、气候等，并对这些因素进行适宜评价或优劣评判。此种评价的基本特点是运用了大量的技术性指标。它一般只限于对自然景观旅游资源的评价，对于开展专项旅游的旅游区，如登山旅游区、滑雪旅游场、海水浴场等尤为适用。针对不同的评价对象，目前较为成熟的方法有海滩的评价（Georgulas，1970）、地形适宜性的评价（日本洛克计划研究所，1980）、旅游湖泊评价（王家峻，1988）、海水浴场的评价（日本东急设计咨询公司）、康乐气候分析或气候的适宜性评价（刘继韩，1988）、滑雪旅游资源的评价（美国）、溶洞的评价（陈诗才，1993）等。

1.地形适宜性评价

一般来说，地形因素对运动型的旅游活动至为重要，是关键的旅游资源因子。地形对于风景观赏也有影响。但地形的崎岖、陡峭给旅游者移动带来的困难常能借助人工设施（如缆车）来解决，而地形的这种特殊性本身却能提高风景的美感。各种运动类型的旅游活动对地形的倾斜程度（坡度）都有较严格的要求，如滑雪要求的坡度必须在35°以下，但滑雪区缓坡（10°以下）占的面积太大，又会影响滑雪者的体验水准，吸引不了大量的滑雪者，详见表7－2。

各种旅游活动对于地形的要求，成为评估地形适宜性的衡量标准。

（1）作为环境因素

不同地形对旅游环境有影响，平原有利于交通干线和酒店选址，山区地质灾害则影响旅游。

（2）作为各种景区（自然风景）的基础（载体/有关旅游活动的场所）

可以提供不同的印象，有些旅游活动必须依赖一定的地形条件，如登山要有一定高度的山峰。

(3)作为资源

可以直接造景。

表 7—2 地形与适宜的旅游项目

地形坡度	适宜的旅游项目
≥40°	狩猎、攀登、缆车、眺望、游览、滑沙、滑草、升降梯、索道、栈道、蹦极
30°～40°	登山、滑雪、漂流、滑草、荡索、滑翔伞、狩猎
20°～30°	徒步旅行、滑雪、散步、漂流
10°～20°	野外赛跑、障碍赛跑、散步、漂流、滑水、溜索
5°～10°	自行车、畜力车、漂流、娱乐、野炊、野餐、野营、溜索、滑板
0°～5°	帆船、冰帆、滑板、海水浴、沙浴、器械娱乐

2. 气候适宜性评价

气候是影响旅游者旅游消费行为的重要因素。各气候要素对人体的生理影响是综合性的，不同气候要素状况的组合对人体产生不同的生理影响。同一气温状况下，只要空气的相对湿度变化，人体的温度感觉就不一样。同一温度下，风速不同，人体的温度感觉也不相同。气候对旅游的影响主要如下。

(1)作为旅游资源

影响旅游区的布局。

(2)作为环境条件

影响旅游流的分布和时间，影响旅游者的观赏效果和舒适程度。

奥利弗(J. E. Oliver，1987)曾提到用温度—湿度指数值(舒适指数)和风—温度指数值(风寒指数)来评价气候对人体的影响(刘继韩，1989)。

$$THI = Td - 0.55(1 - RH)(Td - 58)$$

式中，THI 为温度—湿度指数值；Td 为干球温度；RH 为空气的相对湿度。

研究表明，THI 在 60～65 时，大多数人感觉舒适；THI 为 75 时，至少有一半人感觉不舒适；而 THI 在 78 以上时，几乎所有人都感觉不舒适。

$$K_0 = (100V + 10.45 - V)(33 - ta)$$

式中，K_0 为不考虑人体皮肤蒸发，完全遮阴情况下空气的总冷却率($J/m^2 \cdot h$)，V 为风速(m/s)；ta 为气温(℃)。风寒指数(K_0)是考虑到风加速人体皮肤与周围空气的热交换而提出来的。在白昼，人体由于太阳的照射可获得辐射热补偿，从而减少人体的热损失。

特吉旺(1966)在美国大陆生理气候的评估中,设计两个评价指数——舒适指数和风效指数。舒适指数指人们对周围空气环境感觉舒服的程度。用气温和相对湿度的不同组合来表示。通过用月均最高温、月均最小相对湿度、月均最低温、月均最大相对湿度四个指标查图可得。

舒适指数的应用:

①根据多数人的感觉,特吉旺把气温和相对湿度的不同组合分为 11 类(见表 7—3)。

表 7—3　舒适指数分级表

代号	−6	−5	−4	−3	−2	−1	0	+1	+2a	+2b	+3
大多数人的感觉	极冷	非常冷	很冷	冷	稍冷	凉	舒适	暖	热	闷热	极热

②根据气温和相对湿度,查舒适指数列线图,获得舒适指数(见图 7—1)。

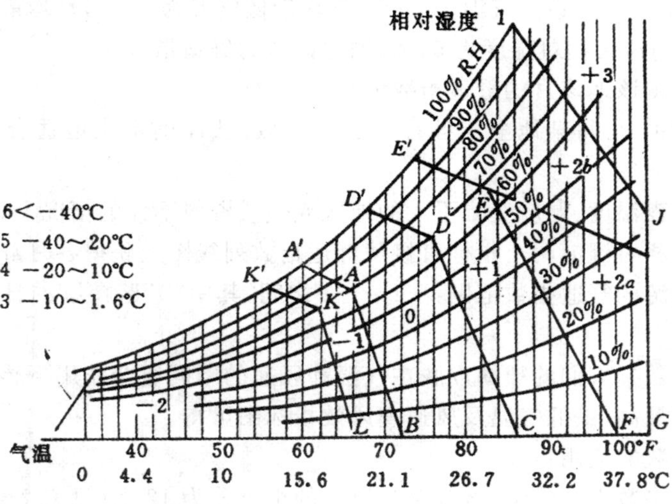

图 7—1　舒适指数列线图

③通常采用月平均最高气温和月平均最小相对湿度(表示白昼)以及月平均最低气温和月平均最大相对湿度(表示夜间)四个指标,在舒适指数列线图上查得昼、夜的舒适指数,再从表 7—4 中查出涵盖昼夜状况的舒适指数。

表 7—4　舒适指数

昼夜	+3	+2b	+2a	1	0	−1	−2	−3	−4	−5	−6
+2b	EH1	S1	—	—	—	—	—	—	—		
−+2a	EH2	S2	H1	—	—	—	—	—	—	—	—

续表

昼夜	+3	+2b	+2a	1	0	−1	−2	−3	−4	−5	−6
+1	EH3	S3	H2	W1	—	—	—	—	—	—	—
0	EH4	S4	H3	W2	M1	—	—	—	—	—	—
−1	EH5	S5	H4	W3	M2	C1	—	—	—	—	—
−2	—	—	H5	W4	M3	C2	K1	—	—	—	—
−3	—	—	—	—	M4	C3	K2	CD1	—	—	—
−4	—	—	—	—	—	—	K3	CD2	VC1	—	—
−5	—	—	—	—	—	—	—	CD3	VC2	EC1	
−6	—	—	—	—	—	—	—	—	VC3	EC2	UC1
符号	EHi	Si	Hi	Wi	Mi	Ci	Ki	CDi	VCi	EUCi	UCi
意义	极热	闷热	热	暖	舒适	凉	稍冷	冷	稍冷	非常冷	极冷

例：如某地月均最高气温为 26℃，月均最低气温为 18℃，月均最小相对湿度为 30%；月均最大相对湿度为 50%，测定该地的舒适指数。

查图表得该地该月的舒适指数为 0。

以此类推，可得某地全年各月的舒适指数，从而确定该地适合旅游的季节长短。

④如昼夜温度、湿度变幅不大的地区或气候资料不详的情况下，可通过月均气温和月均相对湿度两个指标直接从舒适指数列线图上获得各月舒适指数。

适于旅游的舒适指数范围：+1～−1 之间，其中"0"区持续的日期为最佳旅游季节。

风效指数指人们的裸露皮肤在气温和风速的不同组合作用下感觉冷暖的程度。用月均最高、最低气温及风速查风效指标图可得。

风效指数的应用：

①根据多数人的感觉，将气温与风速的组合分为 12 类（见表 7—5）。

表 7—5 风效指数分级表

符号	4.18KJ/(m^2 · h)	大多数人的感觉	符号	4.18KJ/(m^2 · h)	大多数人的感觉
−h	<−1400	外露皮肤冻伤	−b	−200～−300	舒适风
−g	−1200～−1400	极冷风	−a	−50～−200	暖 风
−f	−1000～−1200	很冷风	n	+80～−50	不明显风
−e	−800～−1000	冷 风	a	+160～+80①	热 风
−d	−600～−800	稍冷风	b	+160～+80②	不舒适热风
−c	−300～−600	凉 风	c	>+160③	非常不舒适热风

注：①气温 30℃～32.7℃；②气温>32.8℃；③气温>35.6℃；

②根据气温和风速，查风效指数列线图，获得风效指数(见图 7—2)。

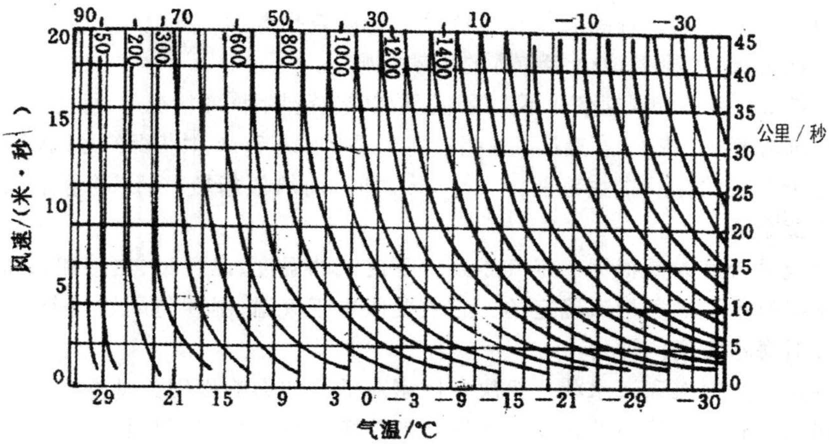

图 7—2 风效指数列线图

③通过月平均的最高气温(表示白昼)和最低气温(表示夜间)及风速三项指标，从风效指数列线图上查出风效指数的昼、夜值，再从表 7—6 中得出涵盖昼夜的风效指数。

表 7—6 风效指数

昼夜	c	b	a	n	—a	—b	—c	—d	—e	—f	—g	—h
—a	c1	b1	A1	n1	—a1	—	—	—	—	—	—	—
—b	c2	b2	A2	n2	—a2	—b1	—	—	—	—	—	—
—c	c3	b3	a3	n3	—a3	—b2	—c1	—	—	—	—	—
—d	—	b4	a4	n4	—a4	—b3	—c2	—d1	—	—	—	—
—e	—	—	—	—	—a5	—b4	—c3	—d2	—e1	—	—	—
—f	—	—	—	—	—	—	—c4	—d3	—e2	—f1	—	—
—g	—	—	—	—	—	—	—	—d4	—e3	—f2	—g1	—
—h	—	—	—	—	—	—	—	—	—	—f3	—g2	—h1
符号	ci	bi	ai	ni	—ai	—bi	—ci	—di	—ei	—fi	—gi	—hi
意义	非常不舒适热风	不舒适热风	热风	不明显风	暖风	舒适风	凉风	稍冷风	冷风	很冷风	极冷风	冻伤

例：如某地月均最高气温 21℃，月均最低气温为 9℃，月均风速 5 米/秒。测定该地的风效指数。查图表得该地该月综合风效指数为 C2(凉风)。

以此类推，可得某地全年各月的风效指数。

④如昼夜温差和风速变化不大的地区或气候资料不详的情况下，可通过月均气温和月均风速两个指标，直接从风效指数列线图上和表 7—6 中获得各月风效指数。

适于旅游的风效指数范围：—a～—c 之间，而风效指数“—b”的舒适风期为最佳旅游季节。

气候是否宜人是根据一定气压条件下皮肤的温度、出汗量、热感和人体热量调节系统所承受的负担来确定的。它主要取决于气温、湿度与风效三个指标。

3. 对海水浴场的评价

主要考虑海滩和海水状况等决定因素对活动的影响程度。日本东急设计咨询公司在为我国台湾南部垦丁景区制定的旅游开发规划中，曾提出如表 7—7 的海水浴场评价的技术指标。

表 7—7　海水浴场评价标准(日本)

序号	资源项目	符合要求的条件	附注
1	海滨宽度	30m～60m	实际总利用宽度 50m～100m 左右
2	海底倾斜	1/10～1/60	倾斜度愈低愈好
3	海滩倾斜	10/1～1/50	倾斜度愈低愈好
4	流速	游泳对流速要求在 0.2～0.3m/s， 极限流速 0.5m/s5	无离岸流之类局部性海流
5	波高	符合游泳要求的波高为 0.3m 以下	
6	水温	23℃以上	不超过 30℃，但愈近 30℃愈好
7	气温	23℃以下	
8	风速	5m/s 以下	
9	水质	透明度 0.3m 以上，COD 为 2ug/g 以下，大肠菌数 1000MPN/100ml 以下，油膜肉眼难以辨明	
10	地质粒径	没有泥和岩石	愈细愈好
11	有害生物	不能辨认程度	
12	藻类	在游泳区域中不接触身体	
13	危险物	无	
14	浮游物	无	

注：表中海滨意为海滩。

资料来源：保继刚、楚义芳，《旅游地理学》(第三版)，高等教育出版社，2012

表 7—8 为美国的海水浴场适宜性评估。

表 7—8　海水浴场适宜性评估(美国)

决定因素	评估标准及计分		
水质	清澈　(5)	混浊　(4)	污染　(1)
危险性	无　(5)	有一点　(4)	有一些　(1)
水温	>22.2℃　(5)	19.4～22.2℃　(4)	<19.4℃　(1)
颜色与浑浊度	清明　(3)	稍浑浊　(2)	浑浊　(1)
风	全季适宜　(3)	>1/2 季适宜　(2)	<1/2 季适宜　(1)
1.5m 深水域(距海岸线)	>30.5m　(3)	15.25～30.5m　(2)	9.15～15.25m　(1)
* 海滩状况	良好　(5)	一般　(4)	差　(1)

注：分等：A＝26～29，B＝21～25，C＝13～20。

良好级：坡度低于 10%，海岸平滑，稳定性好，障碍物少且易移除；一般级与差级，依次类推。

* 包括坡度、平滑、稳定性、障碍性。

资料来源：保继刚、楚义芳，《旅游地理学》(修订版)，高等教育出版社，1999

4. 滑雪旅游资源的评价

美国土地管理局制定的土地供游憩活动适宜性评估系统中，对于滑雪旅游资源的技术性评估选用雪季长短、积雪深度、干雪保留时间、海拔、坡度、气温、风力等 7 个资源因素实行分级评价，并按四级评分，最后再按要素评分总和值将滑雪旅游资源分为三等。具体评分分等方法见表 7—9。

表 7—9　滑雪旅游资源的技术性评估(美国)

决定因素	评估标准与计分			
雪季长短	6 个月 (6)	5 个月 (5)	4 个月 (4)	3 个月 (2)
积雪深度	>1.22m (6)	0.92m～1.22m (4)	0.61m～0.92m (2)	0.305m 以下 (1)
干雪	3/4 季节时间(4)	1/2 季节时间 (3)	1/4 季节时间 (2)	0 季节时间 (1)
海拔	>762.5m (6)	457.5m～762m (4)	152.5m～157.5m (2)	45.75m～152.5m (1)
坡度	很好 (4)	好 (3)	一般 (2)	差 (1)
温度	>10℃ (3)	－17.8～6.7℃ (2)	<－17.8℃ (1)	—
风力	轻微 (4)	偶尔变动 (3)	偶尔偏高 (2)	易变 (1)

注：分等：A＝29～23，B＝21～28，C＝8～20。

坡度：最理想的坡度须兼具下列三等坡度：①初等坡度(10%～20%)占全区的 15%～25%；②中等坡度(20%～35%)占全区的 25%～40%；③高等坡度(35%～65%)占全区的 30%～40%。

资料来源：保继刚、楚义芳，《旅游地理学》(修订版)，高等教育出版社，1999

(二)综合性多因子定量评价法

此种方法是在考虑旅游资源所在区域的特定空间的多因子基础上，运用一些数学方法，通过建模分析，对区域旅游资源及其环境和开发条件进行综合评价。评价的结果为数量化的指标数值，便于对不同地区旅游资源的评价结果进行比较。现有的综合性多因子评价方法很多，如层次分析法（A. L. Saaty，1970；保继刚，1989），指数表示法（佛朗哥·佛·费拉里奥，楚义芳，1989），综合评分法（魏小安，1984；路紫），模糊数学评价法（杨汉奎，1987），价值工程法（罗成德），综合价值评价模型法（李功阳，丁文魁，1986），旅游地综合评估模型，以及《旅游资源分类、调查与评价》国家标准（GB/T18972－2003）中的共有因子评价法等。以下就指数表示法和中国观赏性旅游地评价模型作简要介绍。

1. 指数表示法

一般分三步进行。

第一步，对旅游资源的开发利用现状、吸引能力及外部区域环境进行定量分析。

第二步，调查分析旅游的需求，主要包括旅游需求量、旅游者的人口构成、平均逗留时间、旅游消费趋向、旅游需求构成，以及需求的节律性等。

第三步，总评价的拟定，建立表达旅游资源特质、旅游需求与旅游资源之间关系的若干量化模型。公式为：

$$E = \sum^{n} F_i M_i V_i$$

式中：E——旅游资源评价指数；

F_i——第 i 项旅游资源在全体旅游资源中的权重；

M_i——第 i 项旅游资源的特质和规模指数；

V_i——旅游者对 i 项旅游资源的需求指数；

n——旅游资源总数。

2. 国家标准规定的综合打分评价方法

《旅游资源分类、调查与评价》国家标准（GB/T18972－2003）中的共有因子评价法从实践应用的角度对我国旅游资源的评价进行了最新总结，既相对科学合理，又简单易行，适用于自然景观旅游资源和人文景观旅游资源的评价，值得推广应用。

该评价主要包括以下几个方面。

（1）总体要求

①按照本标准的旅游资源分类体系对旅游资源单体进行评价。

②本标准采用打分评价方法。

③ 评价主要由调查组完成。

(2)评价体系

①本标准依据“旅游资源共有因子综合评价系统”赋分。

②本系统设“评价项目”和“评价因子”两个档次。

③评价项目为“资源要素价值”、“资源影响力”、“附加值”。其中,“资源要素价值”项目中含“观赏游憩使用价值”、“历史文化科学艺术价值”、“珍稀奇特程度”、“规模、丰度与几率”、“完整性”等 5 项评价因子;“资源影响力”项目中含“知名度和影响力”、“适游期或使用范围”等 2 项评价因子;“附加值”含“环境保护与环境安全”1 项评价因子。

(3)计分方法

基本分值,评价项目和评价因子用量值表示。

资源要素价值和资源影响力分值为 100 分,其中“资源要素价值”为 85 分,分配如下:“观赏游憩使用价值”30 分、“历史科学文化艺术价值”25 分、“珍稀或奇特程度”15 分、“规模、丰度与几率”10 分、“完整性”5 分;“资源影响力”为 15 分,“知名度和影响力”为 10 分、“适游期或使用范围”为 5 分;附加值中“环境保护与环境安全”,分正分和负分。每一评价因子分为 4 个档次,其因子分值相应分为 4 档。旅游资源评价赋分标准见表 7－10。

①计分。根据对旅游资源单体的评价,得出该单体旅游资源共有综合因子评价赋分值。

②确定旅游资源评价等级指标。依据旅游资源单体评价总分,将其分为五级。从高级到低级为:

五级旅游资源,得分值域≥90 分。

四级旅游资源,得分值域≥75～89 分。

三级旅游资源,得分值域≥60～74 分。

二级旅游资源,得分值域≥45～59 分。

一级旅游资源,得分值域≥30～44 分。

此外还有:未获等级旅游资源,得分≤29 分。

五级旅游资源称为“特品级旅游资源”;五级、四级、三级旅游资源通称“优良级旅游资源”;二级、一级旅游资源通称“普通级旅游资源”。

表 7—10 旅游资源评价赋分标准

评价项目	评价因子	评价依据	赋值
资源要素价值（85 分）	观赏游憩使用价值（30 分）	全部或其中一项具有极高的观赏价值、游憩价值、使用价值	30～22
		全部或其中一项具有很高的观赏价值、游憩价值、使用价值	21～13
		全部或其中一项具有较高的观赏价值、游憩价值、使用价值	12～6
		全部或其中一项具有一般观赏价值、游憩价值、使用价值	5～1
	历史文化科学艺术价值（25 分）	同时或其中一项具有世界意义的历史价值、文化价值、科学价值、艺术价值	25～20
		同时或其中一项具有全国意义的历史价值、文化价值、科学价值、艺术价值	19～13
		同时或其中一项具有省级意义的历史价值、文化价值、科学价值、艺术价值	12～6
		历史价值、或文化价值、或科学价值，或艺术价值具有地区意义	5～1
	珍稀奇特程度（15 分）	有大量珍稀物种，或景观异常奇特，或此类现象在其他地区罕见	15～13
		有较多珍稀物种，或景观奇特，或此类现象在其他地区很少见	12～9
		有少量珍稀物种，或景观突出，或此类现象在其他地区少见	8～4
		有个别珍稀物种，或景观比较突出，或此类现象在其他地区较多见	3～1
	规模、丰度与几率（10 分）	独立型旅游资源单体规模、体量巨大；集合型旅游资源单体结构完美、疏密度优良；自然景象和人文活动周期性发生或频率极高	10～8
		独立型旅游资源单体规模、体量较大；集合型旅游资源单体结构很和谐、疏密度良好；自然景象和人文活动周期性发生或频率很高	7～5
		独立型旅游资源单体规模、体量中等；集合型旅游资源单体结构和谐、疏密度较好；自然景象和人文活动周期性发生或频率较高	4～3
		独立型旅游资源单体规模、体量较小；集合型旅游资源单体结构较和谐、疏密度一般；自然景象和人文活动周期性发生或频率较小	2～1

续表

评价项目	评价因子	评价依据	赋值
资源要素价值（85 分）	完整性（5 分）	形态与结构保持完整	5～4
		形态与结构有少量变化，但不明显	3
		形态与结构有明显变化	2
		形态与结构有重大变化	1
资源影响力（15 分）	知名度和影响力（10 分）	在世界范围内知名，或构成世界承认的名牌	10～8
		在全国范围内知名，或构成全国性的名牌	7～5
		在本省范围内知名，或构成省内的名牌	4～3
		在本地区范围内知名，或构成本地区名牌	2～1
	适游期或使用范围（5 分）	适宜游览的日期每年超过 300 天，或适宜于所有游客使用和参与	5～4
		适宜游览的日期每年超过 250 天，或适宜于 80%左右游客使用和参与	3
		适宜游览的日期超过 150 天，或适宜于 60%左右游客使用和参与	2
		适宜游览的日期每年超过 100 天，或适宜于 40%左右游客使用和参与	1
附加值	环境保护与环境安全	已受到严重污染，或存在严重安全隐患	～5
		已受到中度污染，或存在明显安全隐患	～4
		已受到轻度污染，或存在一定安全隐患	～3
		已有工程保护措施，环境安全得到保证	3

资料来源：《旅游资源分类、调查与评价》(GB/T18972－2003)

3.层次分析法

这是现代数学提供的一种简易决策方法，最早由美国运筹学家 A. Z. Saaty 提出，是将复杂的问题分解成若干层次，在比原问题简单的多的层次上逐步分析，将人的主观判断用数量形式表达出来。

层次分析法首先是对所研究问题的各种影响因素进行归类和层次划分，确定出属于不同层次和不同组织水平的各影响因素之间的相互关系。在总目标（最高层）之下划分出准则层、约束层以及决策层等，不同层次间的因素便构成多目标决策树，然后对决策树中的总目标及子目标（准则、约束等）分别建立反映影响因素之间关系的判断矩阵。

旅游资源评价一般涉及的内容较多,如旅游资源的价值,旅游景点的规模,旅游开发条件等。对这些指标进行量化,困难很大,因此可以按重要性进行排序,采用层次分析法确定这些指标的权重。

基本步骤:

①对旅游资源的各种影响因素进行归类和层次划分,确定出属于不同层次和不同组织水平的各因素间的相互关系,构建成旅游资源的多目标决策树。

②对决策树中各层次,分别建立反映其影响因素之间关系的判断矩阵。通常是应用特尔菲法,邀请专家以填表方式,按同等重要、稍重要、重要、明显重要、极端重要等判断级别,各自以 1、3、5、7、9,或其倒数作为量化标准,对同一层次中的各因素间相对于上一层次的某项因子的相对重要性给予判断,获得判断矩阵的取值。

③在计算机上进行整理、综合、计算和检验,得到旅游资源评价综合层、评价项目层和评价因子层的排序权重及位次。

在具体进行旅游资源评价时,则从最基础的评价因子层着手打分,最后将评价因子的得分汇总,便可得到旅游资源的终极评价。

旅游资源定量评价模型树如图 7—3 所示。

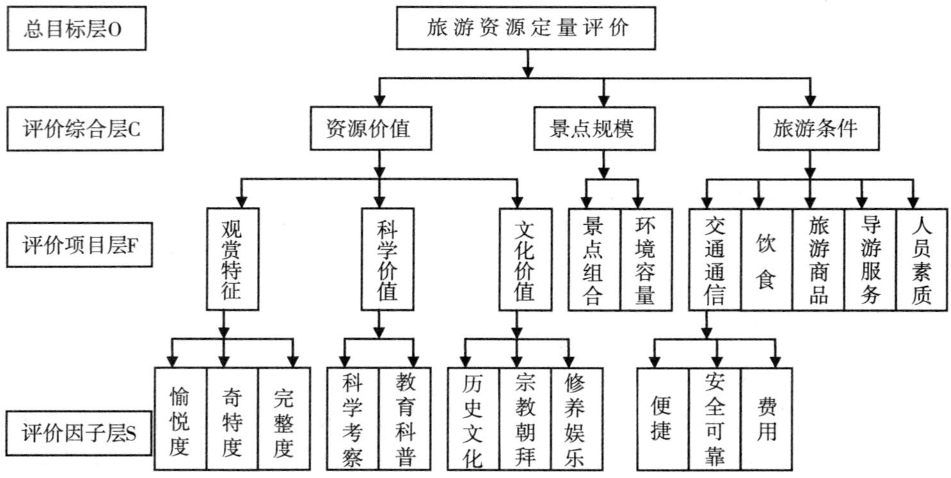

图 7—3 旅游资源定量评价模型树

4. 价值工程法

指将价值工程原理运用到旅游资源评价之中的一种方法。所谓价值工程是 20 世纪 40 年代所兴起的一种现代管理方法,核心在于分析系统的功能,着眼点侧重于旅游资源的功能属性。

该方法论的评价过程如下。

首先，对影响旅游资源功能的因素进行分解其，主要包括：A 自然因素、B 人文因素、C 景区规模因素、D 旅游条件、E 旅游环境质量、F 物产、G 其他。

旅游资源功能因素
- A. 自然因素（A_1、A_2、A_3…）
- B. 人文因素（B_1、B_2、B_3…）
- C. 景区规模因素（C_1、C_2、C_3…）
- D. 旅游条件（D_1、D_2、D_3…）
- E. 旅游环境质量（E_1、E_2、E_3…）
- ⋮

第二，对分解出来的各项功能因素进行评价计分。即对各项功能因素的因子在旅游资源当中的重要性打分，由低到高分别记 0～5 分，再将每一类影响功能因素的各因子的包得分进行汇总，得出每一类因素在旅游资源中的重要性（见表 7－11）。

表 7－11　功能评分平均数表

因素	A	B	C	D	E	F	G
得分	19.4	10.9	6.8	4.4	3.2	1.7	0

取 4 分以上作为主要的因素，其余的则作为次要因素，则从上表中可以看出，评价结果中 A、B、C、D 为主要因素，E、F、G 为次要因素，那么在对旅游资源评价时就针对主要因素进行评价。

第三，根据公式计算功能评价系数与各因素的标准分值（见表 7－12）。

功能评价系数＝某类因素得分数/各类因素得分之和

各类因素得分的标准分＝功能评价系数×100

表 7－12　主要因素功能评价系数和标准分数表

因素	A	B	C	D
评价系数	0.467	0.263	0.164	0.106
标准分数	46.7	26.3	16.4	10.6

第四，将各类因素的标准分按其内容各因子的得分比重分配，得到各因子的标准分。在对具体旅游资源进行评价时，依各类因素的因子进行评分，再将结果与各因子的标准分进行比较，就可以对旅游资源的功能进行评价（见表 7－13）。

表 7—13 标准分数计算结果一览表

因素	标准分	因素	标准分	乐山市	凉山洲
A	46.7	A_1	5.5	2.4	4.5
		A_2	14.0	10.5	8.8
		A_3	8.0	5.0	7.0
		A_4	6.0	5.1	3.5
		A_5	9.2	8.0	6.0
		A_6	4.0	3.5	2.2
B	26.3	B_1	14.0	10.5	8.3
		B_2	4.1	3.7	1.2
		B_3、B_4	4.2	1.8	3.6
		B_5	4.0	3.5	1.8
C	16.4			10.7	6.4
D	10.6			8.0	3.3
合计				72.7	56.5

引自:罗成德.层次分析法与价值工程法在旅游资源评价中的应用,《旅游地学研究与旅游资源开发》,四川科技出版社,1992

价值工程法虽然是一种综合性的量化评价模型,但在对旅游资源功能影响因素分解、对各因素因子的重要性评分时与人的主观评价有关,所以其评价结果必然存在一定的主观性。它与纯主观的评价方法相比无疑是一大进步,却仍然未完全摆脱主观的影响,是主客观相结合的一种评价方法。

第四节 旅游资源评价案例研究

一、甘肃省旅游资源基本特征评价

甘肃省地域辽阔,环境复杂,历史悠久,文化灿烂,自然景观与人文景观相映生辉,旅游资源极为丰富。这里自然风光别致,茫茫的大漠戈壁、奇特的黄土地形、广袤的绿色草原、茂密的原始森林、无数的珍稀动物、蜿蜒的九曲黄河和众多的湖泊水库共同构成了一幅雄浑壮美的画卷；这里是中华民族的发祥地之一，华夏始祖伏羲氏在此推八卦、授渔猎，周先祖公留率族人在此务耕种、行地宜，开创了五千年文明史的先河；作为我国古代最早开发的地域之一、东部通向西北的交通要道和著名的汉唐“丝绸之路”的必经之地，这里分布着数不胜数的文物古迹，堪称世界石窟艺术宝库的敦煌莫高窟、万里长城的最西端嘉峪关、以泥塑著称于世的天水麦积山石窟等便是其中的精华；建国以来，特别是改革开放以来，甘肃的现代化建设成就突出，也创造了诸多城乡风貌、现代设施旅游资源。与此同时，甘肃还是一个多民族聚居的地区，民俗风情淳朴浓郁，多姿多彩。独具魅力的甘南藏族风情、临夏回族风情、肃南裕固族风情和陇东汉族民俗，都令国内外游客流连忘返，如醉如痴。

（一）基本特征

1. 总量丰富，类型多样

截至 2012 年 6 月底，甘肃全省共拥有世界遗产 2 处，国家历史文化名城 4 座，全国重点文物保护单位 72 处，国家重点风景名胜区 3 处，国家级自然保护区 17 处，国家森林公园 23 处，国家地质公园 7 处，国家湿地公园、国家矿山公园和国家考古遗址公园立项各 1 处，国家 5A 级旅游景区 3 处。这充分说明甘肃旅游资源总量丰富，类型多样，堪称中国的旅游资源大省。

2. 人文景观博大精深，品位颇高

甘肃历史悠久，文化灿烂。这里是中华民族的发祥地之一和我国古代开发最早的地域之一，华夏始祖伏羲氏在此诞生，并造文字、创历法、绘八卦，开创了五千年文明史之先河；三千多年前，周先祖公留率族人在此务耕种、行地宜，那里的原始农业遂成为黄河流域农业文明的开端；战国、秦、汉、明等中国历代长城在甘肃境内均有大量遗存，且保存比较完整。甘肃曾是张骞出使西域、玄奘西天取经、成吉思汗南征北战和马可·波罗探险游历的必经之地，古代著名的汉唐“丝绸之路”东西横贯全境，绵延 1600 多公里，沿线留下了数不胜数的名胜古迹，记载着中外友好往来、人类文明发展的不朽历史，吸引着众多游客前往怀古揽胜。改革开放二十多年来，甘肃全力开发“丝绸之路”黄金旅游线路，如今，它已成为千里陇原广招海内外游客的一大品牌，武威雷台汉墓出土的“马超龙雀”更成为中国旅游的标志。甘肃还是一个多民族的地区，民族风情淳朴浓郁，宗教文化神秘非凡，独具魅力的甘南藏族风情和藏传佛教文化、临夏回族风情和穆斯林文化、肃南裕固族风情和陇东汉族民俗文化，都令国内外游客流连忘返，如醉如痴。与此同时，建国以来，特别是改革开放以来，甘肃的现代化建设成就突出，创造出了诸如“铜城”白银、“钢城”嘉峪关和刘家峡水电站、酒泉卫星发射基地和兰州黄河南北滨河路等一大批城乡风貌和现代设施旅游资源。

总之，甘肃是一个文化底蕴非常深厚的地方，以远古始祖文化、先秦文化、丝路文化、黄河文化、长城文化、民族风情和宗教文化为典型代表的人文景观是甘肃旅游资源的最大优势，也是它发展旅游产业的物质基础所在。以下仅以文物古迹和民族风情为例，作一简要阐述。

甘肃的文物古迹旅游资源极为丰富，其中又以石窟寺及石刻、古建筑、古遗址和近代革命胜迹在全国占有突出地位。

甘肃是中国的“石窟之乡”，拥有敦煌莫高窟、天水麦积山石窟、永靖炳灵寺石窟、安西榆林窟、肃南马蹄寺、泾川南石窟和庆阳北石窟等23处石窟。其中莫高窟是我国三大石窟艺术宝库之一，它始建于前秦建元二年（公元366年），后经历代增修，现存洞窟492个，壁画45000平方米，彩塑像2415尊，实为世界最大的佛教艺术宝库。麦积山石窟现存洞窟194个，保存着从4世纪末到19世纪间的泥塑和石雕佛像7200余身，壁画1300平方米，尤以泥塑艺术见长，被誉为“东方雕塑馆”。

甘肃著名的古建筑有安西锁阳城，嘉峪关城楼及悬壁长城，张掖大佛寺，武威文庙及海藏寺，兰州中山桥与鲁土司衙门，甘南拉卜楞寺和郎木寺，天水伏羲庙及胡氏民居、礼县祁山武侯祠等。其中嘉峪关城楼是举世闻名的万里长城西端起点，也是长城沿线保存最完整的一座关隘，建于明洪武五年（公元1372年），至今已有600多年的历史，因地势险要，巍峨宏伟而被称为“天下雄关”；张掖大佛寺内的睡佛是我国最大的室内卧佛；拉卜楞寺是藏传佛教格鲁派六大宗主寺院之一，规模宏大，华丽非凡；伏羲庙位于天水市，是我国目前规模最大、保存最完整的纪念上古“三皇”之一伏羲氏的明代建筑群，仪门、牌坊、月台、碑亭、主殿一应俱全且保存良好；而位于陇西的李氏堂，则是全国李姓的宗祖地，对于开发怀古访祖旅游作用显赫。

甘肃历年来所发现的古遗址有1000多处，几乎遍布全省每一个地、州、市。著名的有新、旧石器时代的大地湾文化、马家窑文化、齐家文化遗址和千百年来一直为后人名诗传颂的“两关”（即阳关、玉门关）遗址等。秦安县大地湾发掘的距今7800～4500年的新石器早期文化遗址，总面积达110万平方米，出土各类文物近9000件。其中七千年前的地画，五千年前的“混凝土”和一座建筑面积达450平方米的原始社会殿堂式建筑，系国内首次发现。它较完整地保存了仰韶文化早、中、晚各个时期的古人类遗址，具有极高的考古和文化价值。在最近评定的20世纪全国百项重大考古发现中名列第十二位，影响巨大。它的发现，不仅把华夏文明前推到了距今7800年，为研究仰韶文化的起源及文化多源说提供了新的证据和资料，也对探讨甘肃东部地区考古编年与序列有着现实意义。

甘肃曾是当年红军长征经过的地方，陇东又是抗战时期陕甘宁边区的一部分，各地保留有大量近代革命胜迹，如迭部俄界会议会址和腊子口战役遗址、宕昌哈达铺会议会址、通渭榜罗会议会址、会宁会师楼、高台西路军烈士陵园、华池陕甘边区政府旧址、兰州八路军办事处旧址等。它们为今天我们开展革命传统教育和红色文化旅游提供了难得的校外课堂。

甘肃自古就是一个多民族聚居的省份，汉、回、藏、东乡、蒙古、裕固、保安、撒拉、哈萨克等十多个民族世代居住于此，2000 年底第五次人口普查时少数民族人口达 218 万人。其中东乡、裕固、保安为甘肃所特有的 3 个少数民族。由于地理环境、人文环境、发展历史等的不同，各民族在居住、饮食、服饰、婚丧、节庆、礼仪、民间艺术和宗教文化等方面形成了显著的差异。这些多彩的民俗风情，使甘肃的人文景观更显丰富。例如，全省每年的民俗活动场面宏大，此伏彼起，接连不断，令人回味无穷。每到元宵节，舟曲县都要在松蓬举办灯会，兼有灯联和演唱活动；农历四月初八，崇信龙泉寺、平凉崆峒山、甘谷大象山分别举办庙会，康乐莲花山举办花儿会等。而甘肃最大的旅游节庆活动，当属甘南地区的拉卜楞寺大法会及浪山节。拉卜楞寺每年举办七次规模较大的宗教法会，其中以正月毛兰姆法会和七月说法会最为著名。毛兰姆法会内容丰富，场面壮观，有寺僧考试、辩经、诵经、晒大佛、法舞、藏戏表演、祈祷活动等，尤以正月十三的“晒大佛”最为引人注目；七月说法会主要内容有辩经、“乐拉劝”法会和法舞表演，当月又正值甘南藏族僧众的浪山节，当地各族群众欢聚一堂，气氛欢快热烈。此外，还有兰州每年四月份举办的桃花会和春节举办的社火活动等。这些民族节庆活动已成为吸引众多国内外游客的特色旅游项目。

3. 自然景观雄浑壮美，独具特色

独特的地理环境，造就了甘肃雄浑壮美的自然风光。这里既有坦荡无垠的茫茫戈壁，神秘诱人的鸣沙奇观，高大巍峨的崇山峻岭和沟壑纵横的黄土高坡，造型奇绝的雅丹地貌和晶莹剔透的现代冰川，也有蜿蜒北流的九曲黄河、碧波荡漾的湖泊水库、生机盎然的大漠绿洲，水草丰美的辽阔牧场，遮天蔽日的原始森林和多种多样的珍稀动植物，是开展观光揽胜、休闲度假、民俗体验、探险猎奇和森林生态旅游的理想场所。

(1)地貌景观

由于地处青藏高原、内蒙古高原、黄土高原和秦巴山地的交汇地带，甘肃省地质构造复杂，地貌类型多样，其中颇具特色的有以下几种。

山岳景观。主要有祁连山、西秦岭、兴隆山、陇山、子午岭、乌鞘岭、六盘山等。

黄土景观。以陇中的黄土沟谷和陇东的黄土塬最为典型。

沙漠景观。主要分布于河西走廊一带。

雅丹景观。主要分布于敦煌、安西一带。

丹霞景观。以永靖的炳灵山水、景泰的龙湾石林为典型代表。

(2)植被景观

气候条件的复杂性决定了甘肃植被类型的多样化,全省植被景观丰富多彩。

森林景观。森林广泛分布于东祁连山、甘南高原北部和东部山地(如太子山、岷山)、西秦岭、陇山、子午岭、兴隆山等山地,类型包括寒温性针叶林、针阔叶混交林、落叶阔叶林及常绿叶林等。常绿阔叶林分布于陇南南部亚热带山地,有许多珍贵稀有树种和观赏树种。落叶阔叶林内有大量红叶树种,是秋季观赏红叶的好地方。寒温性针叶林分布区多为避暑胜地,如兴隆山、贵清山、吐鲁沟等。

草甸与草原景观。甘肃东部和中部的森林草原和典型草原多已开辟为农田,而广泛分布于甘南高原和各山地高山带的高山草甸和山地草原由于长期用于放牧,基本上还保持着本来面貌。夏季繁花盛开,且气候凉爽宜人,适宜开展避暑度假旅游,如桑科草原、肃南马蹄寺草原等。

甘肃现有34个自然保护区,面积占全省总面积的8%以上,其中白水江、兴隆山、祁连山、尕海一则岔、安西极旱荒漠和民勤连古城为国家级自然保护区。在确保生态不遭受破坏的前提下,它们也可适度开展旅游活动。

(3)水体景观

河流、湖泊、瀑布、水库、温泉以及水域附近由流水塑造的相关地貌形态,都属于水体景观的范畴。甘肃河流主要分属黄河、长江、内陆河3大流域、9个水系。黄河流域有洮河、湟河、黄河干流(包括大夏河、庄浪河、祖厉河等)、渭河、泾河等5个水系;长江流域有属嘉陵江上源支流的白龙江和西汉水;内陆河流域有石羊河、黑河、疏勒河(含苏干湖水系)3个水系。甘肃拥有文县天池、甘南尕海和冶海、阿克塞管辖区内的大、小苏干湖等山地和高原湖泊,另有碧口、刘家峡、盐锅峡、八盘峡和大峡等5大水库。形成于党河故道的敦煌月牙泉和天水、武山、清水等地的温泉,都是很好的水体景观,且多已辟为旅游或疗养区。

(4)冰川景观

甘肃的现代高山冰川主要分布在河西走廊的祁连山和阿尔金山,共有2444条,面积1596平方千米,冰川储水量约为786.87亿立方米,其中较著名者为肃南的七一冰川、肃北的透明梦柯冰川等。冰川既是一种宝贵的水资源,同时也是一种独特的旅游资源和当今人们旅游的新热点。粒雪盆、冰斗、冰塔林、冰裂隙、冰蘑菇、冰碛堤、终碛湖等冰雪世界特有的景观吸引着人们前往观光、探险、猎奇、科考。目前,七一冰川已作为旅游景区对外开放,透明梦柯冰川也正在紧张地进行前期开发,旅游发展前景非常广阔。

4. 各类资源地域组合良好，三大旅游线路格局已经显现

甘肃自然景观与人文景观相映生辉，文物古迹、自然风光和民俗风情等旅游资源三位一体，地域组合颇佳，形成了回藏风情草原风光、“丝绸之路”大漠风情、丝路胜迹寻根朝觐、黄河奇观石林风光、道教圣地黄土风情、自然风光天池溶洞等六大景观，且具有分布较广但又相对集中的特点。目前，全省以古“丝绸之路”为主线，以兰州为中心的西、中、东三大旅游线路格局已经显现。其中，西线（即兰州—武威—金昌—张掖—酒泉—嘉峪关—敦煌旅游线）集中展示和体现了古“丝绸之路”历史文化胜迹、大漠风光、冰川雪山和绿洲美景；中线（即白银—兰州—临夏—甘南—陇南旅游线）集中展现了黄河风情、回藏风情、草原森林风光和“陇上江南”秀色；东线（即兰州—定西—天水—平凉—庆阳旅游线）集中展现了远古始祖文化、三国文化、道教文化、农耕文化和黄土地风情。

表 7—14　甘肃省的世界级和国家级旅游资源一览表（截至 2012 年 6 月底）

资源类型	全国数量（处）	甘肃省数量（处）	甘肃占全国比重（%）
世界遗产	42	2	4..76
加入联合国“人与生物圈”保护区网络的自然保护区	26	1	3.85
国家重点风景名胜区	208	3	1.44
国家历史文化名城	120	4	3.33
全国重点文物保护单位	2351	72	3.06
国家级自然保护区	373	17	4.56
国家森林公园	310	23	2.9
国家地质公园	219	8	3.65
国家湿地公园	100	1	1.0
国家矿山公园	61	2	3.3
国家级水利风景区	475	21	4.42

表 7—15　甘肃省的世界级和国家级旅游资源数量及分布表（截至 2012 年 6 月底）

资源类型	数量（处）	分　布
世界遗产	2	敦煌莫高窟、长城
加入联合国“人与生物圈”保护区网络的自然保护区	1	白水江
国家重点风景名胜区	3	麦积山、鸣沙山—月牙泉、崆峒山
国家历史文化名城	4	敦煌、武威、张掖、天水

续表

资源类型	数量(处)	分　　布
全国重点文物保护单位	72	大地湾遗址、马家窑遗址、齐家坪遗址、万里长城一嘉峪关、玉门关及长城烽燧遗址、会宁红军会师旧址、马蹄寺石窟群、骆驼城遗址、锁阳城遗址、武威文庙、重修护国寺感应塔碑、鲁土司衙门旧址、拉卜楞寺、张掖大佛寺、兴国寺、莫高窟、榆林窟、麦积山石窟、炳灵寺石窟、北石窟寺、南石窟寺、东千佛洞石窟、南佐遗址、大堡子山遗址及墓群、黑水国遗址、悬泉置遗址、许三湾城及墓群、白塔寺遗址、果园一新城墓群、汪氏家族墓地、雷台汉墓、伏羲庙、胡氏民居、凝寿寺塔、圆通寺塔、圣容寺塔、东华池塔、武康王庙、西狭颂摩崖石刻、水帘洞一大象山石窟、天梯山石窟、文殊山石窟、哈达铺红军长征旧址、林家遗址、牛门洞遗址、寺洼遗址、西河滩遗址、火烧沟遗址、破城子遗址、八卦营城址、八角城城址、永泰城址、明肃王墓、湘乐砖塔、玉泉观、后街清真寺、红城感恩寺、秦安文庙、张掖鼓楼、西来寺、罗川赵氏石坊、永昌钟鼓楼、延恩寺塔、张掖会馆、云崖寺和陈家洞石窟、木梯寺石窟、王母宫石窟、《新修白水路记》摩崖、兰州黄河铁桥、瑞安堡、灞陵桥、俄界会议旧址
国家级自然保护区	17	白水江、兴隆山、祁连山、安西极旱荒漠、尕海一则岔、民勤连古城、莲花山、敦煌西湖、太统一崆峒山、连城、小陇山、盐池湾、安南坝野骆驼、洮河、敦煌阳关、张掖黑河湿地、太子山
国家森林公园	23	吐鲁沟、兴隆山、石佛沟、松鸣岩、云崖寺、徐家山、贵清山、遮阳山、麦积山、鸡峰山、渭河源、天祝三峡、冶力关、文县天池、莲花山、寿鹿山、周祖陵、小陇山、阳关沙漠、大河坝一官鹅沟、大峡沟/沙滩、腊子口、大峪沟
国家地质公园	7	敦煌雅丹、刘家峡恐龙、景泰黄河石石林、平凉崆峒山、天水麦积山、张掖丹霞、炳灵丹霞地貌
国家湿地公园	1	甘肃张掖
国家矿山公园	2	白银火焰山、金昌金川

续表

资源类型	数量(处)	分　布
国家级水利风景区	21	庆阳南小河沟、金塔县鸳鸯池、凉州天梯山、平凉市崆峒水库、酒泉市赤金峡、高台县大湖湾风景区、庄浪县竹林寺水库风景区、泾川县田家沟水土保持生态风景区、瓜州县瓜州苑、临泽县双泉湖、张掖市二坝湖、张掖市大野口水库、西和县晚霞湖、临泽县平川水库、山丹县李桥水库、阿克塞县金山湖、迭部县白龙江腊子口、临潭县冶力关、民勤县红崖山水库、敦煌市党河风情线

表 7—16　西北五省区高品位旅游资源数量比较(截至 2012 年 6 月底)

省区	世界遗产	国家重点风景名胜区	国家历史文化名城	全国重点文物保护单位	国家级自然保护区	国家森林公园	国家地质公园
甘肃	2	3	4	72	17	23	8
陕西	2	4	6	91	19	30	8
宁夏	1	1	1	10	5	4	2
青海	0	1	1	11	7	7	7
新疆	0	3	5	41	9	14	7

根据多种公开发表的资料综合整理、归纳

二、广州从化市旅游资源综合评价

(一)旅游资源的等级划分与评价

1. 从化市旅游资源等级的划分

根据 GB/T18972－2003,本项普查将从化市旅游资源划分为六个等级,分别为五级、四级、三级、二级、一级旅游资源,以及未获等级旅游资源。其中五级旅游资源为特品级旅游资源,五级、四级、三级旅游资源为优良级旅游资源,二级、一级旅游资源为普通级旅游资源。

2. 从化市旅游资源等级的总体评价

本项普查利用 GB/T18972－2003 的旅游资源评价赋分标准,采取专家咨询法对各个因子进行打分,最后得到从化市各个旅游资源的等级。从化市共 294 个旅游资源单体,其中五级 0 个,四级 15 个,三级 37 个,二级 102 个,一级 111 个,未获等级 29 个。见表 7－17。

表 7—17　从化市旅游资源等级分布表

等级	五级	四级	三级	二级	一级	未获等级
单体数量(个)	0	15	37	102	111	29

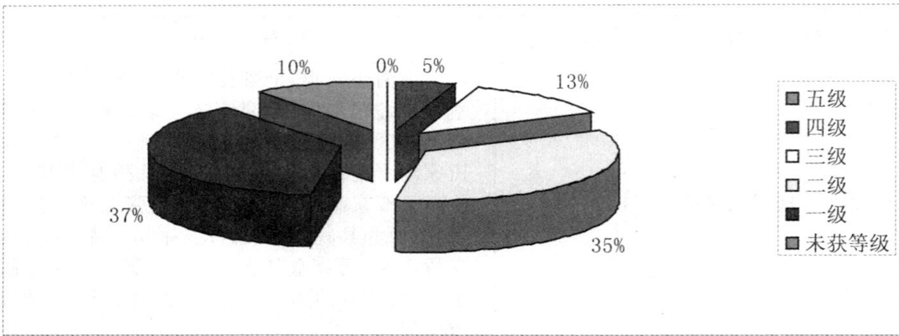

图 7—4　从化市旅游资源等级数量分布比例图

总的来讲，从化市旅游资源的等级较高，一级旅游资源占全部资源比重的 37.7%，二级旅游资源占全部资源比重的 35%，三级旅游资源占全部资源比重的 12.5%，四级旅游资源占全部资源比重的 5%。全市优良级旅游资源 52 个，占全部资源比重的 17.5%；普通级旅游资源占全部资源比重的 72.5%。见图 7—4与表 7—18。

表 7—18　从化市旅游资源等级分布表

等级	特品级旅游资源	优良级旅游资源	普通级旅游资源	未获等级旅游资源
单体数量(个)	0	52	213	29
比重(%)	0	17.5	72.5	9.8

3. 从化市各主类旅游资源的等级评价

本项普查将从化市旅游资源归为地文景观、水域风光、生物景观、遗址遗迹、建筑与设施、旅游商品与人文活动等七个主类，其等级情况见表 7—19 与图 7—5。

表 7—19　从化市旅游资源主类的等级分布表

等级 / 主类	五级	四级	三级	二级	一级	未获等级	总数
地文景观	0	5	2	9	4	4	24
水域风光	0	1	9	4	4	1	19
生物景观	0	2	2	8	3	1	16
气象与气候景观	0	0	0	0	0	0	0
遗址遗迹	0	1	4	1	5	0	11
建筑与设施	0	6	17	68	72	20	183
旅游商品	0	0	1	11	19	0	31
人文活动	0	0	2	1	4	3	10
总数	0	15	37	102	111	29	294

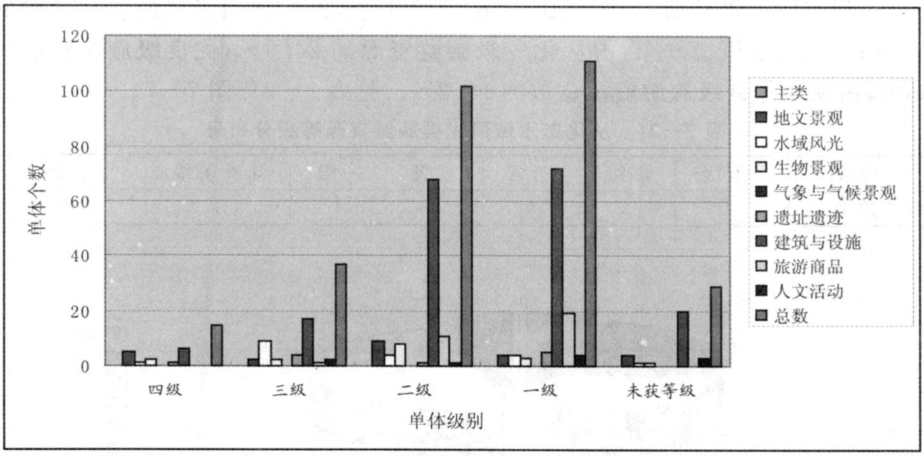

图 7—5 从化市旅游资源主类的等级分布图

(1)地文景观类旅游资源等级评价

从化市地文景观类旅游资源虽然数量不多,只有 24 个,占全市旅游资源总数的 8.2%,但资源等级较高。其中四级旅游资源 5 个,占从化四级旅游资源总数的 33.3%;优良级旅游资源共 7 个,占从化优良级旅游资源总数的 13.5%。见表 7—20 与图 7—6。

表 7—20 从化市地文景观类旅游资源等级分布表

等级	五级	四级	三级	二级	一级	未获等级	总数
单体数量(个)	0	5	2	9	4	4	24

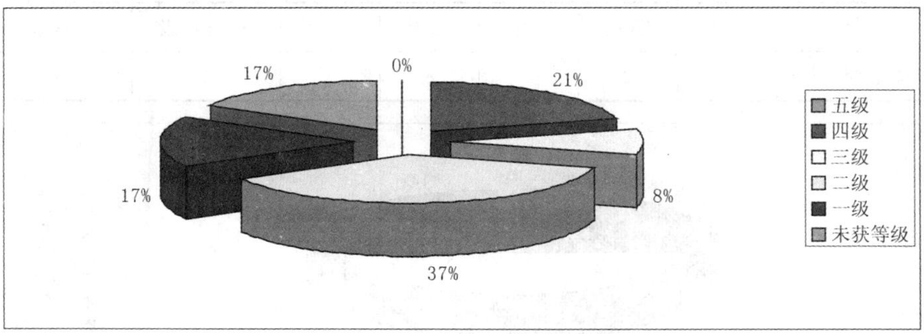

图 7—6 从化市地文景观类旅游资源等级结构图

(2)水域风光类旅游资源等级评价

从化市水域风光类旅游资源数量不多,只有 19 个,占全市旅游资源总数的

6.5%，但资源等级较高。其中四级旅游资源1个，占从化四级旅游资源总数的6.7%；三级旅游资源9个，占从化三级旅游资源的24.3%；优良级旅游资源共10个，占从化优良级旅游资源总数的19.2%。见表7—21、图7—7。

表7—21 从化市水域风光类旅游资源等级分布表

等级	五级	四级	三级	二级	一级	未获等级	总数
单体数量(个)	0	1	9	4	4	1	19

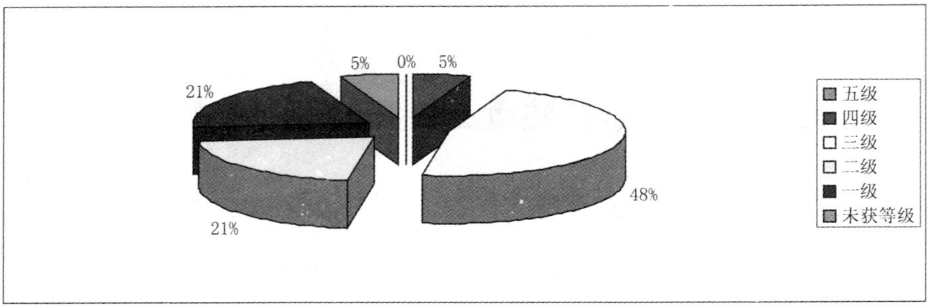

图7—7 从化市水域风光类旅游资源等级结构图

(3)生物景观类旅游资源等级评价

从化市生物景观类旅游资源数量不多，有16个，占全市旅游资源总数的5.4%。资源等级一般，其中四级和三级旅游资源各2个，分别占从化三级旅游资源的5.4%；优良级旅游资源共4个，占从化市优良级旅游资源总数的7.7%。见表7—22、图7—8。

表7—22 从化市生物景观类旅游资源等级分布表

等级	五级	四级	三级	二级	一级	未获等级	总数
单体数量(个)	0	2	2	8	3	1	16

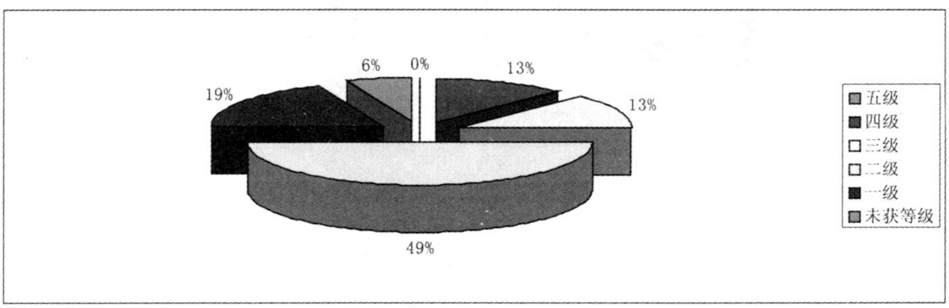

图7—8 从化市生物景观类旅游资源等级结构图

(4)遗址遗迹类旅游资源等级评价

从化市遗址遗迹类旅游资源数量不多，有 11 个，占全市旅游资源总数的 3.7%。资源等级一般，其中四级旅游资源 1 个，占从化四级旅游资源的 6.7%，三级旅游资源 4 个，占从化三级旅游资源的 10.8%，优良级旅游资源共 5 个，占从化优良级旅游资源总数的 9.6%。见表 7—23、图 7—9。

表 7—23　从化市遗址遗迹类旅游资源等级分布表

等级	五级	四级	三级	二级	一级	未获等级	总数
单体数量(个)	0	1	4	1	5	0	11

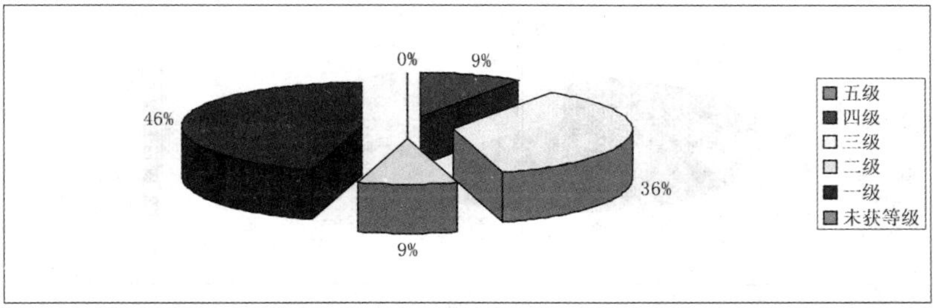

图 7—9　从化市遗址遗迹类旅游资源等级结构图

(5)建筑与设施类旅游资源等级评价

从化市建筑与设施类旅游资源数量颇大，有 183 个，占全市旅游资源总数的 62.2 %；资源等级较高，其中四级旅游资源 6 个，占从化级旅游资源总数的 40%；三级旅游资源 17 个，占从化三级旅游资源的 46%；优良级旅游资源共 23 个，占从化优良级旅游资源总数的 44.2%。见表 7—24、图 7—10。

表 7—24　从化市建筑与设施类旅游资源等级分布表

等级	五级	四级	三级	二级	一级	未获等级	总数
单体数量(个)	0	6	17	68	72	20	183

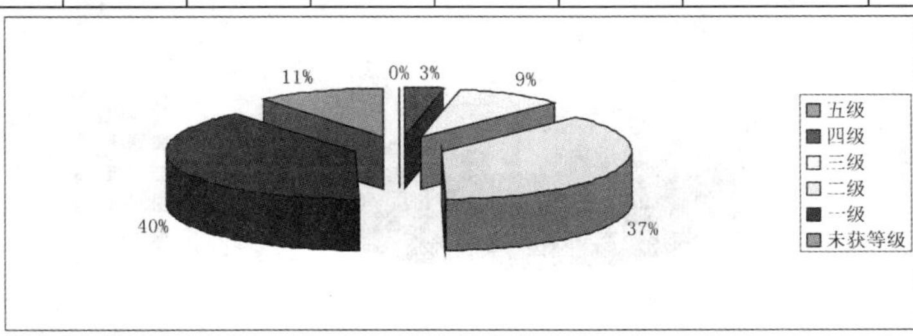

图 7—10　从化市建筑与设施类旅游资源等级结构图

(6)旅游商品类旅游资源等级评价

从化市旅游商品类旅游资源数量有 31 个，占全市旅游资源总数的 11%。资源等级偏低，其中三级旅游资源 1 个，占从化三级旅游资源总数的 2.7%；二级旅游资源 11 个，占从化二级旅游资源总数的 11%；一级旅游资源 19 个，占从化一级旅游资源的 16%。见表 7—25、图 7—11。

表 7—25 从化市旅游商品类旅游资源等级分布表

等级	五级	四级	三级	二级	一级	未获等级	总数
单体数量(个)	0	0	1	11	19	0	31

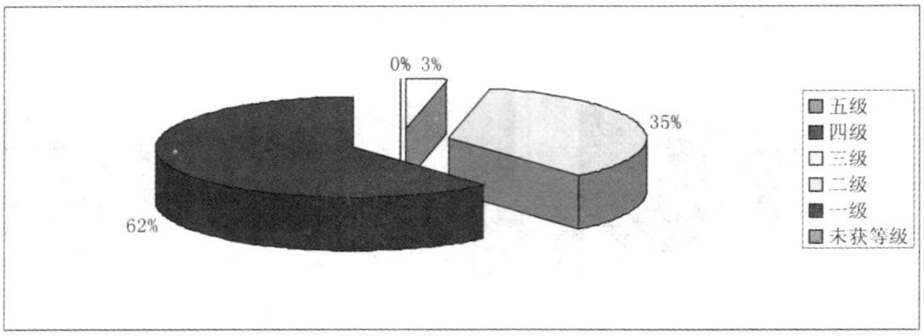

图 7—11 从化市旅游商品类旅游资源等级结构图

(7)人文活动类旅游资源等级评价

从化市人文活动类旅游资源数量不多，有 10 个，占全市旅游资源总数的 3.4 %。资源等级一般，其中三级旅游资源 2 个，占从化三级旅游资源总数的 5.9%；优良级旅游资源共 2 个，占从化优良级旅游资源总数的 4.2%；二级旅游资源 1 个，占从化二级旅游资源总数的 0.9%；一级旅游资源 4 个，占从化一级旅游资源的 3.6%。见表 7—26、图 7—12。

表 7—26 从化市人文活动类旅游资源等级分布表

等级	五级	四级	三级	二级	一级	未获等级	总数
单体数量(个)	0	0	2	1	4	3	10

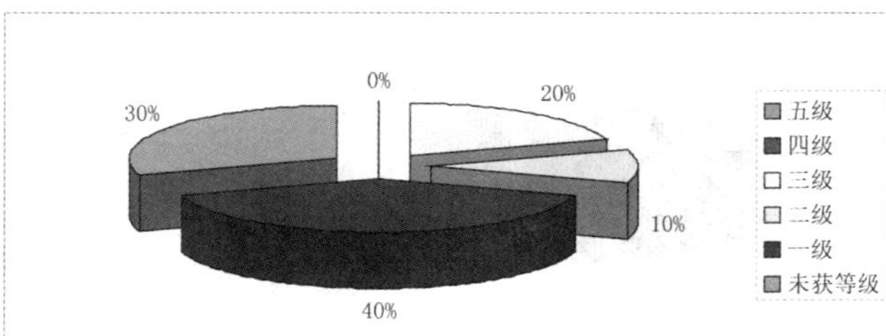

图 7—12 从化市人文活动类旅游资源等级结构图

(二)旅游资源的空间分布与评价

根据从化市旅游资源普查单体表的第一手资源，运用系统论方法，对全市8个镇(街)的294个旅游资源单体，从资源的数量、类别、级别、开发状态等四个方面，分析其旅游资源的空间结构特征，揭示其内在联系，以期为从化市旅游资源的科学、合理开发提供指导。

1. 从化市旅游资源数量的空间分布

从化市旅游资源在空间分布上具有相对集中的特点，温泉、太平、良口、吕田等4镇合计拥有210个单体，占全市旅游资源单体总量的70%。其中又以温泉镇最多，有74个，占全市旅游资源单体总量的25%。温泉、良口、吕田等北部3镇的旅游资源共153个，占全市旅游资源单体总数的51%。可见，北部地区为从化市旅游资源分布最为集中的区域。除此之外，南部的太平镇数量也较多，占全市旅游资源单体总数量的19%。见表7—27、图7—13。

表7—27　从化市各镇(街)旅游资源数量空间分布表

街镇	温泉	街口	吕田	良口	鳌头	太平	江埔	城郊
单体数量(个)	74	15	39	40	26	57	22	21

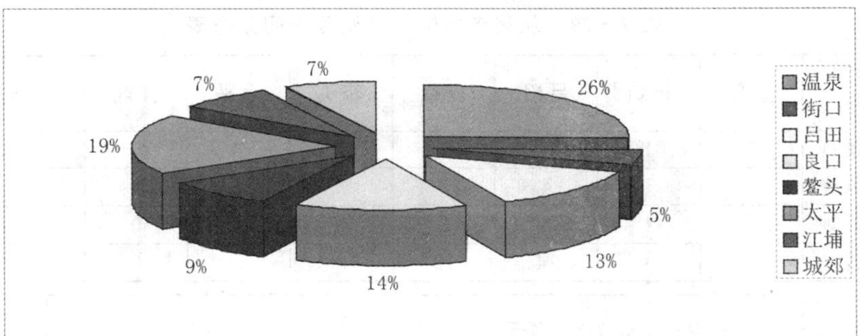

图7—13　从化市各镇(街)旅游资源数量空间分布结构图

2. 从化市旅游资源类型的空间分布

从化市旅游资源的7大主类，分布于下列8个区域，见表7—28。

表7—28　从化市旅游资源类型空间分布表

类型／街镇	地文景观	水域风光	生物景观	遗址遗迹	建筑与设施	旅游商品	人文活动
温泉	7	6	8	2	48	3	0
街口	1	1	1	0	12	0	0

续表

类型/街镇	地文景观	水域风光	生物景观	遗址遗迹	建筑与设施	旅游商品	人文活动
吕田	7	4	3	6	16	4	1
良口	5	5	3	0	19	3	3
鳌头	1	2	0	0	21	1	1
太平	3	1	1	3	32	12	5
江埔	0	0	0	0	17	5	0
城郊	0	0	0	0	18	3	0
总数	24	19	16	11	183	31	10

(1)自然旅游资源的空间分布

从化市自然旅游资源拥有3个主类、16个基本类型，共有59处单体。从表7—29、图7—14可以看出，这些自然旅游资源单体的分布非常不均衡。北部温泉、良口、吕田等3镇共有48处，占全市自然旅游资源总量的81.4%。

表7—29 从化市自然旅游资源空间分布表

街镇/类型	温泉	街口	吕田	良口	鳌头	太平	江埔	城郊
地文景观	7	1	7	5	1	3	0	0
水域风光	6	1	4	5	2	1	0	0
生物景观	8	1	3	3	0	1	0	0
总数	21	3	14	13	3	5	0	0

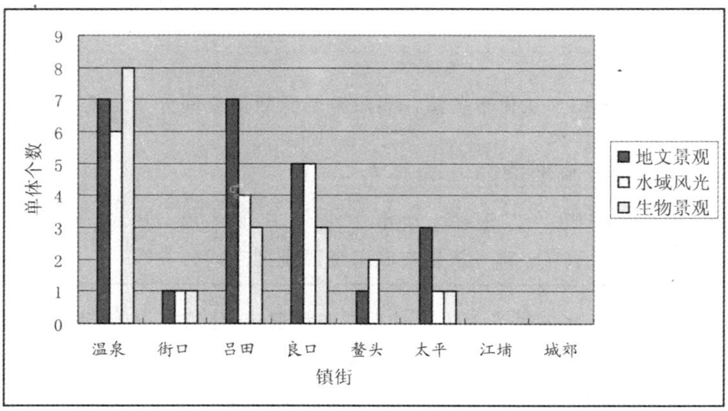

图7—14 从化市自然旅游资源空间分布图

(2)人文旅游资源的空间分布

从化市共有人文旅游资源单体 235 个,占全部旅游资源总量的 80%。从人文旅游资源 4 大主类的各自所占数量来看,建筑与设施类旅游资源最多,为 183 个,占人文旅游资源单体总量的 77.9%。相对而言,从化人文旅游资源集中于温泉与太平,分别占全市人文旅游资源的 23%与 22.1%。见表 7—30、图 7—15。

表 7—30　从化市人文旅游资源空间分布表

街镇 类型	温泉	街口	吕田	良口	鳌头	太平	江埔	城郊
遗址遗迹	2	0	6	0	0	2	0	0
建筑与设施	48	12	16	19	21	32	17	17
旅游商品	3	0	4	3	1	12	5	3
人文活动	0	0	1	3	1	5	0	0
总数	54	12	27	25	23	52	22	21

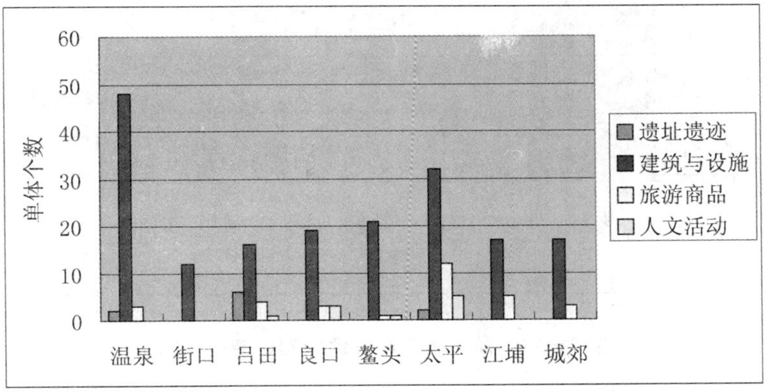

图 7—15　从化市人文旅游资源空间分布

3.从化市旅游资源等级的空间分布

从化市优良旅游资源共有 52 个,其中良口和吕田共 24 个,占全市优良资源的 46.2%,说明北部两镇的旅游资源条件最好,是从化最具旅游发展潜力的地区。其次是太平和温泉两镇,分别有 10 个和 8 个,这两镇的旅游资源级别也很高。见表 7—31、图 7—16。

表 7－31 从化市旅游资源级别的空间分布表

街镇＼等级	五级	四级	三级	二级	一级	未获等级
温泉	0	7	3	42	22	0
街口	0	0	2	2	3	8
吕田	0	1	9	13	15	1
良口	0	4	12	11	11	2
鳌头	0	0	2	5	15	4
太平	0	3	5	11	27	11
城郊	0	0	3	7	9	2
江浦	0	0	1	11	9	1

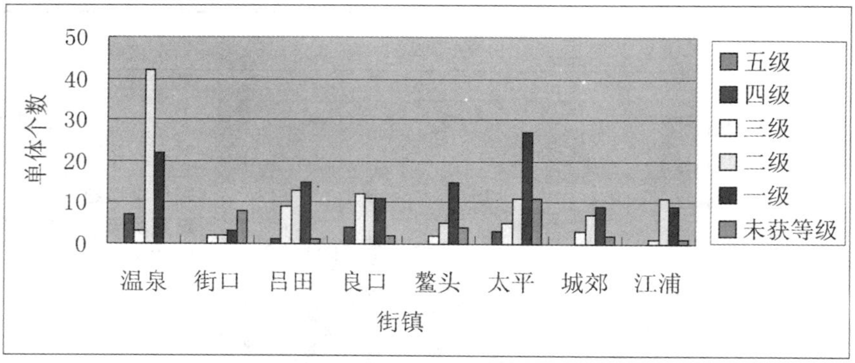

图 7－16 从化市旅游资源级别的空间分布

4. 从化市旅游资源开发状况的空间分布

从化市业已开发的旅游资源有 139 个，占旅游资源单体总量的 47.3%；未开发的有 103 个，占总量的 35%。从各镇的情况来看，温泉镇由于其温泉资源的开发比较成熟，旅游资源开发利用最好，有 42 个，占开发总量的 30%。吕田镇由于交通等原因，旅游资源开发最弱，未开发资源有 22 个，占吕田镇所有旅游单体的 57.9%，占全市未开发资源总量的 21.4%。见表 7－32。

表 7—32　从化市旅游资源开发状况的空间分布表

街镇 开发状况	太平	鳌头	江埔	城郊	街口	温泉	良口	吕田	总数
已开发	24	10	16	6	8	42	17	16	139
正在开发	13	4	2	3	5	10	11	1	49
未开发	20	12	4	11	2	21	11	22	103
合计	57	26	22	21	15	74	40	39	294

(三)旅游资源的地域组合与评价

1. 从化市旅游资源类型的组合与评价

从化市旅游资源共七个主类,其所拥有的资源单体个数与所占比重各有不同。在全市 294 个旅游资源单体中,自然旅游资源只有 59 个,占 20%,显然偏少;而人文旅游资源达 235 个,占 80%。在七大主类旅游资源中,建筑与设施类 183 个,占从化全部旅游资源的 62.2%,占从化人文旅游资源的 77.9%。见表 7—33、7—34、图 7—17。可见从化市旅游资源集中于人文旅游资源,而人文旅游资源又过于集中在建筑与设施类旅游资源,各种旅游资源的类型组合与互补不够理想。

表 7—33　从化市旅游资源各主类单体汇总表

主类	地文景观	水域风光	生物景观	遗址遗迹	建筑与设施	旅游商品	人文活动
单体个数	24	19	16	11	183	31	10

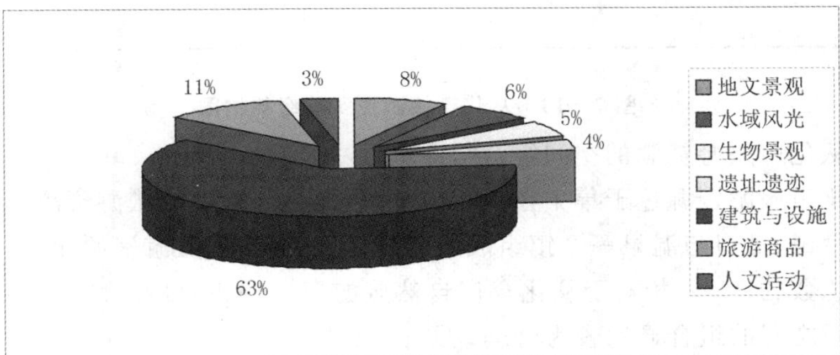

图 7—17　从化市旅游资源主类结构图

表 7—34　从化市自然旅游资源与人文旅游资源结构表

旅游资源类型	自然旅游资源	人文旅游资源
旅游资源单体个数	59	235
比重	20%	80%

2. 从化市旅游资源等级的组合与评价

在从化市 294 个旅游资源单体中，缺失五级旅游资源单体；四级旅游资源 15 个，占总体旅游资源比重的 5.1%；三级旅游资源 37 个，占总体旅游资源比重的 12.6%；二级旅游资源 102 个，占总体比重的 34.7%；一级旅游资源 111 个，占总体比重的 37.7%。从化市优良级旅游资源 52 个，占总体旅游资源比重的 17.7%；普通级旅游资源 213 个，占总体旅游资源比重的 72.4%。见表 7—35、图 7—18。可见，从化市旅游资源低级别的比重偏大，资源的等级结构不够合理，还有待于优化。

表 7—35 从化市旅游资源等级汇总表

等级	五级	四级	三级	二级	一级	未获等级
单体数量(个)	0	15	37	102	111	29

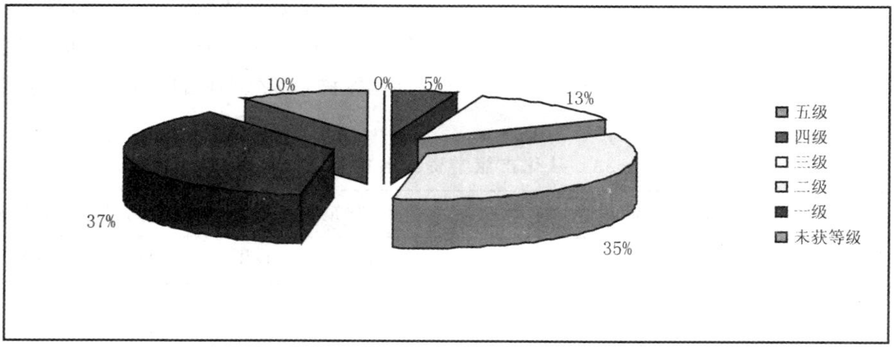

图 7—18 从化市旅游资源等级结构图

3. 从化市旅游资源的空间组合与评价

从化市旅游资源过于集中在少数几个镇，而大部街镇的旅游资源较为匮乏。但对由吕田、良口与温泉等 3 镇组成的北部而言，其自然旅游资源 46 个，占所拥有资源总数的 30%，相对于从化全市自然旅游资源约占 20%的比重，北部地区旅游资源之间的组合显然较为合理。见表 7—36。

表 7—36 从化市各镇(街)的旅游资源空间组合表

街镇	温泉	街口	吕田	良口	鳌头	太平	江埔	城郊
单体数量	74	15	39	40	26	57	22	21
比重(%)	25	5	13	13	9	19	7	7

(四)旅游资源总体评价

综合以上分析与评价,从化市旅游资源具有以下几个特点。

1. 类型丰富,级别较高

从化市旅游资源的单体总数为 294 个,其亚类共有 23 个,占国标中亚类总数的 74.19%;基本类型有 65 个,占国标基本类型的 41.94%。总的来说,类型堪称丰富。

全市 294 个旅游资源中,有 52 个优良级旅游资源,占全市旅游资源总数的 17.7%,总体而言资源级别较高。

2. 特色鲜明

主要表现在以下几个方面:第一,人文色彩浓郁。从化市不仅以人文旅游资源为主,人文旅游资源占 80%,而且相当多的人文旅游资源级别较高;第二,生态旅游资源突出,这集中表现在北部地区,不仅生态旅游资源数量多,而且等级高;第三,温泉旅游资源特色鲜明,全市不仅有多处优质温泉旅游资源,且开发历史久,知名度和美誉度高;第四,乡村特色旅游资源丰富多样,表现为有大量的古村落、观光农园等。

3. 空间分布较为集中

从化旅游资源在空间上主要集中于两个区域,一是东北部的温泉、良口、吕田,这三镇的旅游资源共 154 个,占全市旅游资源单体总数的 52%,北部地区为从化市旅游资源最为集中的区域,占全市的一半以上;二是南部的太平镇,拥有 57 个旅游资源,占全市旅游资源单体总数的近 1/5(19%)。旅游资源相对集中便于发挥集聚优势,进行重点开发。

4. 地域组合较好

全市旅游资源分布较为集中的两个区域一南一北,使旅游资源具有相对集中而又分散的特点,有利于开发。特别是北部,吕田、良口与温泉三镇的自然旅游资源与人文旅游资源之间的结构较为合理,在北部区域显得组合更佳。

5. 旅游资源区位条件优越

从化市位于中国南部经济发达地区的珠三角北部,紧邻广州市区,交通便利。人口众多、经济发达的广州及珠三角地区具有广阔的客源市场,为开发从化市旅游资源的提供了条件与动力,并进一步推动从化市旅游业发展。

6. 旅游资源区域条件良好

从化市有着良好的经济、社会、生态条件,特别是把旅游业作为支柱产业,采取优惠政策加以大力发展,并正在开发多个重大旅游项目,这些良好的区域条件为从化市的旅游资源开发与旅游业发展创造了良好条件。

复习思考题

1.简述旅游资源评价的基本原则。

2.旅游资源定性评价的方法主要有哪些?

3.旅游资源定量评价的方法主要有哪些?

4.分析比较旅游资源定性评价方法和定量评价方法的优缺点。

参考文献

1.肖星,严江平.旅游资源与开发[M].北京:中国旅游出版社,2000.

2.甘枝茂,马耀峰.旅游资源与开发[M].天津:南开大学出版社,2000.

3.保继刚,楚义芳.旅游地理学(第三版)[M].北京:高等教育出版社,2012.

4.马勇,李玺. 旅游规划与开发[M]2 版.北京:高等教育出版社,2006.

5.李永文.旅游地理学[M].北京:科学出版社,2004.

6.王昆欣.旅游资源评价与开发[M].北京:清华大学出版社,2010.

7.郎富平.旅游资源调查与评价[M].北京:中国旅游出版社,2011.

8.董建辉,何叶.旅游资源评价与开发[M].北京:旅游教育出版社,2011.

9.甘肃省发展和改革委员会.甘肃省国土资源开发利用与保护研究[M].兰州:甘肃人民出版社,2005.

10.肖星,方忠权,李庄容.广州从化市旅游资源普查与开发研究[M].天津:南开大学出版社,2009.

第八章 旅游资源开发的原理与方法

学习目的

合理的旅游资源开发必须遵循科学的原理和得当的方法。通过本章的学习,应掌握旅游资源开发的概念与方式,理解旅游资源开发的原则,熟悉旅游资源开发的基本内容,了解区域旅游资源开发的主要模式与典型案例。

主要内容

- 旅游资源开发的概念、原则与主要模式
- 旅游资源开发的基本内容与方式
- 旅游资源开发案例研究
- 21世纪甘肃旅游资源开发的模式创新 天津“意风区”西洋近代建筑旅游资源的成功开发

第一节 旅游资源开发的概念、原则与主要模式

一、两个密切相关的概念

“开发”一词一般是指人们对资源及其相关方面进行综合开发的过程。说起“旅游资源开发”,首先必然涉及“旅游开发”,二者是两个密切相关的概念。

旅游开发是指在一定国土范围内为吸引和接待旅游者而进行的旅游设施建设和旅游环境培育等综合性的社会和技术经济活动,是一项复杂的系统工程,其中既包括旅游设施、旅游吸引物建设——旅游资源的开发活动和生态环境的治

理，也包含有一些非技术活动的内容，如客源市场的开拓、社会环境的优化等。

旅游开发是一种综合性活动，涉及整个旅游地及各有关部门的合作和协调，往往由旅游地政府主持，从景点景区建设、基础设施配套及布局、物资供应、资金筹集等方面进行统一规划、统一管理。特别是大范围（如大湘西、湘江旅游经济带、大鄂西、滇西北、大香格里拉、大喀纳斯等）的旅游开发，常常是一种政府行为。

旅游资源开发是旅游开发的组成部分，指把旅游资源加工改造成具有旅游功能的吸引物或旅游环境的技术经济过程。但并不仅限于资源本身的开发，还包括在特定区域经济条件的基础上对有关配套条件进行建设，以使旅游资源所在地成为一个有吸引力的旅游环境和接待空间。

旅游资源开发一般多以旅游投资、经营者的建设形成一定的旅游景物或某个景区景点为直接目标，常表现为一种企业行为，内容比较单一，规模和涉及面相对较小。例如，近年华侨城集团斥资 35 亿元将深圳东部一块 9 平方公里的山地打造成为全国首家“国家生态旅游示范区”和世界级旅游度假胜地；港中旅斥资 25 亿元巨资开发珠海海泉湾，将一片荒芜的海滩打造成为全国首家“国家旅游休闲度假示范区”，等等。

旅游开发与旅游资源开发有相似之处。然而二者的内容和目的不同，开发主体有一定差异性。从二者的关系看，旅游开发的具体实施在某些方面会表现为旅游资源开发的具体项目；而作为其重要组成部分的旅游资源开发，则是旅游开发目标实现的必备条件。二者密不可分。

二、旅游资源开发的原则

（一）独特性原则

旅游活动通常要求旅游吸引物及其周围环境要具有独特性，特别是与客源市场所处的环境有很大的差异性，此种差异性越大则吸引力越大。这主要取决于该地的旅游资源结构。

独特性原则要求在旅游资源开发中首先应把挖掘当地特有的旅游资源作为出发点，尽可能突出旅游资源的特色，从战略上认识到所拥有资源的优势，并通过开发措施强化其独特性，从而形成强大的吸引力和完整、独立的旅游形象。如西班牙就是由于认准了本国旅游资源在“3S”（阳光、海洋、沙滩）方面的独特优势及对欧洲客源市场的强大吸引力，进而大力投资开发滨海旅游资源，取得了世界旅游强国的地位。

独特性原则还要坚持在旅游资源开发中突出民族特色，增强地方色彩。特定区域内的民族风情、民族习俗、民族文化是旅游资源开发取之不尽、用之不竭的源泉。在开发过程中要突出该民族的建筑风格、艺术品位、文化情趣、审美风格、民风民俗等要素的特色，从而形成鲜明的个性和浓厚的吸引力。在这一方面，印尼巴厘岛堪称典范。

当然，独特性原则并非旅游资源的单一性开发。由于旅游消费形式的多样化，旅游资源开发是在多元化开发的基础上突出其特色、显示其独特性的。

（二）市场导向原则

市场导向原则是指旅游资源在开发前一定要进行市场调查和市场预测，准确掌握市场需求及其变化规律，结合旅游资源特色，确定开发的主题、规模和层次。

该原则要求了解和掌握旅游市场的需求状况，包括需求的内容、满足程度、发展趋势及潜在需求状况和整个市场的规模、结构及支付能力，然后根据这些因素进行旅游资源开发的筹措工作。

由于市场需求处于动态变化之中，这使旅游资源的开发不仅局限于客源市场的现实需求的满足，还应把握市场的各种形成要素，认清现实的基本需求，了解长期的发展方向，预测潜在需求的变化趋势，从而用一种动态、连续、长期的发展战略进行旅游资源开发，并使该项工作富有前瞻性和应变性。

（三）开发与保护协调原则

旅游资源只有经过人类有意识的开发，至少要具备“进得来，出得去，散得开”的可进入性，有了基本的并同环境相协调的接待设施，才能被旅游业所利用。特别是近年来人们意识中的旅游活动不再是单纯的观光活动，而更多地包含了休闲、健身、娱乐等内容，这就需要更多的旅游服务设施，即需要大规模的开发。但过度开发及此后旅游者的纷至沓来无疑会或多或少地给旅游资源带来不利影响。旅游资源遭受破坏后，一部分会自然恢复，但需要很大的人力、物力及较长的时间，如植被的恢复；而另一部分则根本不可能恢复，如山体、洞穴、古生物化石及人文景观旅游资源中的文物古迹，一旦遭到破坏，旅游资源乃至该区域的旅游业将遭受致命的打击。因此，必须正确处理开发与保护的关系。在开发过程中，要将保护工作放在首要地位，切实加强保护措施，通过开发有力地促进旅游资源的保护；保护的成果又会使旅游资源质量提高、吸引力增大，旅游资源的开发取得良好效益，促进区域旅游业的持续发展。

（四）游客参与原则

现代旅游业的发展要求各项旅游开发工作不能局限于旅游客体——旅游资源上，而要将眼光放到消费者——旅游市场上，改变过去那种走马观花式的景点组合和旅游资源开发方式，把旅游市场与旅游资源融为一体进行考虑。

游客参与原则要求在旅游资源开发过程中创造更多的空间和机会，便于游客自由活动。各种旅游服务设施可以采用渗入、延伸或扩大视野等方法设置于旅游资源所处的大环境中，使游客在整个游览娱乐活动过程中有广阔的自主活动空间、主动接触大自然的机会及充分展示自我意识的环境。真正体验人与环境协调统一、和睦相处、融为一体的感受。

(五)经济效益、社会效益和环境效益相统一的原则

旅游资源开发的目的是发展旅游业，从而达到赚取外汇、回笼货币、解决就业、发展地区经济等目的，即实现一定的经济效益。这就需要对开发项目投资的规模、建设周期的长短、对游客的吸引力、回收期限及经济效益等方面进行投入—产出分析。

但经济效益只是旅游资源开发所追求的目标之一，与此同时还要考虑开发活动不能超过社会和环境的限度，否则会造成资源破坏、环境质量下降、社会治安混乱等负面影响，不利于当地旅游业的持续发展。

因此，旅游资源开发必须遵循经济、社会、环境三效益统一的原则，满足以下条件。

经济贡献。旅游资源开发能带来经济价值并增加就业机会。

环境影响。旅游资源开发在环境保护法律和法规允许的范围内。

社会文化影响。旅游资源开发没有危及当地居民的道德和社会生活。

竞争影响。旅游资源的开发对现有的旅游业形成互补的形势，而非形成同类旅游资源开发恶性竞争的局面。

可行性。旅游资源开发的具体项目必须在经济上可行。

遵守地方政策和发展战略:旅游资源开发必须遵守旅游目的地的政策、法规及规划的要求。

旅游影响。旅游资源开发增加旅游目的地的旅游吸引物，改善旅游容量及其他有益于旅游业发展的条件，增加旅游业发展的潜力。

开发和经营者的能力。旅游资源的开发和经营者具备一定的实力。例如，广东实力位居前列的两大民间旅行社广之旅和南湖国旅分别开发增城白水寨景区和德庆盘龙峡景区，以及湖南大湘西文化旅游公司承包开发怀化中方县荆坪古村、黄溪和康龙三个景区。又如，曾成功营销和推广黄龙洞、天门山、天下凤凰的“策划鬼才”叶文智以其任董事长的凤凰古城旅游有限责任公司与湖南日报报业集团有限公司、洪江区管委会、大汉城镇建设有限公司及全国人大代表谢子龙共同筹资、联合组建洪江古商城文化旅游产业发展股份有限公司，于 2011 年 5 月 19 日(中国旅游日)正式入主湖南洪江古商城，将通过大力整合旅游、传媒、产业等各方面的资源，形成集行政资源、文物保护、旅游开发、媒体传播于一体的“黄金组合”，重点修缮、保护古商城，挖掘、提升古城文化，推广、营销“洪江古商城”，从而更好地保护洪江古商城，开发旅游文化资源。

三、区域旅游资源开发的主要模式

所谓开发模式，从区域开发理论来讲，实际上就是选择怎样的区域组织结构，即根据区域资源品位、经济现状和开发潜力等条件，确定今后协调和发展的组织体系。由于旅游资源性质、规模、价值、区位条件及区域经济发达程度、文化背景、自然环境和社会条件等多方面因素的不同，利用的广度和深度不一，其开发模式也趋向于多样化。

旅游资源的开发不能孤立地就资源论资源，而必须将其放置于区域经济的组织结构体系之中进行分析，因此其开发模式的确定要根据旅游资源自身的状况与区位的配合条件及拟安排相应旅游活动的行为结构来进行。

区域旅游资源开发的主要模式大致有如下六种。

1. 旅游资源丰富、区位条件良好的区域

既要考虑观光旅游和服务设施建设，又要丰富旅游活动行为结构，增加购物、娱乐、演艺等休闲度假设施和项目，完善服务功能和旅游活动行为结构，提升旅游档次，使以交通和住宿、餐饮为主的有限旅游消费与以休闲度假旅游为主的无限旅游消费比例同步提高，从而显著拉动旅游产业发展，增加旅游综合收益。

以西安为中心的旅游区域即属于这种模式。西安的人文景观旅游资源十分丰富，且区位交通称佳。近年来，除深度开发老的文化旅游项目，如兵马俑、华清池、古城墙、皇帝陵外，西安市更不断创新，依托历史文化遗产进行产业链的有效整合和延伸，深挖和激活唐文化内涵，采取大景区建设、大品牌营销、大要素配置等大手笔举措，着力打造以汇聚“六园一城一塔”(大唐芙蓉园、曲江池遗址公园、唐城墙遗址公园、唐大慈恩寺遗址公园、寒窑遗址公园、秦二世陵遗址公园，大唐不夜城和大慈恩寺大雁塔)的曲江景区和“城市中央公园”(大明宫遗址国家公园)为核心的世界一流文化旅游精品景区，将城市旅游与文化、休闲、娱乐、商业和房地产完整的结合在一起，促进文化与旅游产业的有机融合，形成西安乃至整个中国西部地区最完善的文化旅游产业集群，从而大大提升了其世界闻名古都的旅游形象，使西安始终成为吸引国内外游人的长盛不衰的旅游热点。

2. 区位条件良好，但旅游资源并不丰富的区域

应注意增建相应的人造景观，打造特色旅游产品，完善旅游活动行为结构，丰富旅游产品体系，并与毗邻地区开展旅游合作，以增强旅游区域的吸引功能。

以深圳为中心的旅游区域即属于这种模式。深圳是改革开放以来新崛起的现代都市，毗邻港澳，区位颇佳，但原有自然和人文景观旅游资源匮乏。近二十年来，深圳着力打造并成功运营了以锦绣中华、中国民俗文化村、世界之窗、欢乐

谷、东部华侨城和欢乐海岸等为代表的国内知名主题公园群，接待游客人数、销售额及经济效益等均位居全国各大城市首位，华侨城集团与美国迪士尼公司等位列全球旅游景区集团八强，成为亚洲唯一的入选者；不断完善多种旅游功能，旅游产品体系类型日益丰富，形成了“主题公园”、“都市风情”、“滨海休闲”和“高尔夫之都”等四大旅游特色；同时大力推进深港、深澳和广深珠区域旅游合作，深圳遂成为粤港澳旅游圈和整个南中国旅游圈大格局中的核心环节之一。如今，深圳已成为中国最重要的城市旅游目的地之一。

3. 旅游资源突出，而区位条件不佳的区域

这类旅游区域关键在于解决进出的交通条件，完善相应的服务接待设施，加大宣传推广力度，增强外在形象的吸引力，使其成为国内外旅游的温点乃至热点。

不少相对孤立分布的自然景区多属这种模式，如喀纳斯、东天山、九寨沟—黄龙、三江并流、雅鲁藏布大峡谷、德天瀑布、长白山天池等。

4. 旅游资源和区位条件都属中等的区域

这类区域应注意促进交通区位条件改善，有重点地发展特色旅游，适当增加购物娱乐和休闲度假内容。

以郴州为中心的旅游区域即属于这种模式。该地原有区位交通条件一般(京广铁路经过该市，为过境站)。但近年来，随着武广高铁(在市区设站)通车，其交通区位条件有了前所未有的改善；旅游资源在全国总体属中等条件——郴州山、林、湖、泉和人文景观兼备，生态环境虽优良，但与毗邻的广东韶关、江西赣州等相比优势并不明显；民俗文化虽丰富，但较湘西地区还存在较大差距；毗邻南岭，但与丹霞山、衡山、井冈山等南方名山相比还显得单薄；地处湘南，邻接粤北、赣南，但与株洲、韶关、赣州和井冈山等临界地区相比旅游经济实力还处于弱势。然而，同时具备生态、文化、临山、跨界、高铁等五方面特征的，全国来说少有。五者相加所体现的组合优势，完全有可能令郴州在中部抢占旅游开发新高地。因此，郴州今后应以大交通整合大客源，将长株潭和粤港澳纳入 1～2 小时核心市场圈，引领以健康体验、休闲度假、商务休闲为主要特征的旅游业发展“第四次浪潮”，从休闲度假不足向休闲度假为主导、从低端旅游向中高端旅游、从单一旅游产业向大旅游产业、从旅游过境地向旅游目的地和集散地过渡，将自己建成立足湘粤赣、依托“泛珠”、服务全国的休闲之都、湖南南部旅游门户城市和湘粤赣区域旅游中心城市、目的地和集散地。

5. 旅游资源不算优越，交通区位条件不算优良的区域

该类区域一方面要改善交通区位条件，另一方面更要下功夫改善其旅游资源结构，丰富旅游功能和内容。

汕头即属于这种模式。该市原有旅游资源级别不高，交通条件也不发达。近年来该市抓住揭阳潮汕机场开通和厦深高铁建设的机遇，以潮汕文化旅游和南澳岛海滨休闲旅游开发为重点，着力发展独具特色的海滨海岛度假游、美食游和潮汕文化游、绿色生态游，培育以商务旅游为主体的城市旅游，旅游业呈现出良好的发展势头，初步实现了汕头作为直接旅游目的地和粤东旅游中心城市的目标。

6.拥有特殊旅游资源，具有特殊吸引力，但区位相对较差的区域

属此类模式的主要是宗教文化旅游区（如西藏日喀则）、海岛旅游区（如海南西沙、南沙群岛）、温泉旅游区（如海南七仙岭、内蒙古阿尔山）和特殊地貌旅游区（如甘肃张掖丹霞地貌、广西乐业天坑群）等。只要开发得当，宣传到位，它们也可以成为旅游热点。

例如，位于甘肃省甘南藏族自治州境内的夏河县，拥有草原、森林、雪山、圣湖和藏情，尤其是藏传佛教文化博大精深——格鲁派六大宗主寺院之一的拉卜楞寺就位于此地，故有“小西藏”之称，为国内外游人所向往，但区位相对偏僻，交通有所不便。近年，该县在积极争取国家支持提高境内公路等级、改善交通条件的同时，大力完善接待服务设施，着重开发宗教特色旅游产品，正发展成为区域性旅游热点。

第二节　旅游资源开发的基本内容与方式

一、旅游资源开发的基本内容

旅游资源开发的目的就是使旅游资源为旅游业所利用，从而使其潜在的资源优势转变成现实的经济优势。因此，旅游资源开发的内容不仅包含旅游资源本身的开发、利用，还包括旅游配套设施建设、相关外部条件的开发与改造、旅游环境的建设等。具体来说，包括以下七方面的基本内容。

（一）景区景点的规划和建设

任何一种旅游资源不经过有意识的开发和建设是无法融入旅游业开展大规模的旅游接待活动的，只不过在开发的深度和广度上有所差异。因此，这项工作是旅游资源开发的核心部分，也是整个旅游开发工作的出发点。不论自然景观还是人文景观旅游资源都是在特定的自然、历史、社会背景下形成的，绝大多数资源本身与旅游活动没有直接联系，因而缺乏旅游活动开展的基本条件，如游步

道、赏景平台、休憩设施、游客中心、旅游厕所等。这也就对旅游资源开发和建设提出了客观要求。这种建设从内容、形式上说，既可以是对尚未利用的旅游资源的初次开发，也可以是对已经利用了的景观或旅游吸引物的深度开发，或进一步的功能发掘；既可以是对现实存在的旅游资源的归整和加工，也可以是从无到有的一个新景点的创造。从其性质来看，既可以是以建设为主的开发活动，也可以是以保持维护为主的开发活动。并且，从动态来说，这种开发活动的内容、性质也是在发展变化的。例如，九寨沟—黄龙景区旅游资源的开发就经历了从尚未利用的初次开发到目前深度开发的过程，其开发工作的性质也由建设向保护转化。随着旅游资源的不断开发，景区建设中许多问题逐渐凸现，如环境质量下降、旅游资源被破坏、旅游地间及建设项目间的恶性竞争等，开发者和管理者遂在资源开发过程中进行有意识、有计划地设计和调整，从而将旅游规划引入旅游资源开发和景区建设，使其规范化、合理化。

（二）重点解决可进入性问题

可进入性问题主要是指旅游地的内外交通问题，包括交通线路、交通设施及交通方式等，现代旅游的发展还要求通信条件良好。

旅游活动的异地性特征表明旅游者通常是经过一定距离的旅行后方才进行游览活动的，也就是说旅游者从所居住的地方到目的地必须借助于一定的交通条件。因此，没有一定的交通设施和交通条件，旅游活动就不可能实现，旅游资源的开发就毫无意义。特别是在现代旅游业中，旅游者的出游范围越来越大，远距离旅游已渐成规模，这对可进入性条件的具体指标如交通线路的通达性、交通方式的舒适性与便捷性等都提出了较高的要求。如果某地的旅游资源十分丰富且特色突出，但交通状况恶劣，可进入性较差，则会极大地减弱旅游者选择该地旅游的动机。景区内部的交通状况同样重要，通常要求做到“进得来，散得开、出得去”，这样不仅可使旅游者来去方便，获得完美的旅游经历，还可使旅游资源的开发者在保障资源品质的同时，获得预定的各项效益。与此同时，还要在满足现代旅游者需求的前提下，建设良好的通信设施。所以，重点解决可进入性问题可以保障旅游资源开发目标顺利实现，从而使旅游者在选择旅游地时没有后顾之忧。

（三）建设和完善旅游配套设施

旅游吸引物是旅游者到达旅游地后游览的主要目标，但在此过程中旅游者还有基本生活需求，这就决定了旅游地必须建设向旅游者提供相关服务所必需的旅游配套设施。

旅游配套设施包括旅游服务设施和旅游基础设施两种。旅游服务设施主要是供外来旅游者使用的，一般包括住宿、餐饮、交通及其他服务设施，其中一部分也为本地居民的生活需要提供服务。旅游基础设施是为了旅游地居民生产生活需要所提供给大家共同使用的设施，如水、电、热、气的供应系统，废物、废水、废气的排污处理系统，邮电通信系统，安全保卫系统等，它们并不直接为旅游者服务，但在旅游经营中是直接向旅游者提供服务的部门和企业必不可少的设施。

总之，旅游配套设施的建设和完善既配合旅游资源的开发满足旅游者多方位需求，又使旅游资源开发与区域经济发展密切联系，二者相得益彰。由于旅游配套设施一般投资大、周期长，对其建设规模和布局必须严格论证和审批，做到适度超前，避免设施的不足和浪费，从而为旅游地创造良好的投资环境和开发条件。

(四)完善旅游服务功能

旅游服务是旅游产品的核心。旅游者购买并消费旅游产品除了在餐饮和旅游生活中消耗少量有形物质产品外，大部分是接待和导游服务的消费。所以旅游资源只是旅游活动的吸引物和旅游产品的基本条件，其开发必须注重旅游服务的完善。

从旅游供给的角度来看，旅游服务包括商业性的旅游服务和非商业性的旅游服务。前者多指当地旅行社的导游和翻译服务、景区的讲解服务、交通部门的客运服务、酒店餐饮业的食宿服务、商业部门的购物服务、银行部门的金融服务及其他部门向旅游部门提供的营业性接待服务；后者则包括当地为旅游者提供的旅游问询服务、出入境服务及当地居民为旅游者提供的其他义务服务。这两方面都需要不断加强和完善。

旅游服务是由各种单项服务组合而成的综合服务，提供服务的人是来自旅游业各部门的从业人员及当地群众，他们服务质量的好坏直接取决于自身素质的高低，而这又影响到旅游地对旅游者的吸引力。因此，必须通过各种方式，根据客源市场的变化以及旅游业发展的要求，对从业人员不断进行提高性培训，以提高服务水平和质量，达到完善旅游服务功能的目标。

(五)加强宣传推广，开拓客源市场

发展旅游业就是开发旅游地本身所拥有的旅游资源，利用一切有利条件，满足市场的旅游需求，发展完善的产业结构，获得预期的经济效益和社会效益。因此，旅游资源的开发并不仅仅是简单地将目标集中于旅游资源本身进行景区开发和配套设施建设等，还必须进行市场开拓工作，二者相辅相成，缺一不可。

市场开拓工作一方面是将景区建设及旅游活动设置与旅游需求趋向联系起来，即根据旅游者消费行为特征进行旅游资源开发的具体工作；另一方面通过多种媒介加强宣传推广，将旅游产品介绍给旅游者，不断开拓市场、扩大客源，实现旅游资源开发的目的。

(六)重视旅游资源保护

旅游资源的开发者和经营者在经济效益的驱动下会积极地投资开发,但这种思路往往会忽视旅游资源的保护。那些被自然或人为因素破坏或损害的旅游资源,若不及时加以整治和修复,就会继续衰退,有些会完全消失,无法恢复。因此,一方面要在旅游从业者和当地群众间树立资源保护的观念,把开发与保护并重的思路融入到旅游地的每一个角落;另一方面要建立科学保护旅游资源的机制,定期进行检查、维护,及时发现问题并合理解决,从而有效地保护旅游资源,实现旅游资源的可持续开发。

(七)营造良好的旅游软环境

旅游软环境包括一个国家或地区的旅游政策、出入境管理措施、政治动态、社会稳定与治安、民风习俗、卫生环境及当地居民的文化修养、思想观念、好客程度等,它可以充分展示旅游资源的地域背景,从而直接或间接地对旅游者产生吸引或排斥作用,进而影响旅游资源开发的效果。

因此,营造良好的旅游软环境既可突出本地旅游资源的特色,又可提高旅游者对旅游资源的认可度和满意程度。

该项工作主要包括:制定有利于旅游业发展的旅游政策;制定方便外来旅游者出入境的管理措施;保持稳定的政治环境、安定的社会秩序和整洁的卫生环境;提高当地居民的文化修养,培养旅游观念,养成文明礼貌、热情好客的习惯等。

二、旅游资源开发的方式

旅游资源的开发方式通常包括兴建、利用、提高和改造四种。

(一)兴建

兴建指创造性地建设新的旅游吸引物,如主题公园或游乐园。多在接近客源地、区域经济条件较好,但旅游资源类型单一或数量较少的区域采用。这种方式重在创新,出奇制胜,必须创造出“人无我有、人有我优或人有我特”的具有鲜明个性和独特风格的景物,方能在竞争激烈的旅游市场上站稳脚跟。所以兴建旅游吸引物必须有创意,其中所包含的新奇特色应有浓厚的地域文化背景作为依据,从而产生主题明确、个性突出的效果。

成功实例有广州长隆、深圳华侨城主题公园群和香港迪士尼乐园,珠海海泉湾休闲旅游度假区,梅州客天下旅游产业园,杭州宋城,西安大唐芙蓉园,开封清明上河园,马来西亚云顶高原娱乐城和第一世界酒店,“伦敦眼”摩天轮等。

(二)利用

利用指充分利用原有的非旅游资源,使之成为旅游吸引物。随着社会的进步和人类生活水平的提高，人们的旅游需求及消费行为特征也会发生变化。这样，在已经开发的旅游区或未被开发的区域内，根据人们新的旅游兴趣，开发利用那些以前未被认识或曾被人们认为是非旅游资源的事物即潜在的旅游资源，使之形成新的旅游景观。

有以下成功实例

大学校园。广州大学城、北京大学、厦门大学、中山大学珠海校区等。

大型公用建筑。北京国家大剧院、上海东方电视明珠塔、广州塔和广东科学中心等。

大型工厂。上海宝钢、广州珠啤集团、韩国釜山雷诺三星汽车公司等。

大型工程设施。长江三峡水电站、黄河上游水电站群、广州抽水蓄能电站，西昌和酒泉卫星发射基地等。

中国现存西洋近代建筑的旅游开发利用——哈尔滨建筑艺术博物馆（原圣索菲亚大教堂）、青岛迎宾馆（原德国总督官邸）、武昌首义纪念馆（原湖北咨议局）、广州沙面会所（原粤海关俱乐部）、澳门圣地亚哥古堡酒店（原圣地亚哥炮台）、新加坡浮尔顿酒店（原新加坡邮政总局大楼）等。

利用旧厂房经巧妙创意开发的文化休闲旅游场所——北京 798 艺术区、上海世博会城市最佳实践区、广州卡丽酒店、伦敦泰特现代艺术馆等。

（三）提高

提高指一些旅游资源由于自然或历史的原因而衰败，但在旅游者中仍有一定的知名度和影响力，应对其进行整修，使其重新成为旅游吸引物；或是现有旅游地的设施无法适应旅游业的发展，需要增加一些设施或服务项目，提高其整体的质量和吸引力。

前者如天津意大利风情旅游区、广州沙面欧陆风情旅游区和海口东湖景区等，后者如张家界天门山索道和“天门狐仙”大型山水实景演出、桂林阳朔“印象刘三姐”大型山水实景演出、增城白水寨亲水栈道、井冈山木构游步道等。

（四）改造

改造即投入相当数量的人力、物力、财力对已有资源进行全部或局部的改造，使其符合旅游需要，成为旅游吸引物。

例如，广州珠江两岸旅游休闲带、兰州百里黄河风情旅游线、南京秦淮河—夫子庙风光带、上海老城隍庙旅游区、成都宽窄巷子和锦里古街、杭州河坊街、福州三坊七巷等，都是近年通过大规模改造成功进行旅游开发的经典案例。

当然，在实践中，以上四种旅游资源开发方式很难截然分开，通常是结合现状与需求，确定具体的开发方式组合。

第三节 旅游资源开发案例研究

一、21 世纪甘肃旅游资源的开发模式创新

(一)传统模式的回顾

目前,甘肃已开发旅游景区 400 余个,广布全省各地。回顾 30 多年的历程,不难看出,甘肃旅游资源的开发在空间上集中于交通便利、可进入性强、资源丰富独特、品位较高的地区,传统开发模式主要有亮点开发模式和丝路轴线开发模式两种。

1. 亮点开发模式

1978 年对外开放以后的 10 余年时间,是甘肃旅游资源开发的起步阶段。在"大力发展国际旅游业"和"五个一起上"方针的指导下,全省集中十分有限的财力,累计投资约 3000 万元,主要开发了 44 处品位和国际知名度都颇高的景区景点,特别是大规模维修和开发建设了莫高窟、鸣沙山—月牙泉、嘉峪关长城、麦积山等景区,使之成为甘肃旅游的亮点,重点吸引以日本为主的国际游客,增强甘肃的非贸易创汇能力。从 1979 年到 1990 年,全省入境旅游接待人数和创汇额分别提高了 13.2 倍和 59.3 倍,极大地促进了对外开放和社会经济的发展,也为甘肃旅游资源沿"丝绸之路"实行轴线开发奠定了坚实的基础。

2. 丝路轴线开发模式

20 世纪 90 年代初期,甘肃的旅游资源开发模式转向依托"丝绸之路"进行轴线开发为主,即以交通便利、可进入性强、资源富集的"丝绸之路"沿线人文景观旅游资源的开发为重点,不断完善甘肃段丝路精品的内涵。这是因为,以敦煌为代表的丝路胜迹是甘肃旅游的最大特色,销售市场主要是海外市场,而且面对当时的"交通瓶颈"制约,旅游资源开发只有选择陇海—兰新铁路沿线的重点景区,才能在较短时期内收到明显成效。

(二)当前和今后的模式创新

进入 21 世纪后,面对国内外旅游业发展的激烈竞争,甘肃的旅游资源开发绝不能因循守旧、固步自封,长期停留在老一套模式上,而一定要与时俱进,有所创新,在实施扶贫开发模式、旅游圈层开发模式和景区内涵提升模式等方面取得突破性进展。

1. 扶贫开发模式

这是结合国家西部大开发战略和《中国农村扶贫开发纲要（2001—2010）》所探索出的适用于甘肃贫困地区旅游资源开发的一种新模式。近年来，生态旅游、森林旅游、休闲度假旅游等渐成时尚，国内旅游发展迅速。甘肃旅游市场以国内旅游者为主，国际市场中的西欧和北美客源比重也在不断增大。在此背景下，甘肃自然景观旅游资源的开发开始受到重视，但其蕴藏丰富的地区大多交通、通信等基础设施落后，经济发展缓慢，脱贫一直是区域经济发展的首要任务。为此，省上和相关市、州政府及旅游行政管理部门重点选择了甘南、陇南两个完整的州市和定西市的若干县，实行旅游扶贫开发的新模式。所谓旅游扶贫开发，就是坚持开发式扶贫方针，引导旅游资源丰富的贫困地区群众在国家的必要帮助和扶持下，以市场为导向，通过开发当地旅游资源，发展旅游业来实现产业结构的调整和就业门路的开拓，走出一条符合实际、有自己特色的发展道路，变输血为造血，以提高贫困地区和贫困农户的自我积累、自我发展能力，最终实现脱贫致富。在这种模式下，资源开发主体发生了明显分异，景区建设主要由大企业、外商、集体、个人等多元化投资主体承担，而政府的责任则主要是加强水利、交通、电力、通信等基础设施建设，重视科技、教育、卫生、文化事业的发展，改善社区环境，提高生活质量，坚持可持续发展，为旅游资源开发创造良好的环境。由于旅游扶贫开发模式最显著的特点是在开发建设中广泛吸收当地社区居民参与，这样不但可为当地剩余劳动力提供就业机会，增加经济收入，而且有助于促进广大干部群众思想观念的转变，帮助他们充分发挥自己的积极性和创造性，自强不息，不等不靠，苦干实干，主要依靠自身的力量改变贫穷落后面貌，从而使旅游扶贫开发对区域经济社会的发展起到有效的整合作用。

2. 旅游圈层开发模式

旅游圈层开发可以显著优化区域旅游基础设施、旅游资源开发重点空间布局，以及强化旅游信息资源的共享和旅游行业内部的联合，促进区域之间的协作，形成规模经济与系统经济，产生相应的规模效益。所以，在实行旅游扶贫开发的同时，甘肃省还应该根据资源和城市分布状况，以“丝绸之路”主轴为依托，分别构建兰州、敦煌、天水等三大旅游圈，将旅游资源开发从城市内核向周围逐步扩散，形成圈层推进式开发格局。兰州、敦煌、天水三市良好的交通等基础设施和巨大的客源为周围景区借船出海提供了快速发展的条件，除市域外，兰州旅游圈包括白银、定西、临夏、甘南等市、州；敦煌旅游圈包括瓜州县、肃北蒙古族自治县、阿克塞哈萨克族自治县、玉门市、嘉峪关市、酒泉市和金塔县；天水旅游圈包括陇南、平凉、庆阳三市，但目前辐射能力较弱，关键是缺乏南北向交通干线，因而应加快兰渝铁路建设进度，尽快启动以天水市区为中心的南北高等级公路建设，并切实做大做强天水自身的旅游业。

3.景区内涵提升模式

中国的旅游业正在走向国际化，甘肃的旅游资源开发也面临着诸多机遇和挑战。随着敦煌机场和庆阳机场改扩建工程的竣工，张掖、金昌机场的开通，以及甘南夏河、陇南成州等接近重点景区的支线机场的动工建设，海内外旅游者从空中进入甘肃各地成为可能。交通不便将不再是约束旅游资源开发的主要因素，景区的旅游吸引力和软硬环境随之上升为争夺旅游者的首要因素。而且甘肃的自然和文化生态都相当脆弱，面对即将到来的大规模旅游开发，资源保护显得尤为重要。据此，旅游资源开发的另一种创新模式——景区内涵提升模式便应运而生。它是为适应旅游资源开发国际化的趋势，在保护良好生态环境的前提下，对重点景区加大资金、科技、高素质劳动力的投入，进行资源的深度、集约开发，不是单纯追求旅游者接待规模的扩大，而是着眼于经济和社会效益的提高，以丰富而又有特色的旅游项目和活动内容尽可能延长旅游者逗留时间，以热情周到的服务和精美诱人的旅游商品有效提高旅游者的消费水平，从而既增加全省的旅游总收入，实现内涵增长，又保护较为脆弱的自然生态环境和继承、弘扬优秀的文化遗产。张掖市近年通过下大决心整合临泽、肃南两县资源，高起点规划、大手笔开发、全方位推广原本粗放、无闻的丹霞地貌旅游区，使其一举成为甘肃旅游景区中一匹颇具吸引力的“黑马”。此外，平凉举全市之力成功打造崆峒山 5A 级景区的做法，堪称践行此种开发模式的典范。

二、天津“意风区”西洋近代建筑旅游资源的成功开发

(一)历史沿革、特色与问题

中国北方商埠天津近代史上曾为 9 个西方列强占据，外国租界林立。

“意风区”是天津意大利风情区的简称，又称“天津 · 新意街”，坐落在河北区南端海河岸畔，占地 28.45 公顷，拥有 137 栋风貌建筑，总建筑面积 40 万平方米。原为意大利租界，始建于 1902 年，1946 年被中华民国政府收回，1949 年建国后诸多建筑物曾被作为政府办公场所或分给国营企业和普通居民使用。

区内所有风貌建筑均由意大利人设计，包括住宅、领事馆、市政厅、兵营、学校、医院、教堂、球场、菜市场、消防队和花园、广场等，全为西洋古典风格，不仅形成面貌独特的完整街区和目前意大利本土之外亚洲唯一保存良好的意大利风貌建筑群落，而且创造了一种异域文化与中国城市有机结合的独特意境，还保留了一大批名人故居，具有宝贵的历史文化价值。

当年意租界设立后，租界当局引入意大利城市建设思想，对此地进行了认真规划与建设——以马可波罗广场为中心规划了完整的道路网及完备的公用设

施，区内以住宅为主，街道呈棋盘状，建造房屋要求以意大利花园别墅为主，并严格规定沿街建筑不许雷同，区内各种社区功能齐全。这里几乎囊括了意大利各个时期不同风格的建筑，它们一直保留着古罗马建筑稳定、平展、简洁的特色。由于大量采用古罗马的高低拱券、穹顶、塔楼、柱石，使这些房屋独具魅力。区内两个圆形广场的命名也很有异域文化色彩，分别为马可·波罗广场和但丁广场。意式建筑注重环境整体美，如在广场建纪念石柱、铜人、喷水池和园林小品，楼房均为庭院式、别墅式，并注重绿化、美化。其房顶多为意式角亭，有园亭、方亭之别，圆柱和方柱之分，并分别用圆拱、平拱、尖拱、连拱、垂柱进行点缀。这些角亭高低错落，构成优美的建筑空间，是亚洲仅存的一片原汁原味的地中海建筑群。区内主要街道和广场均采用天然石材拼图和鹅卵石铺成。

历史上，天津意租界为高级住宅区。1911 年，这里曾有 251 名意大利人和 5348 名中国居民。民国年间，有许多离开政坛的中国政界人物入住天津意租界。

然而，整修前的“意风区”问题也相当突出：居住总面积 11.7 万平方米，拥有居民 5000 余户，人均建筑面积不足 5 平方米。因是百年老区，区内原有基础配套设施远不能满足使用要求。由于没有热力、煤气管道，居民们只能通过烧煤取暖做饭，雨水污水合流，电力、通信等各类管网也急需改造、更新和扩容。区内的街道、建筑、广场、园林、树木损坏严重。

这片极具特色的传统街区，记载着无数天津城市的记忆与百年历史风云。时间赋予了这里历史的容貌，意式建筑注入了异样的风情，对于它的保护与开发便成为今人义不容辞的责任。

(二)合作开发

1999 年，天津市开始与意大利合作开发中国·天津海河意式风情区，此后，“意风区”先后被国家计委和旅游局确定为国家级优先发展的精品旅游项目，并被列入“十五”、“十一五”规划。按照国际著名建筑规划机构制定的重点保护、适度插建、修旧如旧的方案，天津市政府自 2002 年起，先后投入资金 20 亿元，对“意风区”进行全面整修和保护性开发，2005 年完成修缮并招商引资，2008 年正式接待游客。

“意风区”的开发与保护工作受到了意大利政府的关注与支持。2004 年时任意大利总统钱皮访华期间，两国签署文化合作协定，其中把“意风区”项目列为中意合作的重点项目。意大利环境和领土部投资 370 万欧元，启动“意风区”环境和可持续发展研究计划，协助天津市政府开展整修工作。

在“意风区”的建筑中，既有特色公用风貌建筑，更有近现代历史名人故居。前者如回力球场、圣心堂、原意大利领事馆和兵营等；后者如梁启超、曹禺、汤玉麟、张廷谔故居等，历史文化底蕴深厚，旅游开发价值颇高，具有其他项目不可比拟的独特性，因而充分挖掘其历史文化价值，开发特色文化项目，塑造文化品牌是其开发规划的重中之重。按照“百年历史街区，时尚商业群落”的理念，“意风区”被定位为“洋味”文化突出、异国情调浓郁的商业新地标，力求彰显“五个一”的特色：一张“一见钟情”的天津名片；一条“不同凡响”的异国街巷；一幅“浓妆淡抹”的历史画卷；一片“意气风发”的时尚街区；一组“流连忘返”的“新意中人”。

为彻底改变这一地区的面貌，改善居民居住条件，对5000余户居民进行了搬迁。针对区域内的风貌建筑制定统一的整修方案，以保证整个区域建筑风格的协调统一，完整的保持城市的历史格局和风貌。

整修工作伊始，组织了整修方案设计的国际征集。在综合多国方案的基础上，由意大利格里高蒂事务所指导，经天津建筑设计院整合优化，形成了最终的整修执行方案。该方案充分体现了整修工作保护城市结构脉络、保留原有建筑尺度和风格、修旧如旧的基本原则，继承与保护了意大利风情区原有建筑特色及城市空间结构，风貌建筑围合而成的广场、胡同、街巷的尺度与空间感觉都继承了原街区的特色。

整修工程包括建筑修复和基础设施的改造。遵循修旧如旧的原则，采用意大利先进的整修技术，保持了文物建筑、风貌建筑外部的造型、饰面材料和色彩、内部的主体结构和重要装饰的原真性、恢复了建筑本身的真实面貌。

“意风区”街道和广场的整修，由意大利建筑师设计并进行施工指导，铺设花岗岩石钉波形纹路面和花砖，保留原有的栅栏，路灯全部为欧式造型；路牌、电话亭、果皮箱等全部采用意大利设计，从而营造出一种浓郁的意大利风情。

与此同时，根据新的使用功能和业态构成，建设方重新计算了该区域的基础设施负荷需求，对区内11条道路全部进行了改造，重新铺设地下管网，解决了雨水、污水分流问题，并实现电力、通信、煤气等管线增容。

（三）旅游成效

通过全面整修历史建筑、街道市容和基础设施，深入挖掘西方建筑艺术和历史文化内涵，终于完整地保留了“意风区”原有的街区结构和脉络，再现了意式风貌建筑的独特风格，打造出一个意大利风情浓郁的经典街区，具有百年历史的建筑群迸发出新的活力，旅游者进入该区就仿佛置身于意大利的原真街巷之中，可以领略到一种迷人的异国情调。而通过引入威尼斯酒吧、巴伐利亚德式啤酒烤肉坊、普罗旺斯法式餐厅等众多欧式风情餐饮商户，又使得旅游者在悠然欣赏意大利建筑艺术的同时，也能尽情品尝各国风味小吃，充分体验欧洲文化。

如今，“意风区”已成为津城涵盖餐饮娱乐、创意产业和休闲购物的特色都市旅游景区、天津旅游的一张新名片，每天到访的中外旅游者络绎不绝，流连忘返。

天津意大利风情旅游区的成功打造，可以说是中国现存西洋近代建筑旅游资源成功开发的一个典范。

复习思考题

1. 旅游开发与旅游资源开发两个概念有何差异和内在联系？
2. 旅游资源开发应当遵循哪些原则？
3. 以你所在城市为例，简要分析其旅游开发模式。
4. 根据你自己的旅游经历，说明旅游资源开发都涉及哪些基本内容。
5. 列举一个你所熟悉的旅游区，分析其旅游资源开发采用的是何种方式。

参考文献

1. 肖星，严江平. 旅游资源与开发[M]. 北京：中国旅游出版社，2000.
2. 肖星，等. 旅游开发与规划策划案例研究[M]. 广州：华南理工大学出版社，2010.
3. 肖星，方忠权，李庄荣. 广州从化市旅游资源普查与开发研究[M]. 天津：南开大学出版社，2009.
4. 肖星，李亚兵，侯佩旭. 21 世纪甘肃旅游资源开发创新研究[J]. 旅游学刊，2003，18(6).
5. 马耀峰. 旅游资源开发及管理[M]. 北京：高等教育出版社，2010.
6. 杨振之. 旅游资源开发与规划[M]. 成都：四川大学出版社，2002.
7. 吴必虎. 地方旅游开发与管理[M]. 北京：科学出版社，2000.
8. 邹统钎. 旅游开发与规划[M]. 广州：广东旅游出版社，1999.

第九章　旅游资源分区

学习目的

旅游资源分区是对客观存在的旅游资源区域所进行的逐级划分和归并。通过本章学习，应了解旅游资源分区的意义与原则，掌握中国十大旅游区和世界五大旅游区的空间范围、旅游资源突出特色、主要旅游城市和著名景区景点，了解其旅游业发展特征。

主要内容

- 旅游资源分区的意义与原则
- 中国的旅游资源分区标准
- 中国的十大旅游区
- 世界的五个旅游大区
- 世界的十二个旅游区

第一节　旅游资源分区的意义与原则

一、旅游资源分区的意义

旅游资源分区是对客观存在的旅游资源区域所进行的逐级划分和归并，目的在于为国家和地区合理开发利用旅游资源、因地制宜地发展旅游业打下科学的基础。

总的来看，进行旅游资源分区具有如下四方面的意义。

有助于全面认识国家或地区的旅游资源特点乃至科学制定各级旅游资源开

发利用规划，使其更具全面性、适应性和可操作性。

有助于准确把握各地旅游资源优势和开发利用方向，为因地制宜地开发旅游资源和合理布局旅游业提供依据。

有助于塑造鲜明的区域旅游形象，既便于有针对性地进行市场开拓，也便于旅游者自主选择旅游目的地。

有助于具体指导旅游经营者安排各种富有地方特色的旅游活动，从而卓有成效地开展区域旅游。

二、旅游资源分区的原则

旅游资源分区是一项复杂的工作，一般来说，它应该遵循以下原则。

（一）地域性原则

无论中国还是世界，多种多样的旅游资源莫不受到自然地理分异规律和人文历史发展规律的制约，表现出明显的地域性。这是旅游资源最本质的特征之一，也是旅游资源分区的基础和依据。只有真正科学、完整地认识旅游资源的地域性，方能准确地对其进行分区。

导致旅游资源地域分异的原因，对自然景观旅游资源来说，是自然要素地域分异规律，即纬度地带性、经度地带性和垂直地带性规律。由于热量由低纬度向高纬度、水分由近海向内陆呈现有规律的递变，水热关系的综合作用，使得地表自然景观也呈现纬度和经度地带性的变化。山地因高度不同而引起热量、水分及水热关系对比的变化，使得自然景观也呈现由下到上有规律的垂直递变。自然景观旅游资源空间分布的差异是这三种基本规律综合作用的产物。人文景观旅游资源的空间分布有其历史、民族和人文诸因素的作用，但也深受自然环境的影响和制约。因此，地域性原则是我们遵循的根本原则，也可以说是区划的总原则，它应该贯穿于规划的全过程。

（二）资源相似性原则

这一原则要求在进行旅游资源分区时，将那些成因上具有共同性、形态与特征上具有类似性、功能上具有通用性和发展方向上具有一致性的旅游资源归并在相同的旅游区内，使所划分的同一区域内部旅游资源相似性最大而差异性最小；区际间则差异性最大而相似性最小。反映在旅游资源地域等级系统中，高级区域内部相似性小、差异性大，而低级区域内部则相似性大、差异性小。这样，就有助于深入发掘同一旅游区内各种旅游资源之间的内在联系和规律，以及不同旅游区之间旅游资源的本质差异，从而为旅游资源开发提供较为系统的科学依据。

(三)主导因素原则

各旅游地域内分布着多种类型的旅游资源,但它们在该旅游地域内所起的作用和所处的地位是不均衡的,经常是某一、两种类型起着长期的或主导的作用,制约着旅游地域的属性特征、功能和利用方式。

这就要求在分区过程中,面对类型多样、分布广泛的旅游资源,必须在综合分析各种资源在空间组合上和时间演变中所具有的共同特征的基础上,寻找区域旅游资源的主要特点,尤其是突出能够反映本区特色和体现区域差异的主导因素;对不同等级,甚至同一等级内的不同地域,则突出其一两个因素,作为划分旅游区的主要依据,从而使区域旅游主题和形象更加鲜明。

在分区中要突出旅游资源成因类型的共同性。从全国来看,旅游资源成因类型差异性明显,但各地旅游资源的成因类型和分布又有一定的规律性。例如,黄河中下游从古人类及原始社会开始,经过了奴隶社会和封建社会,数千年来一直是中国的政治中心,保存有大量名胜古迹,是中国人文景观旅游资源最丰富、最集中的地区;东北三省因纬度偏北、接近西伯利亚而呈现林海雪原景观等,都是其旅游资源类型的共同性形成的。因此,可以把旅游资源成因类型的共同性,作为全国一级旅游区划分的重要依据,这也是地域性原则、主导因素原则和相对一致性原则相互结合的具体应用。

(四)行政区域相对完整原则

旅游业是国民经济的重要组成部分,它与地区经济发展密切相关。作为国民经济的一个产业部门,旅游业理所当然地要受地方政府机关的领导和管理。同时,作为一项具有高度文化性质的经济事业,旅游业涉及许多部门,这就需要行政管理部门综合平衡和协调各相关部门间的关系。行政区域是历史积淀和长期发展的产物,也是今天各地实施有效旅游管理的基本空间,因而出于方便管理的考虑,在旅游资源分区中应尽可能保持现有各种行政区域的相对完整。具体来说就是,除非确有必要,在划分一级旅游区时,应尽可能将几个省级行政区域组合成为一个旅游区,而一般不宜打破行政区域界线。

(五)综合性原则

综合性原则是对主导因素原则的有益补充,因为,一方面旅游资源是在自然地理各要素与人类的政治、经济、文化活动长期相互作用过程中所形成的,即旅游资源具有综合性;另一方面,旅游资源分区既要以旅游资源为主导因素,同时还要兼顾旅游功能、旅游活动和市场需求等多种因素,因而分区还需综合考虑这些因素,以达到协调的目的。

第二节　中国旅游资源分区

迄今为止，中国尚未进行正式的旅游资源区划。一些学者出于科研或教学的需要，提出了各有千秋的区划方案。

肖星在全国高校统编教材《中国经济地理》(1999)、专著《旅游资源与开发》(2000)、高校教材《中外旅游地理》(2005)和《中国旅游资源概论》(2006)中，依据科学区划原则，在汲取前人已有研究成果的基础上，采用地理方位或地名加自然、人文景观特色资源(各选1～2种，地位突出者在前)的命名法，将全国划分为10个一级旅游区。这一旅游资源分区方案因逻辑严谨、主题突出、简明扼要而受到学生的欢迎和教师的好评。鉴于本书的教学性特点，我们基本上仍继续采用肖星的区划方案，将全国划分为如下10个一级旅游区(详见图9－1)。

1. 东北冰雪景观近代名城旅游区
2. 中原华夏文明山海形胜旅游区
3. 华东名山秀水园林都市旅游区
4. 华中峡谷名山文化胜迹旅游区
5. 华南南国海滨现代风貌旅游区
6. 西南奇山异水民族文化旅游区
7. 西北丝路古迹大漠绿洲旅游区
8. 塞外草原风光蒙古族风情旅游区
9. 青藏雪域高原宗教文化旅游区
10. 台港澳中西文化海岛风情旅游区

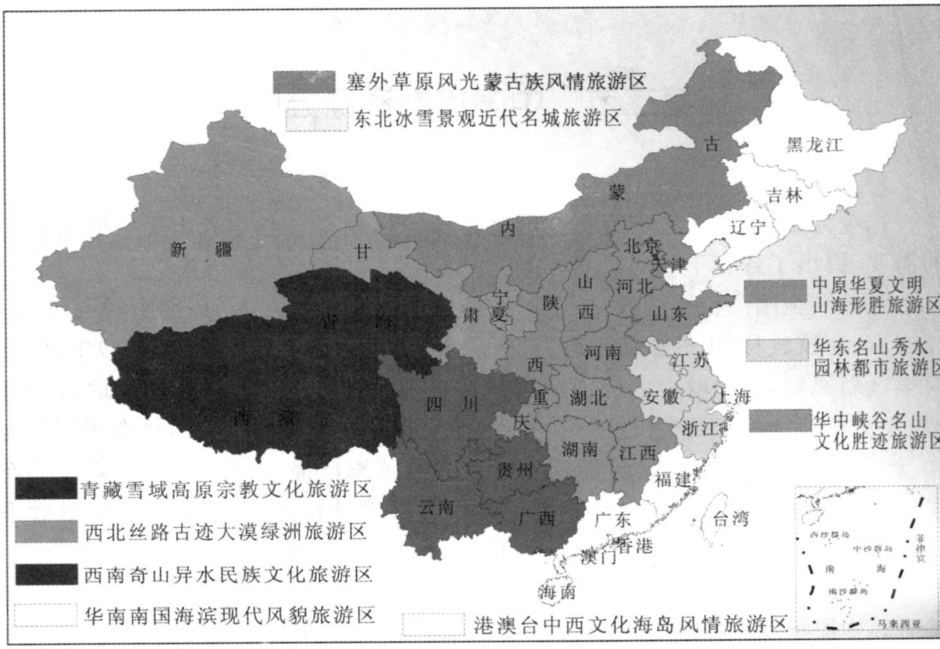

图 9—1　中国旅游资源分区示意图

一、东北冰雪景观近代名城旅游区

位于中国大陆东北部，包括辽宁、吉林和黑龙江三省。相对发达的工农业生产和便利的陆路交通，为其旅游业的发展提供了良好的物质基础；毗邻东北亚国家的地缘优势，则为其开发国际旅游提供了有利条件。

本区旅游资源的突出特色在于冰雪景观和近代名城。

由于地理纬度偏高，冬季严寒漫长且降雪充沛，加之大小兴安岭和长白山、完达山等森林密布，造就了东北冬季奇特壮丽的的林海雪原风光，这里遂成为神州大地开展冰雪旅游的最佳地区，为全国有效开发反季节旅游产品、打造冬季旅游新亮点提供了得天独厚的条件。吉林的"江城树挂"（雾凇）、北大湖和松花湖滑雪场，哈尔滨的冰雪节、松花江"冰雪大世界"和国内最大最好的滑雪场——亚布力（俄语"果木园"之意，清朝时期曾是满清贵族的狩猎场所）滑雪场，以及海林的"中国雪乡"等，是本区最令人神往的自然景观旅游资源（哈尔滨冰雪节同时也是人文景观旅游资源）。

与此同时，近百年的沧桑岁月，给本区的哈尔滨、长春、大连、沈阳、绥芬河等近代名城留下了不可多得的独特建筑风貌和厚重的历史文化沉淀；邻近俄罗斯、韩国、朝鲜、日本的区位特点，又为这里增添了不少别有韵味的异国情调。素有

“东方小巴黎”、“东方莫斯科”之称的哈尔滨那充满中国独一无二的欧陆风情的中央大街、以圣索非亚教堂和马迭尔宾馆为代表的诸多俄式建筑、深受俄罗斯影响的市民生活习俗；“塞北春城”长春“宽马路，四排树，圆广场，小别墅”的城市风貌和保存完好的伪满洲国皇宫及“八大部”建筑；“北方明珠”大连那令人赞叹的欧式花园广场、俄国及日本风格建筑和旅顺日俄战争遗址；沈阳的张氏帅府和“九一八”陈列馆；绥芬河那别具一格的异国风格建筑和中俄边城风情，构成了本区独具特色、但目前开发力度明显不足的人文景观旅游资源。

此外，长白山天池的深不可测和镜泊湖的湖光山色，大小兴安岭和长白山的茫茫林海，五大连池的火山熔岩景观和药泉“圣水”，漠河的“北极村”奇观，大连的海滨风光和宜人气候，长春的“电影城”和“汽车城”，沈阳的故宫和“盛京三陵”及 2006 年建成开园并曾创数个全球第一的世界园艺博览园，延边的朝鲜族风情和高句丽王城、王陵及贵族墓葬，三省均有的边境风情（尤其是许多年来一直为边界争议焦点、2011 年 7 月 20 日起始开放旅游、可欣赏全中国每日最早升起的太阳和领略“一岛两国”地缘特色的华夏“东极”——黑瞎子岛，以及 1969 年 3 月中苏边境之战的主战场珍宝岛，中朝界桥鸭绿江大桥），也是区内的优势旅游资源。

本区今后旅游资源开发的方向，冬季应以冰雪观赏、冰雪运动和狩猎旅游为主，夏季应以森林生态、边贸互市、界江探秘、科考修学、疗养度假等多种特色旅游为主，全年则适宜开展近代名城欧陆东洋风情旅游。

二、中原华夏文明山海形胜旅游区

位于黄河中下游地区，包括北京、天津、河北、山西、陕西、河南和山东等两市五省。适中的地理位置、雄厚的经济实力、便捷的立体交通和颇具国际垄断性的旅游资源，使之成为中国最为重要的旅游区之一。

本区旅游资源的突出特色在于华夏古今文明和山海形胜。

它是中华民族的重要发祥地，几千年的华夏文明史，给这里留下了博大精深、富甲全国的文物古迹旅游资源（以万里长城、北京故宫、承德避暑山庄、秦陵兵马俑和陕北“三黄一圣”、曲阜“三孔”、泰山、五台山和平遥古城、白马寺等为代表），堪称世界最大的天然历史博物馆：中国现有 30 处世界文化遗产和 4 处世界双重遗产，本区就分占 14 和 1 处；中国七大古都，本区居其五，三大石窟有其二；中国重要的古墓葬，绝大部分都在本区；中国目前保存最完好的古代四大官衙（中央宫殿——北京故宫；省级衙署——保定直隶总督署，州级衙署——山西霍州署，县级衙门——河南内乡县衙）全都集中在本区；本区还是党中央、毛主席当年领导中国人民进行艰苦卓绝的抗日战争和解放战争的大本营，以延安和西柏坡革命旧址为代表的红色旅游资源在全国独树一帜；区内地上地下所保存的其他价值颇高的文物古迹，更是数不胜数。

而首都北京作为新中国60多年建设新成就的荟萃之地，其日新月异的都市风貌（如雄伟壮丽的天安门广场、气象万千的东西长安街、熙熙攘攘的王府井和西单北大街）和气势恢宏的现代设施（尤其是令人叹为观止的国家大剧院和“鸟巢”、“水利方”等奥运场馆），天津保存完好的“小洋楼”城市风貌（人称），西安大手笔开发建设的集文化传承及展示、旅游观光和休闲、会展商务与宜居为一身的曲江新区（全国首批两个国家级文化产业示范区之一），青岛造型独特的奥帆基地，以及北京四合院和地坛庙会、陕北黄土窑洞和信天游、晋中大院和山西锣鼓等各地异彩纷呈的汉族民俗风情等，无疑也是中原人文景观旅游资源的重要组成部分。

区内自然景观以蜚声中外的名山胜景和夏季凉爽宜人的海滨风光为佳：华夏五岳占其四，尤以东岳泰山声名最为显赫；“清凉佛国”五台山、“山海奇观”崂山则分别是佛教和道教信徒向往的宗教名山；峡奇水绝瀑高林幽、但却长期“养在深闺人未识”的云台山因2004年入选首批世界地质公园而一跃成为河南旅游的新亮点；4000多千米长的黄金海岸汇集了北戴河、南戴河、青岛、威海和烟台等中国最优良的温带海滨避暑胜地。

本区今后旅游资源开发的方向，应以华夏文明怀古、首都观光购物、名山朝觐揽胜和海滨休闲度假旅游为主。

三、华东名山秀水园林都市旅游区

地处长江下游，位于中国东部沿海地区，包括上海、江苏、浙江和安徽一市三省。优越的自然环境、良好的区位条件、繁荣的经济、丰饶的物产、密集的旅游城市、便利的水陆交通和相映生辉的自然与人文景观，使这里成为中国的热点旅游区。

本区旅游资源的突出特色在于名山秀水、古典园林和都市风貌。

大自然赋予其山、湖、江、海之利：世界双重遗产黄山景色瑰丽，奇绝天下；“海天佛国”普陀山、“莲华佛国”九华山、“寰中绝胜”雁荡山和“海上仙山”嵊泗列岛早已闻名遐迩；烟波浩渺的太湖、景致如画的杭州西湖和扬州瘦西湖、水碧山青的“两江一湖”（富春江—新安江—千岛湖）、瀑多岩奇的楠溪江、岁月悠悠的大运河和涛声如雷的钱塘海潮等秀水丽景更是美不胜收。

由于历史上曾是一些封建王朝偏安避难之所，本区古文化遗存相当丰富。除“十朝都会”南京、“人间天堂”杭州两大古都外，还拥有苏州、扬州、上海、绍兴、宁波、歙县等一大批国家历史文化名城和周庄、同里、西塘等诸多江南水乡古镇，其中以精美绝伦的苏州园林为代表的本区古典宅第园林,无论是保存数量还是艺术价值,皆冠于神州,饮誉全球,是当之无愧的华夏建筑艺术瑰宝,素有“江南园林甲天下”、“苏州园林甲江南”之说。而中国的东方门户和最大工商业中心、崛起中的国际经济和航运中心——上海,则以其气势恢宏、在远东无与伦比的世界大都会风貌(如由东方明珠广播电视塔和金茂大厦、环球国际金融中心等几十幢气宇轩昂、足以展示当今世界最高设计和建造水平的超高层建筑组成的浦东陆家嘴现代都市景观,汇聚多国建筑、文化和科技精华的世界园艺博览园,人民广场及其周边令人叹为观止的上海大剧院、上海博物馆新馆、上海城市规划展示馆等一流现代文化设施,万豪、四季等近年新崛起的国际知名品牌酒店的地标性奇异建筑)和购物天堂的商业氛围(如南京路、淮海路等特色商业街每天万头攒动),对海内外游客产生着愈益强烈和经久不衰的吸引力。而明清园林豫园、外滩近代西洋建筑群(以英国人自翊为“苏伊士运河到白令海峡之间最讲究、最豪华的建筑”——原汇丰大楼为代表)和中共“一大会址”等又使其不乏历史文化的深厚积淀。

与此同时,以上海、南京、苏州、杭州为代表的长三角都市圈,是中国目前和未来相当长一段时期内发展都市旅游、会展旅游和购物旅游的理想地域。

本区今后旅游资源开发的方向,应以会展和商务旅游、都市采风购物、名山避暑朝圣、古城名镇观光和水乡休闲度假为主。

四、华中峡谷名山文化胜迹旅游区

位于中国腹地的长江中上游,包括重庆、湖北、湖南和江西一市三省。本区是全国十大旅游区中唯一既不沿海、又不沿边的区域,但却向为九省通衢之地,水陆交通称便,加之开发历史悠久,自古就是富庶的“鱼米之乡”,近些年来经济增长速度又名列全国前茅,对旅游业的发展颇为有利。

本区旅游资源的突出特色在于峡谷名山和文化胜迹。

幽深壮丽的“山水画廊”长江三峡横贯本区西部,连同大宁河小三峡构成了华夏乃至全球最为亮丽的一道峡谷风景线;举世瞩目的三峡水利枢纽工程和从宜昌三斗坪到重庆600多千米长的“高峡平湖”已经成为游人仰慕的世界级游览胜地;鬼斧神工的大自然杰作武陵源和三清山、“一柱擎天”的武当山、五岳独秀的衡山、碧水丹岩的龙虎山和方竹遍野的金佛山,以及集历史文化名山、政治名山和风景名山于一身的庐山,皆景色奇丽,引人入胜;原始险峻的神农架,是珍稀动植物汇聚的生物资源宝库;而洞庭湖、鄱阳湖和武汉东湖等绰约多姿的大小湖泊,则呈现一派水乡泽国的壮美风光。

由于历代文人墨客为这里的名山大川所吸引、宗教文化源远流长和历史上魏蜀吴三国长期逐鹿于此，加之钟灵毓秀，名人辈出，本区形成了诸多在全国独树一帜的高品位文化胜迹和独特人文风情：不仅中国古代江南三大名楼全都荟萃华中，宋代四大书院居其三（岳麓、白鹿洞和石鼓书院），更有轰动世界的长沙马王堆西汉古墓，中国诗坛上的千古绝唱——屈原《离骚》和从这里兴起传开的全国重要民间节日——端午节，“水下碑林”白鹤梁石刻带，“仙山琼阁”武当山古建筑群，中国晚期石窟造像艺术的典范——大足石刻，白帝城、古隆中、荆州古城和赤壁古战场等三国遗址，以及“中国革命的摇篮”井冈山、“中国人民解放军的摇篮”南昌、“中华人民共和国的摇篮”瑞金、毛泽东和刘少奇等伟人故里这些博大精深的红色文化旅游资源，武昌首义和抗战陪都重庆的民国史迹，湘鄂渝毗邻武陵山区令人陶醉的土家族苗族风情，风靡全国的川菜、湘菜，等等。它们为华中积淀了丰厚深邃的历史文化内涵。

本区今后旅游资源开发的方向，应以山水览胜、文化休闲、宗教朝圣、民俗体验旅游和三国遗迹寻踪、生态、漂流、科考等专项旅游为主。

五、华南南国海滨现代风貌旅游区

位于中国南部沿海，包括福建、广东和海南三省。本区毗邻港澳台，面向东南亚，区位优越，交通便捷，又是全国最大的侨乡，向为众多海外华侨华人归国和港澳台同胞还乡的首到或必经之地，客源异常充足，加之对外开放程度高，经济充满活力，因而是中国发展国际旅游条件最好和旅游业最发达的地区之一。

本区旅游资源的突出特色在于热带、南亚热带海滨和现代风貌。

由于绝大部分区域处在长夏无冬的热带和南亚热带，三省又都濒临海洋，遂形成了在中国最为独特、也最迷人的南国海滨风光。椰风海韵、生态绝佳的海南岛，是中国海滨休闲、高端度假的最佳去处，现正倾力打造国际旅游岛；水碧沙细的闽南、粤东、深圳和粤西海滨，“海上花园”鼓浪屿和异彩纷呈的平潭、东山、南澳、上川与下川、海陵、东海、特呈、蜈支洲、分界洲、西岛等，也都有其令人向往的阳光海滩（海岛）风情；而那遥远又神秘的西沙群岛、南沙群岛和中沙群岛（包括黄岩岛）等南海诸岛及其辽阔无垠的南中国海域，更是中国海洋旅游发展潜力最大、也最具吸引力的地区和战略接替空间。

本区得改革开放风气之先，中国5个经济特区全都集中于此，珠江三角洲和闽南“金三角”则是东部沿海的主要经济开放区。改革开放30年多来一直“敢为人先”的新颖观念和经济的迅猛发展，使本区展现出全国其他大部地区难以比拟的崭新现代风貌和时代魅力。

诸如广州、深圳、厦门、海口等各具风采的现代都市景观和会展旅游资源（尤其是由造型别致的广州塔及其海心沙亚运公园、广州大剧院、广州图书馆新馆、广东省博物馆新馆、西塔所构成的广州花城广场现代建筑群，世界最大和运行最成功的广州大学城，长宽和绿化美化皆为世界折服、令人叹为观止的标志性都市景观大道——深圳深南大道，近20公里长的中国最美热带滨海景观大道“椰梦长廊”——三亚湾路，快捷方便又不误赏景的珠三角城际轨道网和武广、厦福、海南东线高铁，以及气势恢弘的广州琶洲、海口和厦门国际会展中心），深圳华侨城及东部华侨城和广州长隆等特色突出、规模宏大的主题公园群，广州陶陶居、渔民新村、白鹅潭酒吧街、正佳广场、太古汇等老字号和新崛起的美食购物场所，厦门、珠海、中山和三亚等环境优美的花园城市，亚龙湾、海棠湾、武夷山、海泉湾硬件一流、功能齐全的国家旅游（休闲）度假区，广州花园和四季及从化碧水湾、深圳金茂JW万豪和华侨城洲际、三亚喜来登和丽思卡尔顿、厦门海悦等设施一流、服务上乘的国内顶级豪华酒店，鼓浪屿、沙面异国风情浓郁的优秀西洋近代建筑群，三省均堪称丰富的温泉资源，珠三角独树一帜的绿道网及其所串联的如诗如画的美丽乡村，都使海内外游客倾心向往，慕名而至。

此外，“奇秀甲东南”的世界双重遗产武夷山，全球最大的水下石板广场——福建鸳鸯溪白水洋，“中国红石公园——丹霞山，”北回归线上的“绿宝石”肇庆鼎湖山，典型的火山遗迹琼雷世界地质公园，独树一帜的世界文化遗产开平雕楼和福建土楼，令人耳目一新的海南呀诺达雨林文化景区和五指山区黎苗风情，久藏深山却震撼人心的粤西北连南千年瑶寨与瑶族歌舞，“世界宗教博物馆”泉州的多种宗教建筑和台胞敬仰的湄州岛妈祖庙等，也都是区内高品位的优势旅游资源。

本区今后旅游资源开发的方向，应以热带和南亚热带海滨休闲度假、时尚娱乐消遣、美食购物体验、国际会展商务、侨乡故土寻根旅游为主。

六、西南奇山异水民族文化旅游区

位于中国西南边陲，包括四川、云南、贵州和广西三省一区。毗邻东南亚的地缘优势，日益改善的交通条件，世界一流的自然旅游景观，四季如春的宜人气候（云贵高原），使本区成为中国开发潜力最大的旅游区之一。

本区旅游资源的突出特色在于天造地设的奇山异水和绚丽多彩的民族文化。

这里是全球闻名的喀斯特地貌集中分布区域，在此基础上所形成的桂林山水和阳朔风光、九寨梯湖和黄龙彩池、云南石林和九乡溶洞、黄果树瀑布和龙宫水洞等，是国内乃至世界独有的岩溶山水奇观；本区又是中国山高谷深、地势起伏颇大的地区，峨眉山、贡嘎山和四姑娘山，玉龙雪山、三江并流和虎跳峡，苍山洱海和西山滇池，马岭河峡谷和荔波樟江大小七孔，德天瀑布和乐业天坑群等世所罕见的奇山异水,都足以震撼人心和令人叹为观止。

作为中国少数民族种类和人口最多的地区,这里以古朴浓郁、神秘撩人的少数民族风情为典型代表的多民族文化异彩纷呈,向来更具诱惑力,人称“民族文化博物馆”。西南各民族历史悠久,习俗迥异,宗教信仰各不相同,节日喜庆终年不断。西双版纳和德宏的傣族风情,大理的“风花雪月”、崇圣寺三塔和白族风情,高原姑苏丽江古城与东巴文化及纳西族风情,号称“人类活化石”的泸沽湖畔摩梭“女儿国”生活习俗,迪庆藏区的“香格里拉”秘境,瑞丽的景颇族和佤族风情,南宁与柳州的壮族风情和桂北龙脊梯田,程阳的侗族风雨桥和鼓楼,崇左的边关风情,东兴的京族三岛,黔东南的侗乡苗寨风情,川西草地的藏族风情和红军长征遗迹,汶川的羌寨碉楼,西昌和楚雄的彝族文化等,都早已名扬中外,令人心驰神往。

此外,世界遗产乐山大佛和青城山—都江堰,具有世界影响的广汉三星堆古蜀文化遗址,成都武侯祠、杜甫草堂、宽窄巷子、锦里古街与地方风味小吃,大邑刘氏庄园和自贡恐龙博物馆,连绵 7 万余亩的蜀南竹海,“国宝”大熊猫栖息地——卧龙自然保护区,“动植物王国”西双版纳,昆明大观楼和金殿,镇远青龙洞和“遵义会议”会址,以“滩长平、水温静、浪柔软、无鲨鱼”著称的北海银滩和火山岛——涠州岛,宁明花山崖壁画等,也都是本区颇具价值的高品位旅游资源。

本区今后旅游资源开发的方向,应以山水奇景览胜、民族风情体验、生态休闲避暑、边境采风购物旅游和宗教朝觐、高山探险、熊猫观赏、生态科考等专项旅游为主。

七、西北丝路古迹大漠绿洲旅游区

位于中国西北部,包括甘肃、宁夏和新疆一省二区。本区拥有辽阔的土地和丰富的资源,地接中亚的区位和新亚欧大陆桥使其向西开放更加便利。但经济基础薄弱、景区较为分散、交通尚不发达和远离国内外主要客源地则制约着西北旅游业的发展。

本区旅游资源的突出特色在于丝路古迹和大漠绿洲。

开拓于两千多年前,在世界文明史上地位显赫的亚欧商贸大道——“丝绸之路”自东向西贯穿本区,沿线保存至今的文物古迹历史之久,数量之多,品位之高,涵盖民族之广,实为世所罕见。诸如“东方雕塑陈列馆”麦积山石窟,蔚为壮观的青铜峡 108 塔,“东方金字塔”西夏王陵,中国旅游标志——东汉铜奔马及其出土地武威雷台汉墓,室内卧佛长度(34.5 米)居全国之最的张掖大佛寺,万里长城西起点嘉峪关,“世界佛教艺术宝库”敦煌莫高窟,曾经辉煌一时的吐鲁番高昌、交河古城遗址,中国古代四大水利工程之一的坎尔井,集东西方文化艺术精髓于一体的拜城克孜尔千佛洞，维吾尔人奉为圣地的喀什艾提尕尔清真寺等，都是举世珍稀的无价之宝，引得无数海内外游人前来访古抒怀。

西北是中国气候最为干旱的地区，与之相伴而生的雄浑苍凉、别具情趣的大漠风光和唯此独有、生机盎然的绿洲美景，正愈来愈成为吸引中国东南沿海和日本、韩国、东南亚及欧美游客远征西北、探险观光的优势旅游资源。诸如堪称奇观的敦煌鸣沙山—月牙泉和中卫沙坡头及银川沙湖，神秘莫测的塔克拉玛干和腾格里沙漠，瓜果飘香的吐鲁番葡萄沟和张掖绿洲，雪峰高耸的帕米尔高原，"瑶池仙境"天山天池，"水晶世界"乌鲁木齐天山一号冰川和甘肃七一冰川，如诗如画的喀纳斯湖和赛里木湖，草丰畜肥的甘南草原和山丹马场，青山碧水令人依恋的白龙江林区，以及作家张贤亮创办的因拍摄影片《红高粱》和"出售荒凉"闻名的镇北堡华夏西部影视城等，无不给人以新奇刺激的感受，正在成为本区的旅游热点。

西北又是中国第二大多民族区域，尤其是全国信奉伊斯兰教的10个少数民族基本上都聚集在这里，淳朴多姿的民族风情，成为本区的第三大旅游资源。诸如吐鲁番和喀什的维吾尔风情、伊犁的哈萨克风情、塔什库尔干的塔吉克风情、喀纳斯湖畔的蒙古图瓦人风情，宁夏和临夏的回乡风情，甘南的藏族风情和肃南的裕固族风情等，都令人回味无穷，如痴如醉。

本区今后旅游资源开发的方向，应以丝路胜迹品鉴、大漠绿洲览胜、民族文化体验、避暑度假消遣、生态休闲运动旅游和沙漠探险、登山、狩猎、滑翔及跨国汽车拉力赛等专项、特种旅游为主。

八、塞外草原风光蒙古族风情旅游区

位于长城以北的中国北部边疆，空间范围与内蒙古自治区的行政区域重合。地接俄罗斯和蒙古，沿边优势明显。

本区旅游资源的突出特色在于草原风光和蒙古族风情。内蒙古草原东西狭长，广袤无垠，夏季时节千里绿海，牛羊如云，骏马奔腾，蒙古包点点，真实地再现了古代民歌所描述的"天苍苍，野茫茫，风吹草低见牛羊"的情景，以呼伦贝尔、锡林郭勒和希拉木伦等地最为典型。世代居住于此的"马背上的民族"——蒙古族的风情特色十分鲜明，尤其是其热情豪放的性格和高亢欢快的歌舞每每使人深受感染，终生难以忘怀。每年7～8月在各大草原上举行的"那达慕大会"是蒙古族人民一年一度的盛会，其间必不可少的摔跤、射箭、赛马等传统民族体育娱乐活动吸引了无数游客竞相观赏和参与。而位于伊克昭盟伊金霍洛旗境内、以三个穹庐式宫殿建筑为主体、造型富有浓厚的蒙古民族艺术特色的成吉思汗陵（按照蒙古族风俗，贵族葬后灭迹，不留坟冢，故此陵乃成吉思汗的象征性陵寝），是蒙古人祭祀一代天骄的圣地，每年祭陵之时是蒙古族人民的盛大节日。

此外，区内还有昔日的狩猎民族——鄂伦春和鄂温克的独特民族风情，以及大兴安岭原始森林、阿尔山温泉与湿地、呼伦池、响沙湾等自然美景和包头五当召、呼和浩特昭君墓等人文胜迹。

本区今后旅游资源开发的方向，应以草原美景、蒙古族风情、北国边陲观光体验旅游和森林、养生、边贸等专项旅游为主。

九、青藏雪域高原宗教文化旅游区

位于中国西南部，包括青海省和西藏自治区，是世界上为数不多迄今未受大的环境污染的“净土”之一和独一无二的具有神秘色彩、极富魅力的旅游区。但由于受自然、历史、经济和交通等因素的制约，目前旅游开发还处于起步阶段。

本区旅游资源的突出特色在于雪域高原和宗教文化。

青藏高原平均海拔4000米以上，向有“世界屋脊”之称，尽管气候寒冷，但终年天空湛蓝如洗，阳光充足明媚，空气稀薄却也格外洁净清新；高原边缘和内部喜马拉雅、唐古拉等雪山重叠，珠穆朗玛、南迦巴瓦等雪峰耸峙，绒布、米堆等现代冰川发育。这些雪山、雪峰、冰川是本区圣洁的象征和“雪域高原”名称的来由，也是长江、黄河、澜沧江、努和雅鲁藏布江等大江大河的源头，加之号称“20世纪最伟大的地理发现”的雅鲁藏布大峡谷深度和长度又居全球之冠，遂吸引了无数世界各地的登山爱好者、探险者纷至沓来，挑战自我、挑战极限。高原上青海湖、纳木错、羊卓雍湖和孟达天池等天然湖泊众多，草原宽广，牧场丰美，河流蜿蜒，景致如画；长江、黄河源头充满神奇，拉萨河、雅砻河谷地阡陌纵横，田园锦绣，藏东南山地原始森林茂密，藏北羌塘和青南可可西里地区则人迹罕至，唯有珍稀野生动物出没。如此粗犷原始、雄浑神奇的雪域壮景，不仅引得诸多不同肤色的探险勇士年年岁岁为之竞折腰，更是无数旅游爱好者梦寐以求的游览胜地。

青藏高原是全民信奉喇嘛教的藏族人民世居之地，城乡各地佛塔、佛寺广布，佛事活动隆重而又盛大，到处经幡猎猎，终日香火不断，念经、转经和跪拜朝佛者比比皆是，藏族群众对宗教的虔诚程度，足以使其他任何民族的人们都自愧莫如。可以毫不夸张地说，青藏高原的宗教文化之厚重和影响之广泛，宗教氛围之浓烈，为其他任何地方所远远不及。坐落于高山之巅、建筑宏伟、气势不凡的拉萨布达拉宫，既是历史上西藏“政教合一”的统治中心、历世达赖喇嘛的冬宫，也是藏民心中的“佛教圣地”；在藏区社会享有极大威信的格鲁派六大宗主寺院有五个在本区：青海的塔尔寺是黄教创始人宗喀巴大师的诞生地，并以酥油花、壁画和堆绣“艺术三绝”而闻名；拉萨的甘丹、色拉、哲蚌三大寺和日喀则的扎什伦布寺（历世班禅的驻锡地）也都是雪域名寺，地位相当显赫。

民族与宗教向来息息相关。青藏高原的藏族风情原生纯正，淳朴自然，浓郁迷人。这里的藏民长期以放牧为主要生产生活方式，服饰上的最大特色是男女都将藏袍裹于身外，袒露右肩，既便于活动，也适应高原的多变气候。藏族牧民多住牦牛毛织成的黑色帐篷，冬暖夏凉，且迁移方便。酥油糌粑、奶茶和青稞酒是藏族人喜爱的食品。藏族一年中节庆颇多，以藏历元旦最为重要，届时人们穿着盛装相互拜年，并到寺院祈祷祝福；正月十五"酥油灯节"和雪顿节、望果节等也都是异常热闹的藏族节日盛会。藏族群众人人能歌善舞，更使节日气氛异常热闹。

民族与宗教的紧密结合，给本区留下了辉煌灿烂，源远流长的藏文化及其丰富的藏族文学艺术作品，最著名者当属世界最长史诗《格萨尔王传》，其情节曲折，语言优美，说唱兼有，广为传咏。

本区今后旅游资源开发的方向，应以雪域观光、宗教朝圣、藏文化体验、生态运动旅游和登山探险、狩猎、科考等专项旅游为主。

十、港澳台中西文化海岛风情旅游区

位于中国南部沿海，包括业已回归祖国、但却实行"一国两制"特殊政策的香港特别行政区、澳门特别行政区和台湾省。在地貌特征上，三者的主体都是海岛或半岛，即九龙半岛和香港岛及其离岛、澳门半岛和凼仔岛及路环岛、台湾岛和澎湖列岛等。

由于历史的原因，台港澳三地曾长期与祖国大陆分隔而治，却与西方文化融合甚多，形成了既有古色古香的中国庙宇（如三地均广泛分布的妈祖庙）和传统民居（如澳门郑家大屋），又有庄严肃穆的天主教堂（如澳门主教座堂）和异彩纷呈的西洋近代建筑（如澳门民政总署大楼、香港立法会大楼与台湾"总统府"——原日占时期台湾总督府大楼）的中西文化珠联壁合的人文景观。又因地处南亚热带海岛、海滨，其南国风光浓郁，既不乏阿里山和日月潭（台）、太平山（港）、东望洋山（澳）这样的山水美景，更有清水断崖和野柳（台）、维多利亚港和浅水湾（港）、黑沙湾（澳）这样的海岛风情。

本区三地历来是高度开放的自由贸易港，经济繁荣，又是远东旅游资源开发较为成功、旅游业相当发达的地区，且各具风采。

香港地方虽小，却与众不同，中国的传统，西方的文化，加上150多年的殖民历史，恍若一个多元文化的万花筒，千姿百态。作为真正的国际化大都市，它高楼林立，车水马龙，观念时尚，服务上乘，现代化气息浓郁，以世界重要的金融中心和购物天堂、美食之都、会议中心闻名遐迩，又有迪士尼乐园、海洋公园等著名主题公园，是动感和魅力十足的娱乐天地。

三面环海的澳门气候宜人，景色旖旎。这里城市不大、街道狭窄，但却整洁干净、环境怡人；世界文化遗产澳门历史城区建筑风貌中西合璧，龙环葡韵住宅博物馆异域风情独树一帜，整座城市南欧韵味浓郁，是文化休闲的绝佳去处。当然，澳门最出名的还在于它是“博彩之都”、“东方的蒙特卡罗”、世界三大赌城之一。博彩业是澳门经济的重要支柱，因之而起的“赌场＋酒店”博彩观光旅游模式独树一帜，相当兴盛，新葡京、永利、美高梅、金沙等娱乐城和威尼斯人度假村均是澳门著名的大型赌场，中外游客终年络绎不绝。

台湾素有“宝岛”之称。由于地质运动强烈，地貌类型多样，形成许多富有观赏价值的自然美景，大屯春色、双潭秋月、阿里云海、玉山积雪、澎湖渔火、鲁阁幽峡、清水断崖和安平古镇等台湾八景堪称代表。地处台北市郊的“故宫博物院”，又名“中山博物院”，收藏有 1949 年从北京故宫、沈阳故宫和承德避暑山庄运至台湾的数十万件中国历代文物瑰宝，加上后来在全球范围内广泛征集的文物，总数达 65 万件，是世界屈指可数的东方艺术宝库，也是中外游客台湾之行的必到之处。此外，高山族风情、北投温泉、台北夜市和高度居世界前列的 101 大厦，以及台湾美食等也颇具魅力。

随着港澳于 20 世纪末回归祖国和进入 21 世纪以来中央政府相继开放内地居民赴港澳台“个人游”，本区已成为中国一个独具特色、充满活力、后劲十足的旅游区。

第三节　世界旅游资源分区

根据前述分区原则，本教材将世界旅游资源分为旅游大区和旅游区两级空间区域。旅游大区主要依据各大洲的空间范围及其主要资源特色差异划分，全球共分亚洲、欧洲、美洲、非洲和大洋洲等 5 个旅游大区（详见图 9－2）；旅游区主要依据各旅游大区内部区位的不同、主要资源特色及其吸引范围细分，全球共分 12 个旅游区。需要说明的是，尽管南极洲旅游资源独具特色，但考虑到目前尚无常住人口和作为旅游集散中心的任何一座城市乃至一个乡村，本书的世界旅游资源分区暂未覆盖该洲大陆和附近岛屿。

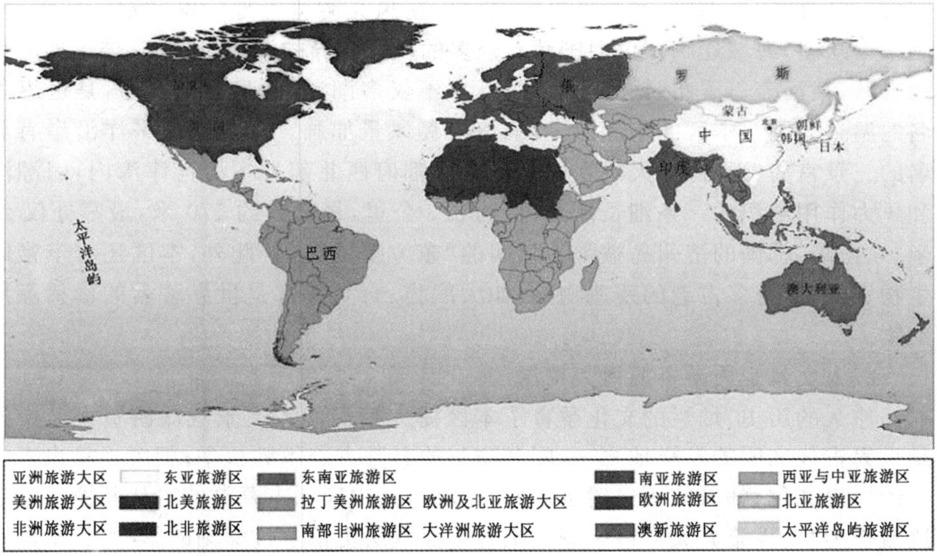

图 9—2 世界旅游资源分区示意图

一、亚洲旅游大区

位于东半球的东北部，东临太平洋和美洲旅游大区，南临印度洋和大洋洲旅游大区，西、北分别与欧洲及北亚旅游大区相连，西面并与非洲旅游大区毗邻（考虑到地缘政治、地理位置、自然环境、人文景观等因素，本书将原属亚洲的北亚区域——俄罗斯亚洲部分划出，与欧洲并为一个旅游大区）。根据地理位置及旅游资源特色标准，亚洲旅游大区可进一步划分为东亚、东南亚、南亚、西亚与中亚4个旅游区。

（一）东亚旅游区

位于亚洲东部、太平洋西岸，包括中国、日本、朝鲜、韩国、蒙古等国，总面积约1170万平方公里。本区是亚洲面积最大、旅游资源最丰富的地区。壮美的山水风光与悠久的历史文化构成了本区资源的主要特色。

1. 自然景色多姿多彩，类型繁多

本区自然景色多姿多彩、类型繁多。北有千里冰封的林海雪原，南有鸟语花香的热带丛林，沿海有风景迷人的阳光海滩，内陆有空旷辽阔的草原大漠。在众多的自然风景中，壮美的山水风光独领风骚。东亚是世界上山地旅游资源最丰富的地区之一。区域西南部集中分布有以“地球之巅”珠穆朗玛峰为代表的高山巨川，这里群山争雄，峡谷幽深，湖泊棋布，垂直景观变化剧烈，蔚为奇观；东部风景名山广布，东亚岛弧上还多火山奇观。中国的黄山、日本的富士山、朝鲜的金刚山、韩国的雪岳山等，都是世界著名的山岳风光游览胜地。本区水域广大，河湖泉瀑众多，海域辽阔。仅中国就有众多的风彩各异的湖泊，还有享誉世界的长江三峡、黄河壶口瀑布、钱塘涌潮等；日本不仅多湖瀑，而且温泉遍布，是世界著名的温泉大国。本区的东部沿岸，滨海滩岛风景如画。日本的太平洋沿岸有著名的三景宫岛、天桥立（天桥立位于日本京都府西北部日本海宫津湾内，因潮流和风力作用堆积的一条细长沙滩，长约3.3公里，最宽处约170米，最窄处仅15米。）、松岛，韩国的济州岛被誉为韩国的“东方夏威夷”。此外，本区还有丰富的生物资源，而且多古老的残遗物种，如大熊猫、野马等都是世界著名的珍稀濒危动物。

2. 人文景观旅游资源博大精深

悠久的历史、灿烂的文化孕育了本区博大精深的人文景观旅游资源。中国是世界古代文明的发祥地之一，闻名遐尔的名胜古迹不胜枚举；朝鲜半岛也有灿烂的历史文化；韩国的历史遗迹达680多处，其中庆洲古墓群的古代新罗王朝遗迹被誉为“世界第九大奇迹”；蒙古也曾给亚欧历史留下过深刻的影响；日本则是一个融悠久历史文化与辉煌的现代文明于一体的国家，境内名胜古迹遍布，奈良、京都、镰仓是探寻日本历史的三大古都。日本的神社、佛寺、殿宇遍布全国，京都的八坂神社、奈良的东大寺等是游客参拜和观光必到之处。本区还拥有北京、香港、澳门、汉城等众多享誉世界的旅游名城。

（二）东南亚旅游区

位于亚洲东南部，由中南半岛和马来群岛组成，包括八个国家和地区。包括越南、老挝、柬埔寨、缅甸、泰国、马来西亚、新加坡、印度尼西亚、菲律宾、文莱、东帝汶等国家，面积约448万平方公里。迷人的热带滨海滩岛胜景与多彩的宗教和民族文化构成了本区旅游资源的主要特色。

1. 热带滨海滩岛风光秀丽

本区地跨赤道，除内陆山国老挝外，各国均有曲折漫长的海岸线，岛屿星罗棋布，风景优美，滩缓沙细，非常适合发展海滨度假旅游。泰国的帕塔亚、普吉岛，马来西亚的槟榔屿，印度尼西亚的巴厘鸟及菲律宾的宿务岛，被誉为东南亚的“五大海滨度假地”。新加坡是享誉世界的“花园之国”、菲律宾号称“东海明珠”，印尼更有“赤道上的翡翠链”之美誉。

2. 宗教和民族文化丰富多彩

东南亚是佛教、伊斯兰教、基督教三大宗教的交汇地，宗教文化氛围浓郁，区内拥有众多宏伟壮丽的宗教建筑。如被誉为“黄袍佛国”的泰国境内寺庙林立；缅甸的仰光大金字塔、柬埔寨的吴哥窟、印尼的波罗浮屠佛塔等都是举世闻名的宗教建筑。此外，本区民族众多，民族文化绚丽多姿，也是本区富有特色的重要人文景观旅游资源。

(三)南亚旅游区

位于亚洲南部，指从喜马拉雅山脉南麓到印度洋之间的广大地区，包括尼泊尔、印度、巴基斯坦、孟加拉国、斯里兰卡、马尔代夫、不丹和锡金等国，面积约437万平方公里。如诗如画的自然山水和历史悠久的宗教文化构成了本区旅游资源的主要特色。

1.山雄水秀，风景迷人

本区北部为举世闻名的喜马拉雅山，是登山、探险、滑雪、避暑的胜地；中部为风光旖旎的印度河、恒河。南部印度洋上有美丽的岛国斯里兰卡和马尔代夫，其中，马尔代夫被称为漂浮在“印度洋上的花环”，每年来此领略热带风光、海滨度假、水上垂钓和海底观光的游人久盛不衰。此外，良好的自然生态环境和气候条件为本区孕育了丰富多样的生物资源，其中，印度享有“动物天国”的美誉。

2.宗教文化辉煌，名胜古迹众多

南亚是人类古代文明的发祥地之一，也是佛教和印度教的发源地。区内拥有大量的历史遗迹和宗教建筑。譬如印度的泰姬陵、阿旃陀古代石窟、佛教圣地鹿野苑、印度教圣地及历史名城瓦拉纳西，尼泊尔南部佛教创始人释加牟尼诞生地兰毗尼，斯里兰卡的佛教圣地康提，孟加拉国的拉尔巴格古城堡，巴基斯坦的摩享佐达罗古城遗址等，都是闻名遐尔的名胜古迹。此外，由于本区人种复杂，民族众多，多姿多彩的民族风情也十分引人入胜。

(四)西亚与中亚旅游区

地处亚、非、欧之间，其中西亚是指东起阿富汗，西到土耳其，南面包括阿拉伯半岛在内的广大地区；中亚位于亚欧大陆中部，包括哈萨克斯坦、乌兹别克斯坦、吉尔吉斯斯坦、土库曼斯坦和塔吉克斯坦5国。本区总面积约为1045万平方公里。浓郁的宗教氛围和独特的大漠草原风情构成了本区旅游资源的主要特色。

1.历史文化遗迹众多，宗教氛围浓郁

西亚是人类古代文明的发祥地之一。几千年的文明史留下了丰富的历史文化遗迹。被公认的世界七大奇迹本区就独占两个：伊拉克的“巴比伦空中花园”和土耳其的“阿苔密斯神殿”遗迹。此外，著名的古迹还有伊朗的波斯利斯及古翁塔希城遗址，伊拉克的哈德尔古城、乌尔城遗址，巴林的巴尔巴尔庙，也门的石头宫，约旦的佩特拉“国王古道”上的庞大陵墓雕刻及12世纪“十字军”东征时基督教徒构筑的要塞城堡等。

本区是伊斯兰教、基督教和犹太教的发源地，拥有麦加、麦地那、耶路撒冷等世界性宗教圣地，每年从国外前往朝觐的教徒数以百万计，是世界宗教旅游最发达的地区。中亚地区民族众多，居民大多信仰伊斯兰教。乌兹别克的撒马尔罕、布哈拉、希瓦等城市早在一千多年前就已成为伊斯兰文化胜地和宗教中心。其中，撒马尔罕在伊斯兰教徒心目中具有重要的地位，据说朝拜两次该城即等于朝拜一次麦加。宗教活动是中亚人民生活的重要内容，从政治经济、文化艺术到民族风情等无不带有强烈的伊斯兰文化色彩。区内伊斯兰建筑众多，清真寺达5000多座。此外，本区历史上曾是古"丝绸之路"的通道，至今仍保留有较多的丝路胜迹。

2. 自然景色区域差异较大，以大漠草原风情为主

本区自然景色区域差异较大，大部地区为荒漠和半荒漠，绿洲和草原景观突出；地中海沿岸则为冬雨夏干的亚热带半湿润气候，是自然风景富集的地区，拥有较多的海滨胜地。美丽的塞浦路斯岛是地中海东部的一颗璀璨明珠。

二、欧洲及北亚旅游大区

包括整个欧洲范围和俄罗斯的亚洲部分。虽地跨两大洲，自然景观大相径庭，但因俄罗斯传统上乃一欧洲国家，故全区在人文景观上有较大的相似性。

(一)欧洲旅游区

位于东半球西北部，北临北冰洋，西濒大西洋，南隔地中海和直布罗陀海峡与非洲大陆相望，东与北亚、西亚与中亚旅游区相连，面积约1016万平方公里。自然美景、古建筑和博物馆构成了本区旅游资源的主要特色。本区旅游资源不仅相当丰富，而且开发利用的深度和广度都位居世界前列，是全球旅游业最发达的地区之一。

1. 自然景观优美和谐

本区林海雪原、湖光山色、滨海滩岛等相映生辉，自然景观优美和谐，主要集中于欧洲北部斯堪的纳维亚山脉、欧洲南部的阿尔卑斯山脉及地中海和黑海沿岸等地。

斯堪的纳维亚半岛风光旖旎。连绵不断的森林，星罗棋布的湖泊、岛屿，众多的峡湾及高纬度地区特有的极昼、极夜、极光奇观等相映成趣，构成了一幅幅优美的风景画卷。

阿尔卑斯山脉横亘区域南部，是欧洲最高大的山脉，平均海拔在3000米左右，山势雄伟，许多高峰终年白雪皑皑，山谷冰川发育，主峰勃朗峰海拔4807米。欧洲著名的风景名山几乎都云集于阿尔卑斯山脉。

地中海沿岸和黑海之滨，以其充足的阳光、柔软的沙滩、蓝色的海水，吸引着众多的游人，成为世界著名的"3S"旅游区。现已建成许多世界规模的海滨游乐、康复休养基地和冬季避寒的旅游活动中心。西班牙的太阳海岸、美丽海岸，

巴利阿里群岛;法国的尼斯、加莱和布伦海岸,科西嘉岛;意大利的斯培西亚和利古里亚海滨;克罗地亚的斯普利特、杜布罗夫尼克等都是地中海著名的海滨和海岛旅游胜地。俄罗斯的索契、乌克兰的雅尔塔、格鲁吉亚的苏米和巴统、罗马尼亚的康斯坦萨、保加利亚的瓦尔纳等是黑海沿岸著名的海滨疗养度假中心。

2.传统文化景观保存较为完整

本区是人类文明发展较早的地区之一。古希腊、古罗马是西方古代文明的代表,意大利是文艺复兴的源地,欧洲还是世界资本主义的发源地、产业革命的故乡,无产阶级革命的摇篮,两次大战的主战场,加之欧洲各国向来格外重视自己历史文化的保护,因而区内拥有世界上保存较为完整的传统文化景观,主要表现在古城、古建筑、历史文化遗址、博物馆、文学艺术和民俗文化等方面。

著名古城:罗马、佛罗伦萨、雅典、巴黎、伦敦、布鲁塞尔、海德堡、萨尔茨堡、圣彼得堡、华沙、布拉格等。

著名古建筑:古城堡如法国的香波堡,英国的诺汉姆城堡,波兰的别斯特娃·斯卡拉城堡,德国的歌德斯堡,意大利的别墅式古堡,丹麦的汉姆来特古堡,匈牙利多瑙河古堡等;宫殿如法国的凡尔赛宫、卢浮宫,英国的白金汉宫,德国的茨温格尔宫,俄罗斯的克里姆林宫,西班牙的东方之宫,意大利的大公宫,克罗地亚的戴克里先宫,奥地利的舍恩布龙宫,荷兰王宫等;教堂如梵蒂冈的圣彼得教堂,意大利的圣玛丽亚教堂、杜奥莫教堂,英国的圣堡罗教堂,法国的巴黎圣母院,俄罗斯的圣母升天大教堂,西班牙的希拉尔达大教堂,德国的科隆大教堂,奥地利的圣斯捷方大教堂,捷克的圣维泰斯大教堂,挪威的奥尔内斯木板教堂等。此外,英国的伦敦塔、大英博物馆、格林尼治天文台,意大利的比萨斜塔,法国的埃菲尔铁塔、凯旋门,维也纳国家歌剧院等,也都充分展示了欧洲古老建筑艺术的魅力。

著名历史文化遗址和战争纪念地:希腊的雅典卫城、帕特农神庙、奥林匹亚、迈锡尼和科林斯古城,意大利的科洛塞奥竞技场、庞贝古城,波兰的斯拉夫居民村镇,以及比利时的滑铁卢古战场遗址,法、德边境的马其诺防线,希特勒残害犹太人的集中营旧址等。

欧洲的博物馆资源在全球更是可圈可点。法国卢浮宫、英国大英博物馆、意大利乌菲齐博物馆和德国德意志科技博物馆等都享誉世界。

欧洲在文学、绘画、雕塑、音乐、戏剧、舞蹈等领域留下了大量的艺术珍品。意大利、希腊、法国、德国、英国、俄罗斯、西班牙、奥地利、丹麦等国的文学艺术在世界上享有崇高的地位。《蒙娜丽沙》、《维纳斯》等一批举世闻名的艺术珍品和众多杰出的文学艺术家旧居、纪念地等备受游人的青睐。在欧洲众多的城市中,雕塑是别具风格的装饰。著名的有丹麦的美人鱼铜像、布鲁塞尔的小于连铜像、罗马的母狼乳婴塑像等。

欧洲的民俗文化也十分诱人，西班牙的斗牛表演，法国的葡萄节，意大利的维亚雷焦狂欢节，德国慕尼黑的啤酒节，芬兰的仲夏节等，都充满了浓郁的民族风情魅力。

此外，欧洲还建有许多大型的现代化游乐场，如法国的柏克乐园、德国的欧洲公园、荷兰的爱夫特宁乐园、瑞典的尼斯堡乐园、英国的阿尔顿城乐园、丹麦的铁和里公园（并称欧洲的六大游乐园），都使游人流连忘返。

（二）北亚旅游区

指俄罗斯的亚洲部分，包括西伯利亚和远东两大地区，东濒太平洋，西与欧洲旅游区相连，北临北冰洋，南分别与东亚、西亚与中亚两个旅游区相连，面积约1300万平方公里。区内地形多为高原台地和山地。高纬的地理位置、完整的陆地轮廓及多山地高原且向北敞开的地形、冰洋冷海的深刻影响，使北亚具有明显的极端寒冷的寒温带大陆性气候特征，导致本区地广人稀，人文景观旅游资源相对贫乏，以符拉迪沃斯托克（海参崴）、伊尔库茨克和新西伯利亚等少数特色城市为主，森林、湿地、湖泊和极地景观遂成为本区旅游资源的突出特色。

连绵不断的西伯利亚泰加林覆盖了西伯利亚和远东的大部地域，形成目前地球上面积最大、保存最完好、最神秘的原始森林密集分布区，并与北亚原生态的湿地景观、冰雪景观和北极熊、北极狐、海豹等珍贵的极地野生动物交相辉映，使得其旅游开发潜力巨大。区内大小湖泊星罗棋布，最著名的当属贝加尔湖——位于俄罗斯西伯利亚的南部伊尔库茨克州及布里亚特共和国境内，面积31494平方公里，平均深度744米，最深点1637米，是世界容量最大、最深的淡水湖，被称为“西伯利亚的蓝眼睛”，联合国教科文组织1996年将其列入《世界自然遗产名录》，是无数游人向往的地方。

三、美洲旅游大区

本区东临大西洋，西濒太平洋，北接北冰洋，南隔德雷克海峡同南极洲相望，其南北介于北纬71°59′～南纬53°54′，跨度为世界各大洲之最。通常以巴拿马运河为界将其分为北美洲和南美洲。从人文地理角度出发，习惯上又将美洲分为北美洲和拉丁美洲（指美国以南的美洲地区），本书即采用此划法，将美洲旅游大区划分为北美和拉丁美洲两个旅游区。

美洲旅游资源多姿多彩，独具一格。由于地域辽阔，自然条件和人文条件的地区差异很大，其旅游资源的地区分布特征十分明显。

（一）北美旅游区

位于美洲北部，西临太平洋，东临大西洋，北临北冰洋，南接拉美旅游区。包括加拿大、美国和丹麦的格陵兰岛，面积约2163.1万平方公里。

大自然奇观与辉煌的现代文明构成了本区旅游资源的主要特色。与欧洲相似，本区旅游资源开发利用的深度和广度都居世界前列，是全球旅游业最发达的地区之一。

1.自然景观雄伟奇特，气势恢弘

北美旅游区地形呈明显的三个南北纵列带。西部是高大的科迪勒拉山系（包括东部中山带、中部山间高原带、西部太平洋边缘山地三个部分）、国家公园，大峡谷多，山水旅游景观丰富；东部为低缓的山地、高原（包括古老的阿巴拉契亚山地和拉布拉多高原等）。

北美自然景观雄伟奇特，气势恢弘。大陆西部规模宏大、雄伟壮丽的科迪勒拉山系，几乎囊括了北美的风景名山，其中以落基山最为著名。整个山系层峦迭障、群峰争雄，山中多冰川、瀑布、森林、湖泊、温泉、火山等自然风光。这里拥有为数众多的北美和世界著名的游览胜地，被列为世界自然遗产的有：加拿大的纳汉尼国家公园、克卢恩国家公园、班夫国家公园；美、加共有的跨国公园——沃特敦冰川国际和平公园；美国的红杉国家公园、奥林匹克国家公园、约塞米特国家公园、黄石国家公园、大峡谷国家公园等。大陆中、东部著名的自然景区有：加拿大的芬迪国家公园；坐落在美、加边境的尼亚加拉瀑布，美国境内的大沼泽地国家公园、猛玛洞国家公园等。

2.历史遗迹丰富，民俗风情多样

北美历史上曾是印第安人和因纽特人的家园。而今因纽特人在大陆北部安居乐业，印第安人则生活在西部山区。北美至今保留了许多印第安古文化遗迹，如美国南部的圣菲便是集中保留印第安文化的古老名城。美、加两国都是年轻的移民国家，居民来自世界各地，素有“民族熔炉”之称，各民族杂居留下的历史文化遗迹比比皆是。如华盛顿、纽约的建筑从古老的欧式到东方的各种建筑形式都有代表作；在温哥华、旧金山、纽约、西雅图等城市都有中国城——唐人街，其中旧金山的唐人街规模最大，迄今已有120余年的历史。此外，北美的民俗风情多姿多彩，“民族熔炉”的烙印已深深地烙在了这块年轻的新大陆上。

3.现代人文景观独领风骚

高度发达的经济、文化、科技造就了本区许多闻名世界的现代人文景观，包括独领风骚的大型现代化游乐场，现代化主题公园，博物馆、展览馆、博览会以及高度现代化的城市带、建筑群等。如位于美国洛杉矶的迪士尼游乐场、佛罗里达奥兰多的“迪士尼世界”、“未来世界中心”、“魔幻王国”等，寓教于乐，风靡全球。美国路易斯安娜州有国际最大的博览会场地，加拿大一年一度在美丽的安大略湖畔举行的国家展览会，把展览和游乐相结合，更是招来了数以百万计的游人；

北美的博物馆众多，仅美国就有760多个。最著名的有大都会博物馆、芝加哥美术馆、渥太华漫画博物馆等；北美还有许多闻名遐尔的建筑奇观，如多伦多高达553.3米的电视塔、纽约的“自由女神像”、旧金山的“金门大桥”、圣路易斯的“弧形拱门纪念塔”等。此外，这里还拥有数不胜数的国际化大都市，如加拿大的渥太华、温哥华、多伦多，美国的华盛顿、纽约、芝加哥、洛杉矶、旧金山、拉斯维加斯、大西洋城等，都是举世闻名的世界名城。

（二）拉丁美洲旅游区

指美国以南的美洲地区，东临大西洋，西靠太平洋，南北全长11000多公里，东西最宽处5100多公里，最窄处巴拿马地峡仅宽48公里。空间范围包括墨西哥、中美洲、西印度群岛和南美洲，面积约2056.7万平方公里。灿烂的印第安文化与神奇的热带自然风光构成了拉美旅游资源的主要特色。

1.自然资源丰富多样，热带风光独具魅力

本区自然景观旅游资源数量丰富，种类多样，以神奇的热带风光独具魅力。墨西哥湾及加勒比海地区，充满着热带和新大陆特有的浓烈情调，是世界上最受欢迎的海滨度假胜地之一。目前这里已成为海滨度假、海上游览、海底观光胜地和旅游购物的天堂，加勒比海地区因此而成为世界第二大海上游船活动中心。大陆西部的科迪勒拉山系，山势雄伟、幽谷深深、群峰峥嵘、烟雾缭绕，火山奇观更是千姿百态，拉美的风景名山几乎都云集于此，其中以安第斯山最为壮观，是世界陆地上最长的山脉。宏伟的山系为依山而居的国家凭添了一份神秘而动人的风姿。如萨尔瓦多的伊萨尔科活火山，因有规律的喷发，为海上夜行的船只指明航向，故有“中美灯塔”之称，现已辟为游览胜地。阿根廷等国也在境内的山区建有集登山、滑雪、疗养于一体的游览胜地。本区的风景水资源也各领风骚，这里有世界上最高和最宽的瀑布——安赫尔瀑布（落差979米）和伊瓜苏瀑布（宽4000米），还有举世罕见的“沸湖、沥青湖、火湖”等。更有掩映在莽莽热带雨林中神秘莫测的亚马孙河，以其河宽水丰、举世无双而号称“南美的地中海”。本区以热带暖湿大陆著称，素有“世界天然动植物园”之誉。亚马孙地区有世界面积最大的热带雨林，是世界上公认的最神秘的“生命王国”，其中哺乳纲动物达700余种，鸟类1800种，亚马孙河中仅鱼类就多达1500种，植物种类更是多不胜数，千姿百态。

2.印第安文明独具特色，民俗风情绚丽多彩

本区的人文景观旅游资源以灿烂的古代印第安文明最为引人注目。西部的科迪勒拉山系是孕育印第安文化的摇篮。历史上这里曾建立起三大文化中心，在尤卡坦半岛至中美地峡一带的玛雅文化中心、墨西哥中部和南部的阿兹特克中心以及南美中西部印加文化中心。它们遗留下来的许多规模宏大的石结构古

建筑及其废墟，都是独树一帜的人类建筑艺术瑰宝。同北美一样，本区各国居民也主要以移民为主，各民族共存，相互融合，形成多元化的社会文化结构和绚丽多彩的民俗风情。仅墨西哥全国性和地区性的大节日就达1000多个，可谓多如牛毛。墨西哥的“圣船节”和“纪念亡人节”、巴西的“狂欢节”等都十分著名。此外，拉美还有许多国际化大都市，如基多、利马、哈瓦那、里约热内卢、巴西利亚、墨西哥城、圣地亚哥、圣保罗等，都是闻名世界的旅游胜地。

四、非洲旅游大区

位于东半球西南部，地跨赤道南北，西北部的部分地区伸入西半球。东濒印度洋，西临大西洋，北隔地中海和直布罗陀海峡与欧洲相望，东北隅以狭长的红海与苏伊士运河紧邻亚洲。全区面积约3020万平方公里(包括附近岛屿)，约占世界陆地总面积的20.2%，仅次于亚洲，为世界第二大旅游区。目前旅游业发展水平总体不高，但旅游资源极其丰富，发展潜力很大。以撒哈拉沙漠为界，可将非洲分为北非和南部非洲两个旅游区。

(一)北非旅游区

是非洲旅游业最发达的地区。埃及、突尼斯、摩洛哥等国都是知名度很高的国际旅游目的地。美丽的阳光海滩和灿烂的历史文化构成了本区旅游资源的主要特色。

1.阳光海滩是北非最亮丽的风景

地中海沿岸、红海之滨的阳光海滩，充满了神话般迷人的风情，是北非最亮丽的一道自然风景。埃及的亚历山大、马特鲁，突尼斯的突尼斯城、苏萨，摩洛哥的拉巴特等地中海沿岸城市中，都有独具魅力的海滩度假地。北非南部横亘着世界上最大的撒哈拉沙漠，茫茫沙海浩瀚无边，点点绿洲如世外桃园，独特的大漠风情吸引着越来越多的游人。埃及、突尼斯、阿尔及利亚等沙漠周边国家都开展了形式多样的沙漠旅游，尤其以突尼斯的国际沙漠联欢节最具特色。

2.历史悠久，名胜古迹众多

尼罗河流域是世界古代文明的摇篮之一。尼罗河下游的埃及是世界四大文明古国之一，悠久的历史、灿烂的文化，留下了众多的名胜古迹。埃及的金字塔、亚历山大庞贝柱、底比斯古城遗址及其神庙、石质帝国陵墓群、突尼斯的迦太基城遗址等，都是非洲古代文明的见证，大多被列入了《世界文化遗产名录》。同时，北非地区还深受腓尼基、希腊和罗马文化影响，境内代表这些文化的文物古迹广泛分布。北非居民以阿拉伯人为主，大多信仰伊斯兰教，宗教在人们生活中占有重要的位置。埃及、突尼斯、摩洛哥等国，都拥有在伊斯兰世界占有重要地位的宗教圣地和遗迹，成为穆斯林朝圣者的宗教旅游活动中心。埃及有“尼罗河赠礼”之说，埃及人民把尼罗河尊为圣河，沿岸风光秀丽，城镇稠密，古迹众多。举世闻名的苏伊士运河有“世界航运十字路口”之称，其繁忙的景象、沿海城镇风光、中东战争遗址等都是不可多得的旅游胜地。

(二)南部非洲旅游区

众多的天然野生动物园与古朴的民俗文化相映生辉，构成了南部非洲旅游资源的主要特色。

1. 自然生态环境独特，天然野生动物园众多

独特的自然条件，造就了本区千姿百态、数量众多、种类繁多的自然风景。赤道雪峰乞力马扎罗山、肯尼亚山、鲁文佐里山等，雄伟峻峭，垂直景观变化剧烈，蔚为壮观。东非大裂谷，谷壁雄伟险秀，谷地林木葱茏，湖泊棋布，多飞鸟水禽出没，一派盎然生机。非洲众多的瀑布，主要集中分布在本区。刚果河上大瀑布达 43 处，赞比西河上大瀑布多达 72 处，其中莫西奥图尼亚瀑布为世界七大自然景观之一。本区野生动物极其丰富，为非洲赢得了“动物世界”之美誉。非洲是世界上天然动物园数量最多，面积最大的一洲，它们主要集中分布在本区。肯尼亚的察沃国家公园、坦桑尼亚的塞伦盖蒂国家公园、赞比亚卡富埃国家公园、乌干达卡巴雷加瀑布公园、南非和博茨瓦纳的卡拉哈里羚羊国家公园等，都是享誉世界的天然动物园。

2. 黑种人的故乡，民俗风情多姿多彩

非洲是世界上黑种人的故乡，有“黑非洲”之称，黑人占本区总人口的 90% 以上。生活在这里的黑人分属于几百个不同的部族，仅肯尼亚就有 42 个部族。不同的部族有着各自的语言、风俗习惯和原始的宗教信仰，形成了多姿多彩的民俗风情。贝宁维冈的水上村庄等富有特色的民居建筑，马赛人、图阿雷格人等的奇特服饰装束，形形色色的婚丧嫁娶、节日庆典、宗教信仰，古老的酋长制遗风，独特的音乐、舞蹈、绘画艺术、体育竞技以及制作精巧的手工艺品等，对境外的游人有着巨大的吸引力。此外，本区的肯尼亚还是人类发源地之一。位于其西北部的史前人类遗址，为目前世界上已发现的最早的石器时代聚居地之一，既有重大的科研意义，又有很高的观赏价值。

五、大洋洲旅游大区

位于太平洋西南部和南部，介于亚洲和南极洲两个旅游大区之间，西临印度洋，东濒太平洋。由澳大利亚大陆及太平洋岛屿两大地理单元组成。陆地面积约 897 万平方公里，约占世界陆地总面积的 6%，是世界上陆地面积最小的一个洲。澳大利亚独占整个大陆，太平洋岛屿面积约 133 万平方公里，其中新几内亚岛最大，是世界第二大岛。全洲高原、山地和丘陵众多，平原较小。新几内亚岛

的查亚峰海拔5030米，是大洋洲的最高点。澳大利亚北艾尔湖在海平面以下16米，为大洋洲的最低点。大洋洲有活火山60多座（不包括海底火山），火山旅游资源丰富。

(一)澳新旅游区

位于太平洋和印度洋之间，包括澳大利亚大陆及其附属岛屿和新西兰南、北二岛。“世界活化石博物馆”与独特的都市景观是本区最主要的特征。

澳大利亚大陆，四面环海，环境孤立，使这里拥有大量具有地方特色的珍贵的动植物。植物以桉树和金合欢为代表，前者为澳大利亚国树，后者为国花；动物以鸭嘴兽、针鼹、大袋鼠、鸸鹋、澳洲狗、小企鹅等最具代表性，其中大袋鼠和鸸鹋是澳大利亚的象征。本区不仅生物奇特，而且拥有很多举世闻名的自然景观。澳大利亚大陆东北沿岸有著名的黄金海岸和太阳海岸，其中，岸外的大堡礁被列入世界七大自然奇观之一；大陆中部有神奇的“荒漠三绝”，其中艾尔斯巨石以其巨大、“会变颜色”而成为世界奇观。

澳大利亚东部开发历史悠久，经济发达，现代都市景观突出。悉尼为南半球最大、最繁华的城市，号称“南半球的纽约”，以辉煌的现代建筑奇观驰名世界。它有被誉为“20世界建筑杰作”的悉尼歌剧院、南半球最大的单孔拱形铁桥，以及南半球最高的建筑物悉尼塔等。墨尔本是澳大利亚第二大城市，境内集古典欧式建筑与现代建筑之大成，有“建筑艺术博物馆”之誉，市郊还保留有早期淘金热潮的遗迹。首都堪培拉境内繁花似锦、绿树掩映，建筑风格匠心独具，有“大洋洲的花园”之誉。此外，澳大利亚土著人的风土民情也十分独特。

新西兰由北岛、南岛及一些小岛组成，海岸线长6900公里。新西兰属温带海洋性气候，四季温差不大，植物生长十分茂盛，生态环境非常好，素称“绿色王国”。毛利人的民族风情是当地极富特色的人文景观旅游资源。毛利人的雕刻艺术技艺精湛，大到房檐，小到手杖都异常精美；他们的舞蹈别具一格，鲜艳的民族服装、美丽的花环、项上挂着的绿佩玉以及腰上系着的蒲草裙充分展现了毛利人独特的民族风情；毛利人的迎宾舞蹈已成为新西兰官方迎接贵宾的最高礼仪。

(二)太平洋岛屿旅游区

位于南太平洋上，包括新几内亚岛和散布在太平洋中的夏威夷、美拉尼西亚、密克罗尼西亚和波利尼西亚四大群岛。原始的热带海岛风光与古朴的风土民情构成了本区主要资源特色。

1. 自然条件得天独厚，热带海岛风光迷人

本区自然条件得天独厚。宜人的热带海洋性气候，沙细滩软的滨海景观，特有的珍稀动植物，数以万计形态多样、景观奇特的火山岛、珊瑚岛等，无不尽显热带岛屿的迷人风采，给人以返璞归真的清新和愉悦。伊里安岛简称“鸟类乐园”；

夏威夷和斐济热带海岛风光旖旎，被誉为“南太平洋的明珠”，是旅游度假的天堂。

2. 土著人的风土民情纯真古朴

本区土著人的风土民情十分独特。如波利尼西亚人的文身习俗、汤加人的饮食习惯、斐济人的“走火”仪式等，对境外游人有很大的吸引力。此外，所罗门、基里巴斯等地还保留有二战时期的战场遗址，每年有大批日本及美国游客前往游览。

复习思考题

1. 简述东北区近代名城旅游资源的主要特征与分布。
2. 简述中原区人文景观和华中区自然景观旅游资源的精华及其主要景区。
3. 简述中国南北方滨海旅游开发的优势与途径。
4. 简述西北、西南两区自然景观旅游资源的主要差异及其成因。
5. 简述宗教文化对青藏区旅游资源形成的深刻影响。
6. 简述港澳台中西文化交融特点在其旅游资源特色和开发利用方向上的具体体现。
7. 比较东南亚、东亚两个旅游区的资源特色差异。
8. 欧洲旅游区文化景观保存相对完整主要表现在哪些方面？
9. 比较北美与拉美两个旅游区的资源特色差异。
10. 比较澳新与南部非洲主要旅游资源的相同点和不同点。

参考文献

1. 肖星，严江平. 旅游资源与开发[M]. 北京：中国旅游出版社，2000.
2. 肖星. 中外旅游地理[M]. 广州：华南理工大学出版社，2005.
3. 肖星. 中国旅游资源概论[M]. 北京：清华大学出版社，2006.
4. 杨秉德. 中国近代城市与建筑[M]. 北京：中国建筑工业出版社，1993.
5. 刘振礼，王兵. 新编中国旅游地理[M]. 天津：南开大学出版社，2001.
6. 甘枝茂，马耀峰. 旅游资源与开发[M]. 天津：南开大学出版社，2000.
7. 马洪元. 世界旅游资源基础[M]. 天津：南开大学出版社，2008.
8. 杨正泰. 旅游景点景区开发与管理[M]. 福州：福建人民出版社，2000.

第十章 旅游资源管理

学习目的

旅游资源开发也会对资源本身和所处环境造成破坏,其对地方旅游资源保护及旅游业持续发展的影响已日益引起人们的重视。通过本章的学习,应了解旅游环境管理的职能、旅游容量在旅游环境管理中的应用、旅游质量目标、旅游资源的科技化管理,掌握旅游环境管理的内涵、内容、原则及主要措施,旅游容量的概念体系,旅游质量的内容,旅游资源自身管理及开发管理的的内容。

主要内容

- 旅游环境管理的职能与内容　旅游环境容量与旅游环境质量　旅游环境管理原则旅游环境管理的主要措施
- 旅游资源资产化管理目标　旅游资源资产化管理实施途径
- 旅游资源开发管理的任务及内容　旅游资源开发管理的主要措施
- 旅游资源信息系统的概念　旅游资源信息系统的应用　旅游资源信息系统的组成　旅游资源信息系统的功能　旅游资源信息系统的设计　旅游资源信息系统的使用和管理

第一节　旅游环境管理

旅游资源开发过程中会对资源本身及所处环境带来程度不同的影响与破坏，为减少这种负面影响，保障旅游业的健康持续发展，必须强化旅游环境管理。旅游环境管理作为综合性的领域，是旅游环境保护的主要组成部分，是旅游区环境保护的工作重点，是旅游区管理的重要组成部分，是实施旅游可持续发展战略的基本保证。

一、旅游环境管理的职能与内容

(一)旅游环境管理的概念

旅游环境管理是以环境科学理论为基础，运用法律、经济、规划、行政、科技、教育等手段，减缓或消除一切可能的对旅游环境的不利影响，协调旅游发展与环境保护之间的关系，处理好国民经济中与旅游相关的各个部门、社会集团、企事业单位及个人在环境问题方面的相互关系，以使旅游发展既能满足游客的需求，又能保护旅游资源、防治环境污染和破坏，实现经济效益、社会效益和环境效益的有机统一。

通过旅游环境管理来保护旅游环境，实质是促进人们保护旅游环境的一切行为和活动，而限制人们损害旅游环境的一切行为和活动。

(二)旅游环境管理的职能

指通过旅游环境管理主体对旅游环境保护活动施加的影响，大致有规划、协调、监督和指导四大基本职能。

1. 规划职能

规划是人们对于未来活动所做的安排。规划能规避方向和战略等方面的失误，确保规划对象健康发展。根据规划的时间长短可将环境管理规划分为中长期规划与短期规划。由于旅游资源的损坏和旅游环境的污染，有一个时空上的渐变过程，如果出现长时间积累、范围较大的旅游资源损坏和旅游环境污染，短时间内就很难改变并恢复到良好状态。而且，有些旅游资源及其环境遭受破坏和污染后不可能恢复。因此，不仅要采取一些应急措施，治理眼前的旅游环境污染和破坏，而且要制定中长期规划，确定某一时期内应达到的环境保护目标以及应采取的相应步骤和主要措施，以免重蹈其他产业“先污染，后治理”的后辙。

2. 协调职能

旅游环境管理的内容和范围广泛，管理主体也是多元化的，涉及环保、林业、公安、旅游、工商、税收、物价等部门，客观上需要进行协调。旅游环境的保护，仅靠旅游部门、环保部门很难奏效。利用旅游环境管理的协调职能，可以理顺上下左右、条条块块之间的关系，减少旅游环境保护各环节、各要素间的相互脱节和相互矛盾，使各种管理主体步调一致、分工协作，共同完成旅游环境保护的目标，促进旅游业持续发展。

3. 监督职能

旅游环境管理的主体可以监察管理相关人在旅游及有关活动中的行为和结果，判断是否与管理目标相背离或偏离，督促相关单位、个人遵守和执行旅游环境保护的法规、规划、规定和标准。旅游环境管理的监督职能，不能只是针对旅游及其相关活动过程的结果，而应贯彻于被管理者活动的整个过程。因此，对旅游及其相关活动进行全过程的监督管理，有助于旅游环境的保护。

4. 指导职能

旅游环境管理的指导职能，着重体现在告诉被管理者"怎样去做"，包括指导如何搞好旅游环境管理和如何搞好旅游环境建设两个方面。其具体工作是指导防治旅游环境被污染和破坏，总结、交流和推广旅游环境管理和建设的经验，为旅游景区景点提供投资省、效果好的防治旅游污染和破坏的实用技术，组织开展旅游环境保护教育、宣传活动等。

（三）旅游环境管理的内容

旅游环境管理的基本内容包括以下三个方面。

1. 旅游环境计划管理

包括景区景点环境保护计划、自然保护区污染控制计划、旅游城市污染控制计划、河流及湖泊水域污染控制计划、工业交通污染防治计划及环境科学技术发展计划和宣传教育计划等，以及通过调查评价特定区域所制定的环境规划和实施计划。

2. 旅游环境质量管理

主要是指导旅游部门配合环境保护部门制定旅游环境质量标准、污染物排放标准和监督检查措施；组织调查、监测和评价环境质量的状况，以及报告、预测旅游环境质量状况和变化趋势。

3. 旅游环境技术管理

主要包括确定旅游环境污染和破坏的防治保护政策及合理游览路线；确定旅游环境科学技术发展的方向；组织旅游环境保护的技术咨询和情报服务；组织国内和国际旅游环境科学技术的合作交流。

二、旅游环境容量与旅游环境质量

(一)旅游环境容量

旅游环境容量,又称旅游容量或旅游承载力,即任何一旅游地域接待的旅游客流量在一定时间内应有的限度。旅游环境容量的评估对于实现旅游业的可持续发展具有重要意义。

1.旅游环境容量的概念体系

旅游环境容量是一个概念体系,是多种容量概念的通称。旅游环境容量涉及旅游活动的空间、生态、经济及社会、心理等许多方面。根据旅游环境中各种容量的属性特征,可将其分为基本容量和非基本容量两个体系。

(1)旅游环境的基本容量

在旅游环境容量的概念体系中,有五种基本容量。

①旅游感知容量,也称旅游心理容量,指旅游者在某一地域从事旅游活动时,在不降低活动质量的条件下,地域所能容纳的旅游活动最大量。旅游感知容量属于需求方面的容量概念,它是从旅游者的角度来考虑的。

②旅游资源容量,指在保持旅游景观质量的前提下,一定时间内某地域旅游资源所能容纳的旅游活动量。

③旅游生态容量,指在不会导致退化或恶化前提下,一定时间内旅游地域的自然生态环境所能容纳的旅游活动量。

④旅游的经济发展容量,指在一定时间、一定旅游区域范围内,地域经济发展程度所决定的能够接纳的旅游活动规模。旅游经济发展容量受设施容量、投融资能力、旅游相关产业等多种因素的影响。在一般情况下,设施容量是经济发展容量的主要影响因素,许多时候也只考虑这一方面。现代旅游是经济和社会发展到一定阶段的产物,各国和国内各区域的旅游接待能力受到当地经济和社会发展水平的限制,经济较发达区域的旅游经济发展容量通常较大。

⑤旅游社会地域容量,主要指由接待地区的人口构成、宗教信仰、民族风情、生活方式与习惯、社会开化程度和社会文化制度等所决定的当地居民和社会文化形态可以承受的旅游者的规模。

(2)旅游环境的非基本容量

旅游环境的非基本容量是基本容量在时间和空间上的具体化与外延而形成的一系列其他容量概念,这些概念在实践中应用广泛,远超过基本容量概念,是旅游规划和旅游管理中重要的工具。

①极限旅游环境容量和合理旅游环境容量。这是从旅游管理和旅游开发规划的角度提出来的。极限旅游环境容量指最大的旅游承受能力(或称为极大承

载力），旅游地域接待的容量达到极限容量，称之为饱和，因而极限旅游环境容量值也称为饱和点。饱和可分为季节性饱和与非季节性饱和两种情况。前者主要是由于旅游需求在时间上分布不均衡引起的；后者则是由于旅游供给长期不足而形成的。极限旅游环境容量是影响旅游地功能分区、设施水平、管理和保护措施的关键因素。合理旅游环境容量也称最适旅游环境容量或最佳旅游环境容量，是旅游开发规划的基本工具。现在广泛使用的旅游合理容量值是来自对已开发旅游地接待旅游活动量的经验归纳。

②既有旅游环境容量和期望旅游环境容量。既有旅游环境容量是目前具有的接待容量，也称实际旅游环境容量或已开发旅游环境容量；期望旅游环境容量则指旅游地域在未来某时可能达到的旅游活动的容纳能力，也称规划旅游环境容量。二者的区别在于时间上的前后不同。既有环境容量和规划环境容量，可以是指前已述及的任何一种容量。

③与旅游活动空间尺度相关的旅游环境容量概念。旅游活动空间尺度也即所能开展旅游活动的空间范围大小。与之相关的旅游容量有：景点旅游环境容量、景区旅游环境容量、旅游地环境容量、区域旅游环境容量等。

2.旅游环境容量在旅游环境管理中的应用

旅游环境容量关系到旅游接待地区的接待规模、经济效益、环境效益、社会效益等诸方面，景区"过载"和"欠载"，对旅游地发展都不利。景区"过载"，客流超饱和，对景区的旅游资源、接待设施和人员服务等都会产生较大的负面影响。如果旅游地长期连续地或间歇地饱和与超载，其结果将是旅游资源被破坏、旅游地域的生态系统遭到损伤，旅游者与旅游地域居民的和谐关系破裂，接待设施遭到损害或破坏、使用寿命缩短及给游人造成潜在危险，工作人员过度劳累和身体健康受损。针对这种情况，应通过及时加强旅游旺季旅游信息的宣传、进行旅游空间分流、提高旅游价格或扩大旅游供给能力等措施加以解决。景区"欠载"，投资收益率低，影响景区的后续投入及稳定性。如果景区长期"欠载"，则可通过加强宣传推广、提升产品质量、降低产品价格等途径，提高景区的吸引力和竞争力，扩大游客规模。景区发展都要寻求最佳旅游环境容量，即景区在综合考虑并满足了景观特质、游览观赏、旅游资源保护、经济效益、环境效益和社会效益等多方面要求的基础上，所能接待的游客的最大量。

（二）旅游环境质量

1.旅游环境质量的概念

所谓旅游环境质量，是指在某一时间和空间条件下，旅游地环境系统的整体状态和环境要素（如大气、水体、地质地貌和生物等）对旅游开发经营和旅游者的生理、心理及旅游活动的适宜程度。它是旅游环境系统的一种本质属性，是系统状态或素质优劣程度的重要表征，可用定性和定量的方法加以描述。旅游环境质量的好坏，直接影响着旅游活动的开展方向和程度及旅游业的经营状况与发展前景。因此，许多国家和地区都在想方设法着力提高旅游环境质量，以招徕更多的旅游者，获取更大的经济效益与社会效益。

旅游发展与环境质量的辩证关系表现在：一是环境质量对旅游发展的支持和约束。旅游环境质量的优劣既制约旅游开发的过程与成果，还直接影响旅游者旅游经历和体验的质量；二是旅游的发展改变着环境质量，旅游开发经营和游览活动均会对旅游地的环境质量产生正面或负面的影响。因此，无论是待开发的旅游地，还是已开发的旅游地，旅游环境质量均是表征和判定旅游环境系统优劣的重要因素。

2. 旅游环境质量的内容

旅游环境是由各种自然环境要素和人文环境要素所组成的复杂的大系统。根据旅游环境的构成成分划分，旅游环境质量可以分为旅游景观质量、旅游生态环境质量、旅游专业设施质量及旅游社会环境质量四个方面。

(1)旅游景观质量

旅游景观本身的质量可以从其美学艺术价值、历史文化价值、科学价值等方面来考察。但若评价旅游景观的环境质量，主要是从噪声、污染物、视觉及景观组合等方面来考察。

(2)旅游生态环境质量

包括大气环境质量、水体环境质量、地质环境质量、土壤环境质量、生物环境质量等。其中，生物是旅游生态环境的重要指示物，如果生物种类繁多、生长态势良好，表明旅游生态环境整体质量及各种生态环境要素质量高，旅游者能感到愉悦，有利于旅游业的发展。而如果受到外界的过度不良干扰，旅游环境中的生物体会萎靡缩减，甚至死亡，说明旅游环境质量严重下降或被破坏。

(3)旅游专业设施质量

指主要为旅游者的旅游活动提供服务的设施的质量，包括酒店、度假村、餐厅、旅游交通、旅游购物及娱乐设施的质量等。具体内容包括设备设施质量、安全设施质量、卫生环境质量及服务质量等。

(4)旅游社会环境质量

指旅游者所接触的社会、经济及文化状况，如旅游地政府的旅游政策、物资供应、社会治安、当地居民对旅游者的态度等方面的质量。

3. 旅游环境质量目标

指既能基本满足旅游者旅游活动需要，又能推动旅游业可持续发展的环境目标。它是一定旅游区域在特定时间内必须达到的各种环境质量指标值的总称。每个旅游环境质量指标值是一个具体的目标值。旅游环境质量目标是一个景区景点、旅游城市制定旅游环境规划、进行旅游环境建设和管理的基本出发点和归宿。

旅游环境是一个要素众多、层面复杂的大系统，不同条件下的旅游环境质量目标不相同，但也有共性。针对不同类型旅游区的旅游容量，国家旅游局在《旅游规划通则》(2003)的附录中，制定了不同的旅游环境质量标准，可作为旅游区的环境质量目标。

(1)旅游区类型划分

旅游区按其不同产品功能类型可划分为：①观光产品型：包括自然景观(如名山大川)，人文景观(如名胜古迹、城市娱乐等)。②度假产品型：包括森林型、山地型、草原型、温泉型、滑雪型、海滨型、河湖型度假产品等。③专项产品型：包括体育、探险、游船、科学考察等旅游产品。上述类型产品可能单独出现，也可能相互交叉出现在同一旅游区内。对跨两种或两种以上产品类型的旅游区，应采用较高的环境质量标准。

(2)人文景观型旅游区的环境质量标准

①绿地率不少于 30%。

②大气环境达到 GB3095－1996 一级标准。

③人体直接接触的娱乐水体达到 GB12941－1991A 类标准，与人体非直接接触的景观娱乐水体达到 GB12941－1991B 类标准，生活饮用水水质达到 GB5749 的要求，其他水体达到 GB3838 的要求。

④环境噪声达到 GB3096 的要求。

⑤公共场所卫生达到 GB9663－9673 和 GB16153 的要求。

(3)自然景观型旅游区和度假型旅游区的环境质量标准

①除滑雪、海滨和河湖型旅游区外，其他旅游区绿地面积不少于 50%。

②大气环境达到 GB3095－1996 一级标准。

③人体直接接触的娱乐水体达到 GB12941－1991A 类标准，与人体非直接接触的景观娱乐水体达到 GB12941－1991B 类标准，生活用水水质达到 GB5749 的要求，其他水体达到 GB3838 的要求。

④环境噪声达到 GB3096－1993O 类标准。

⑤公共场所卫生达到 GB9663－9673 和 GB16153 的要求。

(4)专项旅游产品类旅游区的旅游环境质量标准参照专项产品环境质量保护的特殊要求。

三、旅游环境管理原则

(一)因地制宜原则

有效的环境管理必须遵从因地制宜原则。这一原则要求旅游环境管理者在一定的现实条件下,必须从具体实际出发,充分认识旅游环境的特点,而不能凭主观臆断行事,即面对特定区域(旅游目的地)的旅游环境,能够根据现实情况,能动地选择符合实际的管理方法,以解决实际环境问题。

(二)机构优化原则

人是环境管理中最重要的因素,充分发挥人的积极性有利于环境管理的开展。因此,从管理的角度来看,做好旅游环境管理的组织机构建设尤为重要,为管理者提供良好的工作平台,是体现管理效率和效应的根本保证。机构优化原则的基本内容体现在三个方面:组织管理机构具有层次性;不同机构主体应被授予不同的权力,实现不同的利益;不同专业岗位结构必须动态对应。

(三)奖惩激励原则

奖励和惩罚是旅游环境管理中常用的两种激励手段。奖励是指对那些为环境保护作出贡献的单位团体、企业和个人,通过一定的形式和手段从正面进行鼓励和表彰,以保护和调动他们的环境保护的积极性,推动环境管理活动向预定方向和目标前进。激励分为物质激励和精神激励两种。惩罚是指通过一定形式和手段对违反国家环境保护法律、法规和有关政策的单位团体、企业和个人从反面进行制裁,迫使违规者终止环境污染和生态破坏活动,减少或消除环境危害,同时,通过惩罚,提高人们的环境意识,规范资源开发和生产行为。惩罚包括刑事惩罚、经济惩罚、行政惩罚和精神惩罚等四种。奖励和惩罚可以两种手段并用,但要掌握合适度和时机,以保证能达到激励作用,避免适得其反。

(四)信息反馈原则

指通过建立管理信息系统反馈机制来调整和优化系统的决策和运行,以减少决策的失误,提高管理效率,实现管理目标的原则。管理理论与实践都证明了一个普遍规律:缺少信息反馈机制的系统,管理效率与系统功能都很低下。旅游环境管理活动涉及复杂多变的内部与外部环境,信息的反馈作用无疑极其重要。很多情况下,管理的成败关键在于该系统是否具有良好的信息反馈机制,能否提供及时、准确的反馈信息,以便对管理活动和行为进行调整。

四、旅游环境管理的主要措施

旅游环境对旅游业来说,既是一种资源,又是一种形象,因此旅游环境管理对旅游业也至关重要,高质量的旅游环境管理能提高旅游地竞争力。抓好旅游环境管理，必须加强以下几个方面的工作。

（一）转变观念

领导者和管理者的环境意识对旅游环境的建设和保护关系极大。政府部门发展旅游业必须树立起经济效益、生态效益和社会效益相统一的观念，要从宏观和大局角度积极倡导旅游业的发展应实现三大效益的结合。旅游环境管理须有广泛的群众基础，要获得广大群众的理解和支持，要从生态保护和环境教育的角度，从奖励和处罚两个方面，促进和激励相关部门加强旅游环境保护，对旅游经营者和旅游从业人员进行旅游环境教育。旅游环境管理要防治结合，以防为主，不能或尽可能避免出现“先污染，后治理”的滞后管理。要结合区域现实条件和存在的环境问题，主动制定并认真执行环境管理措施。同时，要强调环境管理应贯穿旅游业发展全过程，不能片面地理解为某一阶段或等到出现污染时才开展环境管理工作。

（二）政策支持

旅游环境管理及教育需要一定的人力、财力和物力投入，这些投入主要来源于旅游经营单位，也就是说其旅游环境管理及教育的根本前提是旅游经营单位需要有良好的经济效益。因此，政府必须建立政府、旅游部门、社会等多元化投资机制，出台如税收、价格和建设用地等一系列的优惠政策，鼓励以环境教育为主题的旅游项目投资和社会投资的导向性投入；政府本身亦应增加对环境教育主题旅游项目的投入，引导旅游经营部门积极开展旅游环境管理及教育。

（三）法律保障

加强与旅游相关的环境保护法律法规的制定、执行和宣传，是有效保护旅游环境、增强旅游环境管理功能的保障。目前，我国已初步形成了由国家宪法、环境保护法、环境保护单行法和环境保护相关法等法律、法规组成的环境保护法律体系，从根本上保证了环境执法监督管理有法可依。当前和今后相当长一段时间内，旅游环境管理重点应放在两个方面：第一，对旅游开发和经营部门的领导和工作人员加强环境保护法律、法规的培训和考核，对不符合环境标准的景区景点和为追求经济效益肆意破坏生态环境的部门要依法严惩，做到有法必依。第二，加强对社会公众的环境保护法律法规的宣传力度，设立旅游环境破坏投诉电话，鼓励广大旅游者和旅游区周围居民对他人或社会团体破坏环境的行为进行监督和检举。这样，一来加大了环境保护的执法力度，二来也有助于培养社会公众“保护环境，人人有责”的环境意识和责任感。

（四）旅游环境管理体制的建立和健全

旅游环境管理的内容和范围极为广泛，不是仅靠旅游、环保等部门就能实现目标的。必须在相应级别的行政区域政府的统一领导下，各部门、各单位合理分工、密切协作。有了统一领导下的分工协作的旅游环境管理体制，就有了强化旅游环境管理的组织保证。

(五)科技手段的运用

要大力采用科学技术手段，防治旅游环境污染和破坏，保护旅游环境，使旅游资源得到持续利用。在许多微观的、局部的旅游环境保护中，采用科学技术的手段，如生物手段、化学手段、物理手段和工程手段等，将会产生较好的效果。要加大旅游环境管理科技人才的培养，为旅游环境管理引进新理念、新技术、新方法奠定基础。

第二节　旅游资源自身管理

旅游资源管理包括对旅游资源本身的管理与对其开发利用的管理两个方面。旅游资源本身的管理主要是加强旅游资源资产化管理，理顺旅游资源的产权和经营权等的管理体制，促进旅游资源的增值和效益的优化。

一、旅游资源资产化管理目标

无论是自然景观旅游资源，还是人文景观旅游资源，其属性都是国有资源。在市场经济条件下，树立可持续旅游发展观，把旅游资源看作国有资产的重要组成部分，并对其实行资产化管理，是促进旅游资源的合理配置和旅游业发展与市场经济相适应的重要手段。

旅游资源资产化管理的目标可以归纳为：明晰旅游资源产权归属，令其所有权和经营权分离，使国家对旅游资源的所有权在经济上得到实现；使旅游资源的培育、保护和发展走上良性循环轨道，使旅游业的经济效益、社会效益和生态效益同步实现；把旅游资源纳入国民经济核算体系，使旅游资源的价值得到反映和补偿；使旅游资源产权流转变为现实，并使旅游资源参与到商品交换过程中去，进入社会主义市场经济行列。

二、旅游资源资产化管理实施途径

为达到实现上述旅游资源资产化管理的目标，必须做到以下几点。

(一)坚持旅游资源国家产权管理原则

从传统管理体制来看，自然景观旅游资源和人文景观旅游资源名义上为国家所有，但实际上“谁占有，谁开发”，“谁开发，谁所有”，所有权被化作各地方、各部门所有，往往找不到产权管理的责任人，产权虚设使国有资产流失。旅游资源资产化管理，首先要建立旅游资源资产管理体制，明确国家所有权的完整性和统一性，这是保证国家所有权经济利益得以实现的前提。

(二)区分行政管理职能和所有权职能

在传统体制下，国家对旅游业管理的行政权和所有权混为一谈，这不仅模糊了行政管理权限，也淡化了所有权管理。因此，必须建立具有权威性的旅游资源产权管理机构，使旅游资源的所有权职能从行政管理职能中分离出来，并使二者并立。

(三)走旅游资源产业化的道路

要提高旅游资源的再生能力，使经济发展同旅游资源保持供求平衡，就必须使旅游资源产业化。目前，中国的自然保护区、园林和文博单位因行政拨款有限，其保护和发展局限性很大。要解决这些事业单位在保护、开发和管理上的矛盾，就应适当发展资源产业。旅游资源产业化是旅游资源得以保护、再生产的产业活动，也是根据人类对旅游业日益增长的需求，通过社会劳动投入，使旅游资源不断更新、积累的生产过程。

(四)加强旅游资源核算

把旅游资源的核算纳入国民经济核算体系，并确立科学的旅游资源价格理论和定价方法，从而将旅游资源的开发、利用和保护推向市场，将事业性的行为转换或延伸为企业性行为，使旅游资源资产商业化。这就需要组织力量对全国旅游资源进行普查，并建立旅游资源评估指标体系；制定旅游资源资产化的核算标准和规范；建立全国性的旅游资源环境体系等。

(五)建立健全旅游资源开发保护的政策法规

旅游资源范畴的广泛性决定了有关其开发与保护的政策法规是多方面的，其中包括旅游经济政策、旅游技术开发政策、旅游资源重复利用政策及相应的法制建设等。

第三节　旅游资源开发管理

一、旅游资源开发管理的任务及内容

旅游资源开发管理，是对旅游资源开发、利用与保护过程中进行的一切组织、协调、规划、建设、立法、监督、经营、保障等活动的总称。其基本任务是，通过

管理手段不断调整与解决开发活动中的各种关系和矛盾，从而实现开发的经济、社会、环境效益的最大发挥与统一。对一个具体区域而言，旅游资源的开发管理应包括资源开发、利用与保护的政策、法规的制定与实施监督，旅游资源开发规划编制和实施的管理，管理机构与体制的建立健全，旅游开发活动的业务管理，以及资源开发保护的技术管理等内容。

二、旅游资源开发管理的主要措施

在当前的旅游资源开发管理中，必须集中解决好以下几个问题。

(一)建立有效的管理机构与体制

长期以来，旅游区开发体制的矛盾甚多。关键是多头领导、条块分割，不能形成统一、有效的管理机制，从而严重阻碍了资源开发、建设、保护及整个区域开发工作的全面展开。为理顺管理机制，应深入探索将旅游区内旅游、园林、文物、商业、宗教、环保、城建、农林、工副、治安等部门在统一建制下实行有效管理的办法与途径。作为过渡，地方政府可组织统一的协调委员会进行调处。在这一方面，泰山风景名胜区对区内的28个部门实行一体化管理、统一行政领导的作法值得借鉴。

(二)狠抓规划落实，以规划管理带动其他管理工作

目前规划工作在旅游资源开发中得到了普遍的重视。但把规划作为报批和向上要资金的手段、有规划不执行的现象在一些地区仍然存在。其根本原因是对规划批准后的严肃性、法律性和权威性缺乏足够的认识。为此，旅游主管部门首先要狠抓规划的落实，以规划管理带动其他管理工作的开展。

规划管理工作包括规划的贯彻落实、建设实施及延伸完善等几个方面。其中，特别要严格按总体规划实施土地和建筑管理，以此促进资源和环境保护工作。要及时调整土地、水体、植被和建筑的使用性质与空间布局，不允许任何人随意阻挠、破坏规划的实施；要监督有关单位严格按规划设计旅游设施的建筑风格，防止因与景区旅游环境不协调而造成对整体景观的破坏或损坏，还要加强施工过程中的建筑管理，注意搞好施工后的复土回填、植被恢复等工作。

(三)不断提高开发保护中的综合防治、管理水平

针对旅游资源开发中产生的诸多负面效应，必须采取综合防治对策。履行这方面管理职能的能力大小，是衡量现代旅游区总体管理水平的主要标志之一。要提高旅游区的综合防治管理水平，最重要的是必须确立资源环境保护工作的首要地位，在此前提下做好以下三方面的工作。

(1)综合整治旅游环境与污染，建立有效的分项管理保护措施。

(2)景区景点的人流调节控制，包括季节平衡、冷热平衡及相应的管理措施

与手段。

(3)建立与运用旅游环境的科学评估、监测预警及技术保障系统,使其随时保持经常工作状态,以便定期、及时地向管理部门提供旅游环境的监测数据与预警报告,为防治管理决策服务。

第四节　旅游资源科技化管理

旅游资源与土地资源、矿产资源、海洋资源、水资源等一样皆属于国家基础资源,具有类型多、数量大、分布广等特征。旅游资源信息不仅包括资源类型、数量、分布组合、特色、品质、价值等旅游资源自身信息,还包括资源赋存的环境信息、开发利用条件及状况等信息。这些信息是进行旅游资源评价、旅游资源开发规划编制、旅游业政策制定及旅游产业管理的重要依据。而旅游资源信息数量巨大、动态性强、分类检索工作量重,且现代旅游业的管理越来越多地依赖旅游资源信息工作的支持,传统的管理方法已不能适应旅游资源快速发展的形势及旅游业的需要,所以借助现代科技手段,建立新的旅游资源管理模式就成为旅游资源研究的一个重要内容。目前,旅游资源信息系统是比较有代表性的旅游资源科技化管理研究的重要成果,受到政府、旅游部门及学者的热切关注。

一、旅游资源信息系统相关概念及优势

(一)信息系统

数据也常被称为资料,是对客观世界中的事物或事实变化的记录或表示。其由一些可以鉴别的物理符号组成,也可表现为图形、图像、声音等。信息是客观事物属性的对外展示,是有一定含义的数据。信息是任何一个系统的组织性、复杂性的度量,是有序化程度的标志。信息系统是具有采集、管理、分析和表达数据能力的系统。在计算机时代,信息系统全部或部分地由计算机系统来支持,并由计算机硬件、软件、数据和用户四大要素组成。

(二)旅游资源信息系统

旅游资源信息系统(Tourism Resources Information System,TRIS)是建立在旅游资源空间数据库的基础上,由计算机硬件、软件、数据和用户四大要素组成的,可以对空间相关数据进行采集、储存、管理、分析、操作、描述、模拟和显示,适时提供空间、动态的旅游资源信息,为管理和决策服务的一类信息系统。

旅游资源信息系统属于管理信息系统范畴,但却是一种比较特殊的管理系

统。这是因为，相对于传统管理信息系统所管理的属性数据来说，其处理的数据具有空间性。

（三）旅游资源信息系统的优势

旅游资源信息系统与传统纸质普通旅游地图相比，主要有以下优势。

1. 无图幅限制

普通的旅游地图由于受图幅的限制，使用很不方便，而旅游资源信息系统在旅游地理信息系统环境下可以实现无图幅限制的漫游、缩放显示，实现多尺度的图形显示。

2. 现势性强

普通旅游地图的更新周期较长，一般在半年左右，而旅游资源信息系统能随时把获取的旅游资源信息添加在数据库中，删除、更改过时的信息，始终保持数据的现势性，且这种更新方便、快捷，成本低廉，具有普通旅游地图无法比拟的优点。

3. 表现形式多样化

普通旅游地图表现形式单一，一般仅具有图形表示效果，提供的信息容量有限，并且要求用户有一定的读图素养。而旅游资源信息系统表现形式多样化，集图形、图片、文字、音频、视频等于一体，让用户感到不仅是获得旅游信息，而且是一种美的享受，沉浸在艺术氛围中。

4. 独有的查询、分析功能

旅游资源信息系统可以提供强大的查询、分析功能，这是普通旅游地图所不具备的。旅游者借助此功能，可以进行最佳路径分析、查询某一目标点的旅游信息等。

二、旅游资源信息系统的应用

旅游资源信息系统能与旅游管理自动化办公联成一体，从而达到资源共享、统一管理、有效监督，实现对旅游资源的数字化、标准化、动态化管理，形成旅游资源信息的快速检索、有效处理、实时交换以及可视化显示与输出，促使旅游资源的科学管理、高效开发和可持续利用。其应用范围非常广泛。

（一）旅游资源的调查、评价

旅游资源信息系统主要是以计算机替代手工劳动，对旅游资源信息进行收集、整理和系统的管理，速度快、效率高。旅游资源的调查评价是旅游资源管理的重要工作，由于数据巨大，传统的手段已很难很好地完成此项任务。在旅游资源的调查、评价中，应用旅游资源信息系统可以很好地提高工作效率，为旅游资源信息适时利用提供可靠保障。此外，旅游资源信息系统还可以应用于旅游规划中的资源分析、旅游资源信息的预报、旅游统计分析等工作。

(二)在政府工作中的应用

收集旅游目的地各项旅游信息、各类旅游行业信息,对旅游业进行管理、监控,是政府部门日常而繁重的工作,业务量大、耗时长、容易出错。发挥旅游资源信息系统的数据分析功能,可以很好地完成旅游信息预报和旅游统计分析工作,实时动态监控旅游资源利用状况,科学评价旅游资源,并为旅游业管理部门的日常管理和相关政策的制定提供科学依据。目前,在政府工作中应用较多的有各类旅游行业管理信息系统、旅游地信息管理等。

(三)旅游资源的开发利用和保护

利用旅游资源信息系统,可以将地理信息系统(GIS)、遥感技术(RS)、多媒体信息等技术引入到旅游资源的开发规划、可持续利用和保护工作中去,将传统的、静态的、二维的规划形式,转变为动态的、网络化的规划方式,对规划信息进行收集、存储、分析、管理、维护及辅助决策支持,实现旅游开发项目的数字化管理,极大地弥补传统旅游规划的不足,增强规划的科学性和可操作性。

(四)旅游资源信息的共享

旅游资源信息系统具有信息量大、传输快、交流共享方便等特征,因此,通过网络,既可以为政府、旅游管理及相关管理部门使用,同时还可为高校、科研机构的旅游资源研究工作提供可靠数据,为各旅行社与旅游相关部门(如酒店、餐饮、购物场所)甚至旅游者提供各类信息,实现旅游资源信息共享,促进旅游业的全面发展。

三、旅游资源信息系统的组成

旅游资源信息系统包括计算机系统、数据库系统、系统使用和管理人员等三部分。

(一)计算机系统

计算机系统是旅游资源信息系统建立的基础和工作的前提,由软件系统和硬件系统两部分组成。

1. 软件系统

旅游资源信息系统的软件系统又由计算机系统软件和应用软件两个部分构成。

(1)计算机系统软件

是一种程序系统,一般由计算机厂家提供,主要由操作系统、数据库软件和软件开发平台三部分组成。

①操作系统。操作系统是电子计算机系统中负责支撑应用程序运行环境及

用户操作环境的系统软件。操作系统的作用包括对硬件的直接监管、对各种计算资源(如内存、处理器等)的管理,以及提供面向应用程序的服务等。目前比较流行的操作系统包括 Windows 系列(常用的是 Windows Vista、Windows XP 等)、LINUX 系统等。

②数据库软件。有大型和小型之分,各有优缺点。大型的数据库软件,如 SQL server、Lotus、Sybase、oracle 等,它们功能强大,但价格昂贵、技术难度大,不易操作。小型数据库软件,如 Microsoft Visual Foxpro、Microsoft Office Access 等,优点是入门较易,但功能比较简单。

③软件开发平台。传统的包括 Visual C++、Visual Basic 企业版等,但目前网络操作系统是未来的发展趋势。

(2)应用软件

包括地理信息系统软件、图像处理软件和应用分析软件三大类型。

①地理信息系统软件。这类软件主要用来进行地理信息的空间分析,包括遥感图像处理软件和 GIS 开发软件。遥感图像处理软件主要有 Erdas、ER Mapper等,都是国外软件。GIS 开发软件国内成熟的如武汉中地公司的 GIS 软件系列 MapGIS 等,国外的如美国 ESRI 的 ArcGIS 系列产品。比较常用的有 ArcInfo、ArcView 及美国 MapInfo 公司的 MapInfo Professional 等。

②图像处理软件。主要进行各种图片的处理,可以进行图形格式的转换,包括 Adobe Photoshop、AutoCAD 等。

③应用分析软件。进行统计分析工作的软件。这一部分的软件主要是信息系统的开发人员或用户根据专题需要或专题分析模型而编设的用于特定目的的程序,是信息系统的扩充和延伸。应用程序是针对区域的旅游资源专题而编设的,为旅游资源信息系统的特定内容,是从旅游资源数据中提取旅游信息的关键,也是用户最关心部分。应用软件水平的高低是度量信息系统最重要的标志之一。

2. 硬件系统

旅游资源信息系统硬件一般包括五个部分。

(1)计算机主机

包括 CPU、内存、显卡、声卡、网络适配器、调制解调器、硬盘、光盘驱动器、主板及一些芯片。

(2)数据输入设备

用来输入各种所需数据,将模拟数据转换成数字化数据的设备。目前,输入设备的类型主要有手扶跟踪数字化仪、扫描数字化仪、数字摄影测量仪器、遥感图像处理系统、图像处理系统等。在选取数据输入设备时,应考虑设备的优点及数据的特点进行选择，以确保能获得高质量的数据信息。

(3)数字存储设备

主要类型有磁盘、磁带、光盘、优盘、移动硬盘及相应的驱动设备。

(4)数据输出设备

通用数据输出设备包括显示器、绘图仪、打印机。显示器是数据的显示设备，有 CRT 显示器和 LCD 显示器两种。CRT 显示器价格较便宜，LCD 显示器显示效果较好。绘图仪主要有彩色喷墨绘图仪、静电绘图仪、热敏绘图仪等类型，幅面有 A0、A1、A4 等几种幅面，不同型号绘图仪对绘图纸有不同的要求。打印机有针式、喷墨和激光打印机三种。目前主流打印机有喷墨和激光两种。

(5)数字通信传输设备

信息系统的信息共享需要网络传输设备，将服务器和客户端连接起来，实现与服务器或其他工作站交流信息或共享数据。网络系统主要包括连线、网卡及其他网络专门设施等。

(二)数据库系统

数据库是一种数据管理技术，其概念由数据库系统、数据库、数据库管理系统等组成。

1.数据库的基本概念

(1) 数据库 DB(Data Base)

以一定方式存放在计算机内的数据集合(是一种特殊的数据结构)。数据库按照一定的数据模型组织、描述和存储数据，具有较小的冗余度、较高的数据独立性和易扩展性，并可为各种用户共享。

(2) 数据库管理系统 DBMS(Data Base Management System)

位于用户和操作系统之间的一层数据管理软件，是数据库系统的核心。它负责有效、科学地组织、存储、维护、访问数据，在 DBMS 的支持下，用户可以方便地定义数据、操作管理数据，并保证数据的完整性、安全性。

(3) 数据库系统 DBS(Data Base System)

指在计算机系统中引入数据库后的系统构成，能正常运行数据库操作和处理的整个系统。系统由应用软件、数据库管理系统、数据库和用户等构成。其特点是数据冗余度小、独立性高、共享性好，由 DBMS 统一管理。目的是实现用户对数据的使用。

2.旅游资源信息系统中的数据库系统

旅游资源信息系统中的数据库是存放在计算机存储设备上的、相互并联空间数据的一个集合，是信息系统的基础。数据库的结构应尽可能反映出不同用户的要求，适于用户的不同需求和使用方式，支持各种应用程序和应用目的。结合数据库的特点和旅游资源信息的数据特征，旅游资源数据库应达到以下要求：①最小冗余度，即数据尽可能不重复；②应用程序对数据资源共享，数据集合以最优方式服务于一个或多个应用程序；③数据集合应有独立性，和使用它的应用程序分离单独存放；④数据集合可用一个软件统一管理，为数据维护、更新、增删、检索等操作提供方便。

3. 旅游资源信息系统的数据类型

旅游资源信息系统的数据由空间数据和非空间的属性数据组成。

(1)空间数据

指表示地表要素(如河流水文、地形地貌、气候植被、居民地、交通线、境界线、独立地物等)的空间位置特征的数据，由几何坐标和实体间的空间相关性(即实体间的拓扑关系)组成。

(2)非空间的属性数据

指数据的属性与几何位置无关，即非几何属性。它表示和实体相联系的变量或地理意义，可通过分类、命名、量算、统计等方法得到。其数据由定性非几何属性数据和定量非几何属性数据两种构成。

定性非几何属性数据包括名称、类型、特征等，如河流类型、植被种类等。

定量非几何属性数据包括数量、等级等，如面积、长度、资源等级、游客数量等。

任何一个实体至少包含有一个属性，数据的分析、检索主要通过对属性的操作运算来实现。

(三)系统使用和管理人员

旅游资源信息系统是软硬件设备系统复杂及技术含量高的人机交互系统，旅游资源信息系统功能的发挥及价值的实现依赖于使用者的水平和能力；信息系统的正常运行需要管理人员对其进行管理维护，系统中的各类信息需要及时完善、更新、升级。因此，系统使用和管理人员为信息系统重要构成要素，需要为旅游资源信息系统配备对旅游知识有一定了解的又懂技术的管理、维护和使用人员，对信息系统进行挖潜增效，提高旅游资源科技化的管理水平。

四、旅游资源信息系统的功能

旅游资源信息系统的功能可分为普通功能和特有功能两大类。

(一)旅游资源信息系统的普通功能

旅游资源信息系统具备传统的数据输入、数据管理维护、数据检索、地图浏览、数据输出等全部功能。

1. 数据输入功能

旅游资源信息系统能以多种方式快速采集旅游资源数据，并通过各种输入设备（如扫描仪、数码相机等）输入到计算机中，建立相关的旅游资源数据库。这些数据既包括表征旅游资源空间位置的空间数据，也包括描述其的属性数据、各类环境数据等。除了记录旅游资源的地理位置和范围，还可存储该资源的照片、景观特征值、开发建设情况等属性信息。

2. 数据管理功能

旅游资源信息系统能对旅游资源数据库进行统一的管理，并维护提供存储、编辑、检索、查询、运算、显示、更新空间数据和数据挖掘的能力，能将最新获得的信息快速更新、补充到数据库中。

3. 数据检索功能

旅游资源信息系统能提供各种旅游资源、服务设施、交通路线空间数据的查询功能，并标明它们地理位置和坐标参数。该系统支持用户开展点、线、面等多种方式的空间信息查询。查询的内容除旅游资源信息外，还可查询地图、交通路线、旅游商品、政策法规、消费娱乐、天气预报、医院药店、公安消防等与旅游相关的信息。这对资源管理、规划、决策者和一般游客都是十分方便的。

4. 地图浏览功能

用户在客户端就可以放大、缩小、平移或者全幅显示需要的各种类型的与旅游相关的地图并通过“鹰眼”进行导航，例如旅游区政区图、地形图、交通图、旅游资源分布图、旅游产品结构图（项目产品、线路产品）、旅游商品分布图等（主要进行二维平面概要性的浏览）。

5. 数据输出功能

旅游资源信息管理系统可为用户提供包括多媒体在内的丰富的输出形式。特别是利用 GIS 实现数据输出的地图化，在地图上表示信息，可大大降低出图成本，避免传统制图的烦琐工序，并可根据用户需要分层或叠加输出各种专题图。例如，将旅游资源分布图、地形图、道路交通图、服务设施分布图和地形图相叠加，可以为游客提供一幅详细的导游图。

（二）旅游资源信息系统的特有功能

除具备以上普通功能外，旅游资源信息系统还具有与其他系统不同的特有功能，形成自己的特色。

1. 现代化管理服务功能

通过建立以计算机为核心的旅游资源动态管理系统，旅游资源信息系统可以对旅游资源信息进行数字化、标准化、计算机化管理，进行信息的快速查询检索、可视化输出表达和实时交换，实施资源统一管理、数据分享和促进办公管理自动化，达到合理调度、科学配置与协调资源目的，实现旅游资源现代化管理。同时，旅游资源信息系统还可应用于旅游行业机构管理部门或旅游教学、研究单位及旅游企事业等，并可应用于有关政府部门对旅游行业的管理、监控工作。

2. 分析评价功能

旅游资源信息系统可以通过建立不同分析模型，如资源等级、规模、吸引力等，进行旅游资源的综合分析评价，提供旅游资源的定性或定量综合评判值，为各级主管部门或企事业单位提供有效的科学参考信息。

3. 开发与决策功能

旅游资源信息系统可根据旅游资源开发现状、条件、潜力及发展趋势等综合信息，全面考虑市场格局，利用不同资源开发决策模型，模拟不同的开发类型和开发决策，获得最佳资源开发设计方案，为政府管理部门、企事业单位提供决策参考。

4. 空间分析功能

便捷的空间操作能力是GIS突出的功能之一，旅游资源信息系统可以对一条旅游线路提取出相应的旅游资源数量、服务设施的性质、质量和分布。空间分析包括缓冲区分析、最佳路径分析、叠加分析、距离量算等。如要建立风景优美的旅游通道，通过缓冲区分析，可以确定通道两旁需要绿化的面积及所占用地的种类和数量。叠加分析是将同一地区的两组或多组数据叠加，如将某旅游区的气候、植被、交通等图层进行叠加分析，可用于监测旅游区的环境质量及制定旅游区的开发规划。

五、旅游资源信息系统的开发设计

（一）旅游资源信息系统的开发流程

开发一个规范的旅游资源信息系统一般要经过四个步骤：组建开发队伍、系统总体设计、系统具体设计、系统的实施与维护四个步骤，如图10－1所示。

组建开发队伍是对系统开发人员的构成、分工、相互关系协调的组织和管理。开发队伍包括系统开发人员、系统分析人员、信息收集人员等。

系统总体设计是对系统的开发目标、设计原则及实施步骤的总括，它并不能实现系统某一环节的具体任务，是对整个系统的全局性把握。

系统具体设计在总体设计的基础上进行，一般又可分为系统分析、系统设计等环节。

系统实施与维护是在系统应用中，不断对系统进行优化，维持系统的性能，提高系统的使用效率。

（二）旅游资源信息系统的框架结构

旅游资源信息系统具有多层次、多要素、多功能和分布式网络结构等特点，

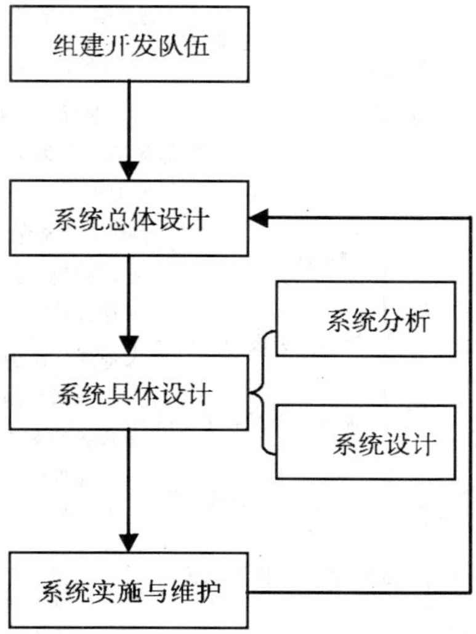

图 10—1　旅游资源信息系统的开发流程

且旅游资源信息的空间分布特征较突出。根据我国旅游资源开发的具体情况，从长远和可持续发展的角度考虑，区域性旅游资源信息系统的框架结构可分为三层，如图 10—2 所示。

1. 数据信息层

数据信息层用来存放管理不同种类、不同属性数据。根据信息的属性可分为基础信息板块、专题信息板块。基础信息板块即基础信息子系统，主要包括数学基础和地理要素。数学基础包括大地坐标、比例尺、地图投影(经纬线网)、全球定位系统(GPS)等；地理要素包括水系、地形、植被、居民地、交通线、行政区划界限、独立地物等。基础信息层可为所有专题子系统提供统一的空间定位基础，亦可反映专题信息和基础信息的空间相互关系。这类数据库可直接从国家测绘总局国家基础信息数据库、区域电子数据库、地形图或航空、航天像片经数字化处理后获得。专题信息板块是指旅游资源等专业信息形成的旅游资源信息诸子系统。主要包括旅游资源子系统、旅游服务设施子系统、旅游资源保障子系统。旅游资源子系统包括自然旅游资源、人文旅游资源等；旅游服务设施子系统包括旅行社、宾馆、饭店、交通、电力、给排水、通信等各类信息，它反映了系统中旅游资源的设施配套情况，有助于分析辅助旅游资源的状况等；旅游资源保障子系统包括旅游资源保护设施、保护政策和规定提示等。

2. 系统服务层

系统服务层是对旅游资源信息的管理和深度挖掘，根据服务对象可分为用

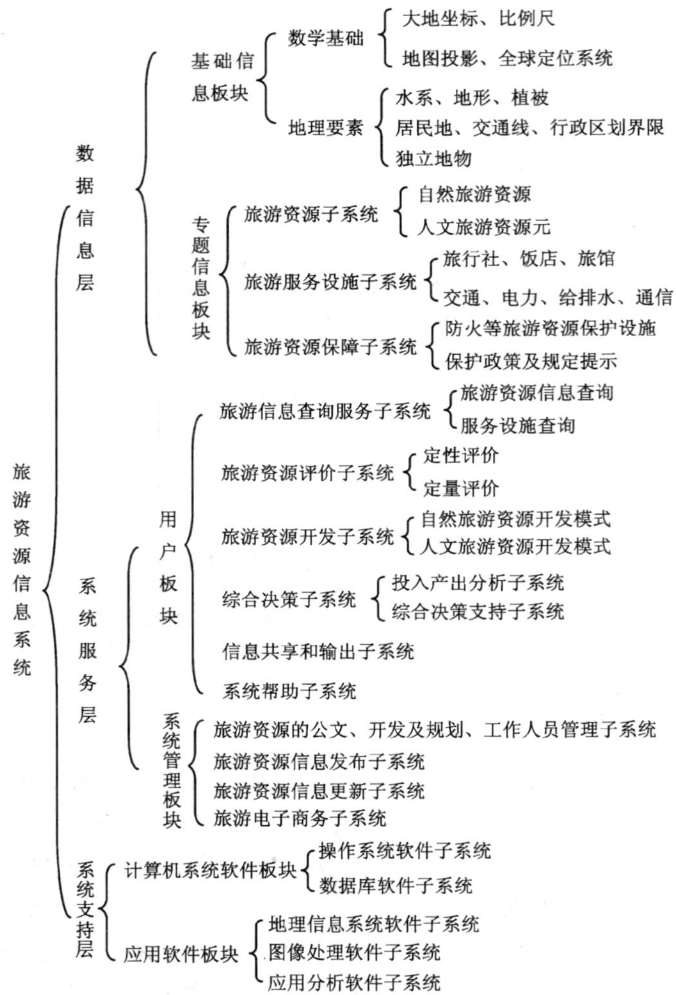

图 10—2　旅游资源信息系统的基本框架结构图

户板块、系统管理板块。用户板块为终端用户应用子系统，主要包括旅游信息查询服务子系统、旅游资源分析评价子系统、旅游资源开发子系统、综合决策子系统、信息共享和输出子系统、系统帮助子系统。旅游信息查询服务子系统包括旅游资源信息、服务设施查询。旅游资源分析评价子系统包括定性评价、定量评价等；旅游资源开发子系统包括自然旅游资源开发模式、人文旅游资源开发模式等。系统管理板块为系统管理人员管理系统的操作平台，主要包括对旅游资源的公文、开发及规划、工作人员管理子系统，旅游资源信息发布子系统，旅游资源信息更新子系统，旅游电子商务子系统。

3. 系统支持层

系统支持层为系统功能的实现基础。一般可分为计算机系统软件板块和应用软件板块。计算机系统软件板块主要包括操作系统软件子系统、数据库软件子系统。应用软件板块主要包括地理信息系统软件子系统、图像处理软件子系统和应用分析软件子系统。

（三）旅游资源信息系统的具体设计

1. 旅游资源信息系统数据库的设计

（1）设计原则

旅游资源信息系统数据库是旅游资源信息系统的重要子系统，是其核心组成部分之一。数据库设计和建设的工作量一般要占到整个系统设计和建设工作量的很大部分。数据库设计质量的好坏，不仅影响着系统建设的速度和资金费用，而且还影响着系统的应用、维护、管理、更新、扩充等质量水平。

①最小数据重复原则。数据库中的数据体用非冗余结构予以定义。

②最大服务面原则。根据需要，数据库能同时为不同用户服务。

③最小影响原则。在插入、修改、删除数据元素时，数据元素的结构、从属性、相互关系能保持不变或影响最小。

④独立性原则。即应用程序不依附于数据库中的数据组织方法和存放位置。

⑤安全性原则。系统能对数据库中数据的存取进行有效控制，防止无关用户对数据的非法存取。

⑥正确性和兼容性原则。系统能保证数据在逻辑意义上的正确性和兼容性，具有差错检查修复等保护手段，并可进行扩充和更新。

（2）分类

旅游资源信息系统的数据库按其信息内容可分为基础信息数据库和专题信息数据库两大类。

①基础信息数据库。它是旅游资源区域的地形图内容的数字化数据，反映旅游资源所处的自然、社会经济环境信息。其中交通要素要详细，且包含航空线，同时，附加气候、人口、经济信息等内容。基础信息数据库除作为基础信息子系统的主要构成部分外，还要和几个专题子系统连接，向专题子系统提供有关的基础数据。

②专题信息数据库。它是用专题资料经数字化处理后所建成的数据库，为空间定位型关系数据库。按专题内容不同可进一步划分为以下几个类型：旅游资源数据库，即利用旅游资源数据所建的数据库，是所有数据库中最基本、最重

要的数据库；旅游条件数据库，包括自然生态、用地条件、城镇分布、基础设施，以及旅游饭店、旅游娱乐设施、旅游购物等旅游设施数据；旅游区位数据库，是指利用旅游资源所在地的地理区位优劣度所建的数据库，可根据交通便捷度、可及性、与附近旅游地的差异及距离等情况综合考虑建立；旅游客源市场数据库，是根据旅游吸引物吸引力半径范围之内客源数量情况所建立的数据库。这些专题信息数据库均可为子系统调用。

2. 旅游资源信息系统应用模块的设计

旅游资源信息系统采用的地理信息系统通用软件包和数据库管理系统(Data Base Management System，DBMS)等基础软件目前已很成熟，具备多种功能。这些基础软件虽已具备了应有的基本功能，但还满足不了旅游资源管理用户的最终要求，需要把系统基础软件与相关的程序软件或自带的程序软件相结合，开发旅游资源信息系统应用模块。通常采用在地理信息系统基础软件的基础上进行二次开发的方法，这项工作由熟悉基础软件，并具有较好信息系统开发经验、技巧的技术人员承担。

应用模块设计开发，应按严格的步骤和规范进行。需要强调的是：系统界面要友好，适合于专业和非专业人员使用；要采用统一的全程变量和定义参数，便于对数据库进行管理，对数据进行更新、调用等。

(1)用户界面设计

旅游资源信息系统的基础软件，一般是面向系统开发技术人员的，包含数百条甚至上千条命令，每条命令都可能需要输入若干条参数才能启动，而完成某一项功能操作又可能需要输入多条命令。这对于旅游资源信息系统的最终用户来说，不管是业务操作人员、专业人员、管理干部，还是各级领导，显然都不合适。而在信息系统基础软件的基础上借助于二次开发完成的用户界面，只需要通过光标在屏幕上选择必要的图标和输入简单参数，不必输入复杂命令即可实现原本需要输人多条命令才能完成的功能。用户界面设计必须利用基础软件允许的语言进行编程，以各种菜单形式来建立。用户界面应自顶层向下层逐层分解：首先，设计出最高一级用户界面即主界面，其包含主要功能图标，每一图标实现一类功能；其次，根据每一类功能图标分别设计下一级界面即二级界面，二级界面的每一个图标实现该类功能某一方面的操作；然后再设计次一级界面，依次逐级设计，直到完成最低一级界面(计算机只完成某一基本操作)为止。

所有用户界面的配置应清晰、大方、美观、整洁，主题突出，灵活方便，且在可能的情况下充分利用图、文、声、像兼有的多媒体技术及动画技巧。用户界面应为全汉化的、友好的菜单式界面，且易学、易懂、易掌握。

图 10－3 显示了一个旅游资源信息系统旅游资源评价子系统的主界面，其

主窗口开始只显示系统的名称，其左侧为一列主菜单功能图标，通过图标可分别调用系列功能模块。当激活其中一个图标时，在主窗口上方以下拉菜单方式显示出被激活模块的次级功能图标，用户再用光标选择其中一个图标后，在主窗口上方重新出来一行菜单，显示可以调用的功能，如分层显示、分类显示、查询检索、开窗、绘图、帮助和返回等。用户再选择其中一个功能图标，即可使用完成某项屏幕上显示的任务。上述内容仅说明一种例证，具体设计可根据区域旅游资源的特点和用户的具体需求情况来综合考虑。

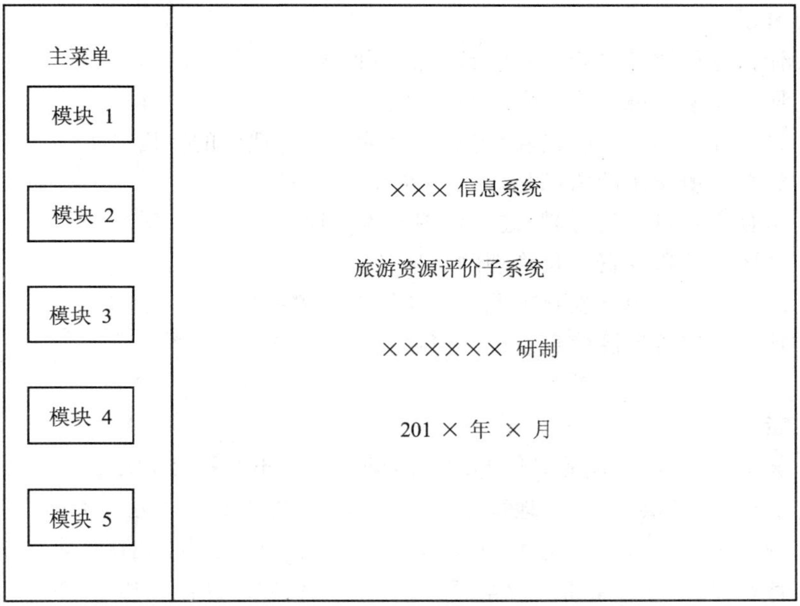

图 10—3　旅游资源信息系统旅游资源评价子系统主界面示例

(2)应用功能模块开发设计

应用功能模块设计，要以主模块为单元一个一个地逐步开发。但是，应采用统一设计的全程变量和定义参数。主模块、子模块和基本模块的说明记录应阐明模块名、模块功能、模块类型、输入输出参数、内部和外部调用的子模块名、开发日期、更新日期、开发更新者、模块版本号等。设计应用模块，应重点考虑系统功能的实现。

旅游资源信息系统除所采用基础软件所具有的功能外，从专业应用角度出发，应开发设计出如下功能模块：旅游资源评价功能模块，利用几种旅游资源评价数学模型，可对旅游资源进行分析评价，并可提供旅游资源评价数值；旅游资源开发功能模块，根据旅游资源评价结果和旅游资源特点，利用不同旅游资源的开发模式，提供旅游资源的开发思路和方向；旅游资源投入产出分析功能模块，根据旅游资源评价结果、开发模式和当地经济环境、旅游市场状况，利用数学模型进行投入产出分析；综合决策功能模块，根据旅游资源评价结果、开发利用模式、投入产出分析结果，利用专家系统模型进行综合决策，辅助决策部门进行决策；旅游资源管理功能模块，可对旅游资源进行事务公文管理、开发方案管理、规划批约管理、旅游设施管理及景区人员管理等。

复习思考题

1. 什么是旅游环境管理？它具有哪些职能？
2. 何为旅游环境容量？有哪些类型？
3. 结合你的实际，谈谈旅游容量在旅游环境管理中的作用。
4. 旅游环境质量的内涵是什么？包括哪些内容？
5. 结合实际，谈谈应如何进行旅游环境管理？
6. 简述旅游资源资产化管理的目标及实现途径。
7. 何为旅游资源开发管理？其加强措施有哪些？
8. 什么是旅游资源信息系统？简述其应用优势。

参考文献

1. 杨美霞. 旅游环境管理[M]. 长沙：湖南大学出版社，2007.
2. 冯学钢，黄成林. 旅游地理学[M]. 北京：高等教育出版社，2006.
3. 颜文洪，张朝枝，李文兵. 旅游环境学[M]. 北京：科学出版社，2005.
4. 肖星，严江平. 旅游资源与开发[M]. 北京：中国旅游出版社，2000.
5. 郑耀星. 旅游资源学[M]. 北京：中国林业出版社，2009.
6. 马耀峰，宋保平，赵振斌. 旅游资源开发[M]. 北京：科学出版社，2005.
7. 吴宜进. 旅游资源学[M]. 武汉：华中科技大学出版社，2009.
8. 周永广，等. 旅游业环境管理[M]. 杭州：浙江大学出版社，2005.
9. 甘枝茂，马耀峰. 旅游资源与开发[M]. 2 版. 天津：南开大学出版社，2007.
10. 赵文吉，等. 数字国土设计、实现与应用[M]. 北京：科学出版社，2008.

第十一章　旅游资源保护

学习目的

旅游资源保护是旅游资源得以科学开发、合理利用的前提和基础，是旅游区经营管理过程中一个必须给予高度重视的问题。通过本章学习，应了解旅游资源保护的意义、旅游资源遭受破坏的自然和人为原因、国外旅游资源保护的成功案例，掌握旅游资源保护的对策和措施，熟悉不同类型旅游资源保护的相关法律法规。

主要内容

- 旅游资源保护的必要性与紧迫性
- 旅游资源保护　旅游资源的自然破坏　旅游资源的人为破坏
- 旅游资源保护的对策与措施
- 完善旅游资源保护的法律法规体系　树立旅游资源保护意识　分门别类地保护旅游资源　提高旅游资源保护的技术手段　减少或避免旅游资源破坏
- 案例分析——美国黄石公园旅游资源保护的经验与启示　印度尼西亚巴厘岛地域文化旅游资源保护的经验与启示

旅游资源是旅游业发展的资源基础和依托，只有对旅游资源进行全面、持续和科学有效的保护，才能实现旅游业的可持续发展。然而，随着旅游经济的不断发展，尤其是在眼前利益的驱使下，旅游经营者急功近利地盲目地开发建设活动和游人不当的旅游活动，造成了旅游资源的破坏和退化。旅游资源保护问题已经成为各国政府与旅游业界关注的焦点和讨论的热点问题之一。

第一节 旅游资源保护的必要性与紧迫性

一、旅游资源保护的必要性

大部分旅游资源是自然及人类文化遗留下来的珍贵遗产。旅游资源除了人工可以栽培与繁殖的动植物外，基本上是一种不可再生的资源，一旦破坏将不再拥有。

(一)保护旅游资源就是保护生态环境和旅游地的文化

旅游资源依据其形成的原因，可以划分为自然景观旅游资源和人文景观旅游资源两大类。自然景观旅游资源包括高山、峡谷、森林、火山、江河、湖泊、海滩、温泉、野生动植物、气候等，可归纳为地貌、水文、气候、生物四大类。人文景观旅游资源包括历史文化古迹、古建筑、民族风情、现代建设新成就、饮食、购物、文化艺术和体育娱乐等。旅游资源是具有旅游价值的自然环境与社会文化的各要素的综合。从某种意义上说，旅游地的旅游资源就是旅游地自然生态与社会文化的构成体。不合理的旅游开发与经营行为对旅游资源的破坏实际上也是对当地生态环境的破坏和对社会文化的摧毁。如喀斯特地貌中的云南路南石林、桂林山水、地下溶洞。这类景观的形成也是历经了亿万年，若不注意保护，就会如同喀斯特造型景观的石芽被炸毁、地下溶洞中的石钟乳和石笋被敲断等一样，使之失去了原有的魅力。又如中国的万里长城，是世界上最为壮观的军事建筑，被称为世界七大古建筑之一，也被联合国教科文组织公布为世界文化遗产。古人遗留下来的历史文化古迹一旦破坏，就不可能真正恢复成原样。保护人文景观旅游资源就是保护人类文化。由此可见，旅游资源保护有利于促进当地自然生态环境和地方文化的保护。

(二)保护旅游资源才能实现旅游业的可持续性发展

旅游资源是旅游业发展的基础和依托。从旅游资源开发利用的角度看，旅游地的开发经营是利用旅游资源，达到获取经济、社会、生态综合效益目的的活动过程。旅游业的经营基础是旅游资源，离开了旅游资源旅游业就成了无源之水、无本之木。然而，在旅游地旅游经营管理的实践中，却依然存在着许多片面追求经济效益，不注意保护旅游资源与生态环境的现象。例如西双版纳，以热带原始森林的苍茫神秘与勃勃生机吸引着广大游客，但近年来大搞毁林开荒，森林面积迅速下降，使原来良好的生态环境遭到严重破坏。旅游资源的退化导致其旅游吸引力的衰竭，直接威胁当地旅游业的可持续发展。由此可见，旅游资源的可持续利用只有在保护旅游资源的基础上才可以实现。

二、旅游资源保护的紧迫性

随着时间的不断推移，旅游资源不可避免地受到大自然以及人类活动的影响，从而出现衰败的迹象，甚至遭到破坏。最近几十年，受人们旅游需求的日益增长和多样化的影响，人们加大了对旅游资源的开发力度，在取得了良好的经济效益的同时，却也造成了对旅游资源的过度利用和严重破坏，旅游资源的保护工作迫在眉睫。旅游资源衰败和破坏的原因主要表现在自然环境的变迁和人为破坏两个方面。

（一）旅游资源的自然破坏

旅游资源是地理环境的有机组成部分，其存在和发展不可避免地会受到自然环境变迁的影响，甚至导致对旅游资源的破坏，这就是旅游资源的自然破坏。自然环境变迁对旅游资源的破坏表现为自然灾害等突变性破坏和自然风化等缓慢性破坏两个方面。

1. 灾变性破坏

突变性破坏是指自然界中突然发生的变化，如地震、火山喷发、飓风、海啸、洪水、泥石流、塌方、滑坡等自然灾害。这些自然灾害会直接改变一个地区的面貌，毁掉部分或全部旅游资源。如我国台湾省的日月潭因 1999 年 9 月 21 日的大地震而受到严重破坏，日月潭风景区由于接近此次强烈地震的震中，而被破坏得面目全非，湖中光华岛上的观景台、凉亭倒塌，月老塑像基座腰折倒等。

2. 缓慢性风化

自然界的风化侵蚀，会慢慢地改变旅游资源的形态和性质，这种现象被称为旅游资源的缓慢性风化。旅游资源的缓慢性破坏包括自然状况下的寒暑变化、风吹雨淋及生物作用等所导致的旅游资源的破坏。任何名胜古迹及其外围环境都时刻受到自然机械风化的危害。如埃及的基奥斯普大金字塔，近一千多年来风化产生的碎屑体积达 5 万立方米，平均每年损耗约 50 立方米，即整个金字塔表层每年损耗约 3 毫米。有些更古老的台阶式金字塔风化则更为厉害，很多大石块几乎完全损坏，或者只剩下很小的近似球形的团石，台阶上则堆积很厚的碎屑。

鸟粪对旅游资源的生物化学分解也属于自然风化。养鸽在欧洲许多城市流行，它能使城市看起来富有生气，但是，一旦鸽粪落到屋顶、檐口下、雕像上，便很难清洗，鸽粪对建筑和雕像的化学分解作用远远大于工业废气。我国曾有人主张学国外在天安门广场放养万只鸽子，后因考虑到故宫文物保护而未实行，实为北京文物保护的一大幸事。

(二)旅游资源的人为破坏

旅游资源的人为破坏是多方面的、严重的，大多超过自然风化的破坏，有的甚至是完全毁灭。按其破坏的根源可以分为建设性破坏和管理性破坏。

1.建设性破坏

建设性破坏是指由于工农业生产活动、影视拍摄活动、城市化发展、市镇建设以及旅游开发不当等造成的旅游资源的破坏。其破坏方式主要包括以下四个方面。

(1)工农业生产活动对旅游资源的破坏

首先，旅游区外围兴建的小化工厂、化肥厂、农药厂等工业生产产生的废弃物污染和破坏了旅游资源。如被誉为“浙江旅游生命线”的富春江，过去江水清澈见底，自然生态环境优越，而现在沿江修建了许多小化肥厂、造纸厂、农药厂，这些企业的废水、废渣未经处理便直接排入江中，使得富春江许多河段一片浑浊，漂浮着层层泡沫，还不时地散发出刺鼻的味道。其次，落后的农业生产方式，过度伐木、采石、取水等活动也造成了对旅游资源的破坏。如云南路南石林，成批的农民到风景区采石，以致路南石林伤痕累累，不复往日风采。“水作青罗带，山如碧玉簪”的桂林漓江，也由于上游森林过度砍伐，蓄水功能下降，出现了86公里游览河段竟然仅能通航6公里的现象。

(2)影视拍摄活动对旅游资源的破坏

为确保影视作品质量，越来越多的剧组进驻名胜古迹拍摄影视作品，在促进当地旅游和经济发展的同时，也给外景地造成不同程度的破坏。影视拍摄对外景地的破坏主要表现在三个方面：一是垃圾破坏，如《无极》拍摄之后，香格里拉碧沽天池成了大垃圾场；二是搭景破坏，如《惊情神农架》和《情天大圣》主要拍摄场景集中在神农架的大龙潭、小龙潭以及三岔、钢厂坪一带，为了搭建剧中场景，剧组在自然环境优美的山林中人造了假山，还在假山堆上刻上“巴桃园”和“情天大圣”的字样，和周围环境格格不入；三是拍摄破坏，如《神雕》剧组在神仙池钙化层上非法搭建用于拍摄的人工景观，肆意践踏神仙池钙化堤，留下几十个可能多年也不能修复的印记。此外，在影视剧拍摄中，如果拍摄地选择文物保护地，拍摄过程中人的呼吸、摄像机的光线甚至噪声等都会对文物造成破坏。

(3)城市化发展和工程建设对旅游资源的破坏

如果城市发展、市镇建设等规划与开发不合理，也会造成对当地旅游资源的破坏。如吴江市平望镇本来是一个河网密布的水乡古镇，但近十年来为了市镇建设填平了镇上的大部分河流，昔日“小桥流水人家”的景象已不复存在，实际上造成了对潜在旅游资源的极大破坏。

(4)旅游开发不当造成旅游资源的破坏

旅游资源开发建设不当或失误，会导致生态环境的恶化以及旅游资源的破坏。如在风景区中大兴土木，改变和破坏自然景观，造成水土流失、生态环境退化和气候的变异。此外，一些任意改造、不伦不类的修缮，也会造成旅游资源历史文化价值和观赏价值的破坏甚至消失。

2. 管理性破坏

旅游景区管理不善，也会造成旅游资源的破坏。目前，我国旅游景区管理体制还不完善，在旅游资源保护工作中，经常发生相关部门扯皮及互相推诿的现象。旅游经营管理人员旅游资源保护意识不强，疏于对旅游资源的管理，从而使旅游资源遭到破坏。具体体现在以下几个方面。

(1)缺乏有效的游客行为监督机制，素质低的游客直接破坏旅游资源

由于缺乏有效的游客行为监督机制，一些缺乏基本社会公德及文化修养的游客，在景区内的不文明行为使得旅游资源失去了原有的价值，造成对旅游资源的破坏。如这些游客对景物的任意刻画、涂抹，让很多景点到处能看到“××到此一游”的刻痕。又如地下溶洞洞顶的石钟乳被游人采走作盆景，使得溶洞顶部千疮百孔。

(2)景区超负荷经营，加速旅游资源的衰退

古代丰富多彩的石刻、雕刻、壁画是我国的重要旅游资源，尽管在自然条件下也要经历风化作用使其衰竭，但其风化缓慢。旅游资源经过开发后，旅游活动的开展，大量游客的涌入，加速了自然风化的速度，导致古迹的破坏。如我国著名的敦煌石窟，自然条件下石窟中的空气干燥，自然风化极为缓慢，经千百年仍栩栩如生。但是，随着旅游的开发，游客的进入，石窟内的空气环境条件发生改变，游客的呼吸带进了湿气，衣服同墙壁摩擦，光线增强，致使许多壁画的逼真细节已失去光泽，变得暗淡模糊，红色和肉色逐渐变成黑色。又如我国的故宫，许多大殿前和内部的路面、地面，因游客密度较大而严重磨损。有人估算，故宫铺地的“金砖”每年磨损达 10～20 毫米。故宫御花园的土地也因严重踩踏而板结，几棵古树已濒临枯死。

(3)旅游资源保护宣传工作不够，当地居民因个人私利造成对旅游资源的破坏

为牟取暴利，景区周边的一些居民对自然保护区内的各种珍稀野生动植物滥捕滥伐，致使许多景观植被和动物濒于灭绝。如近年发生在庐山核心保护区内盗伐珍贵黄山松 1000 多株的严重毁林事件，又如发生在西双版纳州的偷捕大象、野牛行为，发生在卧龙自然保护区内捕杀“国宝”——大熊猫的行为等。

(4)旅游经营人员旅游资源保护意识不强,过分追求旅游经济效益而造成对旅游资源的破坏

旅游经营人员在旅游经营的过程中,由于资源保护意识不强,片面强调旅游服务的经济功能,从而导致对旅游资源的破坏。如景区机动车船等交通设施排出的废气废油污染物,饭店、宾馆等产生的大量生活污水和生活垃圾,若不及时采取措施防止和治理,将造成旅游资源赖以生存的自然生态环境的破坏,甚至会直接导致旅游资源的破坏。

第二节 旅游资源保护的对策与措施

如前所述,造成旅游资源衰退的主要原因是自然损毁与人为破坏。因此,对旅游资源的保护就是要缓减自然力与人为因素对旅游资源的破坏。

一、加强立法,完善旅游资源保护的法律法规体系

旅游资源的保护必须立法,只有将旅游资源的保护纳入法律条款,才能增强旅游资源保护的力度,从而使旅游资源保护落到实处。世界上很多国家都很重视旅游资源的保护工作,譬如美国早在1972年就专门立法保护其国家公园——黄石公园。我国旅游资源遭受破坏的主要因素是人为因素。为了能有效地保护旅游资源,我国的政府部门,尤其是旅游管理部门应该重视旅游法律、法规的制定工作。通过法律、法规规范旅游管理者、旅游经营者、旅游者以及旅游地居民的行为。我国自解放以来,先后颁布了《文物保护法》、《环境保护法》、《森林法》、《风景名胜区暂行管理条例》等法律法规。各级地方政府还根据地方实情制定了一些旅游实施细则和管理办法。上述保护旅游资源及环境的旅游法律法规,为杜绝我国旅游资源的人为破坏奠定了法律基础。然而,我国的旅游法律法规相对于蓬勃发展的旅游业还显得有些滞后,还需要不断完善,以减少和避免人为破坏旅游资源的现象。

二、加强宣传,树立旅游资源保护意识

旅游管理者应重视旅游资源保护的宣传教育工作,使旅游资源保护意识深入人心。首先,旅游管理者应该转变观念,强化旅游管理者和旅游经营者的环境保护意识,走出旅游业是“无烟工业”的误区,反对置旅游法律、法规于不顾,以损害旅游资源及环境来换取眼前经济效益的做法,树立旅游资源永续利用和旅游

业可持续发展的观念;其次,旅游者应该对游客进行旅游资源保护的宣传,引导游客自觉保护旅游地旅游资源,呼吁广大游客爱护大自然的山山水水,在美好的景观之中也留下自己美好的身影;最后,引导旅游地居民参与到旅游开发中来,让当地居民在享受旅游带来的实际利益的同时,自觉保护旅游地旅游资源。

三、强化管理,分门别类地保护旅游资源

旅游资源开发形成可接待游客的旅游景区后,“因管理者对景区的性质类型不清,致使管理不当”也会造成破坏。我国现存的四大类旅游景区,由于其性质不同,应该分门别类采取措施保护旅游资源。具体保护措施如下

(一)世界文化和自然遗产的保护管理措施

联合国教科文组织于1972年11月16日在巴黎通过了《世界文化和自然遗产保护公约》,提出对具有突出的普遍价值的文化和自然遗产进行特别保护,因为这些文化和自然遗产对全世界人民都具有重要意义。《世界文化和自然遗产保护公约》(1972年)第5条提出:为保护、保存和展出该国领土内世界文化与自然遗产应采取积极有效的措施,本公约各缔约国应视该国具体情况尽力做到以下几点。

(1)通过一项旨在使文化和自然遗产在社会生活中起一定作用并把遗产保护列入全面规划计划的总政策。

(2)如本国内尚未建立负责文化和自然遗产的保护、保存和展出的机构,则建立一个或几个此类机构,配备适当的工作人员履行其职能所需的手段。

(3)发展科学和技术研究,并制定出能够抵抗威胁本国自然遗产的危险处境的实际方法。

(4)采取为确定、保护、保存、展出和恢复这类遗产所需的适当法律、科学、技术、行政和财政措施。

(5)促进建立或发展有关保护、保存和展出文化和自然遗产的国家或地区的培训中心,并鼓励这方面的科学研究。

(二)风景名胜区的保护管理措施

为了加强对风景名胜区的管理,更好地保护、利用和开发风景名胜资源,1985年国务院制定并发布了《风景名胜区管理暂行条例》,对风景名胜区进行旅游界定,认为“凡具有观赏、文化或科学价值,自然景物、人文景观比较集中,环境优美,具有一定规模和范围,可供人们游览、休息或进行科学、文化活动的地区”称为风景名胜区。同时,根据风景名胜区的观赏、文化、科学价值和环境质量、规模大小、游览条件的不同,将我国的风景名胜区划分为国家级、省级和市县级三个管理级别。并且将风景名胜区划分为三个级别的保护区和一个防护带,并制

定相应的保护措施，具体如下。

(1)一级绝对保护区

指景点界线范围内的区域，要切实保持景点的原貌、风格和环境，不准建任何生活性大型建筑物，即使是观赏型建筑物也要注意精、美、少，以突出景物，突出自然美。

(2)二级严格保护区

指景区界线范围内的区域，区内要保护一切景点和植物，除观赏建筑物外，亦可建人工与自然风景融为一体的小型服务设施。

(3)三级环境保护区

指景区视线范围内的区域，区内可搞生活设施建筑，但要保护好视野的空间环境，确保景观的完整度。

(4)防护地带

为保护景观特色、维护景区内生态平衡，在风景区专门辟出区域大面积绿化以保持水土；不兴办污染工厂和控制农药化肥的使用以防止污染；搞好居民点的规划，控制不适宜的建设。

(三)历史文化名城的保护管理措施

历史文化名城是指历史文化遗产较多、价值较高的城市。历史文化名城依据其价值的高低可划分为国家和省二个管理级别。管理级别越高，管理越严格。历史文化名城的保护管理措施在《中华人民共和国文物保护法实施细则》(1992，国家文物局发布)中有明确规定，要点如下。

(1)保护古建筑的视野

为保证古建筑物一定范围内空间构图完整和周围园林借景的需要，在视线范围内要控制现代建筑物的高度，而且其体量、形式、色调均需与古建筑物的环境风貌相协调。这一措施在细则的第 12、13 条中作了具体规定。

(2)仿古重修需要特批

细则第 4 条规定："纪念物、古建筑等文物已全部毁坏的，不得重新修建，因特殊需要，必须在另地复建或者在原址重建的，应当根据文物保护单位的级别，报原核定机关批准。"

(3)文物修缮

文物的修缮应保持原来的特色，其修缮计划和施工方案须由国家文物局审定批准，并进行竣工验收。这些措施在细则的第 14、15 条中作了详细规定。

(四)森林公园的保护管理措施

森林公园是指森林环境优美、生物资源丰富、以森林为主体的自然景观相对集中、具有一定规模和范围，可供人们游览、观光、康体休闲或者进行科学文化教育活动的森林旅游区域。我国的森林公园依据其景观价值的高低划分为国家级和省级两个级别。1996 年，国家林业部根据《中华人民共和国森林法》(1984，第六届全国人民代表大会常务委员会第七次会议通过)和国家有关规定，出台了《森林公园管理条例(征求意见稿)》，条例中第四章第 16 条至 23 条对森林公园的保护作了详细的规定，要点如下。

(1)珍稀林木、野生动植物和公园内的名胜古迹必须绝对保护。

(2)保护工作的重点放在防火、防病虫害、防污染和禁止毁林开荒、开矿、采石等一系列具体可操作的工作上。

(3)为保障保护落到实处，推广有利于环境保护的技术措施和资金投入保障措施。

四、加大投入，提高旅游资源保护的技术手段

现代科学技术在旅游资源保护中的应用也越来越广泛。在旅游资源的保护中，常用的科技手段，包括数学方法、物理方法、化学方法、生物手段、工程手段、卫星与遥感技术、信息技术保护等，因此越来越得到广泛的重视与运用。运用各种科学技术手段对旅游资源进行保护，包括数学方法、物理方法、化学方法、生物方法、工程方法、新兴科技方法等。

(一)数学方法

数学方法被广泛运用于旅游资源的保护工作。人们可以利用数字、图表来表示旅游环境的质量状况。采用数学方法，通过数字和图表，可以精确地、具体地表示旅游区(点)的大气环境、水体环境、土壤环境、噪声环境等自然环境。为了保证旅游资源质量，满足游客舒适、安全、卫生、方便等需求，可以利用公式、模型来计算旅游环境容量。在运用数学手段测算出旅游环境容量以后，就可以对旅游区高峰期的流量进行管理和疏散，可以有效防止旅游区(地)由于超负荷接待而造成的旅游资源的衰退，从而实现对旅游资源的保护。

(二)物理方法

物理方法也经常被应用于旅游资源的保护中。在人文景观旅游资源保护方面，物理方法主要用于对纸质文物和铜器的保护。文物害虫是威胁纸质等有机文物安全的主要因素之一。害虫对文物的危害通常是渐进的、隐蔽的，在初始阶段肉眼不易发现，而一旦发现问题已经比较严重了。较为简便易行的方法是加装紫外线灯，对纸质文物进行定期照射可有效杀死害虫及微生物等，但对氧化、腐蚀性气体无效。现在国内采用的新技术是充氮降氧密封保存法，将文物放在密闭空间内，通过充氮置换，除去空间内的氧气及腐蚀性气体。

在自然景观旅游资源保护方面，物理方法被大量应用于自然景观旅游资源

中的水资源保护、大气保护及野生动物的保护等。污水的物理处理法是指通过物理作用来清除废水中的污染物的方法。任何一个旅游区在经营过程中，都会产生和排放出不同数量的污水。建立下水道系统和污水处理系统，对于保障旅游服务人员和游客的身体健康，保证旅游资源及环境免受污染和破坏，有着十分重要的意义。物理方法也被应用于对动物的保护中。譬如，给一些野生动物带上无线电跟踪装置就是利用物理手段对动物进行的保护措施。国家林业局和四川省政府 2006 年 5 月在卧龙自然保护区，组织实施了全球首次圈养大熊猫野外放归的行动，放归野外的大熊猫被科学家套上了无线电信号跟踪装置和 GPS 定位项圈，可以全面监控放归野外的大熊猫的行动，在其行为发生异常时及时提供救助。

(三)化学方法

在对旅游资源进行保护时，还常常采用化学方法。在人文景观旅游资源保护方面，化学方法主要用于对铜器、城墙、壁画等进行保护。譬如，青铜器出土以后会和空气中的化学物质发生反应，在青铜器表面形成一个个极有腐蚀性的白点，其基本成分为碱式氯化铜，利用化学方法可以彻底清除粉状白点。

在对自然景观旅游资源进行保护时，化学方法主要应用于水资源及大气保护。污水处理的化学方法是指向污水中加入某种化学试剂，与污水中溶解性的污染物质发生化学反应，使污染物质从溶解、胶体或悬浮状态转变为沉淀或漂浮状态，或者从固态转变为气态，最后使其减少、消失或变为其他物质的一种方法。大气保护的化学方法是指利用化学物质与大气污染物的化学反应，改变污染物的化学性质，使污染物改变它的存在状态，最后使其转变为无害物质的一种方法。

(四)生物方法

旅游资源保护的生物方法，是指通过利用植物、动物、微生物本身的特有功能，以达到监测、防治环境污染和破坏的方法。植物是生态系统的生产者，也是自然生态系统的改造者。它不仅可以调节气候、保持水土，还可以净化空气、减少污染、降低噪音、监测大气污染，对旅游环境的建设和保护起到非常重要的作用。譬如，美国曾将 7.5 吨捣碎的垃圾运到蚯蚓饲养点，结果不到一个月就被这些蚯蚓消化掉。目前，人们还利用微生物降解土壤中的油污、生活垃圾、大小便等新型高科技产品来保护旅游环境。

除了上述四种保护旅游资源的技术方法，还有工程方法、新兴科技方法等。

五、生态建设，减少或避免旅游资源破坏

绝大多数旅游资源，一旦遭到破坏，即难以恢复，但有的古建筑，文化价值和

旅游价值都相当高，虽然已经衰败和破坏，甚至不复存在，仍可以采用培修和重建恢复其风采；有的旅游景区植被遭破坏，则应积极采取植树造林等生态建设的对策；而对于珍贵文物旅游资源，则应设法尽量减少其自然风化的衰减速度。

（一）整旧如故

历史建筑因经历了上百年甚至上千年的自然风化和人为破坏，出现了影响原有特色的破损、变色的现象。可以采用复原培修的办法，采取原材料、原构件，或在必要时用现代构件进行加固，但要以保持原貌为准则，即整旧如故，切忌因“翻新”而失去“古”的特色。如西安小雁塔的复新较为成功，修复后仍保持其苍劲古朴的面貌。

（二）仿古重修

历史上一些著名的建筑物，由于自然或人为原因在地面上已经消失，但具有很高的文化和旅游价值，在旅游业迅速发展的今天，为了满足人们旅游的需要，需进行重修，重现古建筑的风貌。如武昌的黄鹤楼为江南三大名楼之一，但民国初年却付之一炬，1954 年修武汉长江大桥时南岸桥头堡被占，现于原楼址南侧 1 公里外重修黄鹤楼，保持原有的塔式阁楼造型风格和江、山、楼三位一体的意境，成为仿古重修成功的案例。

（三）生态建设

许多旅游景区由于原来工农业交通的发展造成了植被的破坏，影响了景区资源的质量，如中国第二深的云南抚仙湖（最大水深 151.5 米），水质很好，达到饮用水标准，但美中不足的是山不青，留下了水秀而山不青的遗憾。为改善其景观结构，首要任务是治山、种树，搞生态建设，使山绿起来。旅游区山体的生态建设不仅要考虑固水固土的生态效益，还应考虑其观赏的旅游效益以及一定的经济效益。

（四）减缓珍贵文物的自然风化

出露于地表的历史文物古迹，由于大气中光、热、水环境的变化引起自然风化而衰败是不可避免的，但在一定的范围内改变环境条件使之风化过程减慢是完全可能的，如将裸露的风吹日晒下的历史文物加罩或盖房子予以保护。乐山大佛曾建有 13 层的楼阁（唐代名为大像阁，宋代为天宁阁）覆罩其上，既金碧辉煌，又保护了佛像，后毁于战火。类似的建筑应予以恢复和建设。

除了从上述几个方面进行旅游资源的保护，还应该加强旅游资源的保护规划。如某些旅游资源正面临高楼、违章建筑重围，旅游资源的整体环境受到严重的破坏。应该制定旅游资源保护规划，采取果断措施，对违法建筑该拆的就拆，该铲的就铲，为可持续发展留下空间，制定切实保护旅游资源的措施。

第三节 案例分析

一、美国黄石国家公园旅游资源保护的经验与启示

(一)黄石公园概况

美国黄石国家公园(Yellowstone National Park)位于美国西部北落基山和中落基山之间的熔岩高原上,绝大部分在怀俄明州的西北部。海拔2134~2438米,面积8956平方公里。

一万多年前,黄石公园原是印地安人的狩猎区。1807年,随着路易斯与克拉克探险队的远征及第一位进入黄石公园的白人约翰·寇特的探勘,黄石公园才得以呈现在世人面前。直到1872年,美国总统格兰特签署了"黄石公园法案",黄石国家公园成为了世界上第一个国家公园。

黄石公园被美国人自豪地称为"地球上最独一无二的神奇乐园"。园内交通方便,环山公路长达500多公里,将各景区的主要景点联在一起,徒步路径达1500多公里。公园共有东、南、西、北及东北5个入口处,划分为五个功能区:西北的马默斯温泉区以石灰石台阶为主,故也称热台阶区;东北为罗斯福区,仍保留着老西部景观;中间为峡谷区,可观赏黄石大峡谷和瀑布;东南为黄石湖区,主要是湖光山色;西及西南为间歇喷泉区,遍布间歇喷泉、温泉、蒸气、热水潭、泥地和喷气孔。

公园全境99%尚未开发,是一片广袤而洁净的原始自然区,分布在落基山脉最高峰,丰沛的雨水使这里成为美国众多大河的发源地,在这个平均高度为8000英尺(1英尺=0.3048米)的开阔火山岩高原上,有山峦、石林、冲蚀熔岩流和黑曜岩山等地质奇观。

黄石公园还是个野生动物保护区,黄石公园内栖息着60种哺乳动物、12种鱼、6种爬行动物、4种两栖类动物,以及100多种蝴蝶和300多种鸟类。其中,北美野牛、灰狼、棕熊、驼鹿、麋鹿、巨角岩羊、羚羊等属于世界珍稀动物。

如今黄石公园已经成为旅游者的天堂,每年约有300万游客到公园旅游,有1/3的美国人一生中至少去过黄石公园一次。

(二)黄石公园旅游资源保护的具体经验和启示

1. 制定资源保护法律法规,加强旅游资源管理

在美国的国家公园管理政策里,明确指出国会是执行保护国家公园、娱乐及

文化资源的主体。关于所有权的条款规定：国会对国家公园等资源拥有绝对权威的处置权，并负责制定适合于各州所属和全国国家公园资产适宜的法律法规。1872 年 3 月 1 日，时任美国总统格兰特签署了《黄石公园法案》，法案明确规定黄石公园是“为了人民的利益被批准成为公众的公园及娱乐场所”，同时也是“为了使它所有的树木，矿石的沉积物，自然奇观和风景，以及其他景物都保持现有的自然状态而免于破坏”。随后，美国还制定了《国家公园服务法》、《国家公园总法》等保护国家公园的法律法规。

2.强化资源保护意识，全民参与保护旅游资源

在黄石公园，所有的雇员都被鼓励参与对游客的教育活动，尤其是教育的内容涉及资源保护时。因此，当游客们看到在公路上慢悠悠地行走的野生动物时，也就乐于成为公园守护者的忠实听众，听他们讲解关于野生动物的生活习性、种群状况等方面的情况。当和垂钓者闲聊的时候，工作人员也就顺带检查了他们是否遵守公园的有关规章制度，这样就会对鱼类的负面影响降至最低。一起参与黄石公园维护的还有专家、协调员和雇员。在黄石公园有 5 个全职的资源运营协调员，通常情况下，还有 15 名雇员被安排在资源运营和保护部工作。此外，参与资源保护的还有来自各个行业的自愿者、合作伙伴、合作协会、基金会以及黄石公园的赞助商们。这些黄石公园的守护者们在黄石公园的旅游资源保护中分别承担了不同的角色，具体如下。

(1)正式雇员

公园的守护者，提供关于公园的信息服务和传递保护环境的内容。

(2)志愿者

公园的管理当局为了在延长了的旅游旺季中保持公园的平稳运作，每年都要招募许多临时雇员和志愿者，这些人员包括：工程师、造景师、机械师、电工、管子工、木匠、油漆工、重型设备操作人员、水处理设备操作人员、监督人员以及其他一些干杂活的人员。如今，黄石公园越来越依赖志愿者的帮助以弥补其自身人员和经费预算的不足。

(3)合作伙伴

即与非营利机构合作以帮助公园的雇员为游客提供更好的服务以及对公园的资源进行更好的保护。

(4)黄石公园合作协会

黄石公园协会通过在公园观光中心销售教育资料、发展会员和从愿意支持特别项目的个人那里募集资金。

(5)黄石公园基金会

1996 年建立，以便吸纳更多的私人资金用于维持、保护和加强黄石公园的

资源管理并丰富游客的游览经历。

(6)黄石公园的赞助商

美国黄石公园还拥有众多的赞助商,这些赞助商主要为公园提供各种设施设备、资金等。譬如,佳能为黄石公园提供设备和资金用于研究棕熊以及打印公园的宣传品;Diversa Inc 对狼的 DNA 进行实验分析以找出黄石公园中的狼与美国其他地方的狼的血缘关系;环境系统研究所提供了软件和培训,以帮助公园雇员绘制资源图以及获得空间信息,以便于研究人员利用。

除资源方面的专家负责监督公园的自然和文化资源状况,以及确定需要采取什么措施去保护或修复它们外,对于公园的这些守护者来说,总体职责如下。

①监督资源状况,从而确定游客的影响程度,并采取有效措施将这种影响降至最低。

②在游客经常光顾的景点开辟道路、野营地及添置设施设备。

③教育游客如何保护公园的资源。

④加强法律和公园规章制度的实施力度。例如,1994 年,黄石公园建立了赔偿基金,其主要目的是为那些遭到人为破坏的自然或文化资源提供修复的资金。此外,它还用来改造警务部门的设备,以及培训员工对处理公园内违法活动的理解。这笔资金还用来奖励那些对打击公园内违法犯罪活动做出贡献的人。

3.注重自然生态环境,全方位保护旅游资源

(1)保护野生动物

黄石公园自然生态环境优越,园内栖息着北美野牛、灰狼、棕熊、驼鹿、麋鹿、巨角岩羊、羚羊等野生动物。公园非常注重对野生动物的保护,包括狩猎限制、垂钓限制、禁止给野生动物投食、防止北美野牛外流,以及管理那些习惯于人类活动的动物和害虫。如 15 岁以上的游客必须在购买了垂钓证件之后才允许在公园内钓鱼;为保护野生动物野外生存能力,禁止给野生动物投喂食物;及时抓捕越过公园边境的北美野牛并送回公园等。

(2)保护本地植物

包括消除外来动植物对本地植物的危害,并整治有安全隐患的树木。目前在黄石公园内已经发现了 170 多种外来植物物种,其中大部分是有毒的。为使原有物种不受到破坏,黄石杂草协调委员会和植物学家帮助找出有危害性的外来物种,野外工作人员则通过仔细观察识别外来物种。在野营地、道路等一些开发过的地区,存在着树木倒地伤人的可能,为此资源运营员就会设法识别那些树木,将其移走,并在原地栽种新树苗。

(3)保护地质资源

黄石公园花费了大量的精力和数以千计的美元用以制作告示、讲解、演示,

以便教育游客对那些极易受到损害的地热资源进行保护。有一些游客会将泥地里的淤泥作为纪念品带走,有一些游客在许愿时用硬币将温泉的出口塞住。公园的守护者为防止通气孔被堵塞,就帮助地质学家抽出了池中的水,一直到能看到那些堵塞温泉通气孔的东西,然后设法将其取出,或者用其他的方式设法使温泉能够自身净化。

4.设置特色旅游项目,开展生态旅游活动

黄石公园的旅游活动种类丰富,形式多样。为了保护公园的旅游环境及旅游资源,公园内开展的主要是生态旅游活动。为此,公园内设置了很多关注环境和生态教育的特色旅游项目,主要有以下几种类型。

(1)初级守护者

黄石公园针对5～12岁的孩子开展了一项名为“初级守护者”的官方项目,其目的是向孩子们介绍大自然赋予黄石公园的神奇以及孩子们在保护这一人类宝贵财富时所扮演的角色。

要成为一名初级守护者,每个家庭需要为长达12夜的活动表支付3美元,这样孩子们就可以参观公园的任何一个游览中心。孩子们的主要活动包括:参加由公园守护者引领的一些活动,在公园的小道上徒步旅行,完成一系列的关于公园的资源和热点问题的活动,以及了解诸如地热学、生态学的相关概念。然后,在核实了孩子们确实出色地完成上述活动后,参与者将被授予官方的“初级守护者”荣誉称号。

(2)野生动物教育—探险

黄石公园的野生动物数量众多,类型多样。也是全美观察悠闲漫步的大型野生哺乳动物的最佳地区之一。该活动在黄石公园协会的一名有经验的生物学家的带领下,探寻黄石公园内珍惜的野生动物。通过该活动,参与者将会了解在何处、何时、怎样观察野生动物,并且从它们的行为、生态学以及保护状况中得到满足。

(3)寄宿和学习

该项目对于那些想通过游历世界上最早成立的国家公园而获得乐趣、恢复精力的游客而言,真正是集教育和休闲于一体。借助于黄石公园住宿条件,该项活动为游客提供了最为美好的两个不同的世界——白天,参与者在黄石公园研究会的自然学家的带领下饶有兴趣地探寻黄石的有趣之处;夜晚,他们返回住处享受美味佳肴和舒适的住宿设施,并且在有历史性的公园饭店内体验丰富多彩的夜生活。

(4)现场研讨会

该活动为游客提供一段相对比较集中的近距离的教育经历,主要涉及一些专门领域,如野生动物、地质学、生态学、历史、植物、艺术以及户外活动的技巧。研讨会的指导者一般是对黄石公园充满感情的、并且愿意与他人共享其专业知识的知名学者、艺术家和作家。而无论是青年和老人、男人和女人、长期从事科研工作的学者还是初来黄石公园的游人,凡是具有某一方面好奇心的游客,都成为该活动的积极参与者。

(5)徒步探险

面积达 220 万英亩的黄石公园,是全美国最原始的荒原地区。这其中,有 1700 多公里的小道适合徒步行走,然而,由于荒野带给人们固有的恐惧感,不可预知的野生动物,变幻莫测的天气情况,难以忍受的地热环境,寒冷的湖水,湍急的溪流以及布满松散岩石的崎岖不平的高山,使得徒步探险活动充满了艰险和危险。当然,有一部分探险活动就不是那么充满危险和艰辛,这部分活动是在公园守护者的带领下,游客花半天的时间,参观鲜为人知的地热区,探寻野生动物的栖息地,经历黄石公园的一段荒凉地带。

(6)野营和野餐

黄石公园内共有 12 个指定的野营地点,其中大部分野营地遵循谁先到就先为谁服务的原则。在野营地点,游客既可以欣赏黄石公园的美景,又可以远离喧嚣的都市,体验悠闲自得的恬静的乡野生活;同时,还可以通过与公园守护者、其他游客的交谈以及举行的一些活动加深对黄石公园的美好经历。

5. 鼓励社会多方参与,确保旅游资源保护资金

黄石公园的资金大部分是经国会批准,从税收中划拨的。同其他为公众服务的组织一样,黄石公园的大部分资金用于员工的薪水和津贴。以 1998 年为例,有 68%的资金被用于支付雇员的薪水和津贴;剩下的 32%用于公园环境保护,设施改善,聘专家搞新项目和培训员工和购买一些其他特殊的生态维护机械设备。黄石公园的资金来源构成包括以下六方面。

(1)基本资金

该资金每年由国会批准,并根据国家公园服务法划拨给每一个国家公园。尽管这笔资金每年都在增长,但其增长幅度仍低于黄石公园开支的增幅。

(2)门票收入

门票收入是公园资金来源的重要组成部分,这部分资金只用于特别项目,如环境和资源保护建设及环保宣传教育支出。

(3)特殊项目酬金

除门票以外,黄石公园还被授权对一些特殊活动收取酬金。如出售垂钓或者划船许可证,商业电影的拍摄许可证,为露宿公园的游客提供帐篷出租等。

(4)项目拨款

国家划拨给公园的年度拨款中还包括一些针对特别项目的资金，这些项目必须是在国家公园服务法中认为是值得的，才能够被批准获得拨款。

(5)建设项目

除了每年划拨的基本资金，国会还专门为国家公园系统划拨建设资金，每一个建设项目必须由国会单独批准，因此，黄石公园必须通过和其他公园竞争才有可能获得该项资金。黄石公园已经获得了一些项目的资金，比如：替换那些用于雇员住房的拖车；峡谷地区的排水系统以及一些重要的设备成本如交通工具、计算机和电话系统。

(6)私人捐赠

黄石公园被授权接受私人捐赠用于弥补运营经费的不足，这些钱不包括黄石公园协会和黄石公园基金会所获得的捐赠。其中有一些捐赠可用于任何项目，而另一些捐赠只能用于指定的项目。

由上可见，黄石公园在过去130多年的发展过程中很好地实现了旅游资源保护，使"供人民游乐之用和为大众造福"这一宗旨基本变成了现实。这不仅体现了人类保护自然资源、保护家园、欣赏并崇尚自然的良好道德观念，更反映出人类为子孙后代的生生不息，留下尽可能多的自然文化资源遗产和美好景观遗产的全面可持续发展观。

二、印尼巴厘岛地域文化旅游资源保护的经验与启示

(一)巴厘岛概况

巴厘岛是印度尼西亚(简称印尼)17000个众多岛屿中最耀眼的一个岛，位于印度洋赤道南方，爪哇岛东部，与爪哇隔着巴厘海峡，北边是爪哇海，南边为印度洋，东边隔龙目海峡与龙目岛相望。岛上东西最长140公里，南北相距最宽80公里，全岛总面积为5630多平方公里，人口300多万。整个海岛形似一只"生蛋的母鸡"，头部朝西伸向爪哇岛，腿脚向南伸展，东部鸡尾下的努沙贝宁迪小岛恰似母鸡生下的"鸡蛋"。岛上多山地，只有南部及北部沿海地带有一些狭窄的平地。最高的山峰为阿贡山，海拔3142米。这里有茂密的热带森林、原始的火山湖、湍急的河流、深谷、如诗如画的梯田。南方的海滩为洁净的白色沙滩，在岛上其他地方的海滩上覆盖着灰色或黑色的火山沙。

巴厘岛经济发达，人口密度仅次于爪哇，居全国第二位。岛上经济主要依靠农业、商业、手工业和旅游业，没有会产生污染的大工厂。土地垦殖率65%以上，出产稻米、玉米、木薯、椰子、咖啡、烟叶、花生、甘蓝、洋葱、水果与棕油等。牛肉、咖啡与椰干为主要出口产品。巴厘岛东侧的龙目海峡是亚澳两大陆一部分

典型动物的分界线，在生物学上有特殊意义。

巴厘岛自然风光秀丽。海岛四面环海，沙滩白净，岛上林木葱郁，苍翠欲滴；山顶云雾缭绕，凉爽宜人；山坡梯田层层，灌溉渠纵横交错，白色的房舍掩映在绿荫之中，成熟的稻田片片金黄，风景如诗似画，处处阳光明媚，空气清醒，格外受游客赞赏，将它称为“诗之岛”和“人间天堂”。

巴厘岛不仅风光迷人，它的宗教、民风及文化艺术也有着强大的吸引力。巴厘岛最大的特点是街道、民宅和村落浑然一体，并建木雕村、石雕村、绘画村等，它把印度文化发挥到了极致。因而，在巴厘岛诞生了一种“文化旅游主义”。在这种主义的引导下，巴厘岛十分注重民族传统的保持与开发，岛上所有新的城市建筑必须具有“巴厘岛特征”，建筑物不得高于椰子树，岛上居民仍保留着自己原有的传统文化，如巴厘岛的狮子舞和剑舞就是其传统文化和风俗习惯之一，巴厘岛的雕刻也很有名，岛上处处可见以木石为原料的精美雕像和浮雕。除此之外，巴厘岛人还非常重视自己传统的节日，每年举行的宗教节就有近两百个，每逢节日，歌舞杂陈，成为吸引国内外游客的重要手段。

巴厘岛的居民主要是巴厘人，信奉印度教，岛上的庙宇建筑、雕刻、绘画、音乐、纺织、歌舞闻名于世。家家户户都有一个神龛，形似小塔，每个村还有三种不同的公庙、遍布全岛的庙宇达 1.25 万多座，因此被称为“千寺之岛”。巴厘人擅长雕刻艺术，各家的护墙和门楼上都少不了精雕细刻，这里生产的木雕艺术品远播全世界。巴厘的绘画和舞蹈艺术亦在世界上享有盛名。因而巴厘又被誉为“艺术之岛”。

巴厘岛被列为印尼三大旅游景区之一，是印尼最著名的旅游胜地，为外国游客游览印尼的首选项目，每年国内外游客数以百万计。

（二）印尼巴厘岛地域文化旅游资源保护的经验与启示

印度尼西亚巴厘岛是世界著名的滨海旅游度假胜地，又被称为“东方的希腊”。游客来到巴厘岛，不仅为它的自然之美所震撼，更为它浓郁的热带风情本土文化所折服。巴厘岛旅游开发的成功离不开其对地域文化旅游资源的成功保护。巴厘岛对地域文化旅游资源的保护主要表现在以下几个方面。

1. 发挥政府主导作用，在旅游开发中保护地域文化旅游资源

美国马萨诸塞大学麦基恩教授在巴厘岛的田野调查显示，旅游业的发展实际上更有助于保护、改善和促进当地某些传统文化的健康发展。为了发展旅游业，20 世纪 70 年代以来，印尼的巴厘岛政府制定了一系列与国际接轨的法律法规。这些法律法规为发展巴厘岛旅游业提供了良好的外部环境和发展机遇，如开辟特别旅游区，允许外国投资者直接投资经营，并给予优惠的土地使用政策。同时，为了发展旅游业，从 20 世纪六七十年代开始巴厘岛政府大力改善交通情

况,不仅拓宽和新建了很多道路,还对位于南部登巴萨附近的伍拉·赖机场进行了扩建,并在1969年和1978年分别完成了两座新的国际航站楼的建设以及跑道延长工程。政府在巴厘岛旅游开发中发挥着主导作用,使得原本以生产咖啡、稻米和椰子油等农业生产为主的巴厘岛人转变为以从事旅游业为主。地域文化旅游资源是当地的特色旅游资源,也是巴厘岛旅游业赖以发展的资源基础和依托。为了实现巴厘岛旅游业的快速、可持续发展,从政府到普通市民都很重视地域文化旅游资源的保护。

2.深入挖掘传统文化,保留地域文化旅游资源的民族特色

由于受多元文化的影响,民族文化赖以生存的场域遭到破坏,这是全球社会经济文化发展的必然。民族旅游开发中保留并传承本民族特质文化,并不是也不能拒绝变迁,而是希望地方社会和民族在现代旅游活动中最大限度地获得利益,同时又不失去其赖以为本的民族特色或演变成为畸形。巴厘岛在民族文化旅游开发中形成了"文化旅游主义"。在这种主义的引导下,巴厘岛十分注重民族传统的保持与开发,岛上所有新的城市建筑必须具有"巴厘岛特征",建筑物不得高于椰子树,岛上居民仍保留着自己原有的传统文化,如巴厘岛的狮子舞和剑舞就是其传统文化和风俗习惯之一。巴厘岛的雕刻也很有名,岛上处处可见以木石为原料的精美雕像和浮雕。除此之外,巴厘岛人还非常重视自己传统的节日,每年举行的宗教节就有近两百个,每逢节日,歌舞杂陈,成为吸引国内外游客的重要手段。

3.加强生态环境建设,确保地域文化资源生存空间

巴厘岛在接待众多游客的情况下依然保持着自己的民族风俗和文化,自己的梯田村庄。一个旅游地的外部环境最重要的是植被保存良好,青山常在,绿水长流,清洁、雅静。巴厘岛在旅游开发的过程中,非常注重生态环境建设,走可持续发展之路。

政府还在生态环境建设方面也起着重要作用。早在20世纪70年代,巴厘岛政府规定滨海一带新建建筑物最高不得超过四层。近年来新建的酒店、商场和度假区每年都要从巴厘岛5632.86平方公里的总面积中划走高达600公顷的土地,为了保护环境,当地政府已经收紧了对这些工程的审批。巴厘岛政府还很注意控制污水排放。在努沙·杜尔,所有的酒店、度假别墅和其他设施排放的生活污水都不能直接进入海里,而是要汇集在一个过滤池中,然后输送到高尔夫球场作为草地喷洒用水,这种做法有效地防止了附近的海水被污染,几个著名的海滨浴场因此免于破坏。

4.培养传承文化的人才,形成良好的地域文化资源传承模式

民族文化正面临着极大的冲击,必须加强对民族文化的保护和传承,培养更

多的人才。巴厘岛的当地居民，形成了对文化传承的良好模式，许多小孩在家庭之中都能够得到本地文化的教育，拥有展示自己的舞台。因此，今后我国的旅游开发，要有科学的统筹，建立起从社会、学校到家庭的保护民族文化的全方位系统模式，保护自己的民族文化，培养更多传承文化的人才，探索出一条既能与社会发展同步又能保护民族文化之路。

巴厘岛在旅游资源保护方面有许多成功的经验，如发挥政府的主导作用、高水平的旅游规划、重视生态环境、注重对民族文化的传承和人才的培养等，这些经验值得我们学习和借鉴。因此，巴厘岛给我国旅游开发的首要启示在于加强区域性的民族旅游开发。我国的文化，源远流长，各区域之间又都各具特色。因此，在旅游开发之中要摆脱千篇一律的做法，结合当地实际，联系民族特色，开发出富有地方民族特色的旅游产品。在区域联合和各具特色基础上，从景观分区、精品开发、线路设计等方面科学构思，以有形的山水和深厚的民族文化底蕴构筑开发支架，塑造各具特色的民族旅游品牌。

复习思考题

1. 简析旅游资源保护的意义。
2. 举例说明造成旅游资源人为破坏的各种表现并分析其原因。
3. 保护旅游资源应采取哪些措施？
4. 如何理解“旅游业是无烟工业”这一论点？
5. 我国应当从美国黄石国家公园和印度尼西亚巴厘岛的旅游资源保护成功经验中得到哪些启迪？

参考文献

1. 林越英. 旅游环境保护概论[M]. 北京：旅游教育出版社，1999.
2. 崔凤军. 风景旅游区的保护与管理[M]. 北京：中国旅游出版社 2001.
3. 陶伟. 中国“世界遗产”的可持续旅游发展研究[M]. 北京：中国旅游出版社，2001.
4. 杨桂华. 旅游资源学[M]. 昆明：云南大学出版社，1999.
5. 赵西萍，常平阳. 中国旅游业可持续发展战略研究[M]. 西安：陕西人民出版社，1998.
6. 徐学书. 旅游资源保护与开发[M]. 北京：北京大学出版社，2007.
7. 肖星，严江平. 旅游资源与开发[M]. 北京：中国旅游出版社，2000.
8. 张广瑞. 生态旅游理论辨析与案例研究[M]. 北京：社会科学文献出版社，2004.

9. 卢云亭，王建军. 生态旅游学[M]. 北京：旅游教育出版社，2001.

10. 张晓，郑玉歆. 中国自然文化遗产管理[M]. 北京：社会科学文献出版社，2001.

第十二章　旅游资源的可持续利用

学习目的

旅游资源的可持续利用是保证旅游产业长远发展的根本所在。应通过本章的学习，明确旅游资源可持续利用的概念、内涵和意义，掌握旅游资源可持续利用的基本途径和对策，了解九寨沟旅游资源可持续利用的主要经验。

主要内容

- 旅游资源可持续利用的概念与意义
- 旅游资源可持续利用的概念　旅游资源可持续利用的基本内涵　旅游资源可持续利用的意义
- 旅游资源可持续利用的路径与对策
- 旅游资源可持续利用的制约因素　旅游资源可持续利用的路径　旅游资源可持续利用的对策
- 案例分析——九寨沟旅游资源可持续利用的经验与启示

第一节　旅游资源可持续利用的概念与意义

可持续发展指既满足当代人的需要，又对后代满足其需要的能力不构成危害的发展，亦即谋求经济、社会与自然环境的协调发展，维持新的平衡，制衡出现的资源损耗和环境污染，控制重大自然灾害的发生；是在保持和增强未来发展机会的同时满足当代人的需求，并通过现有资源的可持续经营管理，在确保文化完整性、基本生态过程、生物多样性和生命支持系统的同时，实现经济、社会效益和环境效益的发展模式。可持续发展是社会经济发展到一定阶段的产物。人类对环境与发展问题的深入思考，以及对追求物质财富增长为中心的发展模式的否定，导致可持续发展思想的产生，也是人类发展价值观再选择的必然结果。

根据《辞海》中的定义，“可持续利用”是指对可更新资源的利用以不导致环境及资源退化为前提，进行科学地、适当地利用。可持续利用实际上就是一种协调发展，协调发展是实现可持续利用的基本保证，它要求经济、社会、资源、环境和人口等方面的协调发展。

旅游资源作为一种特殊的资源种类，是人类旅游经济活动得以开展的前提和基础，对旅游资源的可持续利用是保证旅游业长远发展的根本所在。旅游资源可持续利用问题是在20世纪90年代后期，随着人类生存环境不断恶化状况的出现以及社会可持续发展思想的产生而提出的。

一、旅游资源可持续利用的概念

旅游资源的可持续利用是基于资源及其特征，是由资源、资源可持续利用、旅游资源可持续利用三级概念所共同组成的概念体系。

资源是经济发展的基础，是实现经济可持续发展的核心缓解。但是资源又是稀缺的、有限的。因此，要实现经济的可持续发展，就要保证资源的可持续供应。要做到资源的可持续供应，就必须对有限的资源进行合理的利用，即做到资源的可持续利用。所谓资源的可持续利用即对资源的利用在满足当代人需要的同时，又不损及后代人满足自身需求的资源条件，实现资源利用的代际公平。资源可持续利用是代际分配合理，部门配置得当，空间布局合理，经济、社会和生态综合效益最佳的资源利用方式。

旅游资源可持续利用是在将资源含义以及特性的高度分解和融合的基础上对资源可持续利用进行的深入延伸和拓展。在资源特征中，其有限性、地域分布不均衡性是可持续利用的着力点，而旅游资源是地球资源中的一个特殊分支，其继承了资源的有限性和地域分布不均性又彰显其兼具经济、文化和社会价值于一体的独立个性，因此，可以说对旅游资源的可持续利用是一个相比对资源本身的研究及对资源可持续利用更为复杂的系统过程。旅游资源可持续利用的核心就是要实现满足旅游者需求和满足旅游区居民需求相统一，保证当代人在从事旅游活动时不为满足其旅游需求进行旅游资源开发而损害后代。

综上所述，旅游资源可持续利用实际上是指人类通过科学、合理地规划、开发、利用旅游资源。使人类对旅游资源的利用过程在一个无限长的时期内可以永远保持下去。在对人类有意义的时间和空间上，旅游资源的数量保持动态平衡、质量不断提高，从而使人类对旅游资源的开发利用能够持续进行下去，以满足社会发展的需要。

二、旅游资源可持续利用的基本内涵

旅游资源的可持续利用不同于传统意义上满足旅游活动的资源开发和保护，而是指既能满足当代人的需要，又不损害后代人旅游活动的资源开发和保护。它包含责任性、知识性、公平性等内容。责任性是指对旅游资源及景点的利用和管理的态度；知识性是指在旅游前及旅游中给旅游者所能提供完整信息的程度；公平性是指旅游所带来的利益必须在政府、社会团体和个人之间进行合理分配，而不损害后代人的利益。

旅游资源的可持续利用是保证旅游产业长远发展的根本所在。旅游资源可持续利用的基本内涵是在综合考虑旅游资源和环境资产跨代配置的基础上，逐步提高旅游资源的生产力和承载力，为旅游业的可持续发展提供永续的资源利用条件。它以生态环境效益为前提，保护旅游区（点）的生态环境，尽量减少对环境的破坏；以经济效益为中心，通过科学地规划、开发、利用不断提高旅游资源的利用效率和利用效益；以社会效益为目的，满足人类精神文化的需要、促进社会稳定与可持续发展。旅游资源可持续利用的主要内涵有以下几点。

第一，旅游资源可持续利用的发展模式和途径与传统利用方式和发展途径有本质性的区别。可持续发展的模式不是简单的开发自然资源以满足当代人类发展的需要，而是在开发资源的同时保持自然资源的潜在能力，以满足未来人类发展的需要。

第二，旅游资源的可持续利用是在人口、资源、环境和经济协调发展战略下进行的，这就意味着可持续发展的模式不是只顾发展不顾环境，而是尽力使发展与环境协调，减少并防止人类旅游活动对环境的破坏，使维持资源长存所必需的自然生态系统处于一种良好的状态。

第三，保持旅游资源的多样性和生存能力，减缓非更新资源的衰竭速度，改善增长的质量，解决以破坏环境和资源为代价的非持续性发展问题。以最小的旅游环境与资源投入要素使用量获取最大的旅游效益总量，即以最小的环境代价获取最大的旅游综合效益，使旅游发展保持可持续性。旅游活动每年持续很长时间，客观上需要深入研究和探讨，以保证资源可持续利用为出发点的经济方法在当地和整个区域的使用效果，保证资源的可持续利用。

三、旅游资源可持续利用的意义

在全球旅游业飞速发展的同时，背后隐藏的危机也日益暴露。伴随着全世界对环境与资源问题的密切关注，旅游资源可持续利用的理念迅速得到广泛的接受。

旅游是追求美的享受和满足，因而旅游业的经营者利用不同资源组合构成景观，“创造”美的环境，吸引游客，从而创造价值和财富。旅游资源的开发与合理利用实际上是人类利用前代人留下来的环境，为后代人创造更加优越环境的行为。旅游资源作为一种特殊的资源，既有一般资源的一些共同属性，又有其他资源所不具有的特性，如除观赏性、地域性、综合性、“永续性”外，旅游资源还具有稀缺性，即它在数量上是有限的，是人类可利用的资源家族中的艺术珍品，一旦遭受破坏就无法恢复。所以，我们要切实加强旅游资源的保护，从这个角度来看，实施旅游资源的可持续利用具有相当重要的意义。

(一)旅游资源可持续利用的社会意义

旅游资源的可持续利用，可以促进社会文明、科学文化的发展。旅游资源本身带有社会文明和科学文化的烙印，反映某一时代美好的东西，具有艺术观赏价值、历史文化价值、科学考察价值。因此，旅游资源的可持续利用，有助于艺术、历史文化的传播、延续，有助于世界不同国家和地区间的艺术、文化思想、科学和社会风俗的交流，有助于保护自然景观的完整性和人文景观的历史性，使后代人与当代人享有同等的权利，给人类保存丰富的知识内容，并以此为基础促进社会文明、科学文化的发展。

(二)旅游资源可持续利用的环境意义

旅游资源的可持续利用有利于旅游环境的可持续保护。旅游资源作为旅游的客体，以其观赏性、地域性、综合性、永续性的特点为人类提供优美的环境，给旅游者以追求美的享受和满足。因此，旅游资源的开发与合理利用，实现其可持续发展，实际上就是人类利用前代人留下来的资源，为后代人创造更加优越环境的行为。所以，旅游资源可持续利用不仅对环境资源起到保护的作用，还会起到优化环境的作用，使旅游环境得以很好地延续。

(三)旅游资源可持续利用是实施可持续性发展的客观要求

可持续发展是同传统发展完全不同的一种发展思想，是一种全新的价值观。它包含的内容十分丰富，体现了公平性、持续性和共同性原则，它以资源的永续利用和环境改善为标志。可持续发展观的提出，给旅游业的不断发展提供了新的契机，同时，也给旅游资源的合理开发、利用和保护提供了新的价值理念。旅游资源是旅游业发展的基础，没有旅游资源的永续利用，也就没有旅游业的可持续发展。反之，符合可持续发展要求的旅游业，必将促进旅游资源的合理开发和利用。

目前，旅游业已成为超过石油贸易和汽车工业的世界第一大产业。在旅游业快速发展的同时，旅游区出现了大气污染、水体污染、噪声污染等一系列环境污染问题。这不仅对旅游区资源造成破坏，而且降低旅游区的资源价值，使旅游资源逐渐失去原有的历史、文化和观赏价值。由于旅游资源是资源的重要组成部分，其开发利用的好坏影响着资源体系的协调持续健康发展，必须把旅游资源的可持续利用放在可持续发展战略的总框架中考虑。这不仅对保护旅游区自然景观的原始风貌和人文景观的历史价值具有十分重要的意义，而且也是可持续发展战略的客观要求。旅游产业的发展必须注重旅游资源的可持续利用，注意旅游资源持续吸引力、供给力的持续性，应增加旅游业发展所需的资金以及科学技术的投入，促进旅游产业的可持续发展。

第二节　旅游资源可持续利用的路径与对策

旅游资源可持续利用的战略目标需要兼顾旅游资源的可持续利用与旅游业发展的关系、旅游资源可持续利用与满足旅游者需求的关系，旅游资源可持续利用与生态环境的关系，要解决旅游资源可持续利用的目标、任务和途径问题。

一、旅游资源可持续利用的制约因素

旅游资源可持续利用的制约因素主要有以下几点。

第一，经济发展水平。旅游业的发展与经济发展进程及水平息息相关。区域社会经济基础及其可持续发展是区域旅游可持续发展的物质基础和后备力量，文化科技事业的发展是旅游业可持续发展的智力保障。

第二，社会意识形态。旅游业的发展及旅游资源的有效开发是以人类的精神文化需求为根本导向的，因此，人的因素是旅游业必须考虑的。不同地区、不同肤色的人类种族，其文化观念和意识形态是有着很大差异，而正是这些差异在无形中左右着不同区域内旅游业发展的走向。

第三，政治环境氛围。稳定民主的政治环境是促进旅游资源可持续利用必不可少的因素。政治与政策法律环境对旅游资源的健康发展具有重要影响，是旅游业可持续发展的重要保证。民主化程度和政治文明水平的高低，对旅游资源可持续利用有着重要影响。

第四，资源本身。旅游资源的可持续利用也容易受到其自身缺陷的局限，其有限性和地域分布不均性就是影响其可持续利用顺利与否的关键因素。

第五，其他因素。还有一些因素也制约着旅游资源的可持续利用。如在有

效利用旅游资源的过程中，利益不同体之间产生的各种问题，旅游资源开发保护从业人员的素质等。

二、旅游资源可持续利用的原则

第一，保护原则。很多旅游资源不可再生，尤其是珍贵的历史文化遗产类，在利用中一定要做到保护第一，在保护的基础上合理利用，促进旅游资源的可持续利用。

第二，梯队原则。主要是要做到对旅游资源的时序性、阶段性利用，在旅游资源的利用过程中要做到有先有后，分阶段呈梯队展开，而且每个阶段要有选择、有重点。

第三，效率原则。要提高旅游资源利用效率，须进行旅游资源产权制度改革，构筑合理的产权制度是根本途径。同时，通过资源整合，因地制宜，发掘旅游资源的特点，走精品化道路，进行多功能多层次的深度开发和利用，并积极提高旅游资源利用的技术含量。

第四，整合原则。旅游资源的整合思想是通过不断综合使旅游资源系统化、和谐化、一体化，成为一个整体，促进旅游业提档升级，增强竞争力的过程。

第五，容量原则。在旅游资源的利用过程中，一定要合理控制旅游环境容量。这既是旅游资源利用本身的要求，也是旅游业发展的要求。

第六，创新原则。在注重质量效率的前提下进行产品的更新包装，积极发展观念创新、产品整合创新和营销整合创新。

第七，综合原则。区域旅游资源综合开发利用的核心就是研究旅游经济活动与旅游环境相结合的地区旅游业布局问题，具有很强的综合性，强调综合性与整体性、因地制宜与突出重点、系统分析以及生态经济等原则。

三、旅游资源可持续利用的路径

旅游资源可持续利用模式规定了旅游资源配置和使用要实现代际间的公平和空间布局的合理性，即在时间维及空间维的方式和规模，以“相对的人类中心主义”、“相对的大旅游观”为认识基础，以旅游产业管理体制为保证，以旅游资源在不同产业间和代际间的综合效益共享为基本目标是旅游业可持续发展战略中的核心部分。旅游资源可持续利用模式包含旅游资源利用与地区经济发展相结合模式，旅游资源创新模式，旅游资源深度开发模式，旅游资源整合模式，旅游资源品牌开发模式等五大系列。

旅游资源可持续利用的模式决定了如何旅游要素构建旅游资源可持续利用的途径。

第一，要切实做好旅游资源利用现状分析，论证旅游资源形成条件与环境、旅游资源利用历史与现状、旅游资源利用特点与优势，旅游资源利用问题与困难，旅游资源利用挑战与机遇。

第二，认真进行旅游资源调查，明确旅游资源的数量、类型、旅游资源本身的品味和价值。

第三，对旅游资源进行科学的利用适宜性研究，对旅游资源的区域竞争力、旅游资源市场吸引力、旅游资源功能导向等进行客观实际的评价。同时，还要对旅游资源的外部开发利用条件进行评价。

第四，贯彻落实旅游资源保护措施，根据各组成部分在旅游业中的地位和作用进行分级分等保护，对自然保护区内的旅游资源，人文景观旅游资源及人文社会环境，自然景观旅游资源及自然生态环境等进行区分保护。

第五，对旅游资源进行合理的空间划分，对旅游资源的开发利用项目在宏观上进行合理的空间布局，寻求多样的项目开发方式，力争使资源之间、项目之间、方式之间相互协调、相互补充。

第六，对旅游资源进行恰当的功能分区。根据生态系统的可承载能力、保护价值和环境本身状况，按照差异化和整体化原则予以空间上的划分，有利于挖掘各个旅游资源区的特色，也有利于资源的保护，实现资源的可持续利用。

四、旅游资源可持续利用对策

总体来说，要加强政府宏观调控政策。通过制定各种经济政策，完善立法，加强生态环境的行政管理来协调经济与生态环境的关系，推动生态优先原则下的旅游可持续开发，建立和完善征收环境费制度，使经济活动的负外部性转变为内在成本。具体对策如下。

第一，建立旅游资源综合数据库。从全局掌握旅游资源的情况。可通过地理信息系统(GIS)等现代化的技术来建立数据库以满足查询和研究的需要。

第二，建立旅游资源开发与规划的规范标准和体系。旅游资源是存在于自然和社会生态系统中的，只有与环境协调的旅游资源才最具吸引力。旅游资源开发是高文化、高科技、高智能的开发，必须强调认真研究，全面规划，仔细设计。在规划过程中，必须考虑到生态因素和环境因素以及开发的“时序性”等问题。以旅游业可持续发展为根本思想，兼顾经济效益、社会效益、环境效益和公平原则，建立起切实可行的旅游资源开发与规划的标准和体系。可以说，只有经过科学开发、精心规划的旅游资源，才可以实现旅游资源的可持续利用。

第三，将旅游资源的开发利用纳入社会经济发展中综合考虑。将旅游资源及环境问题纳入旅游及其他社会经济政策、规划和管理之中，使各项经济决策既符合经济效率和社会公平的需求，又不危害旅游资源环境。效益评价指经济、社会、环境三大效益的综合评价。这是衡量一个地区旅游资源是否具备可开发性的重要指标。经济效益的评价集中反映在旅游资源开发会给风景区和附近地区带来何种直接或局部的经济效益，对当地经济发展有何影响；社会效益的评价集中反映在旅游资源开发的社会文化意义和可能造成的影响；环境效益的评价集中反映在旅游资源开发是否会造成资源的破坏和环境恶化。这三项内容相互联系，互为影响，因而在具体工作中，应综合考察，分析和权衡各种利弊条件，得出科学的结论。为了搞好评价，应建立专门的评价机构，并建立科学的评价指标体系和评价方法，使评价工作真正落实到实处。

第四，树立新的资源观，建立旅游资源的忧患意识。旅游业又被称做“资源产业”，因为它依赖于“大自然的恩赐和社会的遗产”。资源是旅游业的发展基础，我国是旅游资源总量大国、人均资源小国、开发利用与保护上的弱国。过去在认识与宣传上存在误区，更乐于展示优势的一面，而忽视了资源相对不足，生态环境脆弱等问题，盲目乐观。以至于脆弱的生态环境与旅游需求的快速扩张形成了强烈反差，生态系统的破坏与环境退化成为中国旅游资源可持续利用的主要障碍。因此，我们应该树立新的资源观，建立旅游资源的忧患意识。

第五，重视“科技兴旅”，加强旅游活动的管理和引导。重视科学技术的开发研究，运用各种科技手段保护旅游资源。运用资源与环境科学技术的学科理论对旅游资源进行保护。运用旅游资源开发的研究成果为旅游资源的保护与管理提供技术指导。同时，加强对旅游活动的管理和引导。对于那些会导致旅游资源受到威胁的旅游活动，应给予一定的限制；对于某些旅游景区在某些时段内的超负荷运转，应采取有效的措施对游客进行疏导、分流或限制；对游客的旅游行为，要加强管理并建立奖惩制度；寓教于乐，使游客在旅游的过程中了解旅游资源的稀缺性和资源保护的重要性和紧迫性。

第六，认真做好旅游资源的修复和养护工作。随着旅游业的蓬勃兴起，旅游活动的普遍开展使得旅游资源已濒临自我修复的极限。因此，旅游资源的修复和养护工作已刻不容缓。对于某些自然景观旅游资源，由于其对所赋存的生态环境依赖性较强，也较为敏感、脆弱，必须搞好生态建设，必要时需采用生态重建的措施加以保护；对于一些文物古迹和历史建筑，可以采用整修复原、修旧如旧和仿古重修的方法使其重新“复活”；另外，对于那些出露于地表的历史文物古迹，应采用科技手段或改变环境条件等措施减慢其风化过程。

第七，实行旅游资源开发利用的社区参与。旅游社区与政府及非政府介入社区旅游资源的开发和利用过程，社区居民参与社区旅游资源的开发利用规划、旅游资源所在地环境的保护、社会文化的维护以及旅游开发所产生的利益的分享。

第八，建立健全旅游资源利用的法律法规体系。要保障旅游资源可持续利用的有效实施，就必须加强与之配套的法制进程建设，需适时制定《旅游资源法》，建立旅游环境审计标志制度，并建立补偿机制。在市场经济体制下，旅游生产经营者往往以追求最大利润为目的，不考虑或少考虑社会环境和生态环境的效益，如果任其发展，必然导致社会环境、生态环境的不断恶化。所以，应当借助外部力量进行有力的调整和控制，通过各种宣传媒介的正面宣传和反面剖析，形成全民的保护社会环境和生态环境的意识，提高全民对旅游真正意义和旅游资源持续利用的社会、经济、环境意义的认识，使人们具有一种自觉维护和保护旅游资源和旅游环境的行为；利用政府的行政手段和干预功能，立法收税，规范旅游资源开发利用各项标准，完善旅游业及旅游资源开发利用的管理体系，迫使旅游经营者将环境效益和生态效益纳入生产经营活动中。

第九，加强旅游教育，培养旅游专业人才。重视旅游高等教育，大力开展旅游职业教育，促进旅游教育的发展，培训多层次的旅游人才，是提高旅游资源开发和研究水平的重要保证。

第三节　案例分析——九寨沟旅游资源可持续利用的经验与启示

九寨沟是嘉陵江上游白水河的一条支流，因沟内有 9 个藏族村寨而得名。位于四川省西北部阿坝藏族羌族自治州九寨沟县漳扎镇境内。地理坐标为东经 103°46′～104°4′，北纬 32°54′～33°19′，海拔 1500～4900 米。其地处川西高原，人口稀少，植被茂密，生物丰富，环境优越。据不完全统计，沟内原生植物共有 2576 种，珍惜濒危植物包括领春木、连香树、金莲花、独叶草、水青树等，国家一类保护珍稀动物有大熊猫、牛羚、金丝猴三种，二类保护动物有毛冠鹿、小熊猫、红腹角雉、绿尾红雉。为有效保护区内多样性，1978 年以前，九寨沟是四川重要的林木生产基地，同时驻有两个林场。1978 年九寨沟停止木材采伐，建立国家级自然保护区。1982 年，九寨沟被批准为国家级风景名胜区。1983 年，九寨沟国家风景名胜区管理局成立。1984 年 1 月九寨沟正式接待游客。

九寨沟以原始的生态环境，一尘不染的清新空气和雪山、森林、湖泊组合成神妙、奇幻、幽美的自然风光，显现“自然的美，美得自然”，高峰、彩林、翠海、叠瀑和藏情被称为九寨沟“五绝”。尤其以色彩斑斓、奇异多变的水景荣获“九寨归来不看水”的美誉，被誉为“人间仙境”、“童话世界”。但是，该沟地质结构复杂，各种地貌交错复合，以泥石流、滑坡、崩塌、岩崩等为主的山地灾害相当突出并不断发展，对九寨沟旅游区的开发利用和原本脆弱的生态系统构成严重威胁与破坏。

近年来，随着国内旅游市场的不断升温，旅游资源开发二十多年来，九寨沟游客年增长率高达23.6%。旅游者的不断增多，对当地环境造成了一定的影响。九寨沟如何更好地走可持续发展道路成为九寨沟旅游业健康发展的关键问题。

从1984年至今，九寨沟风景区先后编制实施了《九寨沟风景名胜区总体规划》(1984,2006)、《九寨沟自然保护区总体规划》(1996)及《九寨沟沟口及游人中心详细规划》(1999)、《旅游服务管理总体规划》(1994)、《泥石流治理规划》(1984,1987,1998)等；九寨沟管理局通过规划管理手段，有效地将九寨沟建成为一个自然景观优美、生态环境优良、地域特色鲜明、旅游秩序良好的成熟的旅游目的地，先后被列入《世界自然遗产名录》、世界人与生物圈保护区，通过“绿色环球21”认证；并被批准成为中国首批5A级景区和国家地质公园。

一、九寨沟旅游资源可持续利用的经验

九寨沟是以独特自然资源为载体的旅游区，得天独厚的天然资源是开展旅游的根本基础。九寨沟在旅游开发的二十多年时间里，始终坚持“保护型开发”模式，由最初的粗放保护管理到现在的科学精细管理。整个保护区在开发的同时得到了有效的保护。

(一)构建较为完备的旅游基础设施

(1)绿色环保观光车

九寨沟内交通较为便利。为保护沟内环境，让不太宽敞的盘山道路畅通无阻，同时增加沟内接待人数。目前，沟内交通全由九寨沟旅游(集团)公司经营的绿色观光巴士承担。这种观光巴士用天然气作燃料，几乎无污染。旅客购票乘车进沟后，可在任何地点下车或上车，汽车招手即停，十分便利。

(2)九寨栈道

蜿蜒在九寨沟森林中的栈道，仿佛是一条丝线，把沿线的道道美景串成了一根光彩夺目的项链。整个栈道，或石块铺地，或栈桥凌空。无论路、桥、亭、阁，都充盈着山林野趣。在建筑风格上，它们朴素洁雅又灵活多姿。在栈道上，有的亭阁依树而立，有的以树为中柱，迴心式景亭。人们向树小憩，临阁观景，别有一番风味。

(二)不断提升资源知名度

1982年国务院批准九寨沟为国家级风景名胜区，1984年成立管理局，九寨沟正式作为风景区对外开放。1992年12月14日，经联合国教科文组织世界自然遗产委员会在美国新墨西哥圣菲召开的全委会第十六届大会表决一致通过将

九寨沟与黄龙列入《世界自然遗产名录》,并由马约尔颁发了证书。1997 年被纳入联合国“人与生物圈”保护区。2000 年被评为中国首批 AAAA 级景区。2001 年 2 月取得“绿色环球 21”证书。时至今日,九寨沟已成为拥有三项桂冠的世界级风景名胜区。

(三)提高社区居民的保护意识

通过管理当局的长期说服教育和人们的切身体验,当地居民已经普遍意识到保护自然的重要性;通过旅游开发大大改善了人们的生活水平,从而真正感受到自然资源给他们带来的实惠。旅游资源的可持续利用是一项长期而艰巨的工作,不仅要求管理部门的持久负责,而且要求坚定不移地依靠当地居民,提高其热爱家乡、爱护家乡的信念,增强主人翁感才能为旅游资源的可持续利用创造良好的环境。因此,提高当地居民的旅游资源保护意识和科学文化水平是九寨沟旅游资源可持续利用的关键。

(四)强化环境保护措施

九寨沟在自然保护和旅游资源开发的历程中,不断学习借鉴和创新,采取有力的措施加强环境的保护。1999 年,率先推行景区内绿色旅游观光巴士,缓解了景区内交通拥堵,避免了环境污染的加剧,旅游观光巴士的开通减轻了环境压力,还给游客创造了舒适的游览环境,增加了创收渠道。2002 年,修建了 60 多千米的游览栈道,缓解了不断增长的游客对景点周边造成的危害。2003 年,景区全面启用了环保厕所,彻底改变厕所的脏物和污物就地排放的历史,景区的垃圾和生活污水全部运到处理场进行处理,基本实现“零”排放;并关闭了近百个家庭旅馆,以减少污染源。

(五)重视科学研究

九寨沟是一个具有独特地质地貌、高山湖泊群、瀑布群和钙化滩流,以及生物多样性的区域,科学研究任务繁重。为此,已成立专门的部门,并着手与国内外开展合作,如与中国科学院、四川大学、美国加州大学等的合作均已取得了一定的阶段性成效。

二、九寨沟旅游资源可持续利用的启示

(一)创新旅游资源的管治模式

九寨沟管理局行政权力较大,比较重视对九寨沟的科学规划和管理。管理局充分利用其行政权力,集中有限的人力、物力和财力,通过九寨沟地区旅游资源的开发,推动了居民社区经济文化的综合发展,所以尽管其对旅游资源的规划和管治的行政意味较浓,但其可持续利用的效果较好。如“智慧九寨”,是九寨沟景区管理的智能化,它是建立在集成的、高速双向通信网络的基础上,通过先进

的传感和测量技术、先进的控制方法以及先进的决策支持系统的应用，有效改善九寨风景区商业运作和公共服务关系，实现九寨沟旅游资源的优化使用、生态环境的有序开发和保护、游客满意度提升、产业效益最大化的目标。

"智慧九寨"的建设重点是通过信息化手段，解决旅游旺季景区景点游客拥挤、乘车站点的拥挤、车辆调度不畅等问题，实现优化的、综合性的实时管理调度。智能化的管理系统在城市的交通、能源、城市管理等多个领域中已经得到了应用，同时该项技术也表现出了良好的发展前景。智能信息技术在旅游行业中的应用，必将推动中国旅游产业信息化建设快速迈进。

(二)社区管治，人地协调

九寨沟在旅游资源开发过程中，非常重视社区的作用，鼓励社区参与九寨沟的旅游资源的开发及管理，使景区内的居民福利大幅提高，能够较好地从旅游资源开发中获益。景区居民非常支持九寨沟的旅游开发，妥善解决了开发商与当地居民的矛盾，人地关系协调得较好，促进了九寨沟旅游资源的可持续利用。

复习思考题

1. 简述旅游资源可持续利用的内涵。
2. 简述旅游资源可持续利用的意义。
3. 旅游资源可持续利用的主要途径有哪些？
4. 结合实践，分析旅游资源可持续利用的主要对策。

参考文献

1. 肖星，严江平. 旅游资源与开发[M]. 北京：中国旅游出版社，2000.
2. 甘枝茂，马耀峰. 旅游资源与开发[M]. 天津：南开大学出版社，2000.
3. 张伟强. 旅游资源开发与管理[M]. 广州：华南理工大学出版社，2005.
4. 刘肖梅. 旅游资源可持续利用与管理导论[M]. 济南：山东大学出版社，2010.
5. 吴书光. 旅游资源可持续利用综合评价研究——以章丘市为例[D]. 山东师范大学硕士学位论文，2005.
6. 程绍文，徐菲菲，张捷. 中英风景名胜区/国家公园自然旅游规划管治模式比较——以中国九寨沟国家级风景名胜区和英国 New Forest(NF)国家公园为例[J]. 中国园林，2009，(7).
7. 陈琴，张述林，胡科翔. 旅游资源可持续利用研究框架透析[J]. 生态经济(学术版)，2011，(2).
8. 李红. 我国旅游资源的可持续利用[J]. 中国市场，2006，(18).